트렌드
지식 사전 **4**

김환표 편

트렌드
Trend Keyword
지식 사전 **4**

최신 키워드로 보는 시사 상식

'지식의 대중화'를 위해

디지털 혁명과 SNS의 확산으로 우리는 지금까지 경험해보지 못했던 새로운 현상에 직면하고 있다. 바로 정보 폭증이다. 디지털 시대의 개막으로 인해 한동안 정보 홍수라는 말이 회자되기도 했지만 이제 정보 홍수라는 단어는 옛말이 된 지 오래다. 정보 홍수로 설명할 수 없을 만큼 하루가 다르게 정보가 폭증하고 있기 때문이다. 오죽하면 정보공해라는 말까지 등장했겠는가. 정보공해는 과장인가? 그렇지 않은 것 같다. 정보 폭증으로 인한 피로감을 호소하는 사람이 적지 않기 때문이다.

정보 폭증은 새로운 문제도 던져주고 있다. 바로 정보의 옥석을 가리는 일이다. 정보 자체가 곧 지식인 시절도 있었지만 정보가 폭증하고 있는 오늘날에는 넘쳐나는 정보 속에서 자신에게 필요한 알맹이를 취하는 게 쉽지 않은 일이 되었다. 한때 포털사이트가 제공하는 검색 서비스가 그런 문제를 해결해줄 해결사로 각광받기도 했지만, 검색 서비스를 통해 정보의 옥석을 가리고 지식을 얻는 것에도 한계가 있다. 아무래도 가장 큰 문제는 효율성이다. 투자하는 시간에 비해 길어올리는 지식이 적기 때문이다.

『트렌드 지식 사전』은 정보 폭증 시대에 자신에게 필요한 지식을 찾아 헤매는 사람들을 위한 책이다. 폭증하는 정보들 가운데 우리 삶과 관련이 있는 정보를 선별해 요약·정리·제공함으로써 정보·지식 관리를 위해 아까운 시간을 투자하고 있는 사람들을 도와주겠다는 취지를 담고 있다. 이 책의 특징은 '압축·정리'에 있다. 압축·정리라고는 하지만 키워드를 중심으로 하나의 이슈와 개념에 대해 다양한 시각들을 보여주고자 했다. 독자들의 이해를 위해 개념과 관련된 구체적인 사례들도 포함시켰는데, 이는 하나의 개념이 현실 세계에서 어떻게 적용되고 활용되고 있는지 알 수 있도록 돕기 위해서다. 사전이라는 이름에 어울리게 키워드마다 분량은 A4 한 장을 넘지 않도록 했다. 물론 이보다 짧은 글들도 있다.

　『트렌드 지식 사전』이 궁극적으로 지향하는 것은 '지식의 대중화', '지식의 민주화'다. 목표가 너무 거창한 감이 없지 않아 있지만, 이 책을 통해 지식 쌓기의 즐거움과 쾌감을 느끼는 사람들이 늘었으면 하는 바람이다. 이 책은 모두 8장으로 구성되어 있으며, 다루고 있는 키워드는 총 200개다. 이 책이 체계적인 정보·지식 관리의 필요성을 절감하고 있는 분들과 세상 돌아가는 소식에 목마른 독자들, 대학 입시를 위해 논술을 준비하는 고등학생들, 취업을 위해 시사 상식을 공부하는 취업 준비생들에게 조금이라도 도움이 된다면 더는 바랄 게 없겠다.

2015년 6월

김환표

Life Section

Society Section

Life Section

Trend Keyword

가족 살해

한국은 다른 나라보다 전체 살인 사건에서 가족 살해가 차지하는 비율이 높은 국가다. 2014년 『대한법의학회지』에 발표된 「한국의 존속살해와 자식살해 분석」 보고서에 따르면 2006년부터 2013년 3월까지 국내에서 발생한 가족 살해는 총 611건(존속살해 381건·자식살해 230건)으로 연평균 84건에 달했다. 매년 전체 살인 사건의 약 7퍼센트에 해당하는 수준인데, 이는 프랑스(2.8퍼센트)·미국(2퍼센트)·영국(1.5퍼센트) 등에 비해 높은 수치다.[1]

가족은 죽음마저 함께해야 한다는 일그러진 가족주의와 아내·자녀를 자신의 것으로 여기는 전근대적 가부장주의 문화가 한국에서 가족 살해가 자주 일어나는 이유로 꼽힌다. 김상원은 "(가족 살해는) 가족에 대한 모든 책임을 가장인 아버지가 결정하는 가부장적 문화의 잘못된 유산"이라며 "가족 구성원 개체를 존중하는 서구 사회에서는 아무리 상황이 어려워도 동반자살이나 가족 살해는 생각조차 하기 어렵다"고 했다. 자녀에 대한 부모의 무한책임주의가 원인으로 작용하고 있다는 시각도 있다. 정성국은 "자녀가 고교를 졸업하면 독립하는 외국과 달리 우리나라에서는 심지어 결혼해 자기 자식을 낳아도 부모에게 의존할 정도로 양육의 책임과 기간이 상당히" 길다며 "모든 걸 책임지려 하는 부모가 '부모 없이 얼마나

힘들까' 하는 과도한 감정이입 끝에 가족 살해를 저지른다"고 했다.[2]

사회적인 억압과 좌절감이 가족 살해로 나타나고 있다는 해석도 있다. 자랄 때부터 실패를 가르치지 않는 우리나라의 성공 지상주의 교육관 때문에 사회에서 승승장구한 인물일수록 실패에 직면하게 되면 이를 극복 못하고 극단적인 선택을 하게 된다는 것이다. 설동훈은 "우리 사회는 모든 게 경쟁이고 경쟁에서 이긴 사람만 살아남는 구조"이기 때문에 "실패에 익숙한 사람은 단련이 돼 있지만, 계속 승승장구했던 사람들에겐 패배가 주는 충격은 훨씬 더 클 수밖에 없다"고 말했다.[3]

가족 살해는 가정 불화와 경제 문제, 정신질환 등에서 비롯되는 경우도 많다. 이 가운데 경제적 이유에서 비롯된 가족 살해가 크게 증가하고 있다. 『경향신문』 2015년 1월 17일자 사설은 최근 빈발하는 가족 범죄의 근저에는 전근대성과 물질주의, 가족 해체 등의 요소가 복합적으로 자리 잡고 있다면서 이렇게 말했다.

"우려되는 것은 경제적 이유로 인한 가족 범죄가 늘어나는 점이다.……경제 문제를 비롯한 모든 책임을 가장이 진다는 그릇된 가족주의를 벗어던지고 구성원을 독립된 인격체로 인식하고 서로 소통·협력하는 새로운 가족 관계 형성이 필요하다."[4]

교사 무기력증

공교육이 무너지면서 교사의 권위와 재량이 줄어들고 학부모와 학생들에게 무시당하는 일이 자주 발생하면서 학교 현장의 교사들이 느끼고 있는 증상이다. 교사들이 느끼는 번아웃 신드롬이라 할 수 있겠다. 한국 사회에서 교직은 안정성이 높고 봉급 수준도 세계 최상위권이며 퇴직 후 연금을 받는 선망의 직종이지만 적잖은 교사들은 무기력증에 시달리고 있다.

한 초등학교 교장은 2015년 2월 "학생끼리 몸싸움이라도 나면 요즘은 대형 로펌에 의뢰해 소송을 하는 부모도 있다. 교장이 부모 앞에서 무릎을 꿇기도 한다"고 증언했다. 한 고교의 교사는 "수업 시간에 '학원에서 배웠다'는 학생들을 통제할 수단도 마땅치 않다"고 토로했다. 교육계의 경직된 문화와 수업 준비보다 많은 시간을 써야 하는 행정 업무가 교사를 무기력하게 만든다는 지적도 있다. 한 중학교 교사는 "학기가 시작되면 행사만 10개 넘게 준비해야 하는데 벌써부터 부담"이라며 "교육청에서 내려오는 공문을 처리하고 회의에 참석하다 보면 '왜 교사가 됐는지' 자괴감이 든다"고 했다.[5]

교사 무기력증 때문에 교사가 된 것을 후회하고 있는 사람도 적지 않다. 양정호 성균관대 교육학과 교수가 OECD의 '2013년 교수·학습 국제 조사TALIS · Teaching and Learning International Survey 2013'를 바탕으로 회원국 중학교 교사 10만 5,000여 명을 분석한 결과에 따르면, 교사가 된 것을 후회한다는 비율은 20.1퍼센트로 경제협력개발기구OECD 회원국 34개국 중 가장 높았다. '다시 직업을 택한다면 교사가 되고 싶지 않다'는 응답자 비율에서도 한국은 36.6퍼센트로 회원국 평균(22.4퍼센트)보다 높았다.

교사 무기력증 때문에 명예퇴직을 신청하는 교사들도 늘고 있다. 2015년 1월 교육부가 밝힌 명퇴 신청자는 1만 2,591명으로, 2013년에 견주어 2배 가까이 증가했다. 김성기 협성대 교육대학원 교수가 2012년 진행한 조사에서 응답 교사(371명)의 73퍼센트는 명예퇴직의 이유로 '학생 생활지도의 어려움 증가'(복수 응답)를 '연금개혁에 대한 불안감'(25.6퍼센트)보다 높게 생각했다.[6]

어떤 직종이든 5명 중 1명 정도는 자신이 선택한 직업에 만족하지 않을 가능성이 크다면서 교사 무기력증에 과민 반응할 필요가 없다는 견해도 있지만,[7] 교사 무기력증을 우려 섞인 시선으로 보는 견해가 많다. 예컨대 『중앙일보』 2015년 2월 10일자 사설 「최악의 집단 무기력에 빠진 한국의 교사들」은 교사들의 자존감 고취와 사기 진작은 2세 교육의 품질 유지·향상을 위해서도 반드시 필요하다면서 이렇게 말했다.

"'죽은 교원의 사회'가 어떻게 미래 세대를 키울 신바람 나는 교육 현장을 만들 수 있겠나. 선생님들이 열정적으로 학생들을 가르칠 수 있는 교육 문화 마련은 우리 시대의 과제다."[8]

난민 유령선

불법 이주 주선업자들인 브로커들이 자신들만 탈출하고 수백 명의 난민들을 태운 채 바다에 버리는 화물선을 말한다. 브로커들은 배를 버리기 전에 승선한 난민들에게 '구조요청 전화를 하라'고 지시해 난민 유령선을 만드는데, 난민 유령선은 2015년 유럽 불법 이주를 알선하는 브로커들의 새로운 돈벌이 수법으로 자리 잡은 것으로 알려졌다.[9] 난민 유령선은 주로 이탈리아와 근접한 지중해에서 발견된다. 이탈리아가 난민이 대량 발생하는 북아프리카나 중동에서 지중해를 건너 유럽으로 들어가기에 가장 가까운 지리적 위치에 있기 때문이다.[10]

난민 유령선이 불법 이주의 새로운 트렌드로 떠오른 이유는 수익성 때문이다. 우선 대형 화물선은 헐값에 구해 쓰고 버릴 수 있다는 장점이 있다. 해양 전문지 『로이드스 리스트』의 데이브 올센은 "낡은 할인 화물선은 100만 달러도 안 주고 살 수 있다"며 "40~50년 된 배들은 인도에 고철로 팔아봤자 남는 게 없기 때문에, 그보다 좀 더 쳐주면 (주선업자 등에게) 넘기려고 한다"고 말했다. 업계 관계자들은 오래된 화물선은 온라인 전자상거래업체 '이베이'에서도 쉽게 구할 수 있다고 말한다.[11] 브로커들은 화물선을 산 가격보다 많은 돈을 이민자들에게서 받는다. 국제이주기구IOM는 "브로커들은 1인당 1,000~2,000달러의 승선료를 받"기 때문에 유령선 항해를 한 번 할 때마다 100만 달러를 벌어들일 수 있다고 했다.[12]

　중동과 북아프리카 지역에서 끊이지 않는 내전도 난민 유령선 이 증가하는 이유로 꼽힌다. 특히 이른바 '아랍의 봄' 이후 내전이 계속해서 발생하고 있는 시리아에서 내전을 피하려는 중산층의 이 민 수요가 크게 늘고 있는데, 브로커들은 이들을 집중 공략한다. 시 리아 중산층 난민은 기존의 '보트 피플'과 달리 기술자, 약사 등 전 문직 종사자들이 다수 포함되어 있어 이들에게서 북아프리카 난민 의 3배가 넘는 돈을 받을 수 있기 때문이다.[13]

　유럽의 난민 구조 정책 변화도 난민 유령선이 등장한 이유로 꼽힌다. 이탈리아 정부가 계속되는 경제 부담으로 난민 구조에 소 극적으로 나서자 대규모의 '난민 유령선' 전략을 동원해 어쩔 수 없 이 구조에 나서도록 하고 있다는 것이다. 유럽연합은 2015년 1월 "대규모 이민자 이송을 시작한 불법 브로커들에 맞서 싸우겠다"고 밝혔지만, 중동에서 분쟁이 멈추지 않고 있어 난민 유령선은 더욱 늘어날 것으로 예측되고 있다.[14]

노노老老 부양

급속한 고령화로 인해 60대의 '소노小老(자식 노인)'가 팔순·구순의 '대노大老(부모 노인)'를 모시고 사는 사회 현상을 이르는 말이다. 국민건강보험공단 자료에 따르면, 60대 이상 가구주 명의로 노부모가 가구원으로 기재된 가구는 2013년 현재 14만 2,065가구에 달한다고 한다.

노노 부양 현상은 앞으로 더욱 심해질 것으로 예상되고 있다. 초고령인 85세 이상 노인 수가 급속히 증가하고 있기 때문이다. 초고령인 수는 2014년 말 현재 49만 8,321명으로, 이는 2013년(45만 5,785명)보다 4만여 명 늘어난 것이다. 현재 하루 평균 116명이 초고령 노인으로 바뀌고 있는데, 통계청은 앞으로 10년 뒤인 2025년이면 85세 이상 노인이 현재의 2배가량인 116만 명에 이를 것으로 예측했다.[15]

제대로 노후를 준비하지 못한 채 은퇴한 60·70대 자녀 노인들이 팔순·구순 부모를 모시고 살면서 발생하는 문제도 적지 않다. 노노 부양이 시장을 왜곡해 경기 활성화에 도움이 되지 않는다는 주장이 있다. 부모 노인이 오래 살면서 자식한테 상속하는 시기가 늦어져 자산이 젊은 층으로 이동하지 않기 때문에 이른바 '자산 잠김' 현상이 발생하고 있다는 것이다. 김동엽은 일본을 예로 들며

"현재 일본의 60대 이상 노인들은 금융 자산의 70%를 보유한 채 돈을 쓰지도, 자식에게 물려주지도 않는다. 100세까지 살려면 무슨 일이 벌어질지 몰라서 그런다"면서 이런 현상이 한국에서도 발생하고 있다고 했다.[16]

노노 부양의 가장 큰 명암은 노노 학대다. '소노小老'가 '대노大老'를 학대하는 행위를 일러 노노 학대라 하는데, 이는 소노가 경제적으로나 신체적으로 쉽지 않은 상황에 놓여 있기 때문에 발생하는 현상이다. 한 조사에 의하면 자녀와 며느리, 사위 등 존속에 의한 학대가 70퍼센트를 차지하고 있는 것으로 나타났는데, 한국의 노인 자살률이 다른 나라보다 높은 것도 빈곤 노인들이 늘고 가족에게 학대당하는 경우가 많기 때문이다.

이심 대한노인회장은 "노인이 노인을 돌보는 사회는 평균수명이 늘어나면서 생긴 필연적 결과"라며 "노인이 노인을 돌보는 책임을 가정에만 맡기지 말고 정부가 시대적 변화에 맞춰 노노 케어 사업을 늘려 지원해야 한다"고 주장했다.[17]

노블레스 노마드족Noblesse Nomad族

명품이나 골동품 구입 대신 여행·레저·공연 관람을 즐기는 사람들을 이르는 말이다. 유형의 재산이 아니라 무형의 경험을 축적하면서 삶의 보람을 찾는다는 게 이들의 특징이다. 이들은 자신의 행복을 추구하기 때문에 결혼에 얽매이지 않고 동호회 활동 등 취미 활동에 매진하면서 삶의 즐거움을 추구하는데, 그래서 자발적 유목인이라고도 한다.[18]

김명곤은 노블레스 노마드족이 "변화를 지향하며 창조적이고 자유롭다"면서 이렇게 말했다. "이들 중에는 부모 잘 만난 '팔자 좋은 유목민'도 있지만, 그들보다는 스스로의 능력으로 세계적인 정보산업·엔터테인먼트산업·과학계를 이끄는 빌 게이츠·스티브 잡스·스티븐 호킹과 같은 '위대한 유목민'이 주축이 되어 있다. 21세기에 들어서서 전 세계적으로 이들의 숫자는 급증하고 있으며, 인류 문명의 창조자로서 이들의 역할은 갈수록 중요해지고 있다."[19]

다자녀의 역설

자식이 많은 집안에서 서로 다른 형제나 자매에게 부모 부양을 떠넘기는 현상이 발생하고 있는데, 이를 설명해주는 말이다. 다자녀의 역설은 '상속 빈곤층'이 증가하면서 주목받고 있다. 자녀들에게 재산을 모두 상속해주고 버림받는 노인들을 일러 '상속 빈곤층'이라고 한다. 『중앙일보』가 2007년부터 7년간 전국 법원에서 선고된 부모·자식 간 부양료 청구소송 판결문 144건의 원고 151명을 분석한 결과에 따르면, 많게는 9명까지 2명 이상의 다자녀를 키운 부모는 85.4퍼센트에 달했다. 부양을 외면당한 부모들의 평균 자녀 수는 3.4명이었다.[20]

과거부터 한국인들은 자식농사를 잘 지으면 노후 걱정은 없다고 생각해왔지만 이런 통념과 달리 자식이 많을수록 부모가 버림받는 경우가 많이 발생하는 역설이 생기고 있는 것이다. 이화정은 노후의 가장 든든한 보험이었던 자녀에게 버림받는 현상은 고려장을 연상하게 한다면서 "자식을 위해서 먹을 것도 안 먹고, 제대로 자신의 건강을 돌보지 못하면서까지 평생을 바친 결과가 자녀의 외면이고 보면 '고려장'이라는 감정적 우울감은 실제 겪어보지 않은 사람들은 짐작하기 어렵다"고 했다.[21]

다자녀의 역설이 발생하는 것은 이런 이유 때문이다. 우선 형제가 많다 보니 자녀 한 명 한 명이 느끼는 부양에 대한 책임감이 심리적으로 덜해진다. 주위에 사람이 많을수록 곤경에 처한 사람을 돕지 않게 된다는 심리학의 '방관자 효과bystander effect'가 부모 부양에서도 나타나는 것이다. 형제가 많을수록 부양하는 자녀와 부양하지 않는 자녀 사이에 편이 갈려 싸우는 것도 이유다. 자녀가 많으면 일부 자녀에게 부모 부양에 대한 부담이 편중되기 마련인데, 이들이 "왜 나만 모셔야 되느냐"고 생각하는 순간 갈등이 생겨 다자녀의 역설이 발생한다는 것이다. 2013년 가정법원에서 부양료 소송을 담당했던 법무법인 지우의 이현곤 변호사는 "부모와 함께 자식이 법정에 선 사례들을 보면 대부분 직접 모시는 자녀가 부양 비용까지 내게 되는 '독박' 구조인 경우"라며 "재산은 공평하게 상속해주는 추세가 일반화됐지만 부양 의무는 공평하게 나누지 않는 게 갈등의 씨앗이 된다"고 했다.[22]

다자녀의 역설을 예방하기 위한 방법으로 전문가들은 크게 두 가지의 해결책을 제시한다. 첫째, 노후 생계 비용을 감안하지 않고 사교육에 큰 지출을 하거나 결혼 비용 등으로 재산을 미리 증여하지 말아야 한다. 둘째, 노후를 자녀들에게만 맡길 게 아니라 제도와 시스템을 구축해 사회 안전망을 확충해야 한다.[23]

독친毒親

자식의 학교 성적을 상위권으로 끌어올리기 위해 달달 볶아대는 부모를 이르는 말이다. 부모의 지나친 간섭이 자식의 장래나 성격 형성에 오히려 독이 되어 망치게 된다는 뜻에서 붙은 이름이다. 『독이 되는 부모Toxic parents』의 저자 수전 포워드Susan Forward는 "부모에게 험한 말을 듣고 모욕감을 느끼면서도 '이렇게 하는 것은 너를 사랑하기 때문이다'라는 말을 들으면서 자란 아이들은 세뇌를 당한 것과 같다"고 했다.

　　실제 독친 밑에서 자란 아이들은 자립 능력이 떨어져 작은 외부 자극에도 쉽게 반응하고 불안 심리를 가지고 있다. 또 독친에 억눌린 아이들은 집에서 거짓으로 '착한 아이' 연기를 하는 경우도 적지 않은 것으로 알려져 있다. 최경운은 독친의 유형으로 ① 어릴 때부터 부모들이 짠 인생 스케줄에 따라 일거수일투족 간섭하는 유형, ② 부모가 성공·실패 경험을 통해 아이가 결정해야 할 일을 통제해 커서도 스스로 결정할 능력을 갖지 못하게 하는 유형, ③ 자녀의 자유를 존중하는 척하면서 아이 인생의 주요 길목에서 부모의 생각을 주입하는 '이중구속형' 등 3가지를 들었다.[24]

　　독친은 고학력자와 고소득자에 많은 것으로 알려져 있는데, 이는 부모의 성공 경험이 크게 작용하고 있기 때문이다. 최원호는 "고위층이나 전문직 종사자들일수록 자녀에 대한 관심과 기대수준은 일반 가정에 비해 훨씬 높게 나타나는데, 자녀에 대한 기대는 단순한 기대수준을 넘어 반드시 달성되어야 하는 의무로 받아들여진다"면서 "심지어 아이의 인권이나 자유 시간, 친구관계 등은 선택의 여지가 없이 부모가 설정한 프로그램에 맞춰 인생이 설계되어간다"고 했다. '왜 공부를 못하는지 이해할 수 없다'는 부모와 부모의 기대에 부응하지 못하는 자녀의 스트레스, 그럴수록 자녀에게 쏟아붓는 사교육비, 투자에 대한 기대감, 이를 충족하지 못할 경우 간섭과 통제, 언어적 폭력, 체벌로 이어지게 된다는 것이다.[25]

독친은 아이의 대학 진학을 위해 '성적 조작'도 마다하지 않는다. 현직 교사와 짜고 스펙을 조작해 아들(20)을 한의대에 입학시켰다가 덜미를 잡힌 이 모(49·대학 시간강사) 씨는 경찰 조사에서 "강남 한 번 가보세요. 다른 부모도 다 그렇게 하고 있어요"라고 강변했다. 『조선일보』 2014년 11월 22일자는 "20일 오전 9시쯤 서울 반포동 한 커피숍에는 30·40대 주부 6명이 이야기꽃을 피우고 있었다"면서 이렇게 말했다.

"한 주부가 '이번엔 아이 학교에서 점토로 뭘 또 만들어 오래'라며 한숨을 쉬자 다른 주부는 '대행업체에 맡기라'고 조언했다. 옆에 있던 다른 주부는 '난 독후감, 논술 때문에 요즘 논술학원에 다니고 있다'고 거들었다. 3시간여 동안 이어진 이들의 대화 주제는 오로지 '공부와 성적'이었다. 교장·교감에서부터 담임교사, 학원 강사, 스포츠클럽 코치들까지 수많은 교사 · 강사의 평가와 학원 교재 · 강의 방식 · 수업료 등 수많은 정보가 쏟아졌다."[26]

정용석은 텀블러를 창업한 데이비드 카프와 마이크로소프트 창업자인 빌 게이츠도 한국의 독친 엄마나 아빠 밑에서 살았다면 세계적인 벤처 기업인으로 성장하기 어려웠을 거라면서 우리나라도 독친 아닌 선친의 선도 방법으로 가야만 빌 게이츠, 데이비드 카프 같은 독창적이고 도전적인 인재를 배출할 수 있다고 했다.[27] 선친善親(착한 부모)은 자식의 성적과는 관계없이 취미를 살려주고 편안하게 살펴주는 부모를 말한다.

딸 효과

딸을 둔 아버지들이 여성의 권리에 우호적인 성향을 가진다는 개념
이다. 2014년 4월 마야 셴 로체스터대학 교수와 애덤 글린 하버드
대학 교수가 미 연방항소법원 판사 224명의 표결 약 2,500건을 분
석한 결과를 보면, 딸을 둔 판사가 여성 권리 신장에 유리한 판결을
내리는 경우가 딸이 없는 판사보다 7퍼센트 많은 것으로 나타났다.
자녀가 딸 1명뿐인 경우와 아들 1명뿐인 경우를 비교해보면, 딸을
둔 판사가 여성의 권리에 우호적인 방향의 의견을 내는 경우가 16
퍼센트 더 많았다.[28]

하지만 딸이 있는 것과 진보적 성향의 판결 사이에는 상관관계
가 없는 것으로 나타났다. 딸 효과는 고용 차별 같은 성 관련 민사
사건 판결에서만 나타났을 뿐 성폭행이나 성희롱 같은 형사사건 판
결에는 영향을 미치지 않았다는 것이다. 이 결과에 대해 연구진은
"개인적 경험이 세계관에 영향을 미치기 때문"이라며 "이는 법과
이념 외에도 개인적 경험이 판결에 영향을 미친다는 증거"라고 분
석했다.

『뉴욕타임스』는 딸이 있는 하원의원들에게서도 딸 효과가 나
타난 연구결과가 있다고 했다. 딸을 둔 하원의원들이 그렇지 않은
경우보다 낙태 같은 문제에 대해 좀더 진보적인 성향을 보인다는

것이다.[29]

딸 효과 때문일까? 딸을 둔 아버지들이 여권신장을 위해 적극 나서야 한다는 견해도 있다. 조성호는 "여성의 사회적 성공에 관한 기존의 심리학 연구결과들을 살펴보면 딸들의 사회적 성공의 이면에는 아버지의 양육 태도나 행동이 큰 역할을 한다. 예를 들어, 아버지가 딸의 교육에 더 적극적으로 참여할수록 딸의 학업성취 수준과 사회적 성공 가능성은 더 높아지는 것으로 나타났다"면서 이렇게 말했다.

"세상의 반이 여성이고, 딸을 자식으로 둔 아버지 역시 모든 아버지의 반이다. 아버지들이 딸들을 위해 나설 때 딸들의 사회적 성공 가능성은 더 높아지고 남녀 차별 역시 줄어들 수 있다. 법과 제도만으로 남녀차별을 막고 유리천장을 깰 수는 없다. 딸을 둔 아버지가 나서야 한다."[30]

명절 자살

명절 연휴가 지난 후 발생하는 자살을 말한다. 이른바 명절증후군의 한 사례로 볼 수 있겠다. 명절을 전후해 어지럼증·두통·복통·심장 두근거림·피로감 등과 함께 정신적으로 우울해지고, 이유 없이 불안하거나 초조해지며, 무기력감이나 조절할 수 없는 분노감이 들기도 하는 증상을 일러 '명절증후군'이라 한다.[31] 중앙자살예방협회가 조사한 명절 자살자 수 통계를 보면 2008년부터 5년간 명절 연휴 다음 날 자살자 수는 평균 43.4명으로, 이는 하루 평균 자살자 수(40.4명)보다 3명이나 많다.

이렇게 평상시보다 명절 자살이 증가하는 이유는 어디에 있을까? 전문가들이 제시하는 이유는 이렇다. 첫째, 평소에 작게 보였던 문제들이 연휴 기간에 더 커 보이는 등 긴 연휴 기간 동안 갖가지 갈등이 극대화되어 나타난다. 신광영은 "명절은 일상적인 것의 의미를 실제보다 더 증폭시키는 기제로 작용한다"며 "가족 관계가 좋은 경우에는 더 큰 즐거움을 낳지만 문제가 있는 경우엔 갈등이 더 커진다"고 했다.[32]

둘째, 상대적 박탈감이다. 강준만은 "늘 뿔뿔이 흩어져 살다가 1년에 2번 대가족으로 합류하는 명절은 오랫동안 보지 못한 가족과 친척을 만날 수 있는 기쁨과 즐거움의 축제라곤 하지만 동시에 '비교를 위한 원형경기장'으로 비교에서 밀리는 사람들에게 엄청난 스트레스를 안겨준다"고 했다.[33] 비슷한 맥락에서 설동훈은 "평소 핵가족 단위로 흩어져 살던 이들이 명절 모임을 통해 다른 친척들과 비교당하는 상황에 놓이는데, 특히 자신감이 부족한 이들은 엄청난 중압감을 느낀다. 이것이 극단적 형태로 표출되기도 한다"며 명절을 맞아 느낀 '상대적 박탈감'이 일종의 '기폭제' 구실을 할 수 있다고 했다.

하지현 건국대 정신의학과 교수는 "설에 사람들은 앞날에 희망이 있는지 등을 생각하게 되는데 그 과정에서 더 큰 상실감을 느끼기도 한다"고 했다.[34] 명절 자살은 명절이 보기에 따라서 '잔혹한 날'이 될 수도 있음을 보여주는 현상이기도 하다.

미스터리 쇼퍼 Mystery Shopper

신분을 숨긴 채 레스토랑이나 백화점 등을 돌며 서비스와 품질 등에 점수를 매기는 사람을 이르는 말이다. 이들이 고객으로 가장해 해당 업체나 매장의 서비스 수준을 평가하는 걸 가리켜 미스터리 쇼핑이라고 한다. 서비스가 톱니바퀴처럼 굴러가지 않으면 손님을 잃기 십상이라는 생각에서 서비스업체와 유통업체는 미스터리 쇼퍼를 활용한다. 아예 미스터리 쇼퍼만 교육·파견하는 업체를 활용하는 곳도 적지 않다.[35]

미스터리 쇼퍼가 감정노동을 부추기고 있다는 지적도 있다. 미스터리 쇼퍼 때문에 고객은 '친절'을 누리지만 감정노동자들은 더 강도 높은 노동에 시달린다는 것이다. 미스터리 쇼퍼는 이른바 '진상손님'으로 위장하기도 한다. 한 명품 브랜드가 미스터리 쇼퍼를 대상으로 진행한 교육 내용은 이렇다. "최대한 집요하게 진상처럼 굴어보세요. 매장에 없는 물건을 보여달라고 요구해보기도 하고 물건에 대해 트집도 잡아보세요. 그래도 직원이 불쾌한 내색 않고 흐트러짐 없이 응대를 하는지, 회사의 매뉴얼에 맞춰 안내를 하는지 살펴세요."[36]

바로 이런 이유로 미스터리 쇼퍼는 감정노동자들에게 '암행감시단'으로 통한다. 감정노동자들은 "미스터리 쇼퍼 때문에 하루

종일 웃고 있느라 입 근육에 경련이 생길 지경"이라고 토로한다. 은행에 근무하는 한 사람은 "미스터리 쇼퍼가 나오는 기간에는 워낙 스트레스를 많이 받아 끊었던 담배를 무는 직원도 있다"며 "한 여직원은 평가 기간 동안 밤을 새워 상품 공부를 했는데 막상 고객에게 피곤한 모습을 보여 나쁜 평가를 받았다"고 했다. 한 백화점에서 여성복을 판매하는 직원은 "손님이 내 명찰을 쳐다보면 점검 나온 것 아닌가 하는 의심이 든다. 오히려 판매에 방해가 되기도 한다"고 토로했다.

미스터리 쇼퍼 대행업체에서 일했다는 전직 미스터리 쇼퍼는 "미스터리 쇼퍼가 종업원 이름, 복장, 청결도, 표정 등 아주 세세한 부분까지 평가하기 때문에 서비스업 종사자들은 자기 검열을 할 수밖에 없다"며 "이들의 감정노동을 부추긴다"고 했다.[37]

반半한국인

2014년 4월 현재 다문화 가정 출신 학생 수가 처음으로 전체 학생의 1퍼센트를 넘어섰다. 다문화 가정 출신 아이들은 매년 6,000~8,000명씩 꾸준히 늘고 있어 2020년에는 청소년 인구의 20퍼센트가 다문화 가정 출신이 될 것으로 예측되고 있다.[38] 다문화 가정이 크게 늘고 있지만 여전히 다문화 가정에서 태어난 아이들을 한국인으로 간주하지 않는 사람들도 적지 않다. 반半한국인은 이렇듯 다문화 가정 아이들에 대한 한국인의 배타적 감정이 묻어 있는 말이다. 절반만 한국인이라는 뜻을 담고 있기 때문이다.

다문화 가정에 대한 한국인의 배타성은 세계적으로 유명하다. 2014년 8월 열린 '2014 한국 인종차별 실태 보고대회'에서 김현미 연세대 문화인류학과 교수는 이렇게 말했다. "한국 사회의 반反다문화 담론과 인종주의가 국가의 방관과 방치하에서 퍼지고 있습니다. 인종차별을 막을 교육이 전혀 이뤄지지 않고 있습니다." 미디어가 인종주의를 부추기고 있다는 지적도 있다. 정혜실 터TAW네트워크 대표는 2014년 8월 "최근 2년 동안 나온 언론 기사를 검색해보면 '다문화 가정'이란 키워드가 지원의 대상(6,963건)과 소외계층(3,573건)과 관련해 검색됐다"며 "이런 미디어의 보도는 다문화 가정을 세금을 갉아먹는 존재 또는 복지의 대상으로만 한정해 여기게 하는 부정적 효과를 주고 있다"고 했다. 이어 그는 "유엔과 같은 국제사회는 한국 사회가 '혼혈'이라는 말을 더 이상 사용하지 말 것을 권고했음에도 지난 2년간 1,287건이나 뉴스 보도에서 사용돼왔다"며 "특히 스포츠 분야에서의 혼혈 선수(413건)에 대한 사용이 빈번했다"고 꼬집었다.[39]

2015년 2월 한 초등학교 6학년 교사가 김치를 먹지 않는 다문화 가정 어린이에게 "반이 한국인인데 왜 김치를 못 먹나"라고 타박해 유죄판결을 받는 사건이 벌어졌다. 이 교사는 다문화 가정 어린이가 질문을 자주 해 수업 분위기를 해친다며 학급 전체가 "××는 바보"라고 3번이나 크게 외치게 하기도 했다. 조호연은 "이 사건은 한국인의 외국인에 대한 배타적 감정의 단면을 잘 보여준다"며 이렇게 말했다.

"수업에 지장을 준 행위와 다문화 가정 자녀라는 사실은 전혀 별개의 사안임에도 공격 소재로 삼은 배경에는 옹졸한 순혈주의가 도사리고 있다. 한 다리만 건너도 '베트남 새댁'이나 '우즈벡 며느리'와 마주치는 현실을 외면한 처사다. 2020년에는 청소년 인구의 20%가 다문화 가정 출신이 될 것이라고 한다. 언젠가는 지금의 한국인이 교사가 말한 '반쪽 한국인'이 되는 날도 올지 모른다. 역지사지할 일이다."[40]

배운녀자

자신의 지식을 사회에 도움이 될 수 있도록 올바르게 활용하는 여성이라는 뜻이다. 2008년 미국산 쇠고기 수입 반대 촛불 집회에 적극 참여한 20~30대 여성을 이르는 말로 쓰였는데, 인터넷 패션카페 '소울드레서'가 처음 사용한 것으로 알려져 있다. 소울드레서와 함께 여성 포털사이트 '마이클럽', 요리전문 사이트 '82쿡닷컴' 등 인터넷 여성 사이트에서 활동한 여성들도 배운녀자로 거론되었다. 당시 이들은 스스로 자신과 가족의 건강을 위해 미국산 쇠고기 수입 반대 촛불 시위를 시작해 보수언론 절독운동, 광고 불매운동 등을 주도해 주목을 받았다.[41]

배운녀자가 자신들을 '여자'가 아닌 '녀자'로 호명한 것은 자기주장을 강하게 드러냈던 1920년대의 신여성들에게 빗댄 것이라는 해석이 있다. 박이은실은 배운녀자는 "무엇을 먹고 무엇을 입고 무엇을 타고 어디서 자고 어디를 가고 무엇을 보고 누구를 만나는가 하는 것이 삶에 있어 기본이라는 사실을 아는 사람들이다. 곧 이들은 '생활정치가'들이다"라고 예찬했다.[42]

배운녀자들이 정치적으로는 진보적이지만 내 자식 문제에서만은 보수적이라는 견해도 있다. 한귀영은 2013년 7월, 배운녀자들은 자신은 물론 사회를 향해서도 열려 있고 소통과 공감을 통한 변화에도 익숙하지만 막상 결혼해서 아이를 낳고 나면 내 아이에만 집중하는 이기적 모습으로 변하는 경우도 제법 많다며, 배운녀자의 '내 자식' 보호 본능이 '내 가족'으로까지 확장되면서 사회와의 거리는 점점 멀어지는 현상을 낳고 있다고 했다. 2012년 2월 한겨레 사회정책연구소 조사에서 '복지를 위해 세금을 더 낼 용의가 있는가'를 질문했을 때, 30대 남성은 53퍼센트가 긍정적으로 답변한 데 비해 30대 여성의 부정적 답변은 58.7퍼센트에 이르는 등 이들이 자식과 가족이라는 울타리를 지키기 위해 세금 납부 같은 사회적 의무를 외면하는 경향을 보였다는 것이다.[43]

배운녀자라는 말 속에 '배제의 정치학'이 작용하고 있다는 견해도 있다. 박권일은 2015년 2월, 배운녀자는 "사회 문제에 적극적으로 발언하고 참여하는 여성들이 자부심을 담아 스스로를 호명하는 단어였"지만 "타자에게 다른 방식의 각성이 존재할 수 있음을 인정하지 않는 독선이" 담겨 있는 듯해서 불편함이 느껴진다고 했다. 배운녀자들이 학력이나 학벌로 여성을 차별하려는 의도는 없었을 테지만 평등과 정치적 다원주의를 강조하면서 공동체 구성원의 차이들을 지적 우열의 문제로 치환하는 모순도 보였다는 게 박권일의 해석인 셈이다.[44]

부원병夫源病

직장을 은퇴한 남편의 말이나 태도가 원인이 되어 아내에게 생기는 병을 말한다. 그러니까 직장에서 퇴직한 남편의 이래라저래라 간섭하는 말이나 행동 때문에 아내가 스트레스를 받아 생기는 병이라는 의미다. 두통이나 현기증, 불면증, 귀울림 등의 이상 증상이 부원병에 해당한다.[45] 일본 오사카쇼인여대 이시쿠라 후미노부 교수가 병원을 찾는 60대 이상 여성 환자 중에서 은퇴한 남편의 말이나 행동 때문에 스트레스를 받아 병이 생기는 사람이 많다는 점에 착안해 만든 말이다. 이시쿠라 후미노부는 "참을성이 많은 현모양처일수록 부원병에 걸릴 확률이 높다"며 "내가 다 벌어 먹이고 있다는 식의 가부장적인 남편뿐만 아니라 가사를 잘 돕고 있다며 자칭 착한 남편이라고 자만하는 남편 모두가 바이러스 제공자"라고 했다.[46]

김찬곤은 부원병은 "배우자와 함께 평생을 살아오면서 장기간 부당한 대우를 반복적으로 받아 서서히 깊어지는 병으로, 가족 관계를 유지할 수밖에 없어 오랫동안 갈등이 쌓여 생기는 정신적 스트레스다"면서 이렇게 말했다.

"문제는 이런 병이 특정 의약품으로 쉽게 치료할 수 없다는 데 있다. 또 전체를 위해 개인의 불편을 희생하는 게 미덕이었던 과거의 가치관이 이제는 개인의 행복추구권에 밀려나게 된 현실에서, 마음고생을 더욱 참지 못하는 분위기가 되면서 치료를 더욱 복잡하게 만들기도 한다. 무엇인가 억울하고 분한 마음이 들며, 이러다간 나만 손해를 보는 것 같은 생각 때문에 어디에서 하소연은 하고 싶은데 들어줄 사람도 없다는 느낌으로 스스로 병을 더욱 심각하게 한다는 전문가들의 지적이고 보면, 이는 단순히 어떤 치료 매뉴얼만으로는 충분하지 않음이 분명해 보인다."[47]

『조선일보』 2015년 2월 12일자는 부원병을 예방하기 위한 부부 공생共生 5계명을 소개했다. 첫째, 노후에 너무 함께 붙어 있으려고 하면 오히려 둘의 관계가 나빠질 수 있기 때문에 부부 금슬을 유지하기 위해 각방을 사용해라. 둘째, 신혼 때는 배우자 얼굴만 봐도 기분 좋고 사랑스럽지만 60대 이후엔 마주보며 이야기하면 되레 시비가 생기기 쉽기 때문에 가급적 옆으로 나란히 앉고 연애 초기처럼 이름으로 아내를 불러주어라. 셋째, 아내를 구속할수록 부부 사이는 더 나빠지기 때문에 아내가 외출할 땐 "잘 다녀와" 하면서 흔쾌히 보내주고, 귀가하면 "어땠어?"라고 반겨주어라. 넷째, 아내가 없는 한 끼 정도 식사는 스스로 차릴 수 있도록 부엌 앞치마에 익숙해져라. 다섯째, 아내가 부부 관계에서 생긴 불만이나 불평을 전부 털어놓고 이야기할 수 있도록 아내의 불평을 들어주어라.[48]

사전 장례의향서

'내 장례를 이렇게 치러달라'는 뜻을 담은, 작성자가 자신의 장례식 형태에 대해 유족에게 남기는 일종의 유언장이다. 부고訃告 범위, 장례 형식, 매장과 화장 여부를 비롯해 수의와 관의 종류까지 장례에 관한 모든 의식과 절차를 어떻게 할 것인지 등을 담고 있다. 형식적이면서도 고비용 구조인 장례 문화를 개선하자는 취지에서 시작되었기에 '작은 장례식'을 치르자는 문제의식을 바탕에 깔고 있다.[49]

한국골든에이지포럼, 나눔국민운동본부, 건전가정의례실천협의회, 마음건강연구소, 생사의례문화연구원 등 5개 단체가 2012년부터 '사전 장례의향서 쓰기' 캠페인을 벌이기 시작했는데, 이른바 '웰 다잉Well Dying' 트렌드와 맞물리면서 노년층에서 빠르게 확산되고 있다. 살아온 날을 아름답게 정리하는, 평안한 삶의 마무리를 일컬어 웰 다잉이라 한다.

한국골든에이지포럼 김일순 회장은 "자녀들은 효의 강박관념 때문에 남들이 하는 만큼 장례를 치르려고 한다. 간소하게 장례를 치러달라는 고인의 뜻이 담겨 있다면 자녀들도 효에 거스름 없이 유지를 받들게 될 것"이라면서 장례 문화는 노인 세대에서 바꿔야 한다고 말했다.[50]

상속 빈곤층

배우자 사망 후 전 재산을 자녀들에게 증여한 뒤 궁핍하게 사는 부모들을 말한다. 재산을 물려주고도 버림받는 노인들이 급증하면서 상속받은 자녀를 상대로 한 부모의 부양료 청구도 증가하고 있다. 2007~2013년 사이 선고된 부양료 청구사건 판결문 226건 가운데 부모·자식 간 소송은 144건(원고 151명)이었는데, 10건 중 3건은 상속 빈곤층 부모가 제기한 것이었다. 대법원 통계에 따르면 2002년 68건이었던 부양료 소송은 2013년 250건으로 늘었다. 한국가정법률상담소 곽배희 소장은 "자식들에게 다 퍼주고 대책 없이 늙어버린 부모 세대가 '같이 못 살겠으면 돈이라도 대라'며 권리를 주장하고 있다"며 "슬픈 현실이지만 어쩔 수 없는 흐름"이라고 했다.[51]

법정 분위기도 살벌하다. 부양료 청구소송을 담당하는 서울가정법원의 한 판사는 부모·자식 간 소송이 벌어지는 법정 분위기를 이렇게 표현했다. "아버지를 아버지라 부르는 사람은 찾아보기 힘들다." 일단 법정에 서게 되면 부모에 대한 감사한 마음은 사라져버리고 소송 상대로서 증오의 감정만 남게 되기 때문에 자녀들이 부모를 무시하며 "○○씨"라고 부른다는 것이다. 가사 소송 전문가들은 "궁박한 처지에 내몰린 부모들이 막판에 내는 소송이라 그런지 이긴다 해도 큰 상처를 남긴다"고 했다.[52]

상속 빈곤층으로 전락하지 않기 위한 방법으로 전문가들은 자식 부양에 대한 인식을 바꾸라고 조언한다. 자신들의 노후 생계비용을 감안하지 않고 자녀 교육비 등에 재산을 '올인'하거나 결혼 비용 등의 명목으로 재산을 미리 증여하지 말라는 것이다. 김진수 연세대 사회복지학과 교수는 "과거 부모들은 자식을 위해 모든 걸 다 준다는 희생정신을 실천해 왔다"며 "하지만 이제는 '다 주지 마라'는 캠페인을 전개해야 할 때"라고 했다. 최소한의 도리조차 하지 않는 이른바 '먹튀 자녀'들이 증가하고 있는 만큼 자녀들의 기본적인 인성교육을 강화해야 한다는 지적도 있다.[53]

『중앙일보』2014년 6월 18일자 사설「'상속 빈곤층' 시대, '퍼주기'가 자식 망친다」는 "인간으로서 해야 할 최소한의 도리를 저버린 자식에게는 법적·경제적 책임을 물어야 마땅하다. 미래 세대에 대한 인성교육도 강화할 필요가 있다. 하지만 비정상적인 '패륜' 자식은 소수일 것이다"라면서 이렇게 말했다.

"부모 세대가 시대에 맞게 인식·행동을 바꾸어야 한다. 자식 세대가 자신과 다른 사회적·경제적 환경에서 살아왔고, 앞으로도 그 차이는 더 커질 수밖에 없음을 받아들여야 한다. 우선 자신의 노후를 감안하지 않고 과도하게 교육·결혼 지원을 해주는 관행에서 벗어나야 한다. 오히려 '퍼주기'가 자식을 망치고 사회공동체를 병들게 할 수 있음을 인식해야 한다. 이와 함께 국가는 자식에게 부양을 받지 못하는 빈곤층 부모를 위해 사회안전망을 확충해나가야 한다."[54]

상속 빈곤층

소버린 시티즌Sovereign Citizen

법과 질서가 개인의 권리를 침해한다고 생각해 무시하는 것은 물론이고 정부 관리, 특히 경찰을 무차별적으로 살해하는 자생적 테러리스트를 지칭하는 말이다. 무정부주의 성향의 과격파라고 할 수 있겠다. 2012년 미국 루이지애나에서 벌어진 경찰관 살해 사건이 소버린 시티즌에 의해 저질러진 대표적인 사건으로 거론된다. 당시 가해자들은 교통법규를 위반했다며 차를 세우라는 경찰을 향해 무차별 총격을 가해 2명의 경찰이 사망하고 여러 명이 다쳤는데, 이들은 "경찰이 개인에게 이래라저래라 할 권한이 없다"고 주장했다. 소버린 시티즌은 미국에서 큰 사회문제로 부각되고 있다. 2014년 미국에서 시행한 한 설문조사에서 일선 현장의 경찰관들은 외국의 이슬람 극단주의자 테러보다 소버린 시티즌에 의한 테러가 '우선적 위협'이라고 평가했다.[55]

2015년 2월 미국의 국토안보부DHS는 연방수사국FBI과 함께 만들어 법집행기관 등에 회람시킨 보고서에서 "일부 기관은 '소버린 시티즌'을 IS 테러집단보다 더 위험하다고 본다"며 이렇게 말했다. "자신을 독립적sovereign이라고 여기는 이들은 수정헌법이나 연방·주州·지역의 법은 다 엉터리고, 세금이나 각종 수수료를 낼 필요가 없다고 주장하는 한편, 정부와 법집행기관, 법원의 권위를 거부한다. 심지어 정부의 정통성도 인정하지 않는다."

이 보고서는 2010년 이후 소버린 시티즌이 벌인 사건이 24건이나 된다고 지적했다. 남부 빈곤법률센터의 마크 포톡은 "소버린 시티즌 극단주의자는 대략 30만 명 정도고, 이 중 10만 명이 활발하게 움직이고 있다"며 "일부 활동가는 경제적으로 어려운 상황에 부닥친 사람들을 상대로 법원의 파산명령을 무시하라는 등 과격한 사상을 주입하고 있다"고 했다.[56]

신新중년

전통적인 할아버지 · 할머니 호칭으로는 담을 수 없는 '더 건강하고 똑똑해진' 만 60~75세 사이의 사람들을 이르는 말이다. 과거에는 50대 중년, 60~70대는 노년이라고 했지만 이들은 주관적으로 자기 나이를 훨씬 젊게 보고 있다. 2013년 『조선일보』와 삼성생명이 신중년 500명을 대상으로 한 설문조사에 따르면, 신중년 10명 중 9명 (91.6퍼센트)은 자신의 나이를 실제 나이보다 평균 7.3세 어리다고 생각하고 있는 것으로 나타났다. 실제 신중년은 젊은 세대가 하는 일도 거뜬히 해내고 있을 만큼 체력과 건강 상태가 좋다. 고려대 안산병원에서 2002년과 2012년에 건강검진을 받은 신중년 1,488명의 건강 기록을 전수 조사해 본 결과를 보면, 이들은 10년 전 같은 나이대의 중년보다 확실히 체력도 좋고, 체질도 개선된 것으로 나타났다.[57]

　　신중년은 스마트폰과 SNS 활용에도 능숙하다. 한국갤럽 조사에 따르면 60세 이상이 쓰는 휴대전화 중 스마트폰의 비율은 2012년 1월 13퍼센트에서 2013년 11월 27퍼센트로 두 배가 되었다. 또 스마트폰 뱅킹 인구 중 60세 이상의 비율도 2012년 말 2.6퍼센트에서 2013년 말 3.5퍼센트로 증가했다. 신중년은 카카오톡 · 밴드 · 페이스북 등 SNS로 친구를 만나거나 전자책 보기, 주식 체크, 당뇨

관리, 게임, 길 찾기, 티켓 예매 등을 한다.[58]

　신중년은 애정 표현에도 적극적이다. 한국노인상담센터 이호선 센터장은 2014년 2월 "복지관이 요즘 신중년 연애의 메카"라면서 "마치 대학 캠퍼스 커플들처럼 그렇게 연애를 하셔요. 공개 연애를 하는 분부터 남자 한 분이 6명의 여자분을 만나는 경우까지 봤어요"라고 했다. 복지관은 경로당과 달리 60·70대의 건강하고 의욕 넘치는 젊은 어르신들이 모여드는 곳인 데다 온종일 운동과 취미 활동을 함께 하기 때문에 연애 감정이 싹튼다는 것이다.[59]

　신중년의 파워는 소비 시장에서도 주목받고 있다. 상대적으로 부유한 집단이기 때문이다. 통계청 가계동향 조사 등에 따르면 2012년 가계 순자산(자산-부채)에서 60세 이상 고령층이 차지하는 비중은 29.1퍼센트로 40대의 26.6퍼센트보다 2.5퍼센트포인트 높았다. 2006년에는 40대와 60세 이상이 각각 31.6퍼센트와 27.5퍼센트로 40대 비중이 더 높았는데, 6년 사이 역전된 것이다. 또 60세 이상은 전체 예금의 34.8퍼센트를 차지하는 것으로 조사되었다.[60]

　신중년이 증가하면서 노년 세대들에 대한 시각을 근본적으로 바꾸어야 한다는 목소리도 나왔다. 신중년을 더 이상 국가가 돌봐야 하는 '복지' 대상으로 국한하지 말고, 저출산·고령화 문제를 극복하기 위한 한국 사회의 새로운 '자산'으로 활용해야 한다는 것이다.[61]

안나 카레니나 법칙

사람들은 성공의 이유를 한 가지 요소에서 찾으려 하는 경향이 있다. 하지만 실제 어떤 일에서 성공을 거두기 위해선 수없이 많은 실패 원인을 피해야 하는데, 이를 일러 안나 카레니나 법칙이라고 한다. 진화생물학자 제러드 다이아몬드가 톨스토이의 소설 『안나 카레니나』의 첫 문장에서 힌트를 얻어 붙인 이름이다. 『안나 카레니나』의 첫 문장은 다음과 같다. "행복한 가정은 모두 엇비슷하고, 불행한 가정은 불행한 이유가 제각기 다르다."[62]

김상조는 안나 카레니나 법칙은 실패를 성공으로 바꾸기 위한 전략을 구상할 때 명심해야 할 교훈이라고 강조한다. "즉 하나의 근본적 원인을 지적하면서 하나의 만병통치약을 제시하는 방식으로 접근해서는 안 된다는 것이다. 하나의 원인을 제거하기 위한 노력이 다른 원인(들)을 악화시킬 수 있고, 그러면 더 깊은 실패의 수렁에 빠져들 뿐이다."[63]

송준규는 안전과 관련된 문제에서만큼은 안나 카레니나 법칙이 적용되어야 한다고 말한다. 그는 "안전이란 99%가 완벽해도 1%만 오류가 있어도 언젠가는 불행이 찾아올 수 있으므로 어느 한 가지도, 한 요인도 예외일 수 없는 것이다"라면서 이렇게 말했다.

"안전 관련 분야에 있는 공무원들, 그리고 민간 종사자들이 많을 것이다. 한 번쯤 생각해봤으면 좋겠다. '나 하나쯤…', '이런 정도야…' 같은 생각이 허용되지 않는다는 것을. 각자가 성공의 열쇠이자 결정적 요인임을. 물론 대부분 소명의식을 갖고 각자의 위치에서 묵묵히 땀을 흘리고 계시리라 믿는다."[64]

안나 카레니나 법칙

앵그리 맘Angry Mom

사회 문제에 분노하는 엄마들을 일컫는 말이다. 2014년 세월호 사건, 윤 일병 폭행 사망 사건 등 후진국에서나 일어날 법한 대형 사건·사고가 연이어 터지자 부조리한 사회의 이슈를 좌시하지 않고 적극적으로 목소리를 내는 엄마들이 등장했는데, 이들을 가리키는 말로 쓰였다. 화가 잔뜩 난 표정의 게임 캐릭터 '앵그리 버드'에서 따온 명칭이다. 이지웅은 2014년 8월 "예전에도 앵그리 맘은 있었지만, 집안에서만 분노했다는 점에서, 세상 밖으로 나와 세상을 바꾸려는 이들은 그래서 '신新앵그리 맘'으로 불린다"면서 이렇게 말했다.

"원래 '앵그리 맘'은 세월호 참사에 희생된 안산 단원고 고등학생들과 비슷한 또래의 자녀를 둔 40대~50대 전후의 엄마들을 일컫는 말이었다. 하지만 군대 내 사망 사고가 계속 터지고, 6·4 지방선거에서 정부와 여당에 대한 뚜렷한 반대 표심을 나타내 교육감 선거를 좌지우지한 이들이 '엄마들'이라는 사실이 확인되면서 앵그리맘은 '위험한 대한민국'에 자식을 낳은 죄로 불안에 떨어야만 하는 전 연령대의 대한민국 엄마를 가리키는 상징처럼 됐다."[65]

앵그리 맘은 각종 시위를 조직하고 활동하며 2014년 6·4 지방선거에서도 태풍의 눈으로 등장했는데, 이런 활동은 이들이 온라인에 익숙한 세대라는 점과 관련이 깊다는 견해가 있다. 이전 세대에 비해 비교적 인터넷 문화에 익숙한 이들이 아이를 낳으면서 엄마들 간 온라인 커뮤니티가 활성화되었고 이를 바탕으로 온라인과 오프라인을 넘나들며 공론의 장을 형성하고 사회 문제에 목소리를 내기 시작했다는 것이다.[66]

정상적인 국가 시스템이 올바르게 작동하지 않고 있는 상황이 앵그리 맘 등장의 원인이 되었다는 시각도 있다. 설동훈은 "내 가족의 안전과 생명이 위협받고 있는 상황에서 엄마들이 자신의 몸을 던져 거리로 나서게 된 것"이라며 "이는 정부와 정치권이 제 역할을 해주었다면 당연히 벌어지지 않았을 현상이라는 점에서 역동적이지만 한편으로는 매우 서글픈 현상"이라고 했다.[67]

앵그리 맘의 등장을 권리 의식의 향상에서 비롯된 것으로 보는 시각이 주류지만 교육 현장에서 앵그리 맘이 이기주의로 흐를 가능성이 있다고 경계하는 목소리도 있다. 김견숙은 2015년 2월 "그저 아이를 키우는 부모로서의 순수한 마음으로 내는 목소리이기에 이러한 엄마들의 행보가 학교 현장에서 긍정적인 효과를 내고 있기도 하다. 하지만 '우리' 아이들을 위한 앵그리 맘들 사이에서 간혹 비치는 '내' 아이만을 위한 앵그리 맘의 모습을 볼 때면 절로 눈살이 찌푸려진다"면서 다음과 같이 말했다. "앞으로 교육 발전을 위해서 정말로 필요하지만, 그렇다고 학부모가 내 아이만을 위해서 화내는 앵그리 맘이 돼서는 안 될 것이다."[68]

NG족 No Graduation族

취업난으로 인해 고의로 졸업을 늦춘 대학생을 일컫는다. 이들은
졸업생이 재학생보다 취업에 불리하다는 생각 때문에 졸업을 하지
않는데, 그래서 대학 5학년생이라고도 불린다. 교육부가 2014년 3월
기준으로 2011년 이전부터 졸업유예제를 시행 중인 대학 26곳(재
학생 1만 명 이상 기준)을 대상으로 조사한 결과를 보면, 졸업 유예자
숫자는 모두 합쳐 1만 4,900명에 달했다. 2011년 8,200명에서 거의
배로 늘어난 것이다. 졸업유예제는 사실상 졸업 요건을 충족한 재
학생이 해당 학기에 졸업하지 않고 일정 기간 졸업을 미룰 수 있도
록 하는 제도다. 법적 근거나 정해진 규칙은 없지만 많은 대학이 학
생들의 편의를 위해 도입하고 있다.

NG족은 유령과 같은 존재다. 강지혜는 "대학 5학년생은 의도
하지 않아도 저절로 학교에서 '없는 존재'가 된다. 졸업에 필요한 학
점을 모두 이수하고 졸업을 유예하기 위한 수업 1~2과목만 신청하
니 선·후배와 동기를 만날 일은 거의 없다. 동아리 활동도 하지 않
으니 의도치 않게 숨어 지내는 모양새가 된다"며 "혹여라도 후배들
앞에서 학번을 밝히면 '조상' 보듯 깜짝 놀라거나 자기들끼리 수군
거리는 것같이 느껴진다. 학번을 적어내기라도 할 때면 어색하기만
하다"고 했다.[69]

정규 학기를 다 채우고도 학교를 더 다니기 위해서 최소 한 과목 이상을 듣는 NG족도 있지만 한 과목당 50만~60만 원의 등록금을 내야 하는 부담 때문에 이런저런 편법을 이용해 등록금을 안 내면서 졸업만 유예하는 NG족도 많다. 영어 성적이나 졸업 논문 등 졸업 요건을 일부러 채우지 않는 식이다. 편법을 이용한 NG족이 급증하면서 대학과 NG족 사이에 갈등도 발생하고 있다. 예컨대 영어 졸업인증제를 도입했던 서강대는 '토익성적표 미제출' NG족이 증가하자 인증제를 폐지했는데 NG족들이 반발하자 1년간은 추가 학기를 등록하지 않아도 졸업 유예가 가능하게 했다. 마냥 졸업을 미룰 수 없도록 각종 규정을 두는 대학도 등장했다. 전남대는 졸업을 연기하려면 수강 여부에 상관없이 기성회비의 10퍼센트를 내도록 했고 경동대는 수강을 안 해도 등록금의 6분의 1을 내야 한다. 이런 규정을 둔 대학들이 전국적으로 98곳이나 된다.[70]

NG족이 급증하면서 재학생들과의 갈등도 발생하고 있다. 재학생들은 NG족이 도서관 자리만 차지한다고 항의하기도 하는데, 서울시립대 2학년 정 모(20) 씨는 "졸업을 유예해야 하는 선배들의 사정도 이해하지만 재학생들의 등록금에 편승하는 것 아니냐는 불만도 적지 않다"고 했다.[71]

5포 세대

취업난과 장기화된 경기 불황으로 연애·결혼·출산·내 집 마련·인간관계 등 5가지를 포기한 세대를 말한다. 과거에 3포세대로 불렸던 젊은 층의 직면한 상황이 더 악화되어 등장한 세대라고 보면 되겠다. 2015년 2월 2~12일 취업포털 사람인이 2030세대 2,880명을 대상으로 실시한 온라인 설문조사에서 '연애, 결혼, 출산, 대인관계, 내 집 마련 중 포기한 것이 있는가'라는 질문에 1,660명(57.6퍼센트)이 '있다'는 답을 했다. 항목별로 포기한 이유를 살펴보면, 연애는 '내가 하고 싶다고 되는 게 아니라서'(57.5퍼센트), 결혼은 '주택 마련 등 해야 할 것이 많아서'(49.8퍼센트), 출산은 '경제적 부담이 너무 커서'(72.8퍼센트), 대인관계는 '취업 등 당장 더 급한 게 있어서'(53퍼센트), 내 집 마련은 '어차피 현실적으로 불가능해서'(73퍼센트)를 각각 1순위로 꼽았다.[72]

　　2015년 2월 11일 시장조사전문기업 마크로밀엠브레인의 트렌드모니터가 전국 만 19~59세 남녀 1,000명을 대상으로 실시한 설문조사 결과를 보면, 전체 10명 중 6명이 현재의 20대와 30대가 '5포 세대'로 표현되는 것에 동의하고 있는 것으로 나타났다. 20대와 30대 청년세대만을 대상(500명)으로 조사한 결과에서는 청년세대의 36퍼센트가 자신 스스로를 5포 세대에 속한다고 평가했다. 자신을 5포 세대라고 생각하는 비중은 20대 여성에서 가장 높게 나타났으며 20대 남성과 30대 남성, 30대 여성이 뒤를 이었다.[73] 김현주는 마크로밀엠브레인의 트렌드모니터의 조사결과를 거론하면서 "전체 85퍼센트가 향후 5포 세대의 문제가 더 심각해질 것이라고 내다보는 것으로 드러났다"고 했다.

"청년세대 문제의 원인과 해법에 대한 현재의 인식에는 다소간 차이가 있을지는 몰라도, 앞으로 이런 문제가 더 악화될 것이라는 전망에는 세대별 시각차이가 거의 존재하지 않았다. 반면 청년세대가 열심히 공부를 하면 지금보다 상황이 좋아질 것이라는 인식은 전체 4명 중 1명에 그쳤다. 또한 열심히 공부하는 것과 좋은 직업을 갖는 것은 관계가 없다는 주장에 대해서도 동의하는 의견과 비동의 의견이 첨예하게 엇갈렸으며, 앞으로 열심히 일해도 경제적으로 좋아지지 않을 것이라는 인식도 절반에 가까웠다."[74]

새로운사회를여는연구원 연구원 김수현은 2015년 3월 "연애, 결혼, 출산을 포기한 세대라는 의미에서의 '3포 세대'는 이제 내 집 마련과 인간관계마저 포기했다는 '5포 세대'가 되었다"면서 이렇게 말했다. "이들에게 필요한 것은 '그래도 희망을 가져라'라는 위로의 말만은 아닐 것이다. 이들이 희망과 꿈마저 포기한 '7포 세대'가 되기 전에 정부는 정책의 대상인 청년을 중심으로 하는 구체적인 정책 방안을 마련하여 청년고용문제 해결에 적극적으로 나서야 할 것이다."[75]

조직 에너지 총량의 법칙

조직의 에너지 총량은 일정하기 마련인데, 리더가 앞에서 설치며 잔일까지 미주알고주알 챙기기 시작하면 자신의 에너지는 올라갈지 모르지만 구성원들은 뒷짐을 지고, 뒤에서 딴전을 부리고, 늑장을 부리게 되어 부하 직원의 에너지는 줄어들게 된다는 법칙이다. 리더가 부하직원은 '나보다 잘할 수 없다', '책임감이 없다'고 생각해 사소한 것까지 직접 챙기고 확인하려 하면 부하 직원의 창의성이 떨어져 조직의 발전을 기대할 수 없다는 법칙으로 이해하면 되겠다.[76]

전문가들은 조직 에너지 총량의 법칙을 방지하기 위해선 권한 이임이 필요하다고 말한다. 실제 2010년 IT 기업에서 소프트웨어 개발 등 창의적인 업무를 담당하는 직원 약 500명을 대상으로 한 연구 결과를 보면, 리더가 권한을 위임하는 경우 직원들이 업무에서 창의적인 행동을 더 많이 하는 것으로 나타났다. 세계적인 애니메이션 영화사 픽사Pixar가 '세계 최고의 창의 조직'으로 불리게 된 것도 권한 위임과 관련이 깊은 것으로 알려져 있다. 이와 관련 애드 캣멀 픽사 사장은 이렇게 말했다.

"관리자들의 관심은 온통 '아, 내 통제에서 벗어나면 안 되는데'에 있습니다. 그것이 모든 것을 망칩니다. 그래서 우리의 과제는

'어떻게 조직을 홀가분하게 만들 수 있을까' 였어요. 사람들이 실수를 하게 만들고, 그것에 '오케이!'라고 해주는 거였습니다. 세상은 너무 복잡하고 불확실합니다. 그런데 결정을 내릴 때 누구의 허락도 받지 않도록 하면 많은 직원이 스스로 문제를 해결합니다."[77]

김성회는 권한 위임은 조직 구성원의 창의성 발현을 물론이고 리더의 권력 창조를 위해서도 필요한 것이라고 말한다. 그는 "권한 위임은 조직원들에게 자기가 조직을 위해 많은 주요한 일을 할 수 있는 권력과 능력 등을 갖추고 있다는 확신을 심어주는 과정이다"면서 이렇게 말했다.

"그러기 위해서는 조직원들의 능력과 의지를 키우는 일, 공식적 권력을 위임해주는 일, 실제 의사결정 과정에 깊이 참여토록 함으로써 자신의 영향력을 체험토록 하는 일이 전제되어야 한다. 이는 부하에 대한 시혜가 아니라 당신의 권력 창조를 위해서도 필요하다. 결국 권한 이양의 성패를 결정짓는 것은 당신이 부하에 대해 갖는 신뢰의 크기이다. 부하들에게 권한 위임을 해줘야 당신도 조직의 수장으로서 새로운 전략 수립과 비전 개발 등을 위한 일할 시간이 확보된다. 강한 리더십은 통솔뿐 아니라 새로운 비전의 수립과 전략의 발굴에서 나온다."[78]

트라이 투어 슈머Trytoursumer

실패를 두려워하지 않고 새로운 경험을 얻기 위해 색다른 체험을 시도하는 관광객들을 이르는 말이다. 이관표 대한레저스포츠협의회 충북지회장은 트라이 투어 슈머는 "관광과 소비자의 합성어에 만족하지 않고 활동하는 성향의 관광객이라는 의미를 내포하고 있다"고 했다.[79] 스카이다이빙이나 번지점프 등 모험레포츠를 즐기는 사람들이 전형적인 트라이 투어 슈머다.

트라이 투어 슈머를 겨냥한 마케팅 상품도 속속 등장하고 있다. 강원도 인제군은 2014년 여름 휴가철을 맞아 수도권에서 모험레포츠 리플릿, 관광안내책자, 기념품, 룰렛게임, 모험레포츠 · 숙박할인권 증정을 통한 맨투맨 홍보를 진행했다.[80] 2014년 10월 뉴질랜드 관광청은 세계 최초로 익스트림 스포츠 패키지여행 상품인 '5X1NZ(하루 동안 5가지 모험)'을 선보였다. 스카이다이빙, 스노보딩, 산악자전거, 번지점프, 제트스키 등이 그것이다.[81]

중국인 부호들이 트라이 투어 슈머의 큰 손으로 떠올랐다는 견해도 있다. 중국 신화사의 인터넷판인 『신화왕新華網』 보도에 따르면 2014년 1월 중국인 100여 명은 정기여객선으로 남극에 접근한 뒤 소형 고무보트를 타고 중국의 남극 과학연구기지인 창청長城 기지에 올라 남극 과학기지 연구자들과 기념사진을 찍었다. 당시 최저 10만 위안(약 1,700만 원)이었던 남극 관광 상품은 하이킹, 스키 트래킹 등 극한 체험 등을 포함하면 30만 위안(약 5,100만 원) 정도까지 치솟았는데, 매년 남극 관광을 즐기는 관광객 3만 명 중 2,000명이 중국인으로 알려져 있다.[82]

트라이 투어 슈머

플리퍼족Flipper族

플리퍼flipper는 '약삭빠른 사람', '변덕쟁이', '참견 잘하는 사람', '건방진 사람'이라는 뜻으로, 일반적으로 재미를 좇아 TV 채널을 자주 바꾸는 사람을 일러 플리퍼족이라 한다. MP3 플레이어, 온라인 게임, 휴대형 멀티미디어 재생기 등 디지털 기기를 이용해 대중문화 콘텐츠를 '살짝 맛보기' 하는 사람들을 가리켜 '디지털 플리퍼족'이라고 한다.

빠르게 변하는 정보화 시대에 대량의 정보를 놓치지 않으려는 강박관념, 한 가지 능력보다 '멀티태스킹'을 요구하는 사회적 분위기, 문화를 '향유'가 아닌 '소비'의 대상으로 생각하는 디지털 세대의 의식 등이 디지털 플리퍼족 현상을 낳은 이유로 거론된다. 전상진은 "정보의 바다에서 특정 부분에만 오래 빠져 있으면 경쟁에서 뒤질 것이라는 불안감이 사회 구성원들에게 퍼져 있는 것이 원인"이라며 "'오래 주목하면 안 된다'는 강박관념이 디지털 플리퍼족 문화를 만든 것"이라고 했다.[83]

2015년 3월 애플의 CEO 팀 쿡은 스티브 잡스는 "세계 최고의 플리퍼족이었다"며 "그는 이 변덕쟁이 기질과 결혼했다"고 했다. 끊임없이 변화한 잡스의 기질이 애플 성공의 바탕이 되었다는 것으로, 쿡은 "미래에도 애플은 끊임없이 변화를 실행할 것"이라고 했다.[84]

흑인 역이동Reversal of the Great Migration

경제적 불평등과 인종차별을 피해 북부로 떠났던 흑인들이 다시 남부로 이동하는 현상을 이르는 말이다. '흑인의 남부 탈출Great Migration'은 1910년부터 1960년대 말까지 활발하게 이루어졌다가 1970년대부터 조금씩 남부 회귀 조짐을 보였는데, 2000년대 이후 북부 탈출은 일반적인 양상이 되었다. 예컨대 2005년부터 2010년 사이 인구흐름을 보면 남부 지역은 매년 평균 6만 6,000명의 흑인이 증가한것으로 나타났다.[85]

미국의 『USA투데이』는 2015년 1월 경제적 여유만 있으면 따뜻한 남부 지역에서 좋은 주택가에 살고, 차별 없는 자유를 누릴 수있어 '흑인 역이동Reversal of the Great Migration'이 일반화하고 있다고 했다. 이어 "흑인 은퇴자나 젊은 전문직 종사자들의 조용한 귀향은 남부의 정치·경제적 지형을 재편하는 요소가 되고, 과거 흑인들의 대이동으로 북부 지역이 변했듯 남부에서도 그런 변화를 수십 년 뒤면 볼 수 있을 것"이라고 예측했다.[86]

흑인 역이동 현상이 발생하는 것은 크게 3가지 이유 때문으로분석된다. 첫째, 세계 유수의 자동차 회사가 각종 인센티브를 제공하는 남부 주에 공장을 앞다퉈 건설하면서 직장이 늘어났다. 둘째,남부가 조상의 땅이라는 전통과의 유대감 같은 심리적 요인이 작용하고 있다. 셋째, 돈만 있으면 좋은 주택을 소유하고 차별 없이 예전 과는 전혀 다른 자유를 누릴 수 있을 만큼 남부의 사회 환경이 변한 반면 북부에서는 갈수록 인종차별이 심해지고 있다. 이와 관련해 인종 문제 전문가인 이사벨 윌커슨은 "퍼거슨과 뉴욕에서 일어난 백인 경관의 흑인 살해에서 보듯 이제는 북부에서 경제적 불평등과 인종 갈등이 일어나면서 흑인을 다시 남부로 몰고 있다"고 했다.[87]

흑인 역이동으로 미국의 인구 지도도 바뀌고 있다. 일리노이 주, 캘리포니아주는 흑인이 많이 사는 지역 2, 3위 자리를 각각 플로 리다주와 텍사스주에 내주었으며, 뉴욕주는 여전히 흑인이 가장 많 이 거주하는 곳이지만 떠나는 흑인이 새로 유입되는 흑인보다 연평 균(2005~2010년) 8,170명 더 많은 것으로 나타났다.[88]

Society Section

TALK

Trend Keyword

고향故鄉 납세

납세자가 거주지가 아닌 지자체에 기부금을 보내면 기부 금액의 절반만큼 그 지역의 특산물을 답례품으로 받을 뿐만 아니라 지방세에서 그만큼 공제해주는 제도를 말한다. 일본 정부가 2004년 도입한 제도다. 거주지에 상관없이 자신이 원하는 지역에 발전기금을 내고 기부금이 2,000엔을 넘으면 일부 세액공제를 받을 수 있다. 고향에 세금을 내는 것과 같은 효과가 있다고 해서 '고향 납세'라고 한다.[1]

일본의 지자체들은 저마다 독특한 사업과 그 취지를 내세우면서 기부금을 모집하는 포털사이트를 만들고 있다. 또 고향 납세의 비중을 높이기 위해서 기부자들이 해당 사업의 의미와 거기에 결부된 스토리를 공유하고 주인의식을 가질 수 있도록 다양한 참여의 통로를 마련하고 있다. 2014년 10월 현재 일본의 1,742개 기초자치단체 중 980곳이 답례품을 활용한 고향 납세 유치 경쟁을 벌이고 있다.

지자체 간 경쟁이 치열해지면서 부작용도 나타나고 있다. 『니혼게이자이신문』은 "자치단체 간 경쟁이 치열해지면서 세금 유출, 답례품 과열 등 부작용도 나오고 있다"고 했다. 예컨대 교토부京都府 미야즈시宮津市는 1,000만 엔 이상 고향 납세자에 대해 750만 엔 상당 시유지를 주겠다고 선언했다가 토지 양도는 세액공제 대상이 아니라는 세무 당국의 지적에 따라 취소했다. 이시카와현石川縣 가가시

加賀市는 고향 납세를 한 사람에게 기부금의 절반을 영화·게임 등에서 사용할 수 있는 전자화폐로 환원한 것이 문제가 되어 기부금 접수를 중단하고 홈페이지에 사과문을 게재하기도 했다. 하지만 이런 문제에도 일본의 자민당은 부작용보다는 지역 경제 활성화 효과가 크다고 보고 공제 확대를 추진 중이며, 지방에 투자할 경우 세액을 감면하는 '고향 투자 제도' 도입도 검토 중이다.[2]

한국에서도 고향 납세 제도를 도입하자는 목소리가 나오고 있다. 김찬호는 2015년 2월 "한국에 이런 제도를 당장 도입하기는 어렵겠지만 그 시도가 시사하는 바를 음미할 필요는 있다. 출신지가 아닌 고장에 관심을 갖고 구체적인 정책이나 사회운동에 물심양면으로 후원할 수 있다면, 지방의 활성화에 새로운 출구가 열릴 듯하다. 완전히 새로운 '지연地緣'을 빚어냄으로써 지방과 농어촌에 기운을 생동시킬 수 있다"며 이렇게 말했다.

"많은 관심을 모으는 귀농이나 귀촌도 그러한 에너지의 자장 속에서 보다 원만하게 이행될 수 있을 것이다. 이제 고향은 그곳에서 태어나 자라난 이들만의 배타적인 공간이 아니다. 자연을 거스르지 않는 삶, 조화로운 공동체를 갈망하는 이들에게 열려 있는 땅이 다음 세대를 위한 고향이 아닐까."[3]

DNA법

성폭력·강력 범죄가 사회문제로 부각되자 2010년 국회에서 통과된 'DNA 신원확인정보의 이용 및 보호법'이다. 아동·청소년 대상 성폭력과 살인·강도·강간 등 강력범죄의 재발을 방지하고 상습적 흉악범죄자를 신속히 검거하자는 취지에서 제정되었다. 검찰이 DNA법에 근거해 채취한 DNA 시료는 2014년 8월 현재 8만 건을 넘어섰는데, 4년여 동안 이 자료를 수사에 활용한 건수는 전국 검찰청을 통틀어 1,413건에 불과해 인권침해라는 비판이 제기되었다.

DNA 시료 채취와 관련해 인권단체들은 두 가지를 지적했다. 하나는 채취 범위다. DNA 시료에는 절도범과 폭행범 등 '잡범'들이 다수 포함되어 있었는데, 이를 근거로 인권단체들은 생체정보 수집에 만만한 잡범들만 동원되는 것 아니냐는 의혹을 제기했다. 인권단체들은 채취된 시료 가운데 법원의 영장에 의한 채취는 0.4퍼센트에 그친 데 비해 동의서에 의한 채취가 99.6퍼센트로 절대다수를 차지하고 있다는 것도 문제를 삼았다. DNA법에 대한 위헌 소송이 제기되자 2014년 8월 헌법재판소는 "범죄 수사 및 예방을 위해 특정 범죄의 수형자로부터 DNA 감식시료를 채취할 수 있도록 하는 것은 입법 목적의 정당성과 수단의 적절성이 인정된다"며 재판관 5(합헌)대 4(위헌) 의견으로 합헌 결정을 내렸다.[4]

2015년 대검찰청은 강력 범죄가 아닌 노동쟁의나 집회 · 시위로 형사처벌 받은 사람들에 대해서도 유전정보가 담긴 DNA를 채취하도록 일선 검찰에 지시해 사회적 논란이 일었다. DNA법은 11개 대상 범죄자에 대해 DNA 시료를 '채취할 수 있다'고 규정하고 있는데, 검찰이 이를 의무조항으로 해석해 획일적으로 채취를 요구한 것으로 드러났기 때문이다. DNA 시료 채취에 동의하지 않으면 검찰은 채취 영장을 법원에서 발부받아 강제 집행할 수 있다.[5]

이와 관련해 『경향신문』 2015년 2월 4일자 사설 「무분별한 DNA 채취 안 된다」는 "DNA는 개인의 인격권과 직결되는, 민감도가 가장 높은 정보에 속한다"면서 이렇게 말했다. "이를 채취 · 수집 · 보관하는 일은 인권에 대한 사회적 합의라는 테두리 안에서 엄격하게 행해져야 한다. 범죄 예방과 수사 효율도 물론 중요하지만 개인정보의 자기결정권이란 가치를 넘어설 수는 없다. 국회는 DNA법을 조속히 개정해 적용 대상 범죄의 범위를 축소하고, 채취 영장 심리절차도 강화해야 한다."[6]

맞춤형 뇌물

뇌물을 주는 사람이 뇌물을 받는 사람의 취향이나 기호, 요구에 맞춰 제공하는 뇌물을 일컫는 말이다. 2015년 2월 한국전력공사와 자회사 임직원들이 한전에 상황실용 고해상도 모니터 등 전기통신장비를 납품하던 K업체에서 외제차, 골프 레슨비, 외제 자전거, 차량용 오디오 등 맞춤형 뇌물을 받은 것으로 드러났다. 내용은 이렇다.

아들이 프로골퍼 지망생인 한수원 김 모 본부장에게는 레슨비와 해외 전지훈련비 2,700만 원을 골프 코치 계좌로 입금했으며, 한전 전력IT추진처장이던 김 모 씨에게는 딸이 수입차를 필요로 한다는 것을 알고 여성이 좋아하는 폭스바겐 뉴비틀 승용차를 제공했다. 또 자전거 마니아인 한전 고 모 팀장에게는 360만 원짜리 독일제 자전거를 사주었고 카 오디오 마니아인 신 모 팀장에게는 990만 원짜리 차량용 오디오를 설치해주었다.[7]

검찰은 돈을 받은 임직원들이 대가로 발주 단계부터 구매자격을 K사에 유리하도록 정했으며, K사에 평가점수를 몰아주었다고 밝혔다. K사는 2006년 설립된 신생업체였지만 이런 전방위 로비 덕분에 최근 6년 동안 63건 412억 원어치의 한전 납품사업을 따낸 것으로 나타났다. 뇌물 제공 대상에는 현직 경찰관도 있었다. K사는 청와대 민정수석실 특별감찰반에서 두 차례 파견근무를 하고 경찰청 특수수사과에서도 일을 했던 강 모(45) 경정에게 부인이 K사 직원인 것처럼 꾸며 급여를 주는 방식으로 3,800만 원의 뇌물을 준 것이다. 강 모 경정은 K사에 대한 수사를 무마하거나 경쟁업체의 비위를 청와대에 접수해주는 일을 수행한 것으로 밝혀졌다.[8]

이에 대해 『경향신문』 2015년 2월 3일자 사설 「공공기관 납품 비리 심각성 보여준 한전 '뇌물 잔치'」는 "이번 맞춤형 뇌물 사건은 공공기관 납품비리의 심각성을 뼈저리게 보여준다. 3억 원대의 뇌물로 400억 원대의 납품계약을 따내고 이를 감시·감찰하는 내부 시스템까지 무용지물로 만들 수 있는 구조임이 드러난 것이다"면서 이렇게 말했다.

"정부가 공공기관 전반에 대한 비리 감시 시스템을 강화하고 납품제도 개선 등 실질적인 조치를 강구해야 하는 이유를 잘 말해준다. 정부가 말로는 공공기관 개혁을 외치면서 사장·감사·사외이사 등에 이른바 '정피아'와 '관피아'를 낙하산으로 내려보내 부패 구조 조성에 일조하는 데 대한 경종이기도 할 것이다."[9]

메이와쿠 콤플렉스迷惑 Complex

다른 사람에게 폐를 끼치는 것을 수치로 여기는 일본인들의 집단적 심리를 이르는 말이다. 메이와쿠는 우리말로 하면 '민폐民弊' 쯤에 해당하는 말이다. 일본인들은 어린 시절부터 교육을 통해 메이와쿠 끼치지 않기를 몸에 익힌다. 신정록은 2008년 도쿄 특파원으로 부임했을 때 일본 언론인에게 "일본인은 왜 이렇게 친절한가" 물었더니 "초등학교 들어가면 가장 먼저 배우는 게 '폐(메이와쿠)迷惑 끼치지 말라'이기 때문"이라는 답을 들었다고 했다. 물론 이렇게 배운 아이들은 어른이 되어서도 '메이와쿠 끼치지 않기'를 실천한다.[10]

메이와쿠 콤플렉스는 상상 이상이다. 메이와쿠 콤플렉스는 사적 영역뿐만 아니라 공적 영역에서도 발생한다. 일본인들은 자기 자식이 죽어도 "국민에게 폐 끼쳐 죄송하다"거나 "정부 노고에 감사한다"는 말을 한다. 심지어 통곡도 폐를 끼치는 것으로 인식하기 때문에 슬픔도 겉으로 표현하지 않고 안으로 삭인다. 박정훈은 1995년 발생한 일본 고베神戶 대지진에서 6,000여 명이 사망했지만 "어디서도 오열이나 절규는 없었다. '조용해서 무섭다'는 느낌"을 받았다면서 이렇게 말했다.

"참혹한 상황에서도 일본 사람들은 좀처럼 자기감정을 드러내지 않는다. 타고난 민족성이 원래부터 차갑기 때문은 아닐 것이다.……일본인들의 잠재의식엔 남에게 폐(메이와쿠) 끼치는 것을 수치로 여기는 유전자가 뿌리 박혀 있다. 사무라이의 '칼의 위협'이 그렇게 길들였다는 지적도 있고, 교육의 효과라는 분석도 있다. 이유는 아무래도 상관없다. 중요한 것은 아무리 처참한 비극 앞에서도 어김없이 인내의 심리 기제機制가 작동한다."[11]

2015년 테러 집단 IS(이슬람국가)에게 일본인 2명이 참수당하는 사건이 발생했을 때도 메이와쿠 콤플렉스는 나타났다. 첫 번째로 참수당한 피해자 유카와 하루나의 가족과 고토 겐지의 가족은 아베 정부를 단 한 번도 탓하지 않았다. 오히려 유카와 하루나의 아버지는 아들의 참수斬首 소식을 접하자 "폐를 끼쳐 죄송하다"고 했다. 두 번째 피해자 고토 겐지의 어머니 역시 카메라 앞에서 "죄송합니다"라고 했다.[12]

메이와쿠 콤플렉스는 일본 특유의 집단주의 · 국가주의 이데올로기에서 비롯된 현상이라는 견해가 있다. 권혁범은 "일본인의 공공의식은 특유의 작은 공동체 문화 속에서 진화한 것이겠지만 다른 한편으로는 국가에 대한 순응주의적 태도와 관련이 있다"면서 이렇게 말했다.

"연료 · 식량 · 이불 등의 구호물자가 이재민에게 즉각 전달되지 못했던 것은 관료주의가 강하고 '매뉴얼'에 집착하며 자발적 봉사자조차도 중앙정부의 '지시'를 기다리는 수동적 태도와 관련 있다는 한 일본 언론인의 지적도 있다. 1960년대 '전공투' 세대를 제외하면 일본 사람들은 메이지 유신 이후 국가권력에 도전해본 적이 거의 없다. 시민혁명이 없었다는 얘기다. 그것은 국가에 대한 복종심의 두터움과 연관된다."[13]

한국 언론에는 국가적 대재난 앞에서도 일본인들이 보여주는 자제력, 질서의식 등을 높이 평가하는 글들이 적지 않게 실리지만, 메이와쿠 콤플렉스가 집단주의 · 국가주의와 결합해 있다는 점에서 어두운 면을 보는 견해도 적지 않다. 일본의 진보진영에 속하는 한 사회운동가는 정부를 비판하면 '비국민'을 받을 수 있다는 의식 때문에 국가적 재난 시기에도 일본인들은 침묵하는 경향이 있다고 했다.[14]

이와 관련해 서의동은 "일본은 잦은 재난과 위기를 단결로 극복해왔다. 하지만 뭉쳐서 모두가 불편해진 적도 있다"면서 일본의 진주만 공습을 그 예로 들었다. '비국민' 취급을 받을까 두려워 비판을 삼간 일본인들의 메이와쿠 콤플렉스 때문에 제동장치 없이 군국주의로 내달린 일본이 전 인류에게 엄청난 '메이와쿠'를 끼쳤다는 것이다. "대재난 이후 일본인들의 놀랍도록 침착하고 질서정연함은 세계의 칭송을 받을 만했다. 하지만 정당한 주장과 비판을 삼가는 모습마저 '미덕'이라고 해야 할지 의문이다."[15]

세 모녀법

2014년 12월 9일 정기국회에서 통과된 '국민기초생활보장제도 개정안', '긴급복지지원법 개정안', '사회보장급여의 이용·제공 및 수급권자 발굴에 관한 법률'을 지칭한다. 2014년 2월 발생한 서울 송파 세 모녀 자살 사건을 계기로 '세 모녀'와 같이 극심한 생활고를 겪으면서도 제도적인 지원을 받지 못하는 사람들을 찾아내고 지원하는 제도 마련을 요구하는 목소리가 높아지자 제정되었다. 서울 송파구에 사는 세 모녀가 큰딸의 만성 질환과 어머니의 실직으로 인한 생활고에 시달리다가 "정말 죄송합니다"라는 메모와 함께 갖고 있던 전 재산인 현금 70만 원을 집세와 공과금으로 놔두고 번개탄을 피워 자살한 사건을 일러 송파 세 모녀 자살 사건이라 한다.[16]

　세 모녀법 중 개정 기초생활보장법은 기초생활보장비를 통합 지원이 아닌 생계·의료·주거·교육급여 등으로 나눠 별도 기준에 따라 지급하는 내용, 부양의무자 월 소득 인정액 기준을 올리는 내용, 부양의무자가 중증장애인인 경우에도 부양의무 소득·재산 기준을 완화하는 내용 등을 포함했다. 개정 긴급복지지원법에는 긴급지원 대상을 선정할 때 지방자치단체장의 재량을 확대하고 대상 선정자에 대한 소득·금융재산 기준을 완화하는 내용 등이 포함되었다. 사회보장급여법은 사각지대 발굴을 위한 근거를 마련해 정부

가 단전 · 단수 가구 정보나 건강보험료 체납 가구 정보 등을 이용해 위기 가구를 찾도록 했다.[17]

세 모녀법은 9개월을 끌다가 제정되었지만 '반쪽짜리' 법안에 불과하다는 비판을 받았다. 제정된 세 모녀법에 따르면, 여전히 세 모녀는 혜택을 받을 수 없었기 때문이다. 홍성윤은 2014년 11월 "세 모녀는 몸이 아파 일할 수 없었지만 근로능력과 부양능력이 있는 것으로 간주돼 국가 지원을 받을 수 없었고 끝내 생활고를 비관해 스스로 목숨을 끊었다" 면서 세 모녀법에 대해 이렇게 비판했다.

"개정안에서도 근로능력을 평가하는 기준은 원래 법안과 차이가 없이 단지 기준만 완화된 것이기 때문이다. 오히려 30일이던 수급자 선정 기간이 60일로 연장돼 빈곤층의 생활고를 가중시킨 부분도 눈에 띈다. 기존 제도의 한계점으로 꼽힌 추정소득과 간주부양비 등은 논의도 하지 못했다는 지적도 나온다.……제2, 제3의 송파 세 모녀를 막을 길이 없는 법안에 '송파 세 모녀법'이란 이름을 붙일 수 있는지 의문이다."[18]

2015년 4월 정부는 국민기초생활보장법 시행령을 개정했지만, 여전히 송파 세 모녀와 같은 처지의 이들을 돕는 데 한계가 명백하다는 지적이 일었다. 정부의 시행령 개정안 가운데 특히 논란을 빚는 대목은 '소득의 확인 및 가산 근거' 부분이다. 개정안은 "수급자 또는 수급권자의 소득 관련 자료가 없거나 불명확한 경우 등에는 보장기관이 개별가구의 생활실태 등을 조사하여 확인한 소득을 실제소득에 더할 수 있도록 한다"고 되어 있다. 여기서 정부가 말하는 '확인한 소득(확인 소득)'은 기초생활보장 수급권자의 근로능력 등을 조사해 실제로는 없는 소득을 '추정'해 매기는 게 추정 소득을 말하는데, 빈곤사회연대 등 시민사회단체는 해당 조항의 폐지를 요구했다. 추정 소득이 생기면 수급 자격을 잃을 수 있어 송파 세 모녀 등 일부 저소득층은 여전히 수급 자격을 얻지 못한다는 게 이들의 주장이었다.

이에 대해 복지부 관계자는 "일해도 최저생계비를 벌지 못하는 빈곤층과 자활사업 등에 참여해 충분히 소득을 얻을 수 있는데도 여기에 참여하지 않는 사람을 구분하는 수단으로서 '확인 소득' 조항의 유지는 불가피하다"고 말했다. 김윤영 빈곤사회연대 사무국장은 "근로능력과 관계없이 빈곤층한테도 국가가 최저 수준의 소득은 보장해준다는 게 기초생활보장제도의 기본 취지"라며 "추정 소득이든 확인 소득이든, 이를 그대로 유지한다면 일부 빈곤층의 수급권은 여전히 위협받을 수밖에 없다"고 했다.[19]

스몰 빅 _{Small Big}

다른 사람을 설득하고 영향력을 미치려 할 때, 최소의 시간과 노력으로 최대의 효과를 낼 수 있는 방법을 말한다. 전 세계적으로 1,300만 부가 팔린 『설득의 심리학』으로 유명한 로버트 치알디니가 만들어낸 말이다. 그는 "접근법에 아주 작은small 변화만 줘도 당신의 성공에서 큰Big 차이를 만들 수 있"다면서 돈을 투자해서 더 큰 수익을 얻자는 게 아니라, 시간, 에너지 등의 아주 작은 투입으로 큰 수익을 얻을 수 있는 게 스몰 빅 전략이라고 했다.[20] 치알디니는 사람들이 결정을 내리도록 이끄는 것은 현상에 대한 정보가 아니라 그 정보가 전해지고 제시되는 맥락context이라면서 정보를 전달하는 방식과 관련해 세팅, 프레이밍, 타이밍 등을 조금 바꾸는 것만으로도 사람들의 반응과 행동이 크게 달라진다고 말한다.[21]

치알디니가 제시하는 스몰 빅 전략을 몇 가지 살펴보자. 사람들이 자신의 약속을 직접 쓰도록 유도하라. 자신의 약속을 직접 쓰도록 하는 것만으로 약속을 지킬 확률이 크게 올라가기 때문이라는 게 이유다. 실제 영국에서는 병원 외래환자들에게 다음번 진료 예약 시간을 직접 쓰도록 하자 예약 시간에 병원에 나타난 외래환자가 18퍼센트나 높아진 것으로 나타났다.

이른바 '사회적 증거의 법칙'을 활용하는 것도 스몰 빌 전략이라 할 수 있겠다. 이를 잘 보여주는 게 2009년 영국 국세청이 세금 체납자들에게 보낸 독촉장이다. 당시 영국 국세청은 세금 체납자에게 보내는 독촉장 첫 줄에 '영국인 90퍼센트가 세금을 냈습니다'라는 한 문장을 추가했을 뿐인데도 미납분 650만 파운드 중 560만 파운드가 걷히며 납부율이 86퍼센트로 뛰어올랐다. 많은 영국인이 제때 세금을 낸다는 사실을 알게 되자 체납자들이 책임을 다하는 시민으로 자기 이미지를 변화시키기 위해 행동을 했기 때문이다.[22]

치알디니는 사람들은 자신과 아주 작은 공통점이라도 있는 것에 더 많은 주의를 기울이는 경향이 있기 때문에 이를 활용하는 것도 스몰 빅 전략으로 볼 수 있다고 말한다. 예컨대 그는 허리케인 이름을 지을 때 허리케인이 통과하는 지역에서 가장 흔한 이름의 이니셜을 사용해야 한다고 제안한다. 허리케인과 자신의 이름 앞 글자가 같은 사람들이 그렇지 않은 사람들보다 이재민에게 기부할 확률이 높기 때문이라는 게 이유다.[23]

대중문화가 사랑이라는 단어를 끊임없이 반복하는 것도 스몰 빅 전략으로 설명할 수 있다. 사람들의 행동은 사랑이란 단어나 상징 자체에서 영향을 받기 때문이다. 프랑스의 행동심리학자 자크 피셔 로코와 루보미르 라미 등은 자선모금함에 '기부=도움'이란 문구 대신 '기부=사랑'이라고 바꿔놓자 모금액이 90퍼센트 이상 늘었다고 했다.[24]

스위스 패러독스

대학 진학률이 낮으면서도 세계 최고의 경쟁력을 유지하고 있는 스위스의 비결을 이르는 용어다. 장하준 교수가 『그들이 말하지 않는 23가지』에서 사용한 말이다. 2009년 현재 스위스의 대학 진학률은 29퍼센트에 불과하지만 청년 실업률은 경제협력개발기구OECD 회원국 중 최저인 7.0퍼센트 수준이다.[25] 전경련은 스위스 패러독스는 청년 직업교육이 잘 이루어지고 있기 때문에 발생한다고 분석했다. 실업학교 프로그램에 참여하면 취직을 쉽게 할 수 있고 유리천장이 없는 풍토 덕분에 최고경영자CEO까지도 올라갈 수 있다는 것이다.[26]

학벌주의가 존재하지 않고 임금 격차가 존재하지 않는 게 스위스 패러독스 현상을 낳는 근본적인 원인이라는 견해도 있다. 백기철은 "스위스 패러독스의 비밀은 경쟁의 경로를 분산하는 데 있다"면서 이렇게 말한다. "대학 진입의 문을 높이는 대신 비대학 출신자가 진출할 수 있는 영역을 넓히고 대졸자와의 임금 격차를 없애는 것이다. 스위스의 공교육은 초등학교 때부터 꼼꼼하기로 유명하다. 학교에서는 위원회를 구성해 각종 성적표와 풍부한 자료를 토대로 진학지도를 한다. 대학은 등록금 부담이 거의 없고 국민이 낸 세금으로 운영되는 만큼 아무나 대학에 보내지 않는 것이다."[27]

아니무스 콤플렉스_{animus complex}

여성이지만 남성보다 남성성을 강하게 드러내는 여성들의 심리를 설명하는 말이다. 여성 속에 존재하는 억제된 남성적 속성을 아니무스_{animus}라 한다. 스위스의 정신과 의사인 카를 융이 만든 말로 남성의 무의식 속에 원초적으로 부여된 여성적 특성은 아니마_{anima}라 한다. 일반적으로 아니마는 남성의 여성적이고 수동적인 면을 지칭하고, 아니무스는 여성의 남성적이고 자기주장적인 면을 가리킨다.[28]

일상에서도 아니무스 콤플렉스에 빠져 있는 여성들을 만나는 게 어렵지 않지만 아니무스 콤플렉스는 성공한 여성들에게 더 자주 발견된다. 남성 중심적 문화에서 여성이 성공하기 위해서는 아무래도 남자들의 문법에 적응하는 것이 유리하기 때문이다.[29] 이와 관련해 이나미는 아니무스 콤플렉스는 "남성의 세계에 진입할 때 남성의 나쁜 점은 비판 없이 받아들이고, 여성들의 좋은 점은 생각 없이 버린 탓"에 발생한다면서 이렇게 말한다.

"불평등한 사회에서도 유리천장을 보란 듯이 뚫고 나가는 여성들 중에는 어떤 역경에도 두려워하지 않고 단호하게 앞날을 헤쳐가는 이도 많다. 그러나 자신의 위상을 유지하기 위해서라면 수단과 방법을 가리지 않기도 한다. 억압받고 상처받고 배신당한 기억

이 강한 만큼 웬만한 남성보다 더 냉혹하게 변신하고, 그만큼 사람들도 사랑하거나 믿지 못한다. 아니무스 콤플렉스를 조정할 브레이크가 파열되고 균형이 깨져 방향과 속도를 조절할 수 없을 때는 어떤 일이 일어날지 모른다."[30]

이나미는 또 "아니무스 콤플렉스가 지나치게 경직되면 감정적 측면이 취약해 상대방은 물론 자신의 감정도 잘 읽지 못한다. 차가운 아니무스 여성들이 실직한 남편의 어깨를 더욱 움츠리게 하고, 우울증에 빠진 자녀의 마음을 헤아리지 못하는 이유다. 이들은 스스로의 약함과 약점을 인정하지 않으니 약한 사람들을 괴롭히기도 한다. 무서운 시어머니, 냉혹한 중년 여성들이 짐승 같은 태도로 약자들을 괴롭히는 소음 공해 대사를 막장 드라마에서 내뱉는 이유이기도 하다"면서 이렇게 말했다.

"아니무스 여성이 꼭 나쁜 것만은 아니다. 예컨대 『한중록』을 쓴 혜경궁 홍씨는 병든 남편에게는 아주 차가운 아내였지만 자신의 슬픔을 추스르고 친정가문을 지키며, 세자빈과 대비로서의 역할은 최선을 다했다. 유관순 열사나 의기 논개 역시 대의를 위해 자신의 사사로운 감정이나 욕구를 죽인 긍정적 아니무스 여성이다.……콤플렉스를 잘 다스리면 따뜻하고 훌륭한 여성 리더가 되지만 그렇지 못한 경우에는 남성들보다 더 추하고 잔인한 독재자가 된다."[31]

아니무스 콤플렉스

어용대

어용과 대학의 합성어로, 2014년 몇몇 국립대가 자율적으로 선정한 총장 후보를 교육부가 거부하자 청와대가 정권 입맛에 맞는 사람을 총장으로 임명하려 한다는 소문이 돌면서 등장한 말이다.[32] 어용은 자신의 이익을 위해 권력자나 권력기관에 영합하여 줏대 없이 행동하는 것을 낮잡아 이르는 말이다.

2015년 1월 현재 교육부가 경북대·공주대·방송통신대·한국체육대 등 국립대 총장 후보들의 임용 제청을 거부하면서 짧게는 4개월에서 길게는 22개월까지 총장 공석사태가 빚어졌다. 하지만 교육부는 그 이유를 제시하지 않아 국립대 길들이기 차원에서 총장 후보들의 임용 제청을 거부하고 있다는 의혹을 받았다. 국립대 총장은 대학이 2명의 후보를 추천하면 교육부 장관이 그 가운데 1명을 대통령에게 제청해 대통령이 임명하는 방식으로 이루어진다.[33]

교육부는 총장 임용 제청을 거부했다가 법원에서 잇따라 패소했는데, 황우여 교육부 장관은 2015년 1월 "대법원이 결론을 내리고 판례를 확정 지으면 교육부는 따르겠다"고 말했다. 이에 대해 『한국일보』 2015년 1월 26일자 사설 「국립대 총장 임용 줄줄이 거부하는 근거 설명하라」는 교육부의 총장 임용 거부로 총장 공석사태가 빚어지고 있는데도 교육부가 대법원 판결까지 1~2년간의 법적 대응에 나서겠다니 어이가 없다면서 이렇게 말했다.

"국립대 총장 자리를 수년씩 비워도 문제없다는 발상을 다른 부처도 아니고 교육부의 수장이 했다는 사실이 놀랍다. 더 황당한 것은 교육부가 장기적인 총장 공석 사태를 초래하면서도 그 이유에 대해 한마디도 설명하지 않는다는 점이다. 교육부는 '임용 제청을 거부한 것은 총장 후보자들에게 결격사유가 있기 때문'이라는 말만 되풀이하고 있다. 구체적인 근거와 사유를 얘기하지 않고 막연히 '결격'만 언급해 '뭔가 큰 문제 있는 사람'으로 몰아가는 것은 당사자의 명예를 훼손시키는 비열한 행태다."[34]

2015년 2월 교육부가 네 차례나 연거푸 총장 후보의 임용 제청을 거부했던 한국체육대 총장에 이른바 '친박' 정치인으로 알려진 김성조 전 새누리당 의원이 임용되면서 논란은 더욱 거세졌다. 이와 관련 『세계일보』 2015년 2월 9일자 사설 「국립대 총장마저 '정피아 낙하산' 채우겠다는 건가」는 "학문과 지성의 전당인 대학의 총장은 정파적 논리를 앞세운 인사여서는 곤란하다"면서 이렇게 말했다.

"교육부가 총장 후보자에게 문제가 있다고 생각한다면 무엇이 문제인지 명확한 이유를 밝혀야 한다. 더구나 문제가 있다고 판단해 퇴짜를 놓은 자리에 정치권 인사를 낙하산으로 점찍어 내려보낸다면 그것이야말로 교육부 행위의 정당성을 훼손하는 일이다."[35]

어용대

ABCD론

결혼 시장에 떠도는 학력이 가장 좋은 여성과 학력이 가장 나쁜 남성은 결혼하기 어렵다는 속설을 말한다. 결혼 적령기의 남녀를 학력 등 조건에 따라 각각 A, B, C, D로 등급화한다고 가정할 때 A급 남성은 B급 여성과, B급 남성은 C급 여성, C급 남성은 D급 여성과 결혼하기 때문에 결국 시장엔 A급 여성과 D급 남성만 남는다는 것이다. ABCD론은 결혼 상대로서 남성이 여성보다 조금은 사회적 지위가 나아야 한다는 전통적인 관념 때문에 발생하고 있는 것으로 알려져 있다.[36]

  2012년 서울시가 통계청의 '인구주택총조사 · 경제활동인구조사'를 분석한 '통계로 본 서울 남성의 삶'이라는 보고서에 따르면 미혼 비중은 남성의 경우 저학력, 여성은 고학력에서 높은 것으로 나타나 서울에서는 ABCD론이 80퍼센트 정도 현실로 나타나고 있는 것으로 밝혀졌다. 2010년 35~49세 미혼 남성의 학력은 '고졸 이하(52.4퍼센트)'가 가장 많았고, 미혼 여성은 10명 중 6명이 '대졸 이상(61%)'이었다. 결혼정보회사인 명품커플메이커 비에나래 손동규 대표는 고학력의 여성은 자신보다 우수한 배우자를 찾으려 하지만 쉽지 않아 "유럽 · 미국 · 일본 등 외국인과 결혼을 하거나 아예 결혼을 포기하기도 한다"면서 저학력의 남성은 "국내에서 배우자를

찾지 못하다 보니 베트남, 필리핀 등 국제결혼으로 눈을 돌린다"고 했다.[37]

　　ABCD론은 이른바 잘나가는 여성을 바라보는 사회의 이중적 시선에서 기인한다는 견해도 있다. 비슷한 연령대의 남성이 사회적으로 성공한 여성을 부담스러워한다는 것이다. 여행작가 송지연은 "내 또래의 남자들은 어리고 예쁜 여자를 좋아한다"고 말했다. 일류대학을 나와 의사로 일하고 있는 김수연(35)은 "주변 사람들에게 괜찮은 사람 좀 소개해달라고 부탁하면 너와 마땅히 맞는 남자가 없다는 답변만 돌아온다"고 하소연했다.

　　여성이 발상의 전환을 해야 한다는 견해도 있다. 결혼정보회사 듀오의 마케팅팀 이재목 과장은 "30대 여성에게 눈을 낮추라고 조언하는 것은 무식한 발상"이지만 시각을 다양화해야 하는 것을 필요하다고 조언했다. 연봉이나 키, 외모와 같이 단편적 기준으로 무조건 자신보다 나은 조건의 남자를 찾기보다 동반자적인 생각을 가지고 남편감을 구해야 한다는 것이다. 그는 톱스타 이효리와 인디밴드 기타리스트 이상순 커플을 그 예로 들었다. 이 둘은 남들이 보기엔 외모도, 스펙도 하늘과 땅 차이지만 남부럽지 않게 연애를 하고 결혼에 성공했다는 것이다.[38]

울혈鬱血 사회

울화鬱火의 혈기血氣가 가득한 사회를 말한다. 울화는 마음속이 답답해 일어나는 화, 그러니까 화병을 의미하는데, 화병이 개인 차원을 넘어 광범위한 사회적 현상으로 확산되어 나타나는 사회를 일컬어 울혈 사회라 생각하면 되겠다. 한신대 교수 윤평중은 2015년 1월 "우리 사회는 울화鬱火의 혈기血氣가 가득한 '울혈鬱血 사회'다. 이번 연말정산 파동이 그걸 증명한다. 공인公人들조차 울분을 감정적으로 드러내는 데 주저하지 않는다. 일이 터질 때마다 핏대 높여 소리 지르지 않으면 무시하는 풍토가 사람들의 울화를 키웠다"고 했다.[39]

   한국 사회가 집단분노로 유독 자주 들썩이는 것도 바로 이 울혈 때문인데, 한국 사회는 어쩌다 울혈 사회가 되었을까? 『국민일보』 2015년 1월 6일자는 다섯 가지 이유를 제시했다. 첫째, 조현아 사태가 시사하듯 승인 받지 못한 권력의 횡포와 이에 대한 분노다. 둘째, 개선되지 않는 구태 · 악습 · 불공정 관행에서 비롯된 각종 재난과 대형 사고다. 세월호 참사가 대표적인 사례다. 셋째, 마땅히 책임져야 할 고위층은 특권을 이용해 피해가고 대중만 책임을 지는 사회 모순에서 비롯된 사회 시스템에 대한 불신이다. 넷째, 분노할 대상이 생기면 그 화가 한꺼번에 급속도로 퍼져 여러 사람이 함께 분노하는 특유의 집단주의 문화다. 다섯째, 분노의 결집과 폭발을

주도하는 SNS의 대중화다.[40]

윤평중은 "사회적 울혈을 추동하는 심리적 동인動因 가운데 가장 큰 것은 정당하게 인정받지 못하는 데서 오는 억울함과 불공정성에 대한 분노다. 여기에 원망怨望과 한恨까지 보태져 한국 사회는 언제 집단적 울화가 터질지 모르는 일촉즉발 상태라고 해도 과언이 아니다"면서 이렇게 말했다.

"정당한 분노는 인간의 존엄성을 높이고 사회 진화를 앞당긴다. 하지만 지금 한국 사회의 집단 울혈은 위태로운 지경에 이르렀다. 울화가 쌓여 피가 통하지 않아 더 버티기 어려운 상태다. 사회적 화병을 치료하는 조치를 국가·시민사회·개인 차원에서 동시에 긴급히 시행해야 하는 까닭이다.……대통령은 민심과 대적對敵하기보다 소통과 탕평 인사에 앞장서야 한다. 공정성과 공공성을 높이는 이런 최소한의 사회적 조치 못지않게 중요한 건 '스스로 삶 돌아보기'다. '남 탓'을 절제하고 자신의 일에 최선을 다한 후 자족自足하는 마음의 습관이 화병을 다스리는 지름길이다. 결국 성숙한 시민정신이 울혈 사회를 넘어서는 궁극적 해법인 것이다."[41]

62퍼센트 법칙

총리 후보자에 대한 주요 일간지 사설 중 부정적 내용이 62퍼센트를 넘으면 해당 후보자가 낙마한다는 법칙이다. 후보자가 반대 여론에 못 이겨 결국 자진 사퇴하거나 국회 본회의에서 임명동의안이 부결된다는 것이다.

2015년 2월 류지환 국회 보좌관(새정치민주연합 정호준 의원실)은 카이스트KIAST 석사학위 논문 「신문 사설의 찬반 프레임이 공직 후보자 청문결과에 미치는 영향에 관한 연구 — 국무총리 인사청문회를 중심으로」에서 정치적 합의가 된 경우를 제외하고 부정적 사설이 62퍼센트를 넘으면 해당 후보가 자진 사퇴하거나 국회 본회의에서 임명동의안이 부결된 것으로 나타났다고 했다.

이 논문은 2000년 국무총리 인사청문회가 도입된 이후 2014년까지 14명의 국무총리 후보자에 대한 10개 주요 일간지 사설 452건을 분석했는데, 14명의 후보자 중 인사청문회의 벽을 넘지 못한 후보자는 4명이었다. 자진 사퇴한 김용준 후보자는 부정적 사설이 62.3퍼센트, 김태호 후보자는 80.8퍼센트, 임명동의안이 부결된 장상 후보자는 부정적 사설이 62.3퍼센트, 장대환 후보자는 63.6퍼센트였다. 이 논문은 한승수 부총리(62.3퍼센트), 이한동 부총리(60.0퍼센트) 등은 부정적 사설이 60퍼센트를 넘었지만 여야 간 정치적

협의를 통해 총리로 인준되었다고 했다.[42]

2015년 2월 10일자 JTBC 뉴스는 이 논문의 연구 방법으로 이완구 후보자를 분석해보았다며 10일을 기준으로 했을 때 사설은 총 24건이었는데 그중에 부정적인 사설은 50퍼센트인 12건이었다고 했다. 이어 "아들 병역이나 부동산 의혹이 제기되기 시작한 지난달 27일 이후로 끊어서 계산하면 부정적인 사설 수가 62%를 넘는 모습"이라며 "이틀 동안 만약 일간지 10곳에서 혹시 부정적인 사설이 8번 더 나온다면 전체 비율이 62%를 넘을 수도 있다"고 했다.[43]

62퍼센트 법칙은 과학적인 법칙이 아니다. 하지만 언론의 사설이 청문회를 진행하는 국회의원들에게 상당한 영향을 주고 있다는 것을 시사하는 법칙으로 볼 수 있겠다. 예컨대 국회의원들에게 국무위원 인사청문회 때 언론 보도를 참고하느냐고 물은 한 논문의 조사에서는 응답자의 71.4퍼센트가 그렇다고 답한 것으로 나타났다.[44]

의산복합체

의사-병원-의과대학-보험회사-제약업체-의료기기 공급업자-
기타 영리회사들이 의료를 매개로 똘똘 뭉쳐 이해관계를 관철하는
연합체를 뜻하는 말이다. 군부와 대규모 방위산업체들의 상호의존
체제를 일컫는 용어인 군산복합체에 빗댄 말이다. 의산복합체라는
용어는 1980년 아널드 렐먼 미국 하버드대학 의대 교수가 학술지
『뉴잉글랜드 저널 오브 메디슨New England Journal of Medicine』에 쓴 논문에
서 처음 사용했다. 그는 "무기산업과 마찬가지로 새로운 보건의료
산업은 공공정책에 영향을 주려고 자신의 강력한 로비력을 사용할
수 있다"고 했다. 폴 스타 미국 프린스턴대학 교수는 『미국 의료의
사회사』에서 의산복합체에 대해 이렇게 말했다.

　"그들의 이해관계는 너무나 밀접히 맞물려 있었기 때문에 하
나의 단일한 체계를 형성할 수 있으며, 의료의 특징·구조·분포에
대한 공동 전선을 펼칠 수 있고 강력한 세력을 구축할 수 있다."[45]

　2013년 12월 박근혜 정부가 4차 투자활성화대책의 일환으로
의료법인의 '영리 자법인'을 허용하겠다고 밝히면서 '의산복합체'
의 출현을 경고하는 목소리가 나왔다. 비판론자들은 의산복합체가
서로 긴밀한 관계를 갖고 협력하면서 공공보건정책과 제도를 통제
하고 힘을 미치려 한다고 지적했다.

2014년 2월 보건의료단체연합 우석균 정책위원장은 박근혜 정부의 "4차 투자활성화대책은 병원들이 대놓고 돈벌이를 할 수 있도록 해주겠다는 정책"이라며 "이는 한국 의료계 전반의 의산복합체 형성을 가속화할 것"이라고 주장했다. 전국보건의료산업노동조합 나영명 정책실장은 "투자활성화대책 자체를 폐기하는 것이 보건의료노조의 투쟁목표"라며 "여기에 영리자회사 허용을 방지하고 부대사업 범위를 제한하는 법안 제정을 위해 투쟁할 것"이라고 했다.[46]

삼성이 의산복합체로 나아가고 있다는 견해가 있다. 삼성전자의 이건희 회장은 2010년 1월 신년사에서 "지금 삼성을 대표하는 대부분의 사업·제품은 10년 안에 사라지고, 그 자리에 새로운 사업·제품이 자리잡아야 한다"고 말했다. 이어 5월 10일 삼성은 미래에 그룹을 먹여 살릴 5개 신사업 분야를 선정해 이 분야를 대상으로 2020년까지 총 23조 3,000억 원을 투자하겠다고 발표했다. '5대 사업 분야'는 태양전지, 자동차용 전지, 발광다이오드LED, 바이오제약, 의료기기였다. '의료법인의 영리 자법인' 설립이 가능해지면서 삼성이 가장 큰 혜택을 받을 것이라는 지적이 나오는 이유다. 삼성은 보험사(삼성생명)와 병원(삼성의료원)을 소유하고 있으면서 동시에 의료기기업체(삼성 메디슨)까지 거느리고 있다.[47]

의전 사회

한국 사회가 의전儀典에 중독되어 있다는 것을 비꼬는 말이다. 이른바 고위급 인사들에 대한 의전은 오래전부터 문제가 되어왔다. 고위급 인사들의 동선 하나하나에 따라 움직이는 수행 인원들과 의전을 위해 동원되는 인원들의 시간 낭비가 심각하다는 비판과 함께 의전용 관사와 의전용 차량 등을 축소해야 한다는 지적도 끊이지 않았다.

2013년 국회 국정감사 자료를 통해 드러난 코트라 해외무역관에서 이루어진 여야 의원과 고위 공무원들에 대한 의전 서비스는 큰 충격을 주었다. 코트라 해외무역관에서 최근 3년간 이루어진 의전 서비스는 모두 1,100건을 넘었는데, 의전을 명분으로 한 이른바 '갑질'도 상당한 것으로 나타났기 때문이다.

코트라 노조가 해외무역관 직원을 상대로 수집한 피해 사례에 따르면, 투자 유치를 위해 출장 온 한 지방자치단체 간부는 술자리에서 코트라 직원을 성추행하다 해당 직원이 반발하자 되레 '어디서 배운 버릇이냐'며 호통을 쳤다. 또 술시중이나 관광 안내를 요구했다가 거절당하자 여직원의 뺨을 때린 사례도 있었다. "출장비 1만 달러 중 실제 사용한 돈은 7,000달러뿐이니 나머지는 현금으로 나한테 돌려달라"고 요구했다는 공무원도 있었다. 이와 관련 『경향신문』2013년 10월 19일자 사설은 "사정이 이렇다면 해외 투자 유치와 중소기업 판로 개척을 지원해야 할 코트라가 제 구실을 할 수 있을까 걱정될 정도다"면서 이렇게 말했다.

"차제에 그간 문제가 됐던 의전 서비스도 짚고 넘어갈 필요가 있다. 출장에 앞서 몇 달 전부터 이들을 뒷바라지하느라 현지 직원들이 매달리는 것을 생각하면 본업이 제대로 굴러갈지 의문이다. 한국 무역의 최일선에 있는 해외무역관이 고관대작들의 의전과 잡무로 소일하는 것은 한국 경제의 큰 손실이다."[48]

임정욱은 "의전 사회의 폐해는 세월호 참사에서도 드러났다. 높은 사람이 오면 그에 맞춰서 의전을 준비하는 데 익숙해진 공무원들은 현장에서 고통 받는 희생자 가족들의 입장에서 배려하는 방법을 몰랐다"면서 이렇게 말했다.

"위기상황에서 효율적으로 구조 활동을 펼치는 방법에 대한 매뉴얼은 없는데 높은 사람들을 모시는 의전 방법은 매뉴얼로 머릿속에 박혀 있었을 것이다. 그렇다 보니 자기도 모르게 그렇게 행동했을 것이다. 한국의 경쟁력을 높이기 위해서 과도한 의전문화를 없애자고 제언하고 싶다. 쓸데없는 의전에 소비하는 시간을 줄이면 그 시간에 사색하고 실질적인 대화를 하고 보고서를 깊이 있게 읽고 토론할 수 있다. 행사 진행자들이 높은 사람이 아닌 일반 참석자들을 위해서 더 많은 배려를 하고 내실 있는 시간으로 만들 수 있다."[49]

이별 범죄

연인에게서 이별을 통보 받은 사람이 이별을 인정하지 않으려는 심리적 과정에서 이성을 잃고 애인에게 물리적 폭행이나 성범죄, 심지어 살인까지 저지르는 끔찍한 범죄를 의미한다. 자신의 감정을 스스로 조절하지 못하는 상태에서 굉장히 폭력적이고 공격적인 행동으로 분노를 표출한다는 점에서 '분노 조절 장애' 범죄의 한 유형으로 볼 수 있겠다.[50]

2014년 여자 친구가 이별을 통보하자, 무자비하게 차로 들이받는 사건이 발생했는가 하면, 엘리베이터 안에서 이별을 통보한 동거녀에게 휘발유를 뿌리고 불을 붙이는 사건도 발생했다. 2012년에는 이별을 통보한 남자친구를 성폭행범으로 몰고 증거를 조작한 혐의로 기소된 사법시험 준비생이 법정 싸움 9년 만에 실형을 선고받았다. 이별 범죄는 2011년에는 6,700여 건, 2012년에는 7,000여 건, 2013년에는 6,598건에 달한 것으로 알려져 있다. 2013년 12월에는 대학생 이 아무개(20) 씨가 헤어진 여자 친구 황 아무개(21) 씨를 목 졸라 살해하는 사건이 발생하기도 했는데, 이별에서 비롯된 살인 사건은 50건 가까이 되는 알려져 있다.[51]

전문가들은 '연애의 기술'을 알려주는 곳이 많은 '연애 과잉 시대'에 배신의 상처를 어떻게 극복해야 하는지를 알지 못하는 청춘들이 많기 때문에 이별 범죄가 발생하는 것으로 분석하고 있다. 목표 성취에 집착하는 사회 분위기가 청춘들의 연애와 이별에도 영향을 미치고 있다는 것이다. 이별 범죄를 '자기애 과잉'에서 비롯된 것으로 보는 시각도 있다. 건국대 의대 교수 하지현은 "보통 20대에 연애를 시작하면서 인간관계를 배워가기 시작하는데, 10대 시절에 다양한 경험을 하지 못한 채 가정 안에서 자기중심적으로 성장하는 경우가 많다. 자존심에 상처를 받았을 때 견디는 능력도 떨어지고, 남녀 사이처럼 특수한 관계가 원하는 대로 되지 않을 때 공격적으로 반응할 수 있다"고 했다.

어른들의 '끝사랑'이 종종 '치정 범죄'로 번지듯이 '이별 범죄'가 세대를 구분하지 않고 나타나는 현상이라는 지적도 있다. 연세대 심리학과 교수 황상민은 "개인차가 큰 만큼 20대만의 문제는 아니라고 생각한다"고 했다.[52]

이케아 연필 거지

2015년 2월 19일 방문객들이 너도나도 가져가는 바람에 해외 가구 브랜드 '이케아' 광명점에 비치된 연필이 일시적으로 동이 나는 일이 발생하자 네티즌들이 연필을 무더기로 가져간 사람들에게 붙여준 이름이다. 이케아 연필은 방문객이 전시 가구를 둘러본 뒤 구입할 가구가 창고 어느 지점에 있는지 메모하는 데 쓰라고 비치한 것으로, 이케아 연필 거지 때문에 이케아 광명점은 매점 개장 두 달도 안 돼 2년치 몽당연필이 동이 난 것으로 알려졌다.

2월 10일 오전 인터넷 중고 매매 사이트에 '경기 광명시에 있는 이케아 매장에서 가져왔다'는 연필을 3,000원에 판다는 게시 글이 올라오자, "전 세계 이케아 매장 중 연필 물량이 동나는 일이 벌어지는 건 한국뿐이다. 나라 망신이다"라는 댓글이 달렸다. 논란이 일자 이 판매자는 "한국 소비자들의 행동을 해학적으로 표현하며 '시민의식'에 대한 공론화를 의도해 일부러 올린 글"이라고 해명했다.[53]

이케아 연필 거지 논란을 접한 유통업체나 숙박업소 관계자들은 "새삼스러울 것도 없는 일"이라고 했다. 이들은 "공짜라면 양잿물도 마시는 몰염치한 일부 국내 고객들의 행태는 낯 뜨거울 정도"라고 말했다. 몇 가지 사례를 보자. 한 대형 할인점은 증정품이 붙은 상품을 계산한 뒤 증정품만 떼고 반품하는 사람들로 골머리를 앓고 있다. 매장 직원 오 모(57) 씨는 "믹스커피 160개짜리에 증정품으로 믹스커피 20개나 머그컵이 붙어 있는 상품을 계산한 뒤 증정품만 똑 떼어내 챙기고는 반품하는 사람들이 하루 3명꼴"이라고 말했다.

서울 모 여대 주변 모텔 촌에선 "투숙하러 온 학생들이 객실에 있는 물건들을 훔쳐가는 통에 장사 못해 먹겠다"는 업자들의 원성이 자자하다. P모텔에선 하루가 멀다 하고 샴푸, 보디클렌저, 빗 등이 없어져 방을 정리할 때마다 물건을 새로 넣는 게 일상이 되었다. 모텔 주인은 "대학가 주변에 자취하는 사람이 많아 그런지 생활용품을 알뜰히 챙겨간다"며 슬리퍼, 침대 이불 위에 올려놓는 고급 장식 천은 일주일에 한 번꼴로 없어지고, 컴퓨터 마우스와 본체 안에 있는 내부 장치까지 뜯어가는 사람도 있다고 토로했다.[54]

서울 지하철 1~4호선을 운영하는 서울메트로의 '양심우산 대여 서비스'도 사정은 마찬가지다. 서울메트로는 120개 역사 가운데 27개 역에서 이름과 연락처만 적으면 비 오는 날 우산을 무료로 빌려주는 서비스를 제공하고 있는데, 우산을 반납하는 경우는 손에 꼽을 정도라고 한다. 예컨대 지하철 3호선 녹번역은 2013년부터 2년간 우산 330개를 비치했지만 회수율은 0퍼센트다. 권동호 서초역장은 "돌려달라고 연락하면 '집이 멀어서 힘들다'고 하거나, 아예 틀린 이름과 휴대전화 번호를 적어주는 사례도 있어 찾을 수 없다"며 "기증받은 우산이 돌아오지 않으니 서비스를 중단할 수밖에 없다"고 허탈해했다.[55]

이케아 연필 거지

임신 순번제

가임기 여성이 아이를 가질 때 미리 정해놓은 순서에 따라야 한다는 조직 내부의 규칙을 이르는 말이다. 한꺼번에 임신을 하게 되면 업무에 지장을 초래한다는 명목으로 임신을 순번제로 정하는 것이다. 주로 여성들이 많이 일하는 공간에서 발생하는 현상으로 알려져 있다.

『경향신문』 2013년 5월 3일자는 병원에 근무하는 간호사들이 임신 순번제에 시달리고 있다면서 "임신 순번의 맨 앞자리 그룹은 나이 많은 선배나 불임을 겪는 간호사들이다. 두 번째 순위는 둘째를 낳으려는 사람. 이때도 역시 선배가 우선이고 또 첫째와 터울이 긴 사람의 순번이 앞선다. 기다리다 못해 아예 아이를 먼저 만들어 결혼하는 '끼어들기 반칙'도 나오기도 한다"고 했다.[56]

전국보건의료노조가 2012년 6월 조합원 2만여 명을 대상으로 '모성보호 실태'를 조사한 결과에 따르면, 국립중앙의료원, 보훈병원, 산재병원 등 특수목적 공공병원 간호사 중에서 임신 순번제를 겪었다는 응답률은 26.5퍼센트에 달했다. 대학병원에서 일하고 있는 한 간호사는 "임신 순번제라도 운용하는 곳은 그래도 나은 곳이다. 우리 병원은 2~3년 전부터 간호사들이 사직을 너무 많이 해 임신은 엄두를 못 낸다"고 했다.[57]

임신 순번을 지키지 않아 따돌림을 당했다는 한 간호사는 "3교대 방식으로 근무하는 응급실에서 예상치 않게 간호사 한 명이 근무조에서 빠지면 다른 이들이 힘들어지기 때문에 결혼과 함께 임신 계획을 미리 병원에 알리고 임신 순서를 배정받는다"며 "정해진 순서를 무시한 채 임신을 하거나 육아휴직을 신청하려면 그에 따른 인사상 불이익 등을 감수해야 한다"고 토로했다.

2014년 10월 전국보건의료노동조합은 3월부터 두 달간 조합원 1만 8,263명을 상대로 노동조건 실태조사를 해보니 임신을 한 적 있는 간호사 1,902명 가운데 사업장에서 임신의 순번을 정하는 '임신 순번제'를 경험한 여성이 전체의 17.4퍼센트(365명)로 조사되었다며 "이런 임신 순번제는 주로 부서장의 지시 아래 이뤄지며 이를 거부하거나 마음대로 임신하면 근무표 배정 등에서 불이익을 받는 사례가 많은 것으로 파악됐다"고 밝혔다.

윤은정 전국보건의료노조 정책부장은 "보건의료 사업장에서 이처럼 모성보호 권리를 침해하는 사례가 숱한데도 정부에서는 단 한 번도 전면적인 실태조사를 하지 않았다"며 이렇게 말했다. "보건복지부와 여성가족부, 고용노동부는 말로만 저출산 고령화 대책을 내놓을 것이 아니라, 여성 노동자가 왜 출산을 꺼리게 되는지 현장 실태에 좀더 관심을 기울여야 한다."[58]

임신 순번제

채용 세습

노사가 단체협약을 통해 직원 가족에게 일자리를 보장하는 고용 형태를 말한다. 고용 세습이라고도 한다. 2013년 5월 울산지법은 정년퇴직한 후 폐암으로 사망한 A 씨 유족이 현대자동차를 상대로 제기한 고용 의무 이행 청구 소송 선고 공판에서 채용 세습을 보장한 현대자동차의 단협(제96조) 조항이 사용자의 인사권을 본질적으로 침해하고 있으며, 채용 세습은 단협으로 규정할 수 있는 사항이 아니라면서 채용 세습을 보장한 현대자동차의 단체협약은 무효라고 결정했다.[59]

2013년 새누리당 이노근 의원이 밝힌 자료에 따르면, 전국 34개 지방의료원 가운데 진주의료원을 비롯해 14곳(41퍼센트)은 '고용 세습' 논란이 있는 가족 우선 채용 조항을 단체협약에 두고 있는 것으로 나타났다.[60] 2013년 10월 국회 국정감사 과정에서도 '고용 세습' 조항을 둔 공공기관이 추가로 드러났다. 국회 환경노동위 김상민 의원은 고용노동부 국감에서 "단체협약에 '고용 세습' 조항이 있는 공공기관과 지방 공공기관이 전국 63곳에 이르는 것으로 확인됐다"며 "심지어 공공기관 인사 내규에 이런 내용을 담고 있는 곳도 한국가스공사, 한국석유공사 등 11곳이었다"고 밝혔다.[61]

2015년 2월 노동부와 한국노동연구원이 300명 이상인 대기업

600여 곳의 단체협약을 조사한 결과 29퍼센트인 180여 곳에서 퇴직자의 자녀·배우자를 우선 채용하거나 가산점을 부여하는 방식의 채용 세습 조항이 들어 있는 것으로 나타났다. 이와 관련 『조선일보』 2015년 2월 13일자 사설 「대기업 귀족노조가 '고용 세습' 특권까지 챙기나」는 "대기업 단체협약의 고용 세습 조항은 대부분 노조 측 요구로 들어간 것이다"면서 이렇게 말했다.

"높은 연봉과 복리 후생 혜택을 누리고 있는 대기업 노조원들이 일자리까지 대물림하겠다는 것은 조선왕조 시대의 신분 세습을 방불케 한다. 기회 균등을 기대하는 대다수 국민의 상식을 배반하는 것이며, 대기업 노조원을 부모로 두지 못한 청년들의 취업 기회를 빼앗는 행위이기도 하다.……현재 진행되고 있는 노사정위원회에서 민간 기업의 고용 세습을 금지할 방안을 찾아야 한다. 고용 세습을 원천적으로 무효화하는 법조항을 만들어야 한다."[62]

2015년 4월 정부는 기업의 단체협약 중 퇴직자 가족 우선·특별채용 조항 삭제를 기업과 노동조합에 요구하기로 했다고 밝혔다. 고용부는 우선·특별채용 조항 등 위법·불합리한 사항에 대해 7월 말까지 노사가 자율적으로 개선하도록 시정 기회를 준 뒤 개선을 하지 않는 곳은 노동위원회 의결을 거쳐 시정명령을 내릴 예정이며 노사가 이를 거부할 경우 회사 대표와 노조 위원장에 대한 사법조치도 불사하기로 방침을 세웠다.[63]

추첨 민주주의 Sortition Democracy

추첨을 통해 관직에서 일할 사람을 뽑는 제도를 이르는 말이다. 역사 속에서 추첨 민주주의는 다수 발견할 수 있다. 고대 그리스 아테네에서는 1,000개 이상의 관직 대부분을 추첨으로 뽑았으며, 고대 로마와 르네상스 시기 이탈리아 도시 공화국에서도 추첨 민주주의의 용례를 찾아볼 수 있다. 오늘날 미국, 영국, 캐나다, 오스트레일리아 등 많은 국가에서 운영하고 있는 사법 배심제 역시 추첨 민주주의의 한 형태라 볼 수 있다. 2014년 캐나다 일부 주에서는 추첨으로 구성한 시민총회를 성공적으로 운영하기도 했다.[64]

선거를 통한 대의 민주주의가 대중의 정치적 무관심과 소수 엘리트 집단의 권력 독점을 낳자 이런 맹점을 보완하기 위해 추첨 민주주의 제도를 도입하자고 이야기하는 사람들이 적지 않다. 『추첨 민주주의』의 저자 어니스트 칼렌바크·마이클 필립스는 추첨 민주주의의 장점에 대해 이렇게 말한다.

첫째, 추첨을 하면 국민 전체의 구성과 근접한 국회를 구성할 수 있어 직접 민주주의를 구현할 수 있다. 지금처럼 선거 비용을 댈 수 있는 부자, 학벌 좋은 전문직 엘리트, 텔레비전 카메라가 돌아갈 때만 입에 침을 튀기는 '미디어형 인물'이 아니라 일용직 노동자부터 전업주부까지 국회에 진출할 수 있다는 것이다. 둘째, 추첨을 하면 부패가 줄어들 수 있다. 입후보하려면 일정 금액을 기탁해야 하고, 선거자금이 없이는 운동원을 둘 수 없는 현재의 선거 시스템은 원천적으로 부패 가능성을 내재하고 있는데, 추첨 민주주의에서는 돈과 무관하게 당선자가 결정되기 때문에 부패 문제를 해결할 수 있다는 것이다. 셋째, 추첨 민주주의에서는 사실상 재선이 불가능하기 때문에 이익단체의 눈치를 보는 행위나 소속 정당의 입장을 대변하는 거수기 역할이 사라진다.[65]

한국에서도 추첨 민주주의를 도입하자고 주장하는 사람들이 적지 않다. 예컨대 이지문 연세대 국가관리연구원 전문연구원은 2012년 지방의회와 각 정당의 비례대표부터 추첨제로 뽑아보자고 제안했다. 신동호는 "추첨제는 파벌 싸움이나 특정 세력이 집단을 대표하는 선거제의 부작용이나 한계를 원천적으로 차단할 수 있다는 점에서 민주주의의 새로운 모델의 하나로 검토해볼 만하다"고 했다.[66]

녹색당은 2014년 3월 전국대의원대회에서 100퍼센트 추첨을 통해 140명의 대의원을 선출해 한국의 정당 가운데 최초로 추첨 민주주의 방식을 선보였다. 녹색당은 전국 16개 시·도별로 지역·연령·성별을 고려해서 30명당 1명씩 모두 134명, 소수자 부문에서 청소년과 장애인 각 3명씩 뽑았는데, 이들의 토론과 투표를 통해 6월 예정된 지방선거에 11곳에서 지역구 후보, 14곳에서 광역의원 비례대표 후보를 내기로 결정한 것이다.[67]

친구의 역설the Friendship Paradox

내 친구가 나보다 많은 친구를 갖고 있는 것처럼 보이는 현상을 이르는 말이다. 미국 퍼듀대학의 사회학자인 스콧 필드가 1991년 만든 개념이다. 우리 식으로 하면 '남의 떡이 더 커 보이는 현상'이라고 할 수 있겠다. 2014년 10월 엄영호·조항현은 친구의 역설은 학술 논문에서도 발견된다고 했다. 이들은 동료 과학자들이 자신들에 비해 논문에 인용되는 횟수나 논문을 출판하는 경우가 더 많았다면서 이를 '일반화된 친구의 역설generalized friendship paradox · GFP'이라고 정의했다.[68] 조환규는 "친구의 역설은 모든 문화에 나타난다. 특히 부유함의 정도나 유명세 등도 친구의 역설과 같은 현상을 보인다"면서 이렇게 말했다.

"'엄친아' 현상, 즉 엄마 친구의 자식들은 하나같이 공부도 잘하고 좋은 대학에만 간다는 소문은 친구 역설의 변주곡이다. 경제적으로 넉넉한 집단에도 이런 현상이 나타난다. 의사들은 항상 친구 의사들의 벌이가 자기보다 더 낫다고 한다. 그 낫다는 친구 의사에게 물어봐도 역시 답은 같다."[69]

친구의 역설은 사람들이 페이스북이나 트위터 등 SNS에서 왜 친구 맺기에 집착하는지를 설명해주는 유용한 개념이기도 하다. SNS는 '친구 수, 팔로어 수, 댓글 수, 좋아요 수, 태그 수' 등을 통해 평가받는 시스템 성격을 가지고 있어 친구의 역설이 만개하는 공간이기 때문이다.[70] 이와 관련 매튜 프레이저·스미트라 두타는 "사람들은 사회적 자본을 획득, 유지, 구축하기 위해 소셜 사이트에서 많은 시간을 들여 미친 듯 경쟁적으로 친구를 만든다"면서 이렇게 말한다.

"친구 만들기 경쟁은 온라인에서의 시샘 어린 비교를 보여준다. 수백만의 사람들이 질투심 때문에 남들의 인터넷 프로필을 확인해 그들이 얼마나 많은 '친구들'을 모았는지 체크한다. 예전에 지위를 갈망하던 남자들이 이른바 '트로피 걸프렌드trophy girlfriends'를 찾았다면, 요즘 소셜 네트워킹 사이트에서는 '트로피 프렌드trophy friends'가 인기다. 많은 사람이 가짜 '친구들'을 만들어내고 그것을 자신의 개인 홈페이지에 추가함으로써 자기가 인기인인 양 꾸미는데, 이런 걸 '페이크부킹Fakebooking'이라고 부른다. 온라인 세계에서는 진짜 친구를 찾을 수 없다면 언제든 만들어낼 수가 있다."[71]

친구의 역설은 이른바 '이웃 효과neighbor effect'를 유발해 상대적 박탈감을 불러오기도 한다. 이와 관련 엄영호·조항현은 친구의 역설이 발생하는 것은 사람이 편향된 친구의 일부분만을 보고 있기 때문이라면서 인기, 수입, 명성, 행복 등의 요소에서 자신과 남을 비교할 경우 자신에 대한 왜곡된 인식을 가질 수 있으므로 주의해야 한다고 조언했다.[72]

코피노 소송

코피노Kopino들이 한국인 아빠를 찾아달라고 내는 소송을 이르는 말이다. 코피노는 한국 남성과 필리핀 현지 여성 사이에서 태어난 2세를 필리핀에서 이르는 말로, 코리안Korean과 필리피노Filipino의 합성어다. 코피노는 대부분 성매매를 통해 태어나는 것으로 알려져 있다. 김용희 탁틴내일 간사는 "필리핀에서 한국 남성의 성매매는 골프여행 등과 겸하는 성 관광, 지속적으로 성매매 여성을 만나는 '현지처', 연애를 빙자한 유학생들의 성매매 형태로 나타난다"며 "특히 피임기구 사용을 기피하는 한국 남성의 성향은 코피노의 탄생과 직결된다"고 말했다. 필리핀 사람들이 가톨릭의 영향으로 낙태를 금기시하고 있는 것도 코피노 증가의 이유로 거론되는데, 이렇게 태어난 코피노는 필리핀에서 집단 따돌림을 당하는 등 차별과 가난 속에서 자라고 있다.[73]

필리핀 현지 활동가들은 코피노를 1만 명 안팎으로 추정하고 있는데, 2014년 6월 한 코피노가 한국 법원에서 친부와의 혈연관계를 인정받았다. 코피노가 직접 친자확인 소송을 제기해 승소한 것은 이번이 처음이다.[74] 코피노의 아빠 찾기 소송은 빠른 속도로 증가하고 있다. 2015년 1월 법조계에 따르면 현재 코피노가 제기한 50여 건의 소송이 국내 법원에서 재판 중이다. 이런 현상을 반영해 중소형 로펌을 위주로 코피노 소송에 뛰어드는 변호사도 늘고 있다.

이들은 직접 필리핀으로 찾아가 의뢰인을 모집하거나 시민단체 등의 도움을 받아 사건을 수임하고 있으며, 의뢰인과의 원활한 소통을 위해 필리핀 출신 직원을 채용한 변호사 사무실도 있다. 대형 로펌도 시민단체와 손을 잡고 코피노 소송에 합류했다. 법무법인 세종의 공익재단인 사단법인 나눔과 이음의 강기효 사무국장은 "되도록 소송이 아닌 조정으로 해결하려고 한다"며 "필리핀 여성에게 소송을 해줄 테니 양육비의 절반을 내놓으라는 브로커도 생겨나 주의가 필요하다"고 했다.[75]

자피노Japino 문제를 해결한 일본의 사례를 참고해야 한다는 주장도 있다. 일본 남성과 필리핀 여성 사이에 태어난 아이를 일러 자피노라 한다. 『중앙일보』 2014년 6월 23일자 사설은 "수많은 코피노들이 한국인 아버지의 외면 속에 방치돼 있다는 사실은 해당 남성들뿐 아니라 국가적으로도 부끄러운 일이 아닐 수 없다"면서 다음과 같이 제안했다.

"일본 남성과 필리핀 여성 사이에 태어난 '자피노' 문제로 홍역을 앓았던 일본의 경우 국적이나 취업비자를 받을 수 있는 문턱을 낮춰주거나 현지 일본 기업에 우선 채용하고 있다. 코피노들에 대한 사회적 차원의 지원을 검토할 필요가 있다."[76]

코피노 소송

폴리애나 효과Pollyanna Effect

나쁜 환경에 처해 있어도 이를 긍정적으로 해석해 행복을 느끼려 하고 타인에 대해서도 긍정적으로 평가하려는 경향이 사람에게 있다는 것을 의미하는 말이다. 폴리애나 가설이라고도 한다. 폴리애나 효과는 미국의 아동 문학 작가인 엘리너 포터의 작품 『폴리애나Pollyanna』(1913년)에서 유래했다.

소설의 주인공으로 고아인 폴리애나는 아버지에게서 교육받은 대로 그 어떤 어렵고 우울한 상황에서도 늘 밝은 면만을 보면서 낙관적인 성격으로 온 마을을 즐겁고 행복하게 만들었다. 이 소설은 폴리애나 선풍을 불러일으킬 만큼 독자의 반응을 얻었고 이후 폴리애나는 미국에서 낙천주의자라는 뜻의 보통명사가 되었다.[77]

가설에 의하면 폴리애나 효과는 언어에 내재되어 있다. 인간이 의식적으로 긍정적인 단어를 선택하고 사용하는 것이 아니라 그들이 사용할 수 있는 언어에 부정적 단어가 거의 없다는 것이다. 2015년 2월 10일 미국 버몬트대학과 매사추세츠공대MIT 공동 연구팀은 국제 학술지 『국립과학원회보PNAS · Proceedings of the National Academy of Sciences』 인터넷판에 실은 연구 결과에서 논문의 가설로 세운 '폴리애나 효과'가 사실로 입증되었다고 발표했다. 영어 · 독어 · 프랑스어 · 스페인어 · 포르투갈어 · 중국어 · 한국어 · 인도네시아어 · 아랍어 · 러시아어 등 10개 언어를 분석 대상으로 삼아 구글 검색어, 신문 기사, 영화 대사, 노래 가사 등 24가지 빅데이터를 분석한 결과, 사람들이 부정보다 긍정을 보려는 행동이 언어에서도 나타났다는 것이다.[78] 연구에 참여한 호주 아들레이드대학 루이스 미첼 박사는 "사람들은 '결혼(긍정)'이 '이혼(부정)'으로 이어질 확률이 높다는 것을 잘 알고 있다"면서 "그렇지만 그들은 여전히 서로 묶이기를 원하는 것과 같은 것"이라고 설명했다.[79]

이 연구에서는 스페인어가 긍정적인 단어를 가장 많이 쓰는 언어로 나타났다. 반면 한국은 중국 다음으로 부정적인 단어 사용의 빈도가 높은 것으로 나타났다. 이 때문에 한국어는 우울한 언어라는 제목을 단 기사도 등장했는데,[80] 미디어언어연구소장 강재형은 한국어가 우울한 언어라는 것에 동의할 수 없다면서 이렇게 말했다. "우월한 언어, 열등한 언어가 따로 없듯이 행복한 언어, 우울한 언어도 존재하지 않는다. 언어에 긍정적인 빛이 퍼지는 것은 '낙천적 사회'가 비춰지기 때문이고, 우울한 느낌이 드리워지는 이유는 '우울한 사회'의 그림자 탓일 것이다."[81]

프리카리아트_{precariat}

불확실하다는 뜻의 형용사_{precarious}와 프롤레타리아트_{proletariat}를 합성한 말로, 1980년대 프랑스 사회학자들이 급증하던 일용직이나 파트타임 노동자를 지칭하는 말로 처음 사용했다. 지금은 사회생활 전반이 취약한 비정규직·실업자·이주노동자 등을 비롯해 일자리를 구하지 못하고 빚에 짓눌린 젊은 층, 홀로 아이를 돌보는 여성 등을 총칭하는 말로 사용되고 있다.[82]

2014년 1월 열린 전미경제학회_{AEA} 연차학술총회에서 국제노동 권위자인 가이 스탠딩 영국 런던대학 교수는 2008년 금융위기 이후 젊은 프리카리아트가 급증하기 시작해 일부 국가에선 전체 인구의 25퍼센트에 이른다고 추정하면서 "(프리카리아트가) 좌파도 우파도 아닌 '위험한 계급'으로 진화하고 있다"고 경고했다.[83] 스탠딩은 프리카리아트는 "불안정한 노동에 시달리는 바람에 조직화되지 않고 정체성도 없다"며 "끊임없는 구직·직업 훈련 등으로 방황하고 시간·돈이 부족해 진정한 사회관계를 맺을 기회도 상실했다"고 말했다.

스탠딩은 또 프리카리아트는 조그만 이익에도 쉽게 분노하고 좌절하며 기존의 정당·노조 등 모든 정치세력을 거부하면서 반감을 극단적인 행동으로 표출하기 때문에 이들이 민주주의를 위험에 빠뜨릴 수 있다고 진단했다. '시간 쥐어짜기'에 시달리기 때문에 골똘히 생각하고 신중하게 이야기를 나눌 수 있는 여유를 잃었고, 분노, 아노미, 걱정, 소외만을 경험하기에 이민자 등 극빈층에 대한 반감을 형성하기 쉽다는 것이다. 그는 또 유럽에서 극우정당이 약진하고 이슬람 청년들이 테러 단체에 적극 가담하는 것도 프리카리아트의 증가와 관련이 있다고 해석했다.[84]

이유진은 "대세가 된 프리카리아트에게 희망을 주는 '낙원의 정치'를 하지 않는다면 이 '위험한 계급'이 우리 모두를 더욱 심각한 불평등과 폭력의 상태로 데려갈 것이라"는 게 스탠딩의 주장이라면서 해법은 일자리나 노동이 아닌 더욱 풍부한 개념으로서 다양한 '일', 시간을 확보해주는 '여가', 기본적인 소득 보장에 있다고 했다.[85]

우버Uber와 에어비앤비Airbnb 등 급성장하고 있는 '공유 서비스'가 프리카리아트를 체계적으로 양산하는 새로운 플랫폼이 되고 있다는 시각도 있다. 운전·숙박·심부름 등 하루 3~4곳의 대행 서비스 업체에서 받은 일감으로 생계를 꾸리는 프리랜서 노동이 일상화되고 있다는 게 이유다.[86]

협상 3.0

상대의 감정, 인식, 행동을 건드리는 협상을 일컫는 말이다. 협상 1.0은 정해진 크기의 파이 안에서 최대한 내 것을 많이 챙기는 협상으로, 분배적 협상이라 부른다. 협상 2.0은 파이를 키워서 서로 많이 챙겨가는 이른바 윈윈 협상으로, 통합적 협상이라 한다. 최철규는 "현재는 경제적 가치를 주는 서비스가 차고 넘치는 공급 과잉 시대"라며 "정서적 가치를 줬을 때 사람들의 마음이 움직이기 때문에 '협상 3.0'이 뜬다"고 했다.[87]

최철규는 또 "협상 3.0을 추구하는 고수는 상대의 요구에 대해 걱정하지 않는다. 협상을 왜 하는지, 얻고 싶은 가치가 무엇인지 먼저 생각한다"면서 이렇게 말했다. "프린스턴대가 아인슈타인을 영입할 때 요구받은 연봉(3,000달러)보다 훨씬 많은 1만 달러를 제시했다. 이 제안은 아인슈타인의 마음을 빼앗았다. 이후 다른 명문대의 엄청난 러브콜에도 아인슈타인은 프린스턴과의 의리를 끝까지 지켰다. 가치를 만족시키는 협상이 진짜 협상이다."[88]

전상민은 "협상 3.0은 상대의 '감정'과 '인식', '행동' 모두를 바꾼다"며 "이는 나와 전혀 다른 생각을 갖고 있던 사람과 진짜 파트너가 되는 것을 의미한다"고 했다. 협상 3.0을 통해 서로가 자신의 가치를 충족하고 더 큰 가치를 만드는 데까지 이를 수 있다는 것이다.[89]

화병火病

마음속의 분노, 울분을 억지로 억제해서 생기는 통증·피로·불면증 등 다양한 병증을 통칭하는 말이다. 치미는 울화를 제대로 발산하지 못해 생기는 병으로 그래서 '울화병'이라고도 한다. 화병은 억울하거나 답답한 감정, 속상함 등의 스트레스가 장기간 쌓여 신체적 증상으로 발현되는 증후군으로 우울증이나 불안장애, 공황장애 등과는 조금 다르다. 화병은 한국 사람에게서만 발견된다. 한국학의 거장으로 꼽히는 김열규는 "화병은 한국인의 심암心癌으로, 마음속에 기생하는 악성 종양"이라고 했다.[90]

그는 또 "원한은 한국인의 정서적 생채기다. 원한의 서정은 이 땅의 문화에서 역사적인 주류로 흘러왔다"면서 화병은 원한의 문화와도 관련이 깊다고 했다.[91] 세계적으로 정신 질환 진단의 교범教範 역할을 하는 미국정신의학회는 1994년 펴낸 『정신장애 진단 통계 편람』에서 '화병Wha-byung'을 "한국인의 독특한 정신질환"이라며 문화 관련 증후군의 하나로 한글 발음 그대로 실었다.[92]

가부장적 문화 때문에 화병은 중년 여성들에게서 많이 발견되는 것으로 알려져 있지만 중년 남성들에게서도 화병은 발견된다. 2014년 강동경희대병원에 따르면 화병클리닉 치료 환자 중 40세 이상 남성의 수는 2011년 54명에서 불과 1년 만에 139명으로 2.6

배로 늘었다.[93] 화병은 취업준비생들에게도 발견된다. 한 조사에 의하면 구직자 10명 중 6명은 화병을 앓은 경험이 있다고 했다.

직장인들의 상황도 다르지 않다. 2015년 1월 취업포털 커리어가 직장인 448명을 대상으로 실시한 설문조사 결과에 따르면, 직장인들의 90퍼센트가 직장 생활을 하면서 화병을 앓은 적이 있는 것으로 나타났다. 화병이 생긴 이유는 '상사, 동료와의 인간관계에 따른 갈등'(63.80퍼센트)이 가장 많았다. 이어 '과다한 업무, 업무 성과에 대한 스트레스'(24.89퍼센트), '인사 등 고과산정에 대한 불이익'(3.62퍼센트), '이른 출근 및 야근으로 인한 수면 부족'(3.17퍼센트), '퇴출, 구조조정에 대한 불안감'(2.71퍼센트) 등이었다.[94]

한국인의 화병은 만성적인 스트레스에 시달려도 그저 잘 참는 것을 미덕으로 여기는 사회 분위기와 관련이 깊다는 견해가 있다. 이재헌 강북삼성병원 정신건강의학과 교수는 "우리 유교 문화는 솔직한 감정 표현을 미성숙한 것으로 치부했다"며 "스트레스는 감정 표출을 통해 해소할 수 있는데 참는 걸 미덕으로 여기다 보니 화병 환자가 많다"고 했다.[95]

Economy Section

TALK

Trend Keyword

고아 계약자

보험 계약을 모집한 설계사의 이직이나 퇴직 등으로 인해 제대로 된 서비스를 받지 못하는 계약자를 이르는 말이다. 고아 계약자는 보험 가입 초기에 왕창 사업비를 떼는 수수료 구조 때문에 발생하는 것으로 알려져 있다. 대부분의 보험 상품은 설계사 수수료와 보험 운영비 성격으로 사업비를 떼 가는데, 한국은 가입 초기에 보험 설계사가 가져가는 사업비 비중이 큰 편이다. 설계사 수당은 전체 사업비의 70퍼센트 정도를 차지한다. 한국금융연구원에 따르면 한국 보험회사들은 전체 판매 수수료 중 80~90퍼센트를 보험 계약 후 1년 내에 설계사에게 지급한다. 보험 설계사들이 이렇게 사업비를 초기에 거의 다 받다 보니 이직률이 높을 수밖에 없고 이 때문에 소비자는 보험 내용이나 보험금 지급과 관련해서 물어볼 사람이 없어지는 상황이 발생한다는 것이다.[1]

고아 계약자 방지를 위해 설계사에게 지급하는 사업비를 외국처럼 순차적으로 지급해야 한다는 주장이 있다. 금융소비자연맹 이기욱 국장은 "한국의 사업비 체계 아래서는 보험 판매자가 고객을 장기적으로 관리할 인센티브가 거의 없는 상황이다. 미국·영국처럼 사업비를 좀더 긴 기간에 걸쳐 나누어 지급하면 보험 계약자가 가입할 때만 좋은 대접을 받고 얼마 지나지 않아 외면 받는 문제를 개선할 수 있을 것"이라고 했다. 소비자들이 원할 경우 보험 설계자에 대한 정보를 열람할 수 있는 '설계사 이력관리제'를 도입해야 한다는 목소리도 있다. '설계사 이력관리제'란 보험 설계사들의 과거 실적을 점수화해 보험 회사와 소비자가 원할 때 열람할 수 있도록 한 제도로, 영국·이탈리아 등에서 시행 중이다.[2]

금융당국은 고아 계약자 문제를 해결하기 위해 보험계약에 대한 유지 등 관리 권한을 계약을 모집한 설계사에게 이전하는 방안을 추진하고 있다. 보험계약을 모집한 설계사가 소속을 바꿔 대형 법인대리점으로 이동하더라도 모집한 보험계약에 대한 권한을 주겠다는 것이다. 보험업계는 이를 허용할 경우 보험회사 소속 전속 설계사 조직의 급격한 붕괴를 야기할 수 있다며 반발하고 있다.[3]

보험 대리점GA이 고아 계약자를 양산한다는 지적도 있다. 보험사 전속 설계사는 그 보험사 상품만을 판매하고 수시로 보험사의 교육·관리를 받는 데 비해 여러 보험사 상품을 판매할 수 있는 GA 설계사는 보험사와 직접적 관계가 없어 판매실적에 따른 수수료만 챙기기 때문에 고아 계약자가 증가하고 있다는 것이다. 2014년 7월 현재 GA 설계사는 19만 7,529명으로 10여 년 전보다 10만 명가량 늘었으며, 전체 설계사(42만 7,336명)의 절반에 육박(46.22퍼센트)하고 있다.[4]

공유경제|Sharing Economy

재화나 공간, 경험과 재능을 다수의 개인이 협업을 통해 다른 사람에게 빌려주고 나눠 쓰는 온라인 기반 개방형 비즈니스 모델을 일컫는다. 독점과 경쟁이 아니라 공유와 협동의 알고리즘이라 할 수 있겠다. 공유경제라는 이름은 2008년 미국 하버드대학 로렌스 레식 교수가 붙였지만, 이미 2000년대 초부터 주목받은 개념이다. 공유경제를 널리 알린 것은 미국의 차량 공유 서비스 우버Uber와 숙박 공유 서비스 에어비앤비Airbnb다.

월가에 따르면, 2014년 현재 이 두 기업은 이미 동종 업계 오프라인 1위 업체의 시장 가치를 넘어섰다. 예컨대 에어비앤비는 2009년 첫해 2만 건의 숙박을 중개했으나 5년 남짓 흐른 지금은 한 달에 100만 건을 중개하고 있다. 2010년 3개 도시에서 서비스를 시작한 우버는 2014년 현재 50개국 230개 도시로 확대되었다.[5] 이들 외에도 '렌딩 클럽(P2P 대출)', '틴더(데이팅)', '저스트 잇(음식 주문)', '위키피디아(온라인 백과사전)', '이노센티브(공동 연구개발 플랫폼)' 등도 대표적인 공유경제 모델로 거론된다.[6] 공유경제는 한국에서도 빠르게 확산하고 있다. 나눌수록 경제적·사회적 가치가 더욱 커진다는 생각에 빈방, 자동차, 사무실, 주차장, 옷·도구, 지식·재능, 경험·취미까지 공유하는 문화가 확산하고 있는 것이다.[7]

공유경제의 특징은 거의 모든 경제 활동이 '개인 대 개인 간 거래Peer to Peer · P2P'라는 점이다. 공유경제 전문가이지 『위 제너레이션』 저자인 레이첼 보츠먼은 "공유경제 서비스는 소셜네트워크서비스SNS를 활용한 신뢰를 기반으로 작동한다"고 말했다.[8] 미래학자 중에는 공유경제를 예찬하는 사람들이 적지 않은데, 대표적인 인물이 "소유의 시대는 끝났다"고 주장하는 제러미 리프킨이다.

그는 2014년 출간한 『한계비용 제로 사회The Zero Marginal Cost Society』에서 미국인의 약 40퍼센트가 이미 '공유경제'에 참여하고 있다면서 "자본주의 시스템은 막을 내려가고 그 대신 협력적 공유사회가 부상하고 있다"고 말했다. "무료에 가까운 재화 및 서비스"를 사회적으로 공유하는 협력적 공유경제가 이미, 프로슈머(직접 생산하는 소비자)와 3D 프린팅, 피어 투 피어P2P 네트워크, 협동조합, 사회적 기업, 대안 화폐, 재생 에너지, 비영리부문을 통해 우리 경제생활에 깊이 들어와 있다는 것이다.[9]

리프킨은 또 공유경제는 "생태학적으로 가장 효율적이며 지속 가능한 경제로 가는 지름길이다"고 예찬했다. 시장의 교환가치가 사회의 공유가치로 대체되기 때문에 새로운 상품이 시장에서 덜 팔리고 자원도 덜 사용되고 지구 온난화 부담도 줄어든다는 게 리프킨의 주장인 셈이다.[10]

공유경제 논쟁

공유경제가 세계적인 트렌드로 자리 잡으면서 이를 둘러싼 논란도 만만치 않게 발생하고 있다. 우선 공유경제가 노동의 질을 떨어뜨린다는 지적이 있다. 대표적인 게 바로 '프리카리아트precariat'라는 새로운 계급의 등장이다. '불안정하다precario'와 '프롤레타리아트proletariat'를 합친 말로, 공유 플랫폼을 통해 돈을 버는 이들의 노동 환경이 열악하기 때문에 등장한 말이다. 이와 관련 김국현은 2015년 1월 "공유경제란 공유의 대상인 자원을 소유하기만 하고 나누지 않아 놀리는 것은 옳지 않다 믿는 철학이다. 그런데 여기서 자원이란 물적 자원뿐만 아니라 인적 자원까지 포함된다"면서 이렇게 말한다.

"고용 관계가 몇 번의 터치만으로 순식간에 성립되어버린다. 고용도 일종의 구매, 즉 서비스를 구매하는 일이다. 온라인 쇼핑몰이 어떻게 오프라인 상점을 힘들게 했는지 생각해보자. 고용도 마찬가지다. 아니 오히려 더 적나라하다. 그 효과가 크기 때문이다. 온라인 쇼핑하듯 별점을 남기고 수시로 비교한다. 상호 신뢰란 계량된 평가에 의한 것이다. 공유경제란 말처럼 따뜻하기보다는 차가운 경제인 것이다."[11]

공유경제에 대한 법적 규제가 없어 공유 서비스에 종사하는 사람들은 연금·세금·보험 등의 혜택을 전혀 받을 수 없기 때문에 노동 시장의 임금, 노동 조건이 더욱 나빠지고 있다는 지적도 있다. 이들은 공유경제를 협력으로 포장된 '디지털 신자유주의'라고 평가 절하한다. 예컨대 작가이자 저널리스트 예브게니 모로조프는 "공유경제는 고도의 자본주의적 개념이다. 소유 없이는 공유도 없다. 가진 게 없는 사람은 공유에서도 소외된다"고 말한다. 한병철 독일 베를린예술대학 교수는 신자유주의의 방종을 더 심화시키는 '스테로이드'이자, 노동자를 자영업자로 만드는 '현대판 노예노동'이라고 비판한다.[12]

공유경제를 기존 산업의 가치사슬을 파괴하는 주범으로 보는 시각도 있다. 강동철은 2015년 2월 "새로운 자원을 투입하는 것이 아니라 잉여자원을 공유해 가치를 창출한다는 점에서 '자본주의의 약점을 보완할 대안'으로까지 거론되었으나 갈수록 변종變種 시스템으로 변해간다는 비판도 나온다"면서 이렇게 말했다.

"공유경제가 중소 자영업자들의 일자리를 뺏는다는 지적도 많다. 택시·대리운전 등 운수업이나 모텔·여관 등 숙박업은 대표적인 소규모 사업이다. 여기서 공유경제 업체들은 차량, 숙소 등을 대규모로 확보해 사업을 벌인다. 특히 우버, 에어비앤비 등은 월스트리트 등으로부터 거액을 투자받으면서 대형 자본이 영세 자본의 영역까지 싹쓸이하는 양태를 보이고 있다. 모텔·여관 등 소규모 숙박업소 운영자들은 '에어비앤비 같은 방식이 확산되면 호텔도 위기감을 느끼는 상황에 소규모 숙박업소는 고사하고 말 것'이라고 우려하고 있다. 미국 뉴욕에선 에어비앤비 때문에 부동산 가격이 폭등한다는 주장이 나온다. 자본이 풍부한 사람들이 비싼 가격에 오피스텔, 아파트 등을 빌려 여행객들에게 내주는 사업에 눈독을 들이면서 부동산 가격이 오른다는 것이다."[13]

공유경제는 주로 개인 간 거래를 바탕으로 하는데, 그래서 국가 권력에 대한 일종의 도전으로 보는 시각도 있다. 개인과 개인의 거래에서 국가의 역할과 권한이 없기 때문이다. 예컨대 우버가 그런 경우다. 그동안 택시 면허권은 주 정부와 시 정부의 고유 권한이었는데, 우버는 이 독점권을 무너뜨렸다.[14] 이런 문제를 해결하기 위해 민관 거버번스를 구축해야 한다는 견해도 있다. 이재흥 희망제작소 사회적경제센터 선임연구원은 "미국 샌프란시스코에서는 민과 관이 함께 '공유경제 워킹그룹'을 만들어 변호사들이 법률적 문제는 없는지 사전 검토 작업을 했다. 에어비앤비 같은 경우 샌프란시스코와 달리 뉴욕에선 불법으로 판결돼 영업활동을 못했기 때문이다. 공유경제는 정부와 지방자치단체, 기업과 시민사회의 관계망 속에서 민관 거버넌스를 이뤄 추진해야 한다"고 말했다.[15]

구글세|Google Tax

구글은 신문이나 잡지에 실린 기사 콘텐츠로 이용자들을 끌어모아 막대한 광고 수익을 챙기는데, 이런 구글에 대해 세금 형태로 콘텐츠 저작권료나 사용료를 징수하자는 내용을 담고 있는 세금을 말한다. 구글세는 2000년대 중반부터 유럽연합 국가를 중심으로 공론화되었는데, 두 가지 이유 때문이다.

하나는 독과점의 폐해에 대한 우려다. 현재 유럽의 검색 시장에서 구글이 차지하는 점유율은 90퍼센트를 넘는다.[16] 또 하나는 구글의 법인세 탈루 의혹이다. 2013년 『가디언』 등 유럽 매체는 구글이 '더블 아이리시double irish'로 불리는 조세 회피 전략을 사용해 소득세를 내지 않는다고 폭로해 파장을 불러일으켰다. 구글이 세계적으로 20억 달러(약 2조 1,550억 원)의 소득세를 내지 않았다는 분석도 있다.[17]

구글세의 개념은 확장하고 있다. 처음에는 구글을 대상으로 해 구글세로 불렸지만 글로벌 금융위기 이후 세수 감소로 고민에 빠진 유럽연합이 새로운 세원 발굴 차원에서 인터넷·디지털 기업들의 법인세 탈루를 문제 삼기 시작하면서 구글세의 대상이 애플과 마이크로소프트 등 세금 회피 지적을 받고 있는 다국적 정보기술IT 업체 전체로 확대되고 있는 것이다.[18]

스페인은 2014년 10월 세계 최초로 지적재산권법을 손질해 구글세를 통과시켰다. 구글이 신문·잡지 기사에 대해 저작권료를 내지 않고 발췌나 링크를 걸면 30~60만 유로의 벌금을 부과할 수 있도록 한 것이다. 이에 구글은 자신들이 매달 신문사들에 페이지뷰를 100억 건 제공하고 있다며 "언론사의 트래픽을 늘려주는 데 구글이 막대한 역할을 해왔는데 사용료 지불이라는 조치는 부당하다"고 반발했다.

구글은 2014년 12월 구글 뉴스에서 모든 스페인 언론사를 제외시키는 강수를 두며 구글세에 정면으로 대응했다. 애초 구글세 도입을 강력하게 주장했던 스페인 신문발행인협회는 외부 유입 트래픽이 평균 10~15퍼센트가량 떨어지자 "구글 뉴스 같이 시장 지배적인 서비스가 문을 닫으면 스페인 국민과 산업에 나쁜 영향을 끼칠 것이 분명하다"라는 성명을 내고 구글세 법안을 물려 달라고 입장을 바꾸었다.[19]

한국은 국내 인터넷 기업에 대한 역차별 해소 차원에서 구글세 도입을 검토하고 있다. 2015년 현재 네이버와 다음카카오 등 국내 인터넷검색 업체들은 신문사와 출판사에 '게재료'란 이름으로 콘텐츠 사용료를 주고 있지만, 구글은 이를 지급하지 않고 있기 때문이다. 2015년 2월 3일 국회 의원회관에서 열린 '구글세 논쟁과 인터넷 주권의 미래'란 주제의 정책 토론회에서 홍지만 새누리당 의원(국회서민중소기업발전포럼 대표)은 인사말을 통해 "인터넷은 눈으로 보이지 않는 재화를 생산하고 있는데 고정 사업장이 없다는 이유로 과세를 하지 못하고 있다. 구글세 도입을 통해 정보기술융합ICT 산업의 조세 체계가 확립되도록 노력하겠다"고 밝혔다.

이에 구글코리아는 "구글은 한국을 포함하여 영업하는 모든 국가에서 해당국의 세금 법규를 준수하고 있다"며 "모든 국가는 해당국가 사법체제 안에서 수입에 대한 세금을 결정할 권한을 갖지만 다국적 기업에 대한 세제에 대한 가이드라인은 OECD와 같은 국제 기구에서 논의가 되어야 한다"고 했다.[20]

근린 궁핍화 정책_{Beggar-thy-neighbor policy}

자국 통화의 가치를 떨어뜨려 수출 확대를 유도해 세계 경제 침체의 충격을 줄여보자는 통화 전략을 일컫는 말이다. 다른 나라를 어렵게 만든다는 점에서 '근린 궁핍화 정책'으로 불린다. "이웃 나라를 거지로 만드는 정책"이라고 비난하는 사람들도 있다.[21]

근린 궁핍화 정책은 트럼프에서 상대방 카드를 전부 빼앗아온다는 말에서 유래했는데, 영국의 경제학자 조앤 로빈슨이 1930년대 세계 대공황을 분석하면서 사용해 널리 알려졌다. 로빈슨은 각국의 '너 죽고 나 살자'라는 이기주의와 보호무역, 환율전쟁 등으로 인한 근린 궁핍화 정책 때문에 세계 대공황이 오랫동안 지속되었다고 했다.[22]

상대 국가를 믿지 못해 발생하는 근린 궁핍화 정책은 모두를 파국으로 몰고 가는데, 그래서 죄수의 딜레마와 흡사하다는 평가를 하는 사람도 있다. 권홍우는 "세계 대공황에서 각국의 경쟁적인 근린 궁핍화 정책은 공멸을 불렀다"면서 이렇게 말한다.

"국제협력만이 공생의 길이라는 사실을 알면서도 실행하지 못하는 국제적 긴장과 불신이 '죄수의 딜레마prisoner's dilemma' 상황과 닮았다. 미국 랜드연구소에 근무하던 폰 노이만(1903~1957) 등이 1950년에 주창한 '죄수의 딜레마'도 끝이 좋지 않다. 신뢰하고 협조했다면 혐의를 벗을 수 있었던 공범들은 모두 감옥에 가기 마련이다."[23]

　　근린 궁핍화 정책은 세계 경제가 불황일 때 자주 발생한다. 2015년 1월 일본은행BOJ과 유럽중앙은행ECB의 양적완화 정책으로 환율전쟁이 촉발된 후 스위스, 스웨덴, 덴마크 등 유럽 국가에서 기준금리가 하락하자 근린 궁핍화 정책의 망령이 되살아나고 있다는 해석이 나왔다. 모건 스탠리는 대공황에 직면해 각국이 앞다퉈 통화가치를 끌어내리던 '1930년대의 망령'이 되살아나고 있다고 경고했다. 2015년 2월 모건 스탠리 글로벌 이코노미스트 마노지 프라드한은 "1930년대의 교훈은 오래 기다린 이들의 희생을 대가로 선수를 친 이들이 이득을 본다는 것"이라면서 "지금은 모두가 이 같은 전략을 택하고 있다"고 말했다.[24]

노동소득 분배율

국민소득 가운데 노동소득이 차지하는 정도를 나타내는 지표다. 노동생산성의 상승에 맞춰 실질임금이 오르지 않으면 노동소득 분배율은 떨어진다. 노동소득 분배율이 낮다는 것은 노동의 가치를 제대로 인정하지 않는다는 것을 의미하는 동시에 기업의 주머니로 들어가는 부분이 늘었다는 것을 뜻한다.

세계적으로 노동소득 분배율은 하락하고 있다. 예컨대 1947년부터 2000년까지 미국의 노동소득 분배율은 평균 64.3퍼센트를 기록했지만, 2010년 3분기에는 57.8퍼센트로 역대 최저치를 기록했다. 이렇게 노동소득 분배율이 떨어지는 이유는 급격한 기술 발전으로 인해 숙련을 요구하는 일자리가 줄어들고 있기 때문이다.[25]

OECD 회원국 가운데 한국의 노동소득 분배율은 최하위권이다. 2012년 한국의 노동소득 분배율은 43.5퍼센트로, 1990년(42.6퍼센트)에 비하면 다소 개선되었지만, OECD에 자료를 제출한 32개 회원국 가운데는 24위에 그쳤다. 한국보다 노동소득 분배율이 낮은 국가는 경제 위기를 겪고 있는 그리스(34.2퍼센트)와 폴란드(37퍼센트), 멕시코(27퍼센트) 등이었다. 성균관대 경제학 교수 조준모는 "노동의 가치가 제대로 평가받지 못한다는 것은 소득분배가 잘 안된다는 뜻"이라며 "한국이 겪고 있는 심각한 소득불균형을 짐작하

게 하는 지표"라고 말했다.[26]

한국의 노동소득 분배율이 낮은 것은 대기업 위주의 경제 구조 때문이라는 분석이 있다. 대기업들이 자본집약적 투자를 하다 보니 일자리 창출 효과가 크지 않고 골목상권마저 장악하면서 영세 자영업자들이 위기를 맞고 있다는 것이다. 성장의 과실이 골고루 분배되지 못하고 있기 때문에 노동소득 분배율이 낮다는 견해도 있다. 한국의 노동소득 분배율은 1960년대 고도성장 이후 꾸준히 올라갔지만, 1997년 외환위기 이후에는 경제성장의 과실이 기업에 흘러들어간 뒤 가계까지 내려오는 이른바 '낙수 효과'가 발생하지 않고 있어 노동소득 분배율이 갈수록 낮아지고 있다는 것이다.

참여연대 조세재정개혁센터는 2014년 8월 한국 경제는 노동소득 분배율이 증가해야 성장률이 함께 오르는 전형적인 '소득주도형 성장체제'의 특징을 보이고 있다면서 지속가능한 경제성장을 위해서라도 노동소득 분배율을 높이는 강력한 분배·재분배 정책이 필요하다고 주장했다.[27]

더블 아이리시|Double Irish

일부 글로벌 대기업들은 해외사업 총괄법인을 세율이 낮은 아일랜드에 만들어 자회사 기술료라는 형태로 자금을 이동시킨다. 이후 다시 한 번 버뮤다 등의 '제로 세율' 지역으로 옮겨 납세액을 최소화하는 회계 기법을 활용하는데, 이를 일러 더블 아이리시라 한다. 더블 아이리시는 아일랜드의 독특한 세법에서 비롯되었다.

아일랜드의 법인세율은 20~30퍼센트대인 미국과 다른 유럽국가 등에 비해 현저히 낮은 12.5퍼센트에 불과하다. 아일랜드는 또 법인 등록 지역을 기준으로 세금을 부과하는 미국과 달리 기업의 원소재지를 기준으로 세금을 매기고 있는데, 글로벌 기업들은 이 점을 활용하고 있다. 그러니까 아일랜드에 지사를 세워 여러 국가에서 얻은 수익을 로열티·컨설팅 비용 등의 명목으로 아일랜드 지사에 송금하는 방식으로 수입을 몰아줘 이익을 집중시킨 다음 다시 해당 법인의 근거지를 버뮤다 같은 조세 회피처에 두고 세금 납부액을 극도로 줄이고 있는 것이다. 애플과 구글, 페이스북, 화이자 등 다국적 기업들이 더블 아이리시 방식을 통해 수십억 달러의 세금을 절약해온 것으로 알려져 있다.[28]

아일랜드는 1990년대부터 이런 식의 법인세 회피 통로를 열어주고 글로벌 기업들을 유치해왔다. 이런 방식을 통해 변변한 국가

산업이 존재하지 않았던 아일랜드는 이른바 '켈틱 호랑이'로 불릴 정도의 탄탄한 경제를 유지해왔다. 하지만 글로벌 기업들의 조세 회피 행위에 대한 비난 여론이 높아지고 미국·유럽연합EU 등이 전방위 압박을 가하자 아일랜드 정부는 결국 백기를 들었다. 2014년 10월 이미 법인을 아일랜드에 등록한 회사들은 2020년까지 기존 제도대로 세금을 납부할 수 있지만 앞으로는 '더블 아이리시'를 허용하지 않겠다고 밝힌 것이다.[29]

아일랜드의 재계 지도자들은 그동안 별도의 보상 조치가 없는 '더블 아이리시' 폐지를 반대해왔다. 하지만 국제적 비난을 받는 '더블 아이리시' 시스템을 유지하려다가는 자칫 경쟁력 있는 12.5퍼센트의 법인세 적용에 따른 이점마저 상실할 우려가 있다는 생각에서 입장을 바꾼 것으로 알려져 있다.[30]

랜드맨_{landman}

석유나 가스가 매장된 땅을 갖고 있는 개인을 설득해 개발회사가 채굴을 할 수 있게 연결해주는 일종의 중개인이다. 랜드매니저 landmanager라고도 하며 우리말로 하면 '석유지대 토지중개인' 정도에 해당한다. 여성 랜드맨을 일컬어 랜드걸이라 한다. 조지 W. 부시 전 미국 대통령이 대표적인 랜드맨 출신으로, 그는 텍사스 석유기업에서 일한 바 있다.

2014년 경제전문 방송 CNN머니와 온라인 임금정보업체 페이스케일이 공동으로 조사한 미국 최고의 직업에서 랜드맨은 3위로 꼽혔다. 랜드맨은 2012년에는 93위, 2013년 조사에는 100위에도 들지 못했다.[31] 2015년 1월 버락 오바마 대통령이 대서양 대륙붕까지 석유 시추를 허용하겠다고 나서면서 미국에서 랜드맨은 더욱 주목받고 있다.

오클라호마대학, 루이지애나대학, 텍사스공대 등은 랜드맨 양성을 위한 학사 과정을 개설하고 있지만 꼭 대학을 다녀야 랜드맨이 될 수 있는 것은 아니다. 해당 분야 전공을 특별하게 요구하지 않아 진입 장벽이 낮기 때문이다. 오히려 부동산에 대한 전문 지식, 현지 주민들과의 원만한 스킨십 등 풍부한 현장 경험을 갖고 있는 사람이 랜드맨이 되는 데 유리한 것으로 알려져 있다. 특히 '석유 개발

후 이익'을 설득하며 땅주인을 구워삶는 요령이 가장 중요한 역량 가운데 하나로 꼽히고 있다.

랜드걸로 활동하고 있는 킴벌리 스미스는 랜드맨이 하는 일은 기자와 거의 같다고 말한다. 법원, 검찰청, 부동산회사 등을 상대로 사실관계를 확인하는 일은 기자들이 취재하는 일과 똑같으며, 땅주인을 만나 설득하는 것은 기자들이 취재원을 관리하는 것과 다를 게 없다는 것이다. 스미스는 또 기자들이 취재 결과물로 기사를 쓴다면 자신들은 석유회사를 상대로 보고서를 쓴다고 했다.[32]

모바일 쇼핑

스마트폰의 대중화가 쇼핑의 판도를 바꾸고 있다. 2009년 100억 원대에 그쳤던 모바일 쇼핑 시장 규모는 2014년 말 13조 1,000억 원으로 성장했는데, 이는 2013년의 5조 9,000억 원보다 122퍼센트 증가한 것이다. 2011년부터 집계되기 시작된 모바일 쇼핑 규모는 매년 전년 대비 2~3배의 고성장세를 이어가는 등 거침없이 질주하고 있다.[33] 새로운 쇼핑족도 대거 등장했다. 출·퇴근길에 스마트폰으로 장을 보는 '출장족·퇴장족', 심야 시간 소파에서 모바일 쇼핑을 즐기는 '린백족'이 그런 경우다. 오프라인 매장에서 상품을 본 뒤 모바일로 구입하는 '모루밍족'도 있다.[34]

모바일 쇼핑을 주도하고 있는 집단은 이른바 '모바일 맘Mobile Mom'이다. 아이를 둔 엄마 중 모바일 쇼핑을 활발하게 이용하는 사람들을 일러 모바일 맘이라 하는데, 육아 부담이 있는 이들이 시간과 장소의 구애를 받지 않아 모바일 쇼핑을 선호하기 때문이다. 이들은 엄지맘mom이라고 불리기도 하는데, 이는 '엄지족'과 엄마를 의미하는 '맘'의 합성어다. 티켓몬스터 김준수 마케팅실장은 "모바일 쇼핑 시장에서 매출 상위 15개 품목 중 14개가 여성이 주 고객"이라며 "그중에서도 육아·뷰티·패션상품의 매출 비중이 가장 높다"고 말했다. 인터넷이나 TV홈쇼핑은 고객들이 몰리는 황금시간대가

있지만, 모바일 쇼핑은 시간에 구애받지 않고 오전부터 심야까지 이용 시간대도 고루 분포되어 있다.[35]

모바일 쇼핑은 새로운 소비족도 창출하고 있다. 바로 '모바일 점핑족'이다. PC를 이용한 쇼핑에서 모바일 쇼핑으로 자연스럽게 넘어가거나 병행해 이용하는 경우와 달리 PC쇼핑을 뛰어넘어 오프라인 쇼핑에서 모바일 쇼핑으로 바로 진입하는 사람들을 일러 '모바일 점핑족'이라 한다. 정보기술IT 업계에서 기술의 건너뜀Leap Frogging이라고 부르는 현상이 쇼핑 행태에서도 발생하고 있는 셈이다. 온라인 쇼핑몰 11번가에 따르면 온라인몰 회원이 아니었는데 모바일을 통해 바로 회원으로 가입한 고객은 2012년 5퍼센트에서 2013년 20퍼센트로 1년 만에 4배로 급증했다.

모바일 쇼핑 시장이 성장하면서 PC쇼핑은 감소하고 있다. 2013년 8월 대한상공회의소의 '모바일·인터넷쇼핑 소비자 동향 조사'에 따르면 모바일 쇼핑객 수는 계속 늘어나 2013년 상반기 월 평균 1,500만 명을 돌파했지만 PC쇼핑객 수는 월 2,940명으로 2011년 하반기 3,085만 명을 기록한 이후 하락세에 접어들었다. 홈쇼핑 업계는 상품 검색부터 결제까지 모든 것이 모바일 맞춤형인 모바일 앱을 내놓는 등 경쟁력 강화에 나서고 있다.[36]

버내큘러 디자인_{Vernacular Design}

제작 의도나 계획을 갖지 않고 전통적인 노하우나 일상의 지혜를 이용해 문제점을 해결해온 지방이나 시대 특유의 디자인 방식을 이르는 말이다. '일상 순응적 디자인', '비의도적 디자인'이라고도 한다. 버내큘러의 뜻은 토착적인, 토착어의 향토적 스타일, 사투리, 일상어 등이다.[37] 버내큘러 디자인은 미적 측면보다 환경, 사회, 문화적인 측면을 강조하는데, 이는 디자인을 "인간이 환경조건에 적응하기 위한 예사롭고도 불가결한 행위"라고 생각하고 있기 때문이다. 버내큘러 디자인에 작가가 미상인 경우가 많은 것도 이 때문이다.[38]

　　서민의 삶과 정서를 익살스러운 조형 언어로 표현한 민화가 대표적인 버내큘러 디자인으로 꼽힌다. 민화의 원류인 세화歲畫는 정초에 액을 쫓고 복을 기원하는 그림으로 임금이 신하에게 내린 것인데, 민간이 이를 복제하기 시작하면서 민화가 확산되었고, 재해석이 더해져 해학과 풍자 등의 요소가 나타나기 시작했다고 볼 수 있기 때문이다.[39] 골목을 걷다 마주치는 재활용 의류수거함이나 화로·물통·커피·설탕 등 필요한 모든 것을 한데 갖추고 남대문시장 곳곳을 누비는 커피 카트도 버내큘러 디자인의 사례다.[40]

BAT Baidu · Alibaba · Tencent

중국의 대표적 인터넷 기업인 바이두Baidu, 알리바바Alibaba, 텐센트 Tencent의 앞 글자를 따서 부르는 말이다. 바이두는 중국에서 검색 시장 1위 기업으로 구글에 대적하고 있고, 알리바바는 기업 간 전자상거래B2B 사이트 '알리바바닷컴'을 비롯해 개인 간 온라인장터(오픈마켓) '타오바오淘寶', 전자결제 서비스 '알리페이' 등을 운영하며 중국 전자상거래에서 50퍼센트가 넘는 점유율을 차지하고 있다. 텐센트는 유·무선 메신저와 게임 분야의 강자로, 7개의 미국 인터넷 회사 지분을 인수하며 영역을 확대하고 있다. BAT는 미국의 대표적 인터넷 기업군인 'TGIF(트위터·구글·애플아이폰·페이스북)'에도 밀리지 않는다는 평가를 받을 만큼 고속 성장하고 있다.[41]

　　BAT는 영화를 포함한 영상 콘텐츠 시장에도 진출하고 있다. 중국 3대 영화스튜디오 중 하나인 화이브라더스의 주요 주주이기도 한 텐센트는 2014년 영화 사업부인 '텐센트 무비'를 만들고 영화 산업에 본격 진출한다고 밝혔다. 알리바바 역시 8억 달러(약 8,357억 원)를 들여 홍콩계 영화제작사 차이나비전을 인수해 알리바바 그룹 산하 종합 엔터테인먼트 회사를 세웠다. 동영상업체 아이치이 IQIYI를 인수해 다양한 영상 콘텐츠 유통 채널로 활용해왔던 바이두는 애니메이션 영화에 투자를 진행하고 영화 전문 크라우드 펀딩 플랫폼을 구축하고 있다.

BAT가 경쟁적으로 영상 콘텐츠 시장에 진출하는 이유는 중국의 온라인 영상에서 발생하는 광고 매출이 큰 폭으로 늘어나고 있기 때문이다. 2013년 중국 온라인 영상 시장에서 발생한 광고 매출은 96억 위안(약 1조 6,329억 원)에 달했는데, 4년 안에 280억 위안(약 4조 7,628억 원)으로 성장할 전망이라는 예측도 있다. BAT가 중국 영화계를 통째로 삼킬 것이란 전망도 있다. 중국 영화 배급사인 바오리보나의 위중衛中 회장은 2014년 6월 열린 상하이국제영화제에서 "앞으로 중국의 영화업계가 바이두, 알리바바, 텐센트를 위해 일하게 될 것"이라고 했다.[42]

BAT는 세계 최대를 자랑하는 중국 내수시장을 발판 삼아 글로벌 영향력도 키우고 있는데, 우리나라의 인터넷 기업들은 두려운 눈으로 이들의 행보를 지켜보고 있다. 2014년 11월 정보통신정책연구원KISDI은 '중국 인터넷서비스 산업의 발전과 시사점'이라는 보고서에서 BAT가 각각 내수에서 강점을 가지고 있는 검색, 전자 상거래, SNS 플랫폼을 중심으로 해외상장을 통해 획득한 자본을 바탕으로 활발한 인수합병M&A과 전략적 제휴를 벌이는 등 시장을 개척하고 있다면서 중국의 인터넷 서비스의 발전은 한국 인터넷 생태계의 장기 발전에 심각한 위협으로 작용하게 될 수 있다고 우려했다.[43]

빅소사이어티 캐피털_{BSC · Big Society Capital}

2012년 4월 영국에서 출범한 사회투자기금으로, 사회적 경제의 발전을 지원하기 위해 만든 기금이다. 사회 문제를 해소하거나 사회 혜택을 늘리는 사업에 투자하는 것을 일러 '사회적 투자Social Investment'라 한다.[44]

BSC는 휴면예금 4억 파운드와 HSBC 등 4개 대형 은행에서 출자 받은 2억 파운드를 합쳐 6억 파운드 규모로 출범했는데, 사회적 기업이나 협동조합 등 개별 사회적 경제 조직에는 직접 자금 지원을 하지 않는다. 사회적 금융계에서 일종의 도매상 구실을 하는 게 BSC인 셈이다.[45]

영국 정부가 사회 문제 해결의 방법으로 투자 방식을 도입한 것은 '작은 정부'만으로 해결할 수 없는 사회문제를 사회적 기업이나 협동조합 등 사회적 경제가 해결할 수 있도록 적극 지원하자는 '큰 사회Big Society' 담론이 형성되면서부터다. 데이비드 캐머런 영국 총리는 BSC는 "(소셜 투자 분야에서) 영국이 만든 가장 자랑스러운 창조물"이라고 말했다.[46]

셀럽 경제|Celeb Economy

셀럽celeb과 경제economy의 합성어로, 셀럽이 이용하는 아이템이 화제가 되고 단숨에 히트상품 반열에 오르는 경제적 현상을 이르는 말이다. 『매일경제』 2014년 4월 6일자는 "요즘 문화와 스포츠 등을 아우르며 전 영역의 잘나가는 스타들이 선택한 패션 아이템들이 '스타의 ○○○'으로 떠오르며 연일 화제를 모으고 있다. 여기에 패션 센스가 남다른 스타가 착용한 아이템이라면 그 시너지는 상상 그 이상의 효과를 불러온다"고 했다.[47]

　셀럽 경제는 다양한 형태로 나타난다. 우선 셀럽 마케팅celeb marketing이다. 셀럽의 이름, 별명, 이미지 등 유행을 이끄는 트렌드와 소통을 희망하는 소비자의 욕구를 충족시키는 홍보 · 마케팅 활동을 이르는 말이다. 셀럽 컬래버레이션celeb collaboration도 있다. 셀럽과의 컬래버레이션을 통한 상품 개발을 이르는 말이다. 셀럽 컬래버레이션은 주로 패션 잡화 부문에서 이루어진다. 이는 자신의 취향, 체형, 체질, 직업 등이 크게 영향을 미치는 식음료, 자동차 등과 달리 '누가' 만들었고, '누가' 메고 신었느냐가 소비자들의 관심을 유발하는 품목이기 때문이다. 셀럽 브랜드celeb brand도 있는데, 이는 셀럽과 브랜드의 합성어로 셀럽이 상품 기획 단계부터 직접 참여하는 브랜드를 이르는 말이다.[48]

파파라치를 방불케 하는 연예 저널리즘이 셀럽 경제를 부추기고 있다는 지적도 있다. 셀럽의 공항패션에 대한 연예 매체의 집착이 그런 경우다. 인터넷 연예 매체들은 출국하는 아이돌 그룹이나 스타들의 패션에 대해 시시콜콜하게 전해주는데, 이 때문에 셀럽은 출국할 때 '공항패션'으로 인터넷을 달군다. 여기서 끝이 아니다. 출국장에서 셀럽이 보여준 옷차림은 SNS를 통해 유통되고 전문가와 일반 대중의 '품평회'를 거쳐 '완판(품절)'되는 현상으로 이어진다.[49] 이런 효과를 노리고 패션업계는 이른바 '파파라치 마케팅'을 하기도 한다. 브랜드 명을 직접적으로 홍보하지 않고 셀럽이 입은 옷이나 착용한 액세서리를 소비자들이 스스로 검색하도록 유도해 제품 홍보와 판매를 하는 것이다.

왜 셀럽 경제 현상이 발생하는 것일까? 김난도 서울대 교수는 '엔터테인먼트 산업 성장'과 '매체 다양성'을 이유로 든다. 그는 "엔터테인먼트 산업이 발전하면서 새로운 이윤 창출을 위해 연예인을 다양하게 상품화하고 있다. 또한 무선인터넷과 SNS(소셜네트워킹서비스) 등 실시간 매체가 등장하면서 셀럽의 노출 빈도가 눈에 띄게 늘었다"면서 셀럽과 강렬한 소통을 원하는 대중의 욕구도 셀럽 경제를 부추기고 있다고 했다.[50]

소득 주도 성장론

가계소득 증대를 통해 소비와 투자를 촉진시켜 경제성장의 선순환 구조를 만들어야 한다는 경제성장 이론이다. 임금 주도 성장론이라고도 한다. 임금을 낮추고 기업의 이윤을 높임으로써 투자와 수출을 촉진해 경제성장을 하자는 수출·대기업 중심의 성장론과 대비되는 개념이다. 임금을 중심으로 가계소득을 늘리면 소비증가와 투자확대가 이어져 경제성장의 선순환 고리를 만들 수 있다는 게 소득 주도 성장론의 핵심 내용이다.

국제노동기구가 2010년경부터 제안한 성장 이론으로, 소득 불평등에 주목한 성장 담론이라 할 수 있겠다. 2012년 국제노동기구가 펴낸 「임금 주도 성장: 개념과 이론, 정책」 보고서는 "(기업) 이익이 주도하는 성장 체제가 글로벌 금융위기와 같은 결과를 낳았다. 신자유주의의 이익 주도 성장을 대체할 수 있는 성장론"이라고 했다.[51]

보수적 성향의 국제통화기금IMF과 경제협력개발기구OECD도 소득 주도 성장론을 거들고 있다. OECD는 2014년 12월 9일 발표한 보고서 「소득 불평등이 경제 성장에 끼치는 영향」에서 "소득 불평등 해소가 경제성장률을 높이고, 소득 불평등이 심각할수록 그렇지 않은 나라보다 성장률이 떨어진다"면서 소득 불평등이 단일 변수로는 성장률에 가장 큰 영향을 끼치는 요소라고 강조했다.

2014년 4월 IMF의 조너선 오스트리 박사는 「재분배와 불평등, 성장」이라는 보고서에서 "부유층에 소득이 집중되는 현상은 윤리적으로 바람직하지 않을 뿐만 아니라 안정적인 경제 성장도 가로막고 있다"면서 "정부의 재분배 정책이 성장 잠재력을 훼손한다는 주장을 뒷받침할 어떤 증거도 찾을 수 없었다. 불평등 축소를 위한 재분배 정책은 고성장과 더 긴 성장 지속력을 가져온다"고 했다. IMF는 2011년과 2014년 연이어 소득 불평등과 성장 간의 상관관계를 짚어보는 보고서를 발간했다.[52]

초보적인 수준이긴 하지만 한국에서도 소득 주도 성장론으로 성장 패러다임을 전환해야 한다는 목소리가 나오고 있다. 경제성장률이 낮아지고 불평등이 심화되는 '저성장 불평등' 구조가 고착화되고 있기 때문이다. 외환위기 이전(1987~1997년)의 8퍼센트대 경제성장률은 이후(1999~2007) 5퍼센트대로 낮아졌다. 2008년 이후엔 연평균 2퍼센트대로 주저앉았으며 소득 불평등도 심각해지고 있다. 기업 소득은 외환위기 이후(1997~2012년) 연평균 9.4퍼센트씩 증가했지만, 가계소득은 5.5퍼센트 증가에 그쳤으며, 2008년 이후 최근 6년 동안 소비와 투자 증가율은 각각 연평균 2.0퍼센트, 0.7퍼센트 증가에 그쳤다.[53]

『한겨레』 2014년 7월 13일자는 "소득 주도 성장론에서 말하는 가계소득의 증대 문제는 단순히 기업과 가계 몫의 조정에만 국한되지 않는다. 우리나라의 경우 기업과 가계 간 격차뿐만 아니라 대기업과 중소기업 간 격차, 가계 내부의 격차란 3중의 불균형이 겹쳐 있다"면서 이렇게 말했다.

"대기업과 중소기업 간 격차로 중소기업의 몫이 상대적으로 작아지면, 우리나라 고용의 대부분을 차지하고 있는 중소기업의 노동자 몫도 제대로 늘지 않는다. 아울러 가계소득이 늘어나더라도 부자의 몫만 증가한 채 중산층과 저소득계층의 몫이 늘어나지 않으면 소비가 크게 증가하지 않는 구조다. 이런 3중의 불균형을 해소해야 유효수요 창출이라는 과제를 제대로 해결할 수 있다."[54]

한겨레사회정책연구소장 이창곤은 2014년 7월 소득 주도 성장론은 소득 보장과 증대가 경제성장을 위해서 반드시 실현되어야 한다는 논리를 제공해주고 있다는 점에서 사회정의나 사회통합을 강조하며 분배 개선을 주창하는 기존 담론과는 결이 다르다고 했다.

"소득 주도 성장론은 그 자체만으로 반갑고 기대감 또한 크다. 무엇보다 수십 년 동안 한국 사회를 지배해온 성장 만능주의적 고정관념과 재원 중심의 사고를 깨뜨려줄 수 있는 이론이란 점에서 그렇다. 그릇된 성장 담론이 우리 사회를 얼마나 불행에 빠뜨렸고, 복지국가로의 항해를 더디게 만들었던 것인가를 생각하면 더욱 그렇다."[55]

어크 하이어_{Acq-Hire}

인수를 뜻하는 acquire와 고용하다를 의미하는 hire의 합성어로, 핵심 인재를 스카우트하기 위해 해당 인재가 일하는 회사를 통째로 사는 인수합병M&A을 말한다. 미국에서 2010년경부터 등장한 신종 인수합병 방법이다. 2010년 페이스북이 인수한 인터넷 파일 공유 회사 '드롭닷아이오Drop.io', 2011년 애플이 인수한 온라인 음악 서비스 랄라Lala 등이 어크 하이어 방식으로 합병한 대표적인 경우다.

어크 하이어 방식의 인수합병에 가장 적극적인 기업이 야후다. 야후의 CEO 머리사 메이어는 2013년 야후의 모바일 사업 강화를 위해 '어크-하이어'를 늘리겠다고 선언했는데, 이를 입증이라도 하듯 메이어는 CEO 취임 이후 1년 동안 20여 개의 모바일 관련 스타트업을 인수했다.[56]

미국 정보통신IT 업체들 사이에서 어크 하이어가 유행하는 이유는 무엇일까? 미국의 『비즈니스인사이더』는 미국 대형 IT 회사들 사이에서 서로 상대 회사의 인력을 빼가는 소모적 스카우트 전쟁을 자제하자는 암묵적 동의가 이루어지면서 어크 하이어 방식이 대두되었다고 말했다.[57] 바로 그런 이유 때문에 미국에서는 어크 하이어를 노리고 창업을 하는 스타트업도 적지 않다.[58]

역할 대행업

결혼식 하객 도우미나 장례식 상주 가족 도우미처럼 역할을 대행해
주는 서비스 업체를 이르는 말이다. 역할 대행을 가족 해체 과정에
서 나타나는 현상으로 보는 시각이 있다. 서강대 사회학과 교수 전
상진은 "가족 해체 현상과 전통적인 가족 규범이 충돌하면 공백이
생기기 마련인데 그 갭을 메우는 서비스로 가족 역할 대행 서비스
활용도가 높아지고 있다"며 "전통적인 가족 규범이 별 영향력을 행
사할 수 없는 상황이 되면 이런 서비스는 없어질 것"이라고 했다.[59]

가족 대행 역할에서 시작된 역할 대행은 이른바 '아바타 역할
대행'으로 진화했다. 축의금을 대신 보내달라는 부탁, 서울역에서
받은 물건을 지방에 있는 자신에게 보내달라는 부탁, 집 앞 쓰레기
를 대신 치워주거나 이삿짐을 대신 싸달라고 하는 부탁처럼 자신이
하기 어렵거나 귀찮은 일들을 남에게 대신 맡기는 식이다. 이와 관
련 역할 대행 서비스 업체 애니맨 대표 윤주열은 2014년 4월 "수년
전 이 업계에서 일하기 시작했을 땐 엄마 역할, 가정부 역할처럼 누
군가의 자리를 대신해달라는 요구가 많았지만 지금은 내가 하기 어
렵고 귀찮은 일들을 남에게 맡긴다"면서 "지금 우리에게 필요한 것
은 가족의 노동을 대신하는 정도가 아니다. 나 자신의 역할을 대신
해줄 나의 아바타 같은 존재가 생활 곳곳에 필요하다"고 했다.[60]

역할 대행업은 내밀한 인간적 감정의 영역인 사과와 감사, 사랑과 이별을 대신해주는 영역으로 발전하고 있다. 원선우는 2015년 2월 "제3자 대역이 누명을 쓰고 오해를 풀어주는 '누명 역할 대행'도 있다"면서 이렇게 말했다.

"난처한 상황에서 전화·대면으로 사과를 해주는 '사과 대행'도 하고, 새 여자 친구·남자 친구 등으로 위장해 사귀던 연인에게 '깔끔하게' 이별을 통보해주는 '이별 대행' 서비스도 있다. 대행업체 홈페이지에선 '학교 선생님이 부모님 모셔오라고 했는데, 가짜 부모님을 고용해 위기를 넘겼다. 진짜 부모님보다 더 진짜 같은 분들이 오셔서 놀랐다', '시아버지가 아끼시던 도자기를 깨뜨린 뒤 전전긍긍하고 있었는데, 택배 기사 대역이 오셔서 가짜 도자기를 깨뜨리고 누명을 써주셨다. 감사하다' 같은 후기를 찾아볼 수 있다."[61]

서울대 심리학과 교수 곽금주는 역할 대행업은 "제3자가 전화를 걸어오거나 실제로 눈앞에 나타나면 인간의 뇌에선 '인지적 절약' 작용이 나타나 그냥 믿어버리곤 한다. 인간의 그러한 심리적 약점을 파고든 산업"이라면서 "'가짜'를 두려워하는 사람들은 그럴수록 사회적 지위나 외모가 더 그럴듯한 '진짜'를 찾게 돼 '진짜보다 진짜 같은 가짜'를 제공하는 역할 대행업체로 사람들이 몰리게 되는 역설이 일어난다"고 했다.[62]

인터넷 무역장벽

자국 기업에 특혜를 주기 위해 인터넷에 치는 장벽을 말한다. 2010년 세계 최대 인터넷 검색엔진인 구글은 자사 블로그에서 중국과 베트남, 이란, 터키 등이 인터넷 검색엔진과 블로그, 페이스북과 같은 소셜 미디어를 차단하고 있다고 주장했다. 이어 구글은 이들 국가의 조치가 미국 기업들이 이익을 내는 데 장애가 되고 있다면서 미국 정부에 이런 인터넷 무역장벽에 대응해줄 것을 촉구했다. 구글은 총 40개 국가가 인터넷 무역장벽을 치고 있다고 했는데, 이 중에서 특히 구글이 겨냥한 국가는 중국이었다.[63]

구글은 중국이 만리장성 방화벽the Great Firewall of China을 이용해 자국 기업의 성장을 돕고 있다고 주장한다. 중국도 이런 측면을 인정하고 있다. 중국 관영 영어 매체인 『글로벌타임스』는 2015년 칼럼을 통해 "방화벽이 특정한 해외 웹사이트를 일정한 목표에 따라 막지만 중국 인터넷을 해외로부터 고립하지는 않는다"고 주장하면서도 바이두 · 알리바바 · 텐센트 등 중국 인터넷 대기업들이 성공한 것은 방화벽 덕분이라고 평가했다.[64]

중국의 모바일 사용 인구가 급증하면서 인터넷 무역장벽이 모바일 무역장벽으로 확장하고 있다는 분석도 있다. 2014년 7월 '라인', '카카오톡', '카카오스토리' 등 한국 기업이 제공하는 서비스들이 일주일가량 중국 접속이 불안정한 상황이 이어졌는데, 이 일을 계기로 한국에서는 만리장성 방화벽이 한국 IT 기업의 중국 진출 길을 막는 수단으로 활용되고 있다는 지적이 나왔다. 한국의 모바일 메신저들과 달리 중국 모바일 메신저 서비스인 '위챗'은 별다른 문제없이 서비스가 원활히 이루어졌기 때문이다.

앱 개발을 하는 국내의 한 벤처 대표는 "중국 서비스 이용자가 특정 수준을 넘어서면 바로 만리방화벽을 통해 접속을 차단하고 있다"며 "막힌 서비스를 풀려면 중국 내 중국인을 대표로 하는 중국 법인을 세우고, 중국 내 인프라를 만들어 서비스하는 수밖에 없는데, 벤처가 그럴 여력이 어디 있냐"고 토로했다.[65]

자이브 Jive

애플의 창업자이자 혁신의 아이콘으로 통했던 스티브 잡스와 애플의 디자인 구루로 통하는 조너선 아이브의 합성어Jobs+Ive로, 잡스와 아이브의 끈끈했던 관계를 말해주는 용어다.[66] 잡스는 아이브를 '1,000만 달러를 줘도 바꾸지 않을 사람'이라고 표현했으며, 그의 자서전 『스티브 잡스』에서는 이렇게 말했다.

"조니가 애플뿐 아니라 전 세계에 끼친 영향은 실로 엄청납니다. 그는 다방면에 능통하고 놀라울 정도로 똑똑한 친구입니다. 비즈니스 개념과 마케팅 개념도 잘 이해하고 무엇이든 매우 빠르고 쉽게 파악하지요. 그는 우리가 하는 일의 핵심을 누구보다도 잘 알아요. 애플에 내 영적인 파트너가 있다면 바로 조니입니다."[67]

아이브는 잡스의 디자인 철학을 몸소 실천한 사람이었다. 카민 갤로는 『스티브 잡스 무한혁신의 비밀』에서 "아이브는 그의 아이디어만으로도 책 한 권을 너끈히 쓸 수 있을 정도로 애플의 혁신적인 디자인 역사에서 아주 중요한 부분을 차지하는 인물이다"면서 다음과 같이 말했다. "아이브는 마치 잡스의 분신처럼 극단적인 단순함을 향한 집착, 뛰어난 디자인 감각 그리고 완벽을 향한 고집에서 잡스와 유사한 성향을 지니고 있었다."[68]

중산층 경제론Middle Class Economics

미국의 버락 오바마 대통령이 2015년 1월 20일 상·하원 합동 신년 국정연설에서 밝힌 부자 증세의 이름이다. 이날 오바마는 "몇몇 소수에게만 특별히 좋은 경제를 받아들일 것인가, 아니면 노력하는 모든 사람의 소득과 기회를 확대하는 경제에 충실할 것이냐"라고 물은 뒤, "답은 자명하다. 중산층 경제다"라고 했다.[69]

오바마는 "상위 1%가 축적된 부에 걸맞은 세금을 내지 않아 초래되는 불평등의 간격을 메우자"면서 향후 10여 년간 고소득자들의 자본소득 최고세율을 올리고, 월가 금융기관에 새로운 세금을 부과해 늘린 세수 3,200억 달러로 중산층 복지를 강화하겠다고 말했다. 중산층 경제론에는 2년제 전문대학 무상화, 유급 육아휴직 실시, 최저임금 인상, 양성평등 급여, 세금 감면을 통한 자녀양육비 지원 등이 포함되었다.[70]

미국 언론은 오바마의 중산층 경제론에는 2016년 대선을 앞두고 민주당을 '중산층 정당', '서민 정당'으로 내세워 공화당을 부자 정당의 프레임으로 포위하겠다는 포석이 깔려 있다고 분석했다. 공화당의 반대로 부자 증세는 오바마의 임기 중에는 실현될 가능성이 없지만, 중산층 경제론으로 오바마는 치적 관리와 대선 승리를 위한 '절묘한' 승부수를 던졌다는 평가를 들었다.[71]

지니 금리|ZYNY · zero-yield to negative-yield

국채 금리가 마이너스로 떨어지는 현상을 일컫는 말이다. 제로 금리, 마이너스 금리라고도 한다. 2008년 글로벌 금융위기 직후 만기가 짧은 선진국 국채가 일시적으로 마이너스 금리를 보인 적은 있지만 만기가 긴 국채까지 연쇄적으로 마이너스 금리를 나타내는 일은 없었는데, 2015년 1월 유럽 국가들을 중심으로 선진국 국채 금리가 '마이너스'로 떨어지는 이상 현상이 확산되자 글로벌 투자은행인 제이피 모건이 만들어낸 용어다.[72]

국제금융센터와 블룸버그의 자료에 따르면, 2015년 1월 기준으로 24개 주요 선진국 가운데 독일·프랑스·벨기에·덴마크·스위스 등 10개국에서 국채 금리가 마이너스 상태를 기록했다. 국채 금리가 0퍼센트대거나 마이너스 금리를 나타냈다가 회복한 5개국을 더하면 국채 금리가 마이너스를 기록한 국가는 절반을 훌쩍 넘는 것으로 나타났다. 블룸버그는 선진국 국채 발행 잔액 33조 달러 가운데 4조 달러 이상이 마이너스 금리인 것으로 추산했는데, 뱅크오브아메리카-메릴린치는 마이너스 금리 국채 규모를 7조 3,000억 달러로 집계하는 등 정확한 규모를 파악하지 못한 상태다.[73]

지니 금리 현상이 발생하는 이유는 어디에 있을까? 전문가들은 저성장, 저인플레이션, 디플레이션에 대한 공포 때문에 발생하고 있다고 분석한다. 예컨대 영국 경제 주간지 『이코노미스트』는 채권 투자자들이 손실이 보장된 채권 투자에 박차를 가하게 된 가장 큰 이유로 '공포'를 꼽았다. 2015년 초 다시 불거진 그리스의 유로존(유로화 사용 19개국) 이탈(그렉시트) 우려 등에서 비롯된 투자자들의 불안감이 국채 투자를 부추겼다는 것이다.[74]

지니 금리 현상이 계속될지에 대해 전문가들의 의견은 엇갈리지만 지니 금리가 시장 상황 변동에 따라 후폭풍을 불러올 수 있다는 견해도 있다. 최성락 국제금융센터 연구원은 2015년 2월 "전반적으로 채권 가격이 급등할 경우 향후 경기가 반등하면서 금리가 상승하는 시점에 가격 급락 폭이 커질 수 있고, 디플레이션이 가시화할 경우에도 자산 가격이 하락하면서 피해를 볼 수 있다"고 했다.[75]

초단기 노동

현행 기간제보호법은 주당 15시간 이상 노동에만 정규직 전환 의무 조항을 적용하고 있는데, 이런 점을 이용해 서류상 15시간 미만으로 한 고용 계약을 이른다. 초단기 노동 계약을 받아들인 노동자는 급여가 형편없이 적은 것은 물론이고, 고용보험과 직장 국민연금 가입 자격도 없다. 또 실제 근무시간이 주당 15시간이 넘더라도 이중 계약이나 무료 노동 강요, 10분 단위의 '쪼개기 계약' 등에 시달린다.

2015년 1월 학교에서 일하는 비정규 직종의 하나인 돌봄 전담사가 초단기 노동 계약을 한 것으로 알려졌는데, 약 37만 명의 전국 학교 비정규직 가운데 초단기 노동자는 1만 명가량으로 추정되었다. 돌봄 전담사의 초단시간 노동자 비율이 가장 높은 교육청은 전북(99.8퍼센트)이었으며, 세종(76.5퍼센트), 충남(75.5퍼센트), 경북(74퍼센트)이 뒤를 이었다.[76]

2015년 2월 17일 경상북도교육청에서 무기 계약직 전환과 처우 개선을 요구하며 점거 농성을 해온 초등학교 돌봄 전담사 19명이 경찰에 연행되었다. 이날 경찰에 연행된 돌봄 전담사 조용려(43)는 "열심히 살아도 비정규직을 못 면하는 현실이 싫다"며 "경북에 사는 게 억울하다"고 했다. 이에 대해 『한겨레』 2015년 2월 18일자 사설 「교육 현장의 참담한 '초단기 노동자'」는 "학교에서 초단기 노동을 남용하는 근본적인 책임은 정부에 있다. 대통령 공약으로 방과 후 돌봄 서비스 확대 등 채용 수요는 잔뜩 늘려놓고도 실제 지원하는 예산은 턱없이 모자라기 때문이다. 초단기 노동은 공공부문의 선도적인 비정규직 축소와 차별 해소라는 정부의 고용정책과도 충돌한다"면서 이렇게 말했다.

"정부의 이런 소극적 태도에 비춰볼 때 초단기 계약직을 포함한 비정규직 고용의 남용을 막으려면 국회가 나서는 수밖에 없다. 학교의 돌봄 서비스와 같은 상시·지속적 업무에서는 정규직 채용을 의무화하는 조항을 근로기준법에 못 박는 등 비정규직 차별 금지와 사용 사유 제한의 원칙을 입법화할 필요가 절실하다."[77]

통계청의 경제활동인구조사에 따르면, 주당 1~17시간을 일한 초단기 근로자 수는 2014년 117만 7,000명으로 역대 최고치를 기록했다. 이는 외환위기 이전인 1997년 33만 9,000명에 비해 큰 폭으로 늘어난 것인데, 초단기 근로자는 외환위기·글로벌 금융위기 등 경제가 어려울 때마다 큰 폭으로 증가한 것으로 분석되었다.[78]

팁 크립_{Tip Creep}

미국에서 팁이 야금야금 오르고 있는 현상을 의미하는 말이다. creep은 '살금살금 움직이다', '(살살) 기다', '아주 천천히 움직이다'는 뜻이다. 미국에서 팁은 오래전부터 강제성은 없지만 암묵적으로 합의된 사회적 비용으로 간주되어왔는데, 팁 그립으로 인해 그런 문화는 수명을 다했다는 분석이 나오고 있다. 팁의 비율이 갈수록 높아지고 있기 때문이다. 미국에서 1940년대까지만 해도 10퍼센트 선이었던 적정 팁 비율이 20퍼센트를 넘은 지 오래되었다. 시사주간지 『타임』은 2011년 "20% 팁을 준다면 당신은 이제 짠돌이"라며 "25%는 돼야 후한 팁으로 통한다"고 했다. 팁 문화 변천사를 연구해 온 코넬대학 호텔경영대 마이클 린 교수는 "앞으로도 팁 비율은 올라갈 텐데 대체 어디까지 오를지 모르겠다"고 말했다.[79]

팁 크립 현상은 미국의 최저임금과 관련이 깊다는 분석이다. 미국 연방정부에서 설정한 시간당 최저임금은 7.5달러인데, 이 돈으로는 대도시에서 생활비 감당이 사실상 어렵기 때문에 팁 비율이 높아지고 있다는 것이다. 팁 비율이 높아지자 팁 문화가 저임금 근로자를 양산하고 낮은 최저임금을 영구화하는 등 부작용이 크다는 도발적인 주장을 내놓는 사람들도 있다. 이들은 팁이 소득의 대부분을 차지하는 직업의 경우 팁 문화가 저임금 구조를 고착화하는 가장 큰 요인으로 작용하고 있으며, 고용주가 종업원에게 줘야 할 임금의 일부를 고객에게 전가하고 있다는 점에서 공격적인 팁 문화 확산이 고용주에게만 이익이 되고 있다고 주장한다.[80]

실제 식당에서 일하는 웨이터나 웨이트리스는 보통 노동자들과는 다른 이른바 '팁 노동자Tipped Workers'로 불리는데, 이들의 최저임금은 지난 1991년 이후 줄곧 시간당 2.13달러에 머물러 있다. 심지어 이들의 임금은 최저임금 인상 논의에서도 제외되어 있다. 팁 노동자의 처지가 이렇게 열악한 이유는 이들의 일자리가 가장 문턱이 낮은 분야기 때문이다. 고용주는 언제나 '싫으면 나가라'고 하고 있기 때문에 팁 노동자들은 오로지 팁에만 의존해야 하는 상황에 놓여 있는 것이다.[81]

일부의 사례지만 고객이 준 팁을 놓고 업주와 팁 노동자 간의 분쟁도 발생하고 있다. 식당 업주가 자신도 가끔 주방에서 조리를 돕고 방문하는 고객들에게 서빙을 한다는 이유로 임금 보전 수단으로 활용되어온 종업원들의 팁을 챙기는 경우가 적지 않기 때문이다.[82] 이제 미국에서 팁은 문화 현상이 아니라 경제 현상이 되었다.

포용적 성장Inclusive Growth

성장의 과실이 사회에 골고루 갈 수 있도록 경제와 사회의 조화로
운 발전을 강조하는 경제모델을 말한다. 경제성장과 인간개발 간의
선순환에 초점을 맞춘 개념으로, 경제성장과 복지확대를 동반 실현
해야 한다는 뜻을 담고 있다.[83] 포용적 번영Inclusive Prosperity이라고도
한다.

　세계적으로 빈부격차 문제가 심각해지자 세계은행과 아시아
개발은행은 2006년 이후 불평등 문제를 해결해야 세계 경제의 지속
성과 건전성을 담보할 수 있다고 주장하며 포용적 성장을 새로운
대안 모델로 제기했다. 유럽과 중국도 포용적 성장을 주요 경제 정
책 방향으로 삼고 있다. 유럽연합은 2010년 유럽의 미래 10년을 준
비하는 '유럽 2020'을 발표하면서 포용적 성장 비전을 제시했다. 중
국은 같은 해 8월 후진타오 당시 주석이 포용적 성장을 처음 언급한
뒤, 경제개발계획의 기본 방침에 포함시키고 국가 핵심 발전 전략으
로 삼았다.[84]

　포용적 성장은 갈수록 힘을 받고 있다. 경제협력개발기구OECD
는 2014년 12월 낸 64쪽에 이르는 「불평등과 성장」이라는 연구 보
고서에서 "소득 불평등이 오히려 경제 성장을 방해한다"면서 "낙수
효과의 환상에서 벗어나 양극화를 해소해야 경제가 성장할 수 있

다"고 했다.[85]

크리스틴 라가르드 국제통화기금IMF 총재는 2014년 세계경제 포럼 연차총회를 앞두고 1월 19일『파이낸셜타임스』와의 인터뷰에서 "세계경제포럼에 참석하는 기업인들과 정치 지도자들은 매우 많은 국가에서 경제성장의 과실이 극소수의 사람에게만 향유되고 있다는 점을 기억해야 한다"며 "이것(소득 불평등)은 안정성과 지속가능성을 위한 방안이 아니다"라고 강조했다.[86] 이현훈은 포용적 성장의 핵심은 '기회의 형평성을 높이는 전략'을 추구하는 것이라면서 이렇게 말했다.

"지방에서 그리고 가난한 부모 밑에서 자란 아이들도 예전처럼 '개천에서 난 용'이 될 수 있도록 기회균등의 교육정책을 펼쳐야 한다. 여성도 아이를 낳고 기르면서도 남성에게 뒤처지지 않는 능력을 인정받을 수 있도록 육아환경과 노동환경을 바꿔야 한다. 그리고 고령화되는 경제 주체들이 경제활동에 보다 오래 참여할 수 있도록 노동환경과 연금체계를 바꿔야 한다. 절대 빈곤층과 장애우들의 보건의료 혜택을 늘려 이들도 경제성장의 과정에 참여하고 그 과실을 함께 나눌 수 있는 정책을 적극 추진해야 한다." 이어 그는 포용적 성장 전략이야말로 소득과 부의 분배 정상화라는 두 마리 토끼를 모두 잡을 수 있는 수단이라고 했다.[87]

하이퍼로컬 hyper-local

'아주 좁은 범위의 특정 지역에 맞춘 것', '가장 지역적인 것'을 의미하는 말이다. 성재민은 소셜 미디어인 선진국인 미국에서는 하이퍼로컬이라는 개념에 주목하고 있다면서 이렇게 말했다. "과거 온라인 미디어의 특징이 시공간의 초월성에 있었다면, 하이퍼로컬은 철저하게 시공간을 지역에 집중하는 개념이다. 서비스 자체를 지역에 집중하면서 이를 실제와 연결해 홍보 효과와 비즈니스 기회를 창출하겠다는 것이다. 소셜 미디어는 사람과 사람을 연결하는 온라인 서비스이지만 오프라인에서의 물리적 조건이 가까울수록 유리하다. 같은 지역에 사는 사람들일수록 같은 관심사나 내용을 공유하기 쉽기 때문이다."[88]

하이퍼로컬을 주요 전략으로 삼는 곳은 이른바 위치 기반 서비스들이다. 위치 기반 서비스의 대표주자 포스퀘어Foursquare, 철저한 지역·동네 기반 네트워크를 중심으로 운영되는 미국의 넥스트도어Nextdoor가 그런 경우다. 포스퀘어는 스마트폰에 탑재된 GPS를 활용해 위치 정보를 수집해 이를 쇼핑·관광 등에 활용하는 서비스다. 넥스트도어의 서비스 대상은 페이스북이나 트위터처럼 불특정 다수가 아닌 바로 자신의 이웃이기 때문에 넥스토도어 사용자들은 자기가 살고 있는 지역 관심사를 주제로 친밀한 대화를 나눈다.[89]

효율 임금 이론Efficiency Wage Theory

어떤 노동자의 효율성이 그의 임금을 결정하는 게 아니라 노동자가 받는 임금이 그의 효율성을 결정한다고 보는 경제학 이론이다. 직장에서 좋은 대우를 받는다고 생각하면 그만큼 직장에 대한 애정과 자신이 하고 있는 일에 대한 자부심이 생겨 일을 열심히 하게 되지만 임금을 적게 받는 사람은 자신이 형편없는 대우를 받는다고 생각해 자신이 받는 월급만큼의 일만 하려 한다는 것이다.

2015년 1월 어린이집 보육 교사의 아동학대가 한국 사회의 주요 이슈로 부상했는데, 서울대 경제학부 교수 이준구는 보육 교사의 아동학대가 발생하는 이유를 효율 임금 이론으로 설명했다. 보육교사는 월 130만 원 정도의 평균 급여를 받고 하루 10시간 내외의 격무를 치러야 하는 직업으로, 그렇게 박한 대우를 해주면서 어린이들에게 한없이 다정하게 굴기를 요구하는 건 무리라는 것이다.

"내가 듣기로는 보육교사의 평균 급여가 월 130만 원 정도라고 합니다. 그 보수를 받고 하루 10시간 내외의 격무를 치러야 한다는군요. 이렇게 박한 대우를 해주면서 어린이들에게 한없이 다정하게 굴기를 요구하는 건 무리 아닌가요? 보육교사도 평범한 인간일 뿐 결코 성인군자가 아닙니다. 그들이 무슨 페스탈로치라고 쥐꼬리만 한 월급을 받으면서 뼈를 깎는 봉사를 하겠습니까? 그런 일은 기대할 수도 없고 기대해서도 안 됩니다."[90]

김경집도 "보육교사들이 월 120만 원 정도의 박봉을 받으면서 매일 12시간 넘게 20명 안팎의 아이들을 돌보고 있는 현실은 그들로 하여금 꿈도 보람도 지웠을 것이다"면서 이렇게 말했다.

"그렇다고 다른 일로 전환하는 것도 쉽지 않다. 가뜩이나 취업난에 경력 단절이 일상사인데 찬밥 더운밥 가릴 처지가 아니다. 그런 생각이 드는 순간 직장은 지옥이고 아이들은 때론 악마처럼 여겨질 것이다."[91]

어린이집 아동학대 사건으로 인해 보육교사에 대한 이른바 '마녀사냥'이 일자 2015년 1월 19일 공보육강화를위한인천보육포럼, 인천보육교사협회, 인천사회복지보건연대, 인천여성회 등은 성명서를 내고 "현재 우리나라 보육교사들은 점심식사 시간마저 허락되지 않을 정도로 열악한 근무조건 속에서 신경이 극도로 예민해질 수밖에 없다"며 급여는 10년차인 교사도 150만 원을 조금 넘을 정도로 박봉이어서 교사로서 자부심과 사명감을 갖기에 부족한 수준이라고 토로했다.[92]

효율 임금 이론

Marketing Section

Trend Keyword

검색 광고Keyword Ad

특정 단어를 인터넷 검색창에 입력할 때 뜨는 광고를 말한다. 검색 광고 서비스는 1998년 오버추어가 처음 시작했는데, 광고 시장의 패러다임을 뒤흔들었다. 마케팅 분야에서는 실소비자와 판매자를 직접 연결하는 '혁신적인 사건'이라고 지칭했다. 같은 해 창업한 구글은 검색 광고 서비스를 통해 세계 최대의 인터넷 업체로 성장했다. 구글이 2012년 10월부터 12월까지 3개월간 기록한 매출 144억 달러(약 16조 원) 가운데 광고는 129억 달러(14조 4,000억 원)를 차지했는데, 이 가운데 70퍼센트가량은 검색 광고에서 나왔다.

한국 포털사이트인 네이버, 다음 등의 주 수입원도 검색 광고다. 예컨대 네이버는 2012년 전체 매출의 절반이 넘는 1조 2,064억 원을 검색 광고에서 벌었다. 윤형중은 2013년 8월 "검색 광고 시장은 규모와 중요도에 견줘 일반인에게 잘 알려진 분야는 아니다. 하지만 검색 광고 시장을 들여다보면, 인터넷으로 필요한 것을 찾는 사람들의 심리와 수요를 파악할 수 있고 이를 사업의 기회로 삼으려는 사업자들의 치밀한 계산을 엿볼 수 있다"면서 이렇게 말했다.

"인터넷을 사업에 이용하는 사업자들에게 검색 광고는 외면할 수 없는 마케팅 수단이다. 인터넷으로 여성 의류를 판매하는 류 아무개 씨는 '아무래도 인터넷에서 소비자들을 끌어들이려면 검색 광고만 한 수단이 없다. 마케팅 비용의 대부분을 검색 광고에 쓰고 월 평균 450만 원가량이 들어간다'고 밝혔다. 월 매출의 15%를 검색 광고에 쓰고 있는 류 씨는 마케팅 효과를 위해 여러 검색어를 동원한다. 그는 '원피스라는 검색어는 비싸기 때문에 섹시원피스, 미니 원피스 등의 검색어를 주로 사용한다'고 말했다. 검색 광고는 400여 개 광고대행사들의 주된 사업영역이기도 하다. 류 씨는 '쇼핑몰 사업자가 검색어마다 실시간으로 입찰가를 써내는 검색 광고를 직접 운영하기가 어렵다. 대부분 광고대행사를 이용한다'고 말했다. 광고대행사는 쇼핑몰, 병원, 대출업체, 보험업체 등의 검색 광고를 대행해주고, 수수료를 네이버나 다음 등 포털업체로부터 받는다. 수수료는 전체 광고 금액의 15%가량이다."[1]

검색 광고에 대한 비판이 일자 정부는 2014년 '광고'와 '정보'의 구분이 명확하지 않다며 광고 영역에 음영처리를 하도록 권고했는데, 검색 광고 매출은 줄지 않은 것으로 나타났다. 2014년 11월 김성철 고려대 미디어학부 교수와 남찬기 KAIST 기술경영학과 교수는 'N-스크린 환경에서 뉴스 콘텐츠 유통 전략 및 디지털 뉴스 생태계 개선 방안 연구'에서 포털사이트의 검색 광고에서 뉴스가 기여하는 비중은 19.4퍼센트로 추산되었다면서 뉴스의 이런 기여도를 감안해 포털사이트의 영업 이익을 배분할 때 플랫폼 제공자인 포털사이트와 콘텐츠 제공자인 신문사가 45대 55, 혹은 40대 60으로 나눠가지는 방안을 제안했다.[2]

구글의 검색 광고를 둘러싸고 유럽연합EU과 구글의 갈등도 벌어지고 있다. 2014년 11월 유럽연합 의회는 구글이 가장 큰 수익원으로 밀고 있는 검색어 연관 광고를 '검색'과 '광고', 둘로 쪼개라는 내용을 담은 결의안 초안을 작성했다. 그간 EU 회원국 정치인들은 구글의 유럽 검색시장 점유율이 90퍼센트에 달하는 것에 대해 우려를 표명해왔는데, 구글의 광고 서비스와 검색 엔진을 분리시켜 구글의 독점을 줄이려 하고 있다.[3]

모바일 온리 시대가 개막하면서 모바일 검색 광고 시장을 둘러싼 경쟁도 치열해지고 있다. 2014년 12월 시장 조사업체 e마케터는 미국 모바일 검색 광고는 2015년 128억 달러로 전체 검색 광고 시장의 50.1퍼센트를 차지할 것이라며 미국 검색 광고 시장에서 사상 처음으로 모바일 비중이 절반을 넘어설 것이라고 전망했다.

검색 광고

고용된 모금가 Paid Solicitor

주로 선거철에 길거리 모금이나 전화모금을 하기 위해 고용된 사람들을 일컫는 말이다. 2015년 1월 그린피스 유엔난민기구, 국경없는 의사회, 세계자연기금, 옥스팸 등 인권·환경 관련 국제 NGO의 한국 본부들이 영국계 세일즈마케팅 업체의 한국법인과 대행계약을 맺고 거리에서 후원 회원을 모집하고 있는 것으로 밝혀져 논란이 일었다.

이에 대해 NGO 단체들은 회원 모집 효율성을 높이기 위해서라고 말했다. 하지만 비영리단체 후원 회원 모집에 영리를 추구하는 기업을 동원한 셈이어서 "시민단체의 순수성이 훼손될 수 있다"는 우려도 적지 않게 제기되었다. 고용된 모금가를 비판적으로 바라본 사람들은 효율성만 따져 비즈니스 식으로 접근하는 모금 방식은 시민운동의 참뜻과는 거리가 있고 국내 NGO 환경과도 동떨어진 것이라고 지적했다. 순수성과 도덕적 가치가 훼손되면 NGO에는 득보다 실이 될 것이라는 게 이들의 주장이었다.[4]

고용된 모금가를 통한 후원 회원 모집의 효과가 크지 않다는 지적도 있다. 이재현은 "미국이건 유럽이건 길거리 모금이나 전화모금은 시민들에게 환영받고 있지 못하고 있는 추세다. 단체의 방향과 취지를 이해하지 못한 채 즉흥적인 방식으로 가입을 결정하는 후원자의 수는 하락세다" 면서 다음과 같이 말했다.

"거리 모금으로 수백 명의 후원자를 단기간에 확보했다고 좋아할 일이 아니다. 이렇게 즉석으로 후원을 가입한 사람들의 60% 이상이 2년 내로 후원을 해지한다는 통계도 있다. 마케팅 업체는 실적에 따른 대금을 받고 떠나면 되지만 2년도 지나지 않아 많은 후원자들이 해지를 결정하게 되니 결론적으로는 단체에 크게 이득 될 것도 없다. 이러한 맹점을 외면한 채 이 방식을 고수한다면 NGO는 마케팅 업체를 영원히 써야 할지도 모른다. 자생력을 상실하게 되는 것이다."[5]

골드 퀸 Gold Queen

탄탄한 경제력을 바탕으로 건강과 외모, 삶의 질 개선에 아낌없이 투자하는 40~50대 여성들을 일컫는 용어다. 남편이나 자식만을 챙기던 이전의 중년 여성들과 달리 자신에게 적극적으로 투자한다는 게 이들의 특징이다. 홈쇼핑 방송 편성과 화장품·패션업계의 신규 브랜드 론칭에 직접적인 영향력을 행사하는 등 불황기 유통가의 큰 손 역할을 하고 있는 것으로 알려져 있다.[6]

골드 퀸의 파워는 문화상품 소비에서도 나타나고 있다. 예컨대 2013년 19집 앨범을 낸 가수 조용필의 인기몰이나 한국에서 뮤지컬 영화 사상 최고 흥행 기록을 세운 〈레미제라블〉의 흥행 배경엔 골드 퀸의 파워가 있다는 분석이 나왔다. 2013년부터 2014년 사이에 방영된, 중년 여배우들의 해외 여행기를 담은 케이블 프로그램 〈꽃보다 누나〉 역시 강력한 구매력을 바탕으로 대중문화 중심에 진입하고 있는 골드 퀸을 겨냥한 것으로 알려져 있다. 유통업계 관계자는 "2000년대 초반 소비층을 주도했던 30·40대 줌마렐라 세대가 10년이 지나 골드 퀸 세대로 변신해 과감한 소비 패턴을 이어가고 있다"며 "고도 성장기를 거치며 부동산과 금융으로 경제력을 축적한 세대기 때문에 소비시장에서 놓칠 수 없는 고객"이라고 했다.[7]

20·30대 젊은 층에 비해 변덕이 심하지 않다는 것도 유통업

계가 골드 퀸에 주목하는 이유 가운데 하나다. 이경희는 "외식 시장을 좌우하는 소비자 파워가 '입소문'인데 변덕이 심한 20대들의 바이럴 파워와 달리 골드 퀸들은 제품력만 좋으면 의리 있는 바이럴 파워를 발휘한다는 점에서 외식 사업자들에게 든든한 후원군"이라고 말했다.[8]

공익광고 홀대

지상파의 공익광고 홀대가 심각하다. 공익광고는 매년 감소하고 있다. 공익광고 방영횟수는 2011년 5,053건, 2012년 4,465건, 2013년 9월 현재 3,699건으로 매년 줄어들고 있다.[9] 시간대는 무시한 채 공익광고 편성 비율만 채우고 있다는 지적도 있다. 시청자가 거의 없는 시간대에 공익광고를 집중 배치하고 있을 뿐만 아니라 청소년을 대상으로 한 학교폭력 예방 광고도 대부분 심야나 새벽시간대에 방송되는 등 공익을 외면하고 있다는 것이다.

2014년 12월 국회 미래창조과학방송통신위원회 소속 새정치민주연합 유승희 의원이 한국방송광고진흥공사(코바코)의 자료를 분석한 결과, 지상파 3사의 공익광고 편성은 C급 시간대인 0시 30분에서 오전 7시 30분에 집중된 것으로 드러났다. 공익광고 홀대는 민영방송인 SBS가 가장 심각해 공익광고의 94.6퍼센트가 C급 시간대에 배치된 것으로 나타났다. MBC는 80.5퍼센트, KBS-2TV는 76.3퍼센트를 시청자가 거의 없는 시간대에 내보냈다.

지상파의 공익광고 홀대는 후발주자인 종합편성채널보다 심각하다. 채널A와 JTBC는 각각 공익광고의 22.5퍼센트와 19.4퍼센트를 SA시간대에 배치했고, TV조선은 10.2퍼센트, MBN은 2.1퍼센트의 공익광고를 SA 시간대에 송출했다. 유승희 의원은 "공익광고의 목적과 메시지 전달 효과성을 제고하기 위해 주 시청 시간대에 공익광고 송출 비율을 높여야 한다"며 "개선이 이뤄지지 않을 경우 지상파의 공익광고 의무편성 비율뿐만 아니라 송출시간대에 대한 규제도 고려할 필요가 있다"고 했다.[10]

TV 시청이 줄어들고 있는 만큼 공익광고 활성화를 위해 인터넷이나 모바일에서도 볼 수 있도록 해야 한다는 견해도 있다. 민병주 새누리당 의원은 2014년 11월 "올해 공익광고의 시급별 노출을 보면, B급과 C급 시간대가 84%를 상회하고 있어 방영 효과가 적을 것으로 예상 된다"며 "국민의 매체 이용이 TV에서 인터넷, 스마트폰 등으로 바뀌고 있으며 이에 주요 언론사의 인터넷 포털 광고, 유튜브 등을 활용한 모바일 광고의 집행을 더욱 적극적으로 할 필요가 있다"고 했다.[11]

공항 패션

스타가 해외로 출국할 때 입는 의상과 착용하는 액세서리 등의 패션 아이템을 이르는 말이다. 가공된 이미지와 달리 공항이라는 특수한 공간에서 톱스타의 일상을 엿볼 수 있다는 소소한 즐거움 때문에 스타의 공항 패션에 관심을 갖는 사람이 증가하자 패션업계는 공항 패션을 마케팅 수단으로 적극 활용하고 있다. 패션 잡지 『보그』 2010년 9월호는 "빅토리아 베컴은 공항을 자신의 에르메스 백컬렉션 전시장 정도로 여기고 있으며, 케이트 모스 역시 매번 공항에서 다른 백을 들고 카메라를 피하는 '척' 한다. 또 프라다 백을 유난히 사랑하는 모델 미란다 커는 '신상백'을 누구보다 먼저 팔에 낀 채 파파라치 사진에 포착되곤 한다"고 했다.[12]

2010년 배우 장동건·고소영 부부가 공항에서 착용한 선글라스와 가방이 일주일 만에 품절을 기록할 만큼 큰 인기를 끈 것으로 알려지면서 한국의 패션 업체들도 공항 패션 마케팅에 적극적으로 나서기 시작했다. 이와 관련 김형철은 2014년 5월 "공항이라는 곳이 공적인 자리가 아니라 사적인 자리다 보니 자기 취향에 맞게 편한 대로 입고 다닐 거라고 생각하지만 브랜드에서는 한 패셔니스타에게 옷을 주기 전에 홍보, 광고, 코디, 사진촬영, 판매계획 등을 철저하게 거쳐 출국할 때와 귀국할 때를 구분하여 옷을 전달합니다"

면서 이렇게 말했다.

"신경 쓰지 않은 듯 멋스러운 공항 패션인 것 같지만, 사실은 아주 많이 신경 쓴 공항 패션인 것입니다. A급 스타의 경우는 부위별로 계약하기도 하고, 연예인에게도 부업일 정도로 하나의 비즈니스의 장입니다."[13]

아예 공항 패션이라는 광고비 항목도 있다. 패션브랜드 A사의 한 관계자는 "스타가 브랜드 모델일 경우 모델 계약서를 체결할 때부터 '공항 패션 입국 · 출국 몇 회', '사인회 몇 회' 식으로 노출에 대한 세부적인 금액 협상이 이뤄진다"고 했다. 패션업계의 또 다른 관계자는 연예인들은 협찬 제품을 1회 착장 시 200~300만 원 정도의 금액을 받는다면서 A급 스타는 수천만 원에 달한다고 했다. 협찬 계약서에 해당 브랜드의 상품을 입는 횟수와 SNS 등 다양한 플랫폼으로 제품을 언급하라는 조항이 들어가는 경우도 있다.[14]

『이탈리아 보그』의 기고가 피터 데이비스는 "이제 어떤 스타의 공항 패션이라도 철저히 심사숙고한 결과라고 생각하시면 됩니다. 단지 맨 얼굴에 선글라스로 '자연미'를 더했을 뿐이죠"면서 공항 패션을 이렇게 정의했다. "그야말로 공항은 제2의 레드 카펫이 돼버렸습니다!"[15]

과잉만족 Over-Satisfied

기업은 경쟁자와 구분할 수 있는 차별화를 이루어내는 것이야말로 시장에서 성공하는 일이라고 믿는다. 기업이 기술혁신을 통해 더 많은 기능을 강조하고 마케팅을 통해 더 자극적인 메시지를 전달하려고 집착하는 것도 이런 이유 때문이다. 고객이 무엇을 상상하든 그 이상을 보여주겠다는 듯 업그레이드에 집착하고 있는 IT 업체의 경쟁이 대표적인 사례다. 하지만 아이러니하게도 이런 기술혁신이 소비자들에게 과잉만족을 주는 경우도 적지 않다. 지나친 경쟁으로 과잉 성숙된 시장에서 별로 필요하지 않은 제품과 서비스에 소비자들이 둘러싸이는 역설이 발생하고 있는 것이다. 안병민은 기가 질릴 만큼 수많은 버튼을 장착한 TV 리모컨을 과잉만족의 대표적 사례로 제시하면서 이렇게 말한다.

"오늘날 많은 기업은 더 많이 주는 것이 더 좋은 것이라는 생각의 타성에 빠져 있다. 너나없이 기존 제품에 추가적인 기능을 부여하거나 업그레이드된 사양을 장착한 이유다. 물론 긍정적인 효과도 크다. 제품의 성능이 점차 고도화되면서 고객의 만족도 커졌다. 그러나 문제는 '고객을 잊어버린 혁신'과 '혁신의 상위 지향성'이다. 더 많은 것을 주기 위한 '지속적 혁신'에만 매달리다 보니 정작 혁신의 결과물을 누려야 할 고객은 뒤로 밀려났다."[16]

과잉만족의 삶을 피곤해하는 사람들도 적지 않은데, 그래서 과잉만족 마케팅이 오히려 기업에 해가 되고 있다는 지적도 있다. 문영미는 "오늘날 대부분의 기업은 더 많은 것이 더 좋은 것이라는 관성적인 사고에 빠져 있다. 부가적 기능을 계속해서 추가하고 마일리지 프로그램을 더 강화하고 새로운 할인 프로그램을 더 공격적으로 내놓고 있다. 기업들은 이런 노력에도 불구하고 평준화의 흐름에서 벗어나지 못하고 있다"면서 이렇게 말했다.

"소비자들이 원하는 것은, 넘쳐나는 풍요의 바다 속에서 단순함의 자유를 다시 찾는 것이다. 다양한 제품과 서비스로 넘쳐나는 과잉만족의 시장에서, 소비자들은 마음의 휴식을 원하고 있다."

이런 이유 때문일까? 과잉만족의 역설 현상에 맞서 절제 마케팅을 하는 기업들도 있다. 첫 화면을 로고와 검색창으로 단순화한 구글Google, 기내식과 비즈니스 클래스, 왕복 티켓 할인을 없앤 제트블루JetBlue, 배송·조립 서비스를 없앤 이케아IKEA, 해피밀세트나 어린이메뉴 또는 샐러드나 디저트가 없는 인앤아웃 버거In-N-Out Burger 등이 그런 경우다.[17]

관광 두레

지역 주민의 주체적·자발적·협력적 참여를 바탕으로 문화유적지와 먹을거리, 탐방로, 축제, 숙박시설 등 기존의 관광자원을 연계해 지역특화 브랜드와 관광 사업을 창출하는 지역관광 공동체를 일컫는다. 기존의 관광개발 사업은 시설 조성에만 치중하고 사후 운영은 부실하다는 비판이 있었는데, 이런 문제의식이 낳은 지역 관광개발 모델이라 할 수 있다. 주민에 대한 혜택과 지역경제 파급 효과를 거두는 게 목적이다. 한국의 전통 협력 정신인 두레가 관광 분야로 확산된 개념이라 할 수 있겠다.[18]

외국에도 관광 두레와 비슷한 게 있다. 스위스의 대표적 낙후 지역인 나프베르그란드Napfbergland에서 시행하고 있는 '오솔길 프로젝트'나 실직자로 전락한 여성 주민들이 협동조합 형태로 두부공방을 운영해 100여 명의 일자리를 창출한 일본의 사이타마현埼玉縣 후카야시深谷市의 실험이 그런 경우다. '오솔길 프로젝트'는 기존의 오솔길을 이용해 20~30개의 트레킹 코스를 만든 후 트레킹 코스를 산악마을과 연계함으로써 민박을 유도해 주민들에게 실제적으로 경제적 도움이 되도록 했다.[19]

문화체육관광부는 2013년 8월부터 경기 양평, 강원 양구, 충북 제천, 전북 부안, 경북 청송 등 5개 시·군을 시범사업 대상지로 지정해 관광 두레 만들기에 나섰는데, 2017년까지 사업 대상지를 전국의 100개 시·군으로 확대할 계획을 세웠다. 박강섭은 "우리 민족은 마을 주민들이 협력해서 농사를 짓거나 길쌈을 하던 '두레'라는 공동노동조직의 역사를 자랑하고 있다. 산업화와 도시화로 퇴색했던 이 두레가 '관광 두레'로 거듭나 지역관광의 새로운 영역을 개척하는 촉매제가 되기를 기대한다"고 했다.[20]

관광 두레

그로서란트 grocerant

식료품점 grocery 과 식당 restaurant 의 합성어로, 음식을 먹는 식당과 장보기를 할 수 있는 숍이 합쳐진 복합식품매장을 뜻한다. 재료를 사서 즉석에서 조리해 먹을 수 있을 뿐만 아니라 방금 먹은 음식의 재료를 구입할 수도 있는 공간이다. 한국에서는 2012년경부터 등장했는데, 온라인 쇼핑과 해외직구 열풍으로 명품이나 패션 등으로 차별화하는 게 어려워지자 백화점 업계가 이른바 '분수 효과 Fountain effect' 와 '샤워 효과 Shower effect' 등의 집객 효과를 노리고 경쟁적으로 그로서란트를 선보이고 있다.[21]

서정민은 2015년 2월 "유학 시절 또는 외국 여행길에서 들러본 유명 그로서리 체인점이 한국에 속속 입점한 것도 그로서란트 트렌드의 특징 중 하나다. 전 세계를 뒤져 최상의 품질만을 뽑아내는 외국 푸드 헌터들의 엄선된 식재료를 좀더 다양하게 우리 식탁에서 즐길 수 있게 됐다"면서 이렇게 말했다.

"외국 식료품이 주를 이루는 그로서란트 매장 소비자들에는 싱글족이 많다. 이것저것 구색을 맞춰야 하는 한식보다 쉽고 빠르게 한 끼를 해결할 수 있는 면과 빵을 선호하고 친구들과 어울려 치즈·올리브·칩을 안주 삼아 와인을 즐기는 식문화 때문이다."[22]

극장 광고

영화 시작 전에 극장에서 상영하는 광고를 말한다. 문화체육관광부가 2013년 8월 발표한 자료에 따르면 영화 시작 전 평균 광고 상영 시간은 CJ CGV 14분, 롯데시네마 10.4분, 메가박스 8.2분으로 나타났다. 소비자문제연구소 컨슈머리서치가 2014년 9월 20~21일 이틀간 영화 〈타짜 - 신의 손〉과 〈두근두근 내 인생〉을 상영하는 서울시내 CJ CGV, 롯데시네마, 메가박스 6곳을 조사한 결과 극장 광고 때문에 영화 상영시간이 입장권에 표시된 것보다 평균 11분 늦어지는 것으로 나타났다.

영화 티켓에는 '입장 지연에 따른 관람 불편을 최소화하고자 본 영화는 10여 분 후 시작됩니다', '예고편 상영 등 사정에 의해 영화 시작이 10여 분 정도 차이날 수 있습니다'라는 문구가 적혀 있긴 하지만 이렇듯 광고 때문에 영화가 늦게 시작하면서 극장 광고를 둘러싼 논란도 적지 않게 발생하고 있다.[23]

예컨대 2003년 7월 대학생 양 모 씨는 "극장에서 영화 시작 전 20여 분간 광고를 보았는데, 이는 영화관이 관람객을 상대로 부당이득을 취한 것"이라며 39만 원의 반환청구 소송을 냈다. 이에 당시 서울중앙지법 민사7단독 이진규 판사는 "영화 시작 전 광고는 관람객 이동 시간에 상영된 것으로 광고를 보고 싶지 않으면 자리를 피하는 등 선택의 자유가 있기 때문에 시청을 강요하는 것으로 보기 어렵다"며 영화관이 부당이득을 취한 것이라고 보기 어렵다고 판시했다.[24]

극장 광고가 관람 등급을 가리지 않고 상영되고 있어 광고 내용에 불만을 터뜨리는 사람들도 있다. 조아름은 2013년 10월 성형외과와 대부업체 광고를 소비자의 불만이 나오는 대표적인 광고로 꼽으면서 전자는 외모 지상주의를, 후자는 잘못된 경제관을 어린이와 청소년들에게 심어줄 수 있다고 했다.[25]

극장 측은 "다른 관객들에게 주는 피해를 줄이고자 10분 정도의 에티켓 타임을 통해 영화 시작 전 광고를 상영하는 것"이라면서 "정부가 극장에 아무런 지원 없이 입장권 가격만 사실상 통제하는 현실에서, 광고 수입 없이 관객들이 즐기는 수준의 스크린과 음향시설 투자비용도 뽑기 어렵"기 때문에 극장 광고는 어쩔 수 없다고 말한다. 광고 수입이 만만치 않기 때문에 극장 측이 극장 광고에 집착하고 있다는 견해도 있다. 티켓 판매 매출은 배급사와 영화관이 5대 5로 나누지만, 매점과 광고 수익은 순수하게 영화관에 귀속되기 때문에 극장 광고를 많이 상영한다는 것이다.[26] CJ CGV는 2014년 약 1조 원대의 매출을 올렸는데, 이 가운데 극장 광고가 차지한 비중은 전체 매출액의 약 10퍼센트인 1,000억 원 안팎으로 알려졌다.[27]

민주사회를 위한 변호사모임(민변)의 변호사 성춘일은 2015년 2월 "극장용 광고는 다른 분야의 광고에 비해 관객의 회피도가 높은 것으로 나타나는데, 그렇기 때문에 더욱 소비자 동의를 얻어야 할 사항"이라며 "입장권 예매 홈페이지는 물론 극장 현장 전광판에도 광고 시간을 뺀 영화 상영시간을 정확하게 표시함으로써 관객들에게 선택권을 줘야 한다"고 했다.[28]

날씨 경영

기상기후 정보를 기업 운영에 필요한 의사결정과 마케팅에 접목시켜 매출 증대, 재해 예방 등에 활용하는 경영 기법을 일컫는 말이다. 2004년 서울대와 삼성지구환경연구소가 발표한 자료에 따르면 우리나라 GDP(국내총생산)의 52퍼센트가 기상의 직간접적 영향을 받고 있는 것으로 나타났다. 2005년의 한 조사를 보면 세계 경제의 약 80퍼센트가 기상에 직간접적으로 영향을 받고 있는 것으로 밝혀졌다.

날씨 경영의 몇 가지 사례를 보자. 이마트는 2013년 6월 20일부터 26일까지 '막걸리 및 부침개 재료 모음전'을 열었다. 이 행사는 평소 7월에 실시한 행사였지만 2013년에는 장마가 2주가량 빨라지자 시기를 6월 중순으로 앞당긴 것이다. 이와 관련해 이마트는 최근 3년간 장마철 매출을 분석한 결과, 전 재료와 막걸리 매출이 비 오는 날에 평소보다 30~60퍼센트 증가했다고 했다. NS홈쇼핑은 채소 가격이 오르는 장마철을 앞두고 새 김치를 선호하는 소비자들을 위해 김치방송을 대폭 늘렸다.[29]

파리바케트는 5년간 축적한 빅데이터를 바탕으로 기상 자료와 점포별 상품 판매량 등을 분석한 자료를 3,000여 개 점포에 매일 제공하고 있다. 최근 2주치 평균 판매량보다 판매가 늘어날지 줄어들지도 알려준다. 편의점에서 진열하는 상품도 날씨에 따라 달라진다. 예컨대 비오는 날에는 꿀물과 스타킹, 부침 가루 등이 주요 상품으로 전시된다.[30]

기상청은 2011년부터 기상정보를 경영에 활용해 부가가치를 창출한 기업이나 기관을 발굴해 '날씨 경영 인증'을 해주는 제도를 운영하고 있다. 기상청 관계자는 "날씨정보를 기업 경영에 다양하게 활용해 부가가치를 창출하고 기상재해에 대한 안전성을 높이기 위한 것"이라며 "다른 산업 분야에 기상정보의 활용성을 극대화함으로써 국내 기상산업 시장의 규모도 커질 것으로 기대한다"고 말했다.[31]

기후변화가 세계적 이슈가 되면서 세계적으로 기후변화가 불러올 경제적 영향을 예측하려는 움직임도 활발하게 진행되고 있다. 미국은 과거 60년간 지역별 작물 수확량, 토양 성분, 100만 개 지점의 기후정보 등을 이용해 이상기후 시 해당 농가에 보험금을 지급하는 기후보험을 개발·판매하고 있으며 위성영상 데이터 활용을 통해 기후예측과 재난 대응 실시간 네트워크 시스템을 구축하는 등 기상기후 빅데이터를 공공 분야에 활용하고 있다. 글로벌 기업들도 기후변화로 인한 손해를 사업 기회로 삼아 기상기후 빅데이터를 활용해 기후변화를 미래 성장 동력으로 활용하고 있다.[32]

리테일테인먼트 Retailtainment

유통Retail과 엔터테인먼트Entertainment의 합성어로, 쇼핑에 재미를 부여해 점포에 대한 고객들의 충성도를 높이려는 마케팅 전략이다. 1997년 월마트의 샘 월튼 회장이 전미소매업대회에서 처음으로 사용한 용어다. 리테일테인먼트 전략으로 큰 성공을 거둔 기업으로 세계적인 가구 전문점 이케아가 꼽힌다. 이케아는 자신들의 매장을 소비자를 위한 각종 놀이터와 휴식처 등으로 꾸며 소비자들이 한 공간에서 가구 쇼핑도 하면서 오락도 즐길 수 있도록 함으로써 큰 성공을 거두었다.[33]

이케아의 리테일먼트 전략은 중국 시장에 자리를 잡는 데도 큰 역할을 한 것으로 평가받는다. 이케아는 매장을 놀이동산처럼 꾸며 소비자들이 편안하고 재미있게 놀 수 있도록 한 이른바 '놀이터 마케팅'과 직접 체험을 해볼 수 있는 체험 마케팅을 진행했는데, 이 전략이 먹혀 중국 시장에 안착했다는 것이다.[34]

중국 부호들이 리테일테인먼트를 적극적으로 추구한다는 견해도 있다. 글로벌 여행사 쿠오니의 중국지사장 알프레도 창은 "부를 축적한 중국인은 인정받는 것을 좋아한다. 이들은 예쁜 것을 찾아 쇼핑하는 것 외에 다른 사람으로부터 인정받고, 고품질 서비스를 받기를 원한다. 요즘에는 개인 쇼핑을 포함해 쇼핑 경험을 통해 향상되기를 원하는 중국 소비자들이 점점 늘고 있다"고 했다.[35] 또 『마담 피가로』 중국 편집장인 다니엘 왕은 "내게 있어 럭셔리 제품은 디자인이나 외관의 매력뿐만 아니라 꿈을 실현시킬 수 있는 기회를 대변한다. 중국 소비자는 럭셔리 제품을 구입함으로써 럭셔리 제품이 제공하는 문화, 꿈의 가치 및 라이프스타일을 체험한다"고 했다.[36]

리테일테인먼트

배너 광고_{Banner Ad}

인터넷 사이트에서 볼 수 있는 막대 모양의 광고를 말한다. 배너
Banner는 사용자들이 좀더 많은 정보를 얻기 위해 클릭하는 조그마한
그래픽 버튼이나 이미지를 가리킨다.[37] 배너 광고는 1990년대 중반
『와이어드 매거진』의 자매지인 핫와이어드Hotwired 사이트에 최초로
게재된 이후 독자와 광고주에게 격찬을 받으면서 웹을 잠식했지만
이제는 쇠락의 길로 접어들었다는 평가가 나오고 있다.

2014년 5월 인모비 창립자 나빈 티와리Naveen Tewari는 베이징에
서 열린 글로벌 모바일 인터넷 컨퍼런스 'GMIC 2041'에서 "이제
모바일 사용자들이 성가시게 여기는 배너 광고는 사라져야 할 시간
이 왔다"며 "배너 광고로는 모바일 광고 시장에 미래가 없다"고 말
했다.[38] 2014년 11월 5일 『뉴욕타임스』 기자 파라드 만주Farhad Manjoo
는 사설을 통해 이용자들이 배너 광고의 해악에 진절머리를 내고
있고 배너 광고가 번성하고 있는 매개체인 웹이 내리막을 걷고 있
다며 배너 광고가 쇠락하고 있다고 주장했다.[39] 구글은 2014년 12월
3일 자사 블로그를 통해 공개한「광고 노출도의 5가지 요인」이라는
연구 결과 보고서에서 배너 광고의 절반 이상이 사용자의 눈길을
단 한 차례도 잡지 못했던 것으로 나타났다고 했다.[40]

배너 광고의 몰락은 스마트폰과 SNS의 대중화 때문이기도 하

다. 이윤희는 2014년 11월 "배너 광고가 몰락하는 대신 뜨는 건 사회관계망서비스SNS의 뉴스피드 광고다"면서 이렇게 말했다. "오늘날에 사용자들은 모바일과 소셜 월드에 살며 대부분의 시간을 웹보다 빠르고 사용이 유용한 앱을 사용하며 쓴다. 페이스북이나 트위터, 인스타그램과 같은 이들 앱들은 웹페이지 측면의 직사각형 배너 대신에 사용자의 소셜피드에 노출되는 광고로 돈을 번다."[41]

네이티브 광고가 유행을 하는 것도 배너 광고의 효과가 떨어지고 있기 때문이다. 해당 사이트에 맞게 고유한 방식으로 기획 제작된 광고를 일러 네이티브 광고라 한다. 2014년 11월 『비즈니스인사이더』는 "네이티브 광고가 배너 같은 전통 광고에 비해 클릭률이 훨씬 높고 효과적이란 사실이 증명됐다"면서 "특히 모바일 기기에서 네이티브 광고 효과가 많은 것으로 나타났다"고 분석했다. 『비즈니스인사이더』는 2013년 약 47억 달러 규모였던 미국 전체 네이티브 광고 시장이 2018년에는 210억 달러로 치솟을 것으로 예상했다.[42]

브랜드 웹툰

기업이나 기업의 브랜드를 홍보하기 위해 이용되는 웹툰을 이르는 말이다. 일반 광고와 달리 스토리가 있는 웹툰을 통해 자연스럽게 젊은 독자층에게 자신들의 브랜드나 서비스를 홍보할 수 있기 때문에 기업은 브랜드 웹툰에 주목하고 있다. 신제품을 출시하거나 영화 개봉 시 웹툰을 통해 사전 홍보 활동을 하거나 웹툰과 소셜네트워크서비스SNS를 접목해 게임 소개, 말풍선 채우기 등의 다양한 형태로 진행된다.[43] 기업을 소재로 하고 있다는 점에서 기업툰이라고도 한다.

브랜드 웹툰의 홍보 효과를 톡톡하게 누린 기업으로는 한화케미컬이 꼽힌다. 방한홍 대표의 아이디어로 2013년 7월부터 연재한 웹툰 〈연봉신〉은 "기업툰인데도 재미있다"는 입소문이 나면서 일반 웹툰 이상의 인기를 누렸으며 "직원들도 거래처나 주변에서 연봉신 회사 다니느냐며 관심을 한 몸에 받"았다. 신입사원 채용에서도 효과를 거두었다. 한화케미컬 정광교 인재개발팀장은 2013년 10월 끝난 신입사원 전형은 '연봉신 전형'이었다면서 이렇게 말했다. "자기소개서부터 연봉신 얘기를 꺼내는 지원자가 많았고 어떤 응시생은 면접 때 제2의 연봉신이 되겠다는 포부를 밝히기도 했다.……우리가 만드는 초고압선용 복합수지인 '와이어앤케이블'도 상당히 공부를 해온 지원자가 많아 면접관들이 깜짝 놀랐다."[44]

브랜드 웹툰을 마케팅에 활용하는 기업들은 빠른 속도로 늘고 있다. 유한킴벌리는 자사의 수분크림 '티엔'을 소재로 한 웹툰 〈퐁당훈녀클럽〉, 〈10대훈녀클럽〉 등을 선보였으며, LIG손해보험은 〈별을 부탁해〉란 웹툰을 만들었다. 맞춤정장 브랜드 헬무트는 〈신사의 집〉이란 웹툰을 제작했다.[45]

2008년부터 기업툰 서비스를 시작한 네이버는 2013년 10월 "자기 회사를 다루는 기업툰 연재를 의뢰하는 경우가 50퍼센트 이상 늘고 있다"고 했다. 기업툰의 내용도 달라지고 있다. 네이버 관계자는 "과거에는 특정 상품이나 회사를 선전하는 내용이 대세다 보니 콘텐츠 완성도나 재미 등은 일반 웹툰보다 떨어지는 경우가 많았다"며 "최근에는 홍보 대상은 가급적 드러내지 않고 재미, 감동 등 작품 완성도를 높이면서 메시지를 은근히 전달하려는 시도들이 많다"고 했다.[46]

10대 그룹 관계자는 "기업 입장에서 젊은 층은 미래의 고객이자 지원자, 투자자"라며 "젊은 층과 소통하는 게 장·단기적으로 브랜드 이미지와 기업 가치를 높이는 중요한 요소로 자리 잡은 것"이라고 말했다.[47]

VIK very important kids

매우 소중한 아이라는 뜻으로, '골드 키즈'라고도 한다. 저출산으로 자녀를 한 명만 낳은 가정이 증가한 가운데, 이들을 왕자나 공주처럼 키우려는 사람들이 등장하면서 생긴 말이다. 백화점과 아웃렛, 유통업계는 물론이고 패션업계와 식음료업계 등은 VIK 마케팅에 집중하고 있는데, 왜 그럴까? 이지성은 이들이 VIK 마케팅에 사활을 거는 이유는 아이들의 10년 후를 겨냥한 전략과 관련이 있다고 말한다.

"'VIK Very Important Kids' 마케팅의 대상은 경제력이 없는 어린이다. 하지만 단순한 상품이 아닌 경험과 추억을 함께 판매해 미래의 고객인 어린이를 구매의사 결정주체로 만들겠다는 게 핵심이다. 부모 손에 이끌려 처음 접한 상품과 서비스는 아이의 소중한 추억으로 자리 잡고 이는 자연스레 기업의 매출 증가로 이어진다. 어린 시절 축구교실에서 코카콜라를 마신 아이는 어른이 돼서도 펩시콜라가 아닌 코카콜라만 찾게 된다는 얘기다."[48]

VIK의 등장으로 엔젤 산업은 갈수록 고급화하고 있는데, 이는 '골드 키즈'를 위해 부모·친조부모·외조부모·삼촌(외삼촌)·고모(이모) 등 8명이 주머니를 여는 이른바 '에잇 포켓eight pocket' 소비현상이 나타나고 있기 때문이다. 특히 경제력은 있지만 만혼晩婚의 영향으로 결혼 시기가 늦어진 30~40대의 삼촌·고모 등은 실용성을 따지는 부모와 달리 고가의 최신 제품 구매도 서슴지 않기 때문에 이들이 VIK 소비의 고급화를 이끄는 역할을 하고 있다. 예컨대 새 학기마다 큰 장이 서는 어린이 책가방 시장의 사례를 보자. 신정선은 2015년 1월 "평범한 가방은 인기가 없다. 업체별로 차별화에 분주하다. 기능성 승부는 기본이다"면서 이렇게 말했다.

"가방 무게는 2009년 800~900g이었으나 2012년부터 500~600g(빈폴키즈 기준)으로 더 가벼워졌다. 고급 합성피혁을 쓰고, 흘러내림 방지 벨트, 고탄성 스펀지, 어른 등산 배낭에 쓰는 통기성 소재를 쓴다. 가방 색깔은 30가지가 넘는다. 휠라코리아는 미국 디즈니사의 라이선스를 얻어 겨울왕국과 아이언맨 주인공 얼굴을 전면에 새겨 넣고, 14K 금장식을 달았다.……특히 초등학교 입학 가방은 하나뿐인 아이의 첫 출발 선물이기에 비싼 가방을 선호하는 경향이 있다. 책가방과 신주머니 세트가 15만~20만 원 정도면 중가中價다. 20만~30만 원대가 프리미엄급이다. 일본 수입 브랜드는 60만 원대를 호가하기도 한다."[49]

호텔 업계도 VIK 마케팅에 합류하고 있다. '우리 아이만의 특별한 생일'을 원하는 부모를 겨냥한 럭셔리 이벤트나 고가의 공연을 유치하는 것 등이 그런 경우다. 이와 관련 심희정은 2015년 2월 "돈벌이에 혈안이 된 호텔업계가 아이들을 앞세워 '그들만의 리그'를 부추기고 있다. 우리 아이에게 특별한 경험을 주고 싶은 부모의 심리를 파고들어 동심을 유혹하는 상술이 갈수록 도를 더해가는 모습이다"면서 이렇게 말했다.

"'우리 아이만큼은'을 바라는 어른들의 욕심과 호텔의 상술이 빚어낸 작품은 부익부 빈익빈의 심화된 결과물로 결국 이웃 간, 지역 간, 계층 간의 갈등을 야기하고 상대적 박탈감과 소외감을 느끼게 한다. 이는 또한 가난의 대물림, 부의 세습 지표가 됨은 물론 좀 더 과장해서 말한다면 사회적 병리현상의 단초를 제공하는 한편 사회 불만을 일으키는 원인으로 작용할 수도 있지 않을까. 럭셔리 아이스링크 파티에 초대 받지 못한 아이들은 일찌감치 사회의 불합리를 느낄 것이다. 반면 호화판 생일파티 주인공은 남과 다른 자신의 특별함을 돈 잔치 때마다 습득하며 성인이 돼서도 '있는 자들만의 리그'를 계속해나갈지 모른다."[50]

비교 광고comparative ad

동일한 제품군에 속하는 특정한 브랜드명을 자사의 광고 내에 등장시켜서 비교하는 광고를 말한다. 1972년 연방거래위원회FTC가 비교 광고를 허용한 이후 미국에서는 일상적으로 이루어지고 있는 광고 기법이다. 미국은 거짓 광고처럼 공공이익을 침해하는 경우에는 연방거래위원회가 까다롭게 규제하지만, 기본적으로는 업계의 자율 규제에 맡기는 경향이 있어 비교 광고가 활성화된 것으로 알려져 있다.[51]

이른바 '백년전쟁'이란 표현이 무색하지 않은 코카콜라와 펩시의 비교 광고는 세계적으로도 유명하다. 한 가지 사례를 보자. 코카콜라는 냉장고 제일 위 칸에 있는 코카콜라를 먹기 위해 한 어린이가 펩시 캔을 밟고 올라서는 광고를 내보냈으며, 펩시는 자판기 버튼 꼭대기에 있는 펩시가 손이 닿지 않자 생돈을 들여 코카콜라를 일단 뽑은 뒤 이 캔을 밟고 올라서서 펩시를 뽑아먹고 코카콜라는 버리는 광고를 제작했다.[52]

비교 광고는 소비자에게 재미를 주고 효과를 극대화하는 광고라는 평가를 받고 있지만 한국은 비교 광고 후진국이다. 광고를 규제하는 법이 엄격하기 때문이다. '표시·광고의 공정화에 관한 법률'은 부당한 광고 행위를 금지하고 있는데, 여기엔 거짓·과장 광고와 소비자를 속이는 광고, 부당하게 비교하는 광고, 비방적인 광고가 모두 포함된다. 또 사업자는 자기가 낸 광고 중 공정위 요청이 있으면 사실 여부를 증명해야 한다. 법을 위반하면 최대 징역 2년, 벌금 1억 5,000만 원, 과태료 1억 원에 처해진다. 이 때문에 광고를 통해 경쟁사를 비방했다는 이유로 방송 중단을 받는 경우나 소송에 휘말리는 일도 흔하게 발생하고 있다.

　예컨대 2014년 11월 배달전문 업체인 '요기요'는 경쟁사인 '배달앱'이 거짓 정보를 활용해 비교 광고를 했다며 공정위에 신고했고, 2015년 2월 11일 공정거래위원회는 근거 없이 경쟁사 제품이 위험하다고 광고했다는 이유로 용기 제조업체 락앤락에 시정명령을 내렸다. 2015년 2월 현재 소셜커머스 업체인 쿠팡과 위메프는 비방 광고 문제로 1억 원의 손해배상 소송을 진행 중이다. 아이디어보다는 유명 모델로 승부하는 경직된 한국의 광고 문화도 비교 광고의 발전적 경쟁을 가로막는 요인 가운데 하나로 꼽히고 있다.[53]

　윤석기는 "문화적 배경에 따라 비교 광고를 받아들이는 소비자의 태도도 다르다. 개인주의 성향이 강한 미국이나 서유럽 국가에선 비교 광고에 대해 긍정적인 반면, 집단주의가 지배하는 동구권이나 남유럽 국가에선 그 효과가 상대적으로 미약하다"면서 집단주의에 물들어 있는 일본인들이 특히 비교 광고에 거부감이 크다고 말했다.[54]

빈곤 포르노 Poverty Pornography

구호단체들이 모금을 위해 가난을 선정적으로 다루는 사진이나 영상물, 모금 방송 등을 이르는 말이다. 벌레도 쫓을 힘이 없어 얼굴에 파리똥을 잔뜩 붙이고 웅크린 아이들이나 형편없이 쪼그라든 젖을 아이에 물린 바짝 마른 여성 등을 등장시킨 후 마지막에 '당신의 주머니 속 1달러가 이들을 살릴 수 있다'는 자막을 넣는 식으로 구성하는 모금 캠페인이 빈곤 포르노의 대표적인 사례로 거론된다.

　　빈곤 포르노는 시청자의 감성을 최대한 자극해 상업적 효과를 얻으려 하기 때문에 비극을 크게 부각시키는데, 이 과정에서 왜곡과 조작이 발생하기도 한다. 2013년 구호개발단체들의 모임인 국제개발협력민간협의회가 제정한 '아동권리 보호를 위한 미디어 가이드라인'(가이드라인)에는 다소 충격적인 내용이 들어 있다. 이 가이드라인은 모금·홍보의 목적으로 개발도상국의 아이들을 다룬 보도제작물을 만드는 과정에서 발생하는 인권 침해를 예방하기 위해 만들어졌는데, 가이드라인에 소개된 내용은 이렇다. 모금 방송을 위해 필리핀의 가난한 아이를 촬영하러 간 제작진은 아이가 자신이 가진 가장 예쁜 옷을 성의껏 차려입고 나타나자 방송 내용과 맞지 않는다며 허름한 옷으로 갈아입으라고 요구했다. 또 에티오피아 시골 마을의 식수난을 촬영하러 간 한 방송사는 적절한 '그림'이 나오지 않자 가축이 이용하는 작은 연못에 아이를 데려가 물을 마시는 장면을 연출하려고 시도했다. 피부 질환에 시달리는 아이를 촬영하면서 붕대를 풀라고 요구한 곳도 있었다.[55]

빈곤 포르노가 빈곤국 아이들에 대한 부정적 이미지를 양산한다는 비판도 있다. '해외자원봉사서비스vso' 대표인 마크 골드링은 "너무나 오랫동안 구호단체와 미디어들은 제3세계의 비운과 재난에 대해 불균형한 홍보를 하는 데 공모해왔다"며 "돈을 걷겠다는 근시안적인 이득 때문에 균형 잡힌 시각이라는 장기적인 목표를 희생시켰다"고 말했다. 노르웨이의 국제 원조 펀드 '사이'에서 일하는 신드레 올라브 에들란그뤼트는 『알자지라』 기고에서 "선행은 좋은 일이지만 어떤 일을 해야 하는지 제대로 이해하는 게 중요하다. 정치구호가 쓰인 낡은 티셔츠, 망가진 컴퓨터 같은 주민들이 원하지 않는 물건들을 보내는 것은 아프리카에 쓰레기 더미를 투척하고 지역 경제를 망가뜨리는 일에 다름 아니다"라고 꼬집었다.[56]

빈곤 포르노에 대한 문제가 제기되고 시청자들의 거부감과 피로감이 쌓이면서 한국의 구호단체와 방송사는 방송 모금의 변화를 모색하고 있다. 김민경 월드비전 미디어기업팀 팀장은 "이전에는 '모금'에 집중한 시기였다면, 앞으로 변화된 아동 스토리를 적극 브라운관에 담을 예정"이라고 했다. SBS 브랜드전략팀 이슬기 과장은 "지금까지 희망TV가 방송 모금에서 '모금'의 역할을 강조했다면 2014년부터 애드보커시Advocacy(옹호) 역할을 좀더 강화할 계획"이라고 밝혔다.

　하지만 이런 콘텐츠들은 자극적인 내용에 비해 모금액이 떨어지기 때문에 구호단체들의 고민은 깊어지고 있다. 2013년 하반기 저개발국의 사회 문제를 드러내는 방식으로 변화를 시도했던 굿피플 홍보팀 신유미 담당자는 "참혹한 장면을 덜 노출하기 위해 퇴마의식도 아이의 팔에 촛농을 떨어뜨리고 눈을 누르는 모습만 촬영했다"면서 "자극적인 콘텐츠를 피해 각별히 신경을 쓴 만큼 내부에서는 만족도가 높았지만 시청자들의 후원 전화로는 끈끈하게 이어지지 않은 것 같다"고 했다.[57]

스토리두잉Storydoing

스토리텔링storytelling에서 진화해 이야기를 전달하는 데 그치지 않고 소비자가 직접 실행 과정에 참여해 기업과 제품에 대한 호감을 높일 수 있도록 한 마케팅 기법이다. 브랜드 뒤에 숨은 이야기를 효과적으로 소비자에게 전달해 매출을 늘리려는 마케팅 기법을 일러 스토리텔링 마케팅이라 한다. 스토리두잉은 코컬렉티브의 타이 몬태규 최고경영자CEO가 2013년 7월 주창한 개념으로 광고는 물론이고 제품개발·임직원 보상·파트너십 체결 등 경영 전반이 회사의 스토리와 연결되어 있다는 개념으로 쓰인다. 몬태규는 유명 글로벌 기업을 6개 스토리두잉 기업과 35개 스토리텔링 기업으로 나눠 실적을 비교한 결과 스토리텔링 기업의 영업이익 성장률(2007~2011년)이 6.1퍼센트에 그친 반면 스토리두잉 기업의 성장률은 10.4퍼센트로 더 높았다고 했다.[58]

황성혜 한국화이자제약 전무는 스토리두잉이 회사 직원들의 행동 변화, 나아가 기업문화 변화까지 이끌어낸다고 말한다. 황성혜는 2014년 화이자제약 본사가 '변화와 더불어 성공하기thriving in change'를 내걸고 진행한 워크숍을 사례로 들면서 캐치프레이즈가 새겨진 알록달록한 스티커를 저마다 노트북 컴퓨터에 붙이고 팀별로 향후 이걸 어떻게 실천해나갈지 토론하고, 그 내용에 대해 맹세하는 기념 촬영을 하고, 사진을 액자로 보관하게 하자 놀라운 일이 벌어졌다고 말했다.

"이번엔 또 무슨 주제로 계몽 운동을 시키려는 거냐"고 볼멘소리를 하던 직원들에게서 "내 삶을 되돌아보는 시간이 됐다", "집에 가서 우리 아이들이랑도 토론을 벌여봐야겠다"는 말이 나왔다는 것이다. 또 국내 대기업에서 일했던 한 직원은 "예전 회사의 슬로건은 주로 '우리가 일등', '이루고 달성하자'는 성과 위주였는데 미국 회사에 오니 끊임없이 태도와 자세에 대해 얘기를 한다"며 "개인의 스토리로 풀어가면서 각인시키는 방식 때문인지 더 구체적으로 와 닿는다"고 말했다.[59]

박은경은 2014년 11월 "스토리텔링 전문가는 성공하는 스토리텔링의 비결로 '사실'과 '감동' 그리고 '대중성'을 꼽는"데, 여기서 말하는 대중성이 바로 스토리두잉이라면서 이렇게 말했다.

"이제는 스토리를 만드는 일에 그쳐서는 얻을 수 있는 것이 없다. 스토리텔링을 시작할 때 이미 스토리두잉의 방법과 범위를 고민해야 하고 이를 통해 경험을 지속적으로 나눌 수 있어야 한다. 이야기만을 파는 시대는 지났다. 이제는 이야기를 통한 경험을 팔아야 하는 시대다. 스토리를 만들고 이를 대중과 함께 실현(또는 경험)해나갈 수 있을 때 '스토리=돈'이라는 인식이 이유 있는 가치가 되어줄 것이다."[60]

싱글스데이 |singles' day

중국에서 매년 11월 11일을 가리키는 말로 '광군제光棍節'라고도 한다. 광군제는 광군과 명절의 합성어로, 이성 친구나 애인 없는 사람을 일러 중국에서는 광군이라 한다. '1'의 형상이 외롭게 서 있는 독신자의 모습과 비슷하다는 데서 싱글스데이라고 한다. 1의 개수에 따라 1월 1일은 소광군제, 1월 11일과 11월 1일은 중광군제, 11월 11일은 대광군제라 한다.[61]

1990년대 난징의 대학에서 시작된 싱글스데이는 원래 쇼핑과는 무관한 날이었다. 싱글스데이를 '쇼핑 데이'로 탈바꿈시킨 건 중국의 전자상거래 기업 알리바바의 창업자 마윈馬雲이다. 마윈은 쇼핑 대목인 국경절 연휴(10월 초)와 크리스마스·연말 성수기 사이의 징검다리로 11월에 뭔가 이벤트가 있었으면 좋겠다는 생각을 하고 광군제에 '쌍스이雙十一 중국 소비자의 날'이라는 이름을 붙였다. 쌍스이는 11이 겹쳤다는 뜻이다.[62]

알리바바는 2009년 독신 남녀들을 위해 할인 이벤트를 베푼다는 명분으로 이날 하루로 한정된 폭탄 할인(50퍼센트 전후)과 각종 쇼핑 이벤트를 기획해 소비자를 끌어들였다.[63] 이듬해부터 다른 경쟁 업체들까지 합류하면서 싱글스데이는 중국 최고의 쇼핑 시즌으로 자리 잡았다. 알리바바가 거둔 수익은 엄청났다. 2013년 행사 시작 55초 만에 1,370만 명이 접속해 매출 1억 위안(약 175억 원)을 돌파했는데 총 매출은 352억 위안(약 6조 2,927억 원)에 달했다. 2014년 싱글스데이에는 1분 12초 만에 주문액이 10억 위안(1,700억 원)을 넘어섰으며, 불과 18분 만에 1조 원을 돌파했다. 2014년 싱글스데이에서 알리바바는 우리나라 돈으로 10조 원이 넘는 매출을 올렸다. 황레이黃磊 알리바바 그룹 매체투자총감은 "평소의 반값에 쏟아져 나오는 특가 상품을 사기 위해 이 날을 기다려온 네티즌들이 자정이 되기 무섭게 폭풍 클릭에 나섰기 때문"이라고 했다.[64]

마윈은 2014년부터 싱글스데이 이벤트의 글로벌화를 추진해 세계 20여 개 국가 업체가 할인 이벤트에 참여토록 하고 세계 주요 국가에서 마케팅을 강화했는데, 한국과 미국 · 유럽 · 일본을 비롯해 전 세계 190여 개 국가에서 주문이 들어왔다.[65] 마윈은 싱글스데이를 글로벌화하겠다는 강한 의지를 가지고 있다. 10주년이 되는 2019년엔 매년 11월 11일을 전 세계인의 쇼핑 축제로 정착되도록 하겠다는 것이다.[66]

앱 쿠폰 App Coupon

모바일에서 사용할 수 있는 쿠폰을 이르는 말이다. 앱 쿠폰 마케팅에 가장 심혈을 기울이고 있는 곳은 소셜커머스 업체다. 70퍼센트이상이 모바일 고객이기 때문이다. 송경화는 2015년 1월 "유통사마다 각종 '쿠폰' 마케팅이 활발하다. 할인 폭이 크지 않은 '미끼' 쿠폰도 있지만 모바일 앱마다 선착순으로 지급되는 일부 쿠폰은 '대박 쿠폰', '절대 쿠폰'으로 불리며 온라인 커뮤니티와 에스엔에스SNS에서 회자되고 있다"고 했다.

"예상치 못한 소비자들의 반격으로 중도에 쿠폰을 수정하는가하면 경쟁사가 할인 폭이 더 큰 쿠폰을 내놓으면 '맞불' 쿠폰을 놓는경우도 비일비재하다. 지난해 11월부터 '마트에서 2만 원 이상 사면 5,000원 할인' 쿠폰을 내놨던 소셜커머스 위메프는 지난 1월 경쟁사 쿠폰이 같은 방식으로 '3만 원 이상에 1만 원 할인' 쿠폰을 내놓자 같은 쿠폰을 추가로 내놨다."[67]

백화점 · 대형마트 · 편의점 · 슈퍼마켓 같은 전통적인 유통업체들도 앱 쿠폰을 활용한 마케팅에 적극적이다. 앱 쿠폰의 증가로종이 쿠폰은 사라지는 추세다. 스타벅스와 커피빈 등 커피 업계는음료를 구매할 때마다 도장을 찍어주던 종이 쿠폰을 없애고 스마트폰 바코드에 입력하는 방식으로 바꾸었다. 편의점 CU와 현대백화점도 몇 회 이상 구매하면 사은품을 제공하는 서비스를 '스마트 스 탬프' 방식으로 바꾸었다. 현대백화점은 무료주차권이나 문화센터 수강증도 모두 모바일 앱에 넣어 들고 다니기 쉽게 만들었으며, 신 세계백화점은 업계 최초로 사은 상품권을 줄 서지 않고 스마트폰으 로 받을 수 있게 했다.[68]

유통업계가 경쟁적으로 앱 쿠폰 서비스를 강화하는 이유는 모 바일 쇼핑 규모가 커지고 온·오프라인의 경계가 무너지고 있기 때 문이다. 앱 쿠폰이 마케팅 전략에 필요한 데이터베이스 역할을 한 다는 점도 이유 가운데 하나다. 기존 종이쿠폰은 1,000명에게 발송 해서 100개가 회수되면 10퍼센트가 사용했구나 정도만 알 수 있었 지만, 모바일 앱 쿠폰은 어떤 고객이 사용했는지 정확하게 파악할 수 있다는 것이다. 유통업체는 소비자에게 '맞춤형 쿠폰'을 제공하 는 방식으로 진화하고 있다. GS숍 e영업기획팀 염기종 과장은 "모 바일 쇼핑이 대세가 되면서 전체를 대상으로 뿌리는 쿠폰이 아니라 맞춤형으로 혜택을 제공하는 것이 핵심 경쟁력"이라고 말했다.[69]

앱 쿠폰 마케팅은 스마트폰 사용자의 위치를 인식해 매장을 방 문한 고객에게 스마트폰 앱을 통해 제품 관련 정보를 자동 제공하 는 근거리 무선 센서의 일종인 비콘Beacon으로 인해 더욱 활성화될 것으로 예측되고 있다.

앱 쿠폰

여미족Yummy族

젊은Young, 도시의Urban, 남성Male이 결합한 조어로, 외모와 패션에 아
낌없이 투자하는 새로운 남성 소비층을 뜻한다. 여미족은 자신의
삶의 질을 높이기 위해 화장을 하거나 성형수술을 하는 등 외모를
가꾸는 데 관심이 많다. 아웃도어 스포츠 장비나 명품 의류·액세
서리 소비를 즐기며 인터넷으로 쇼핑 정보를 공유하기도 한다.
2014년 3월『파이낸셜타임스』는 HSBC의 보고서를 인용해 "1980년
대 '여피족the Yuppies'이 있었다면 이젠 '여미족the Yummy'이" 대세로 떠
오르고 있다면서 여미족은 1980년대 소비를 주도하던 여피족보다
개인화된 특성을 보인다고 했다. HSBC의 보고서는 여미족은 메트
로섹슈얼metrosexual이 진화한 것이라고 해석했다. 20년 전에 등장한
메트로섹슈얼이 지갑을 열기 시작하면서 여미족으로 탈바꿈하고
있다는 것이다. 패션에 민감하고 외모에 관심이 많은 남성을 일러
'메트로섹슈얼'이라고 한다.[70]

　여미족은 2014년 세계 명품 시장의 화두로 떠올랐다. 패션과
외모에 관심이 많은 사람이 쇼핑에 돈을 아끼지 않는 주요 소비층
으로 부상했기 때문이다. 명품 소비자는 여전히 여성이 남성보다
많지만 남성 비율이 점점 높아지는 추세다. 1995년 명품 소비자 중
남성의 비율은 35퍼센트였지만 2013년에는 40퍼센트로 올랐는데,

명품 업계는 여미족 때문에 2014년 매출이 8퍼센트 이상 늘어날 것으로 예측했다.[71]

여미족이 패션, 음식, 의류 등 유행에 민감한 소비 시장의 주체로 떠오르자 한국에서도 이들을 겨냥한 마케팅 경쟁이 치열하게 벌어졌다. 진혼잎은 2014년 6월 "최근 삼성패션연구소가 올해의 패션 이슈로 여미족을 꼽을 만큼 이들의 영향력은 대단하다. 높은 소득 수준을 갖추고 자신을 가꾸는 데 아낌없이 투자하는 이들은 이미 패션업계의 큰 손으로 떠오른 지 오래다"면서 이렇게 말했다.

"여미족이 최초로 두각을 나타내기 시작한 패션업계는 이미 이들을 위한 단장을 마쳤다. 롯데백화점을 비롯한 현대와 신세계백화점은 남성전용매장인 남성관을 확대 개편하거나 관련 브랜드를 새로 입점시켰다. 프라다 워모와 버버리맨즈, 엠포리오 아르마니 남성 등의 명품 브랜드 남성 라인도 줄지어 국내에 들어왔다. 롯데 아웃렛 광명점에는 남성들의 생활을 반영해 아이언맨 피규어, 전자기기 등을 의류와 함께 판매하는 편집매장도 등장했을 정도. 화장품 업계도 분주하다. 매년 약 30% 성장세를 보이는 남자 화장품 시장을 잡기 위해 기본의 스킨과 로션으로 구성된 기본 제품에서 벗어나, 노화 방지, 보습, 모공 관리 등이 가능한 제품들을 선보이며 여성 화장품만큼 다양해지고 있다."[72]

왼쪽 자릿수 효과 Left Digit Effect

'20,000원'과 '19,900원'의 차이는 불과 100원에 불과하지만 쇼핑을 할 때 소비자는 큰 차이를 느낀다. '20,000원'짜리 상품보다 '19,900원'짜리 상품을 훨씬 더 싸게 생각하는 것이다. 유통업계는 소비자의 그런 심리를 겨냥해 이른바 '900원' 마케팅을 진행하는 경우가 많은데, 이렇듯 가격표의 왼쪽 자릿수의 숫자를 작게 하는 것을 일러 왼쪽 자릿수 효과라고 한다. 왼쪽 자릿수 효과는 숫자를 왼쪽에서 오른쪽으로 읽고 이해하는 사람의 습관을 겨냥한 것이다. 깎아준 100원의 가치는 작지만 유통업계는 이렇게 매긴 가격들이 이끌어내는 판매 상승효과가 크다고 말한다. A마트 관계자는 "1,000원과 990원의 차이는 별거 아닌 거 같지만 엄청나다. 없어서 못 파는 990원짜리를 1,000원에 판다고 하면 매출이 절반으로 뚝 떨어질 것"이라고 했다.[73]

　왼쪽 자릿수 효과는 학문적으로도 검증된 이론이다. 미국 콜로라도주립대학 매닝 박사와 워싱턴주립대학 스프로트 박사가 『소비자 연구저널』에 발표한 실험 결과를 보자. 이들은 A그룹에는 $1 \times 2 \times 3 \cdots \times 8 = ?$을, B그룹에는 $8 \times 7 \times 6 \cdots \times 1 = ?$의 문제를 제시했다. 놀랍게도 A그룹이 내놓은 평균값은 512, B그룹의 평균값은 2,250이었다. 곱셈의 시작이 1이냐 8이냐에 따라 예상 답이 4배 가까운 차

이를 보인 것이다.[74]

　　왼쪽 자릿수 효과에는 마케팅 전략만 담겨 있는 게 아니다. 경제학자 스티블 랜즈버그는 유통업계가 왼쪽 자릿수 효과를 사용하는 데에는 종업원의 부정직한 행위를 막기 위한 전략적 고려도 담겨 있다고 말한다. 물건 값이 1만 원, 2만 5,000원 등 딱 떨어지는 것으로 정해지면 소비자는 정확한 액수를 낼 확률이 높아진다. 이럴 경우 점원은 물건을 바코드 스캐너에 찍지 않고 그냥 포장해서 손님에게 건네고 돈은 자기 주머니에 챙길 가능성이 높다. 하지만 뒷자리가 복잡해지면 잔돈을 거슬러줘야 하는 번거로움 때문에 부정행위를 하기 어렵다는 것이다.[75]

유튜브 광고

동영상 플랫폼 유튜브를 통해 하는 광고를 말한다. 유튜브를 이용해 동영상을 시청하는 젊은 층이 급증하면서 유튜브 광고는 매력적인 수단으로 부상하고 있다. 예컨대 2014년 8월 말 인크루트가 마케팅 타깃인 취준생들이 텔레비전을 볼 시간이 많지 않은 반면 젊은 층이라 온라인 활동은 활발하다는 점에 착안해 유튜브를 통해 공개한 광고는 '공유하기'를 통해 소셜네트워크서비스SNS에서 영상이 퍼져나가며 한 달 보름여 만에 조회수 400만 건을 돌파했다.[76]

　　새 프로모션에 대한 즉각적인 반응을 확인할 수 있고, 비교적 적은 비용으로 제품 설명이 가능하며, 고정팬 확보로 자발적인 홍보 효과를 거둘 수 있으며, 파급력과 광고 친밀도가 TV 광고보다 월등히 높아 실제 매출 상승효과를 이끌어낼 수 있다는 것도 유튜브 광고의 장점으로 꼽힌다. 오수민은 "유튜브 채널은 누구나 자신의 영상을 쉽게 올릴 수 있고 페이스북이나 트위터 같은 소셜 미디어와 유기적으로 연결돼 세계적으로 파급 효과가 크다는 점이 매력적이다"면서 이렇게 말했다.

　　"공중파 TV 광고의 15초라는 시간 제약에서 벗어나 브랜드에서 전달하려는 메시지를 충분히 담을 수 있다는 것도 이점이다. 무엇보다 비교적 저렴한 비용으로 광고가 가능한 데다 조회 수나 댓글 등으로 고객의 반응을 즉각 살펴볼 수 있다는 점은 큰 매력이다."[77]

TV 광고와 유튜브 광고를 병행해 시너지 효과를 내는 경우도 있다. 2014년 8월 말 G마켓의 큐레이션 쇼핑몰 G9이 유튜브에 올린 개그우먼 이국주와 걸그룹 에이핑크의 2분가량의 광고는 15초 분량의 텔레비전 광고의 '풀 버전'이라는 화제를 모으며 텔레비전 광고 인기와 상승작용을 일으켰다는 평가를 얻었다.[78]

유튜브 광고의 '히트' 사례가 잇따르자 대기업들은 신문, 잡지, TV 같은 유료 매체에 지출하는 광고비 비중은 점점 줄이는 대신 유튜브 전용 동영상 광고에 대한 투자를 늘리고 있다. 예컨대 식음료, 생활소비재 제조 기업 중 영업이익 기준 세계 3위인 다국적기업 유니레버는 2000년 전통 유료매체에 광고비의 90퍼센트를, 유튜브나 SNS 같은 무료 매체earned media에 5퍼센트를 썼지만 2010년에는 그 비중을 80퍼센트, 13퍼센트로 조정했으며, 2015년에는 유료 매체에 60퍼센트, 무료 매체에 30퍼센트를 쓸 계획을 세웠다.

유튜브 광고의 급증으로 지상파 TV의 상황은 갈수록 어려워질 것으로 예측되고 있다. 손현철은 "기업들은 TV를 거치지 않아도 소비자, 사용자와 만날 수 있다. 앞으로 그런 경향은 더 심해질 것이다. 유료 광고에 수입 대부분을 의존하는 지상파 TV에게 이것이 의미하는 바는 너무나 끔찍한 현실이다"고 했다.[79]

종합마케팅 솔루션 회사

광고의 입안 · 제작과 집행은 물론 제품에 대한 전시나 행사 · 소비자 마케팅에 이르기까지 상품에 대한 종합적인 해법을 제시하는 회사를 말한다. 광고 회사들이 종합마케팅 솔루션 회사로 변신하고 있다. 광고 시장이 성장률의 연 2퍼센트대에 머물고 정부의 일감 몰아주기 규제 등의 여파로 광고업계의 매출과 이익 증가폭이 점점 줄어들고 있기 때문이다. 가장 눈에 띄는 것은 업종 간 영역 파괴다. 정성진은 2015년 1월 "최근 광고 회사들이 진출하는 분야 중에는 예전에는 생각조차 못했던 것이 많다"면서 이렇게 말했다.

"제일기획은 중소기업인 부즈클럽과 제휴해 만든 고릴라 캐릭터 '아둥가'로 캐릭터 시장에 진출했다. 전 세계 시장 규모가 175조 원으로 추정되는 캐릭터 산업에 본격적으로 뛰어들겠다는 것이다. 2위 광고 회사인 이노션은 최근 문화 콘텐츠 시장에 뛰어들었다. 작년에 미술 전시회를 공동 주최했고, CJ E&M 등과 문화 콘텐츠 투자 조합을 만들었으며, 영화 〈해무〉, 〈허삼관〉 뮤지컬 〈그날들〉 등에도 투자했다. 4위인 대홍기획은 스포츠 대회 운영 사업과 모바일 쿠폰 사업을, 5위 회사인 SK플래닛(광고 부문)은 스포츠와 문화 공연의 티켓 판매 사업을 시작했다. 오리콤은 사회 공헌 활동의 하나로 잼을 출시했다."[80]

광고주의 요구사항과 문제를 해결하기 위해 빅데이터 분석 역량 강화에도 적극 나서고 있다. 2013년 빅데이터 분석 전문조직인 '제일DnA센터'를 만든 제일기획은 이 센터를 통해 제일기획이 40여 년간 쌓아온 소비자에 대한 지식과 소셜 미디어, 실시간 행동 데이터의 수집·분석 역량을 기반으로 빅데이터 분석 시스템을 구축, 다양한 결과물을 내놓았다. SK플래닛 광고 부문은 SNS에 올라오는 짧은 글(버즈)를 분석하는 시스템인 '빈스 2.0'과 60만 명 온라인 소비자 패널을 기반으로 한 디지털조사시스템 '틸리언'을 활용해 시장 트렌드를 빠르게 분석하고, 다양한 소비자 트렌드와 인사이트를 찾아내 시장 이슈에 대한 효과적인 해결책을 발빠르게 내놓았다.

HS애드 역시 소셜미디어 분석을 통한 빅데이터 수집에 활발히 나서고 있다. HS애드는 2014년 초 온라인상의 버즈를 분석해 소비자 인사이트를 발견하고 클라이언트 마케팅 제안에 활용하기 위해 소셜 미디어 분석 시스템SMA를 도입했는데, 이를 통해 SNS, 뉴스, 블로그, 트위터 등에서 버즈를 다양한 키워드로 분석, 해당 키워드뿐만 아니라 키워드와 연관된 긍정·부정 단어의 버즈량과 키워드 연관 주요 단어들도 조회 가능하도록 했다.[81]

단국대 경영학부 교수 정연승는 "광고 회사의 기본 기능은 소비자와 기업을 연결해주는 것"이라며 "광고 회사들은 앞으로 소비자의 구매 욕구를 자극할 수 있는 컨설팅, 마케팅 등까지 해야 생존할 수 있을 것"이라고 말했다.[82]

종합마케팅 솔루션 회사

트루뷰 TrueView

"5초 후에 광고를 건너뛸 수 있습니다." 광고 시작 후 이렇게 5초 뒤에 '건너뛰기' 버튼이 제공되는, 유튜브에서 볼 수 있는 광고를 일컫는다. '진짜로 본 광고'라는 의미다. 구글은 2012년 초 트루뷰를 선보였는데, 2014년 6월 현재 유튜브 광고의 80퍼센트를 차지하고 있다. 트루뷰 광고는 광고 시작 후 5초가 지나고 나면 '건너뛰기' 버튼을 이용해 '본 영상'으로 바로 넘어갈 수 있기 때문에 이용자들에게 큰 호응을 얻고 있다.[83]

트루뷰는 광고주들에게도 호평을 얻고 있다. 사용자가 30초 이상 광고를 보았을 때만 광고비가 부과되는 시스템이라 광고 효과 없이 돈만 날리는 것을 예방할 수 있기 때문이다. 소비자들이 스스로 선택해서 본 광고라는 점에서 브랜드 인지도나 선호도를 끌어올리는 데도 유력한 수단이 되고 있다는 평가가 있다.[84] 광고주와 소비자는 환영하지만 광고업계는 적잖은 스트레스를 받고 있다. 단 '5초' 안에 소비자의 시선을 사로잡아야 하는 상황에 직면했기 때문이다.

트루뷰는 광고업계에 이른바 '5초 전쟁'을 불러왔다. 업계 한 관계자는 "이전에는 '15초의 승부'라 불리던 영상 광고가 이제는 동영상 광고 건너뛰기 버튼이 활성화되기 전 5초간의 승부로 진화하고 있다"며 "짧은 시간 동안 소비자들의 시선을 사로잡기 위한 업계의 아이디어 경쟁이 더욱 치열해질 것"이라고 했다. 프랑스 광고기획자 파트리크 사마마는 "5초 광고는 정보를 전달하지는 못하지만 고정관념에 도전하는 일은 할 수 있다. 광고가 나가고 유튜브 게시판 등에 많은 글이 올라왔는데 메시지를 완결하지 않았을 때 시청자가 참여할 여지가 있음을 보여주는 것"이라며 "5초 영상이 메인일 수는 없겠지만 갈수록 이미지가 짧아지는 추세에서 당분간 강력한 영상계의 아이돌이 될 것"이라고 내다보았다.[85]

광고대행사 이모션 이범재 부장은 "5초 동안 시청자들의 눈길을 잡는 기술을 우리끼린 '5초의 마법'이라고 부르는데 외국은 5초 안에 주로 텍스트로 생각할 수 있는 거리를 던지고, 우리나라는 유명인을 내세운다"고 했다.[86]

파파라치 마케팅

스타들에게 자사 브랜드의 명품 백을 비롯한 패션 아이템을 협찬한 후 이를 착용한 스타들의 일상을 몰래 찍은 것처럼 가장해 인터넷에 공개, 협찬한 패션 제품에 대한 관심을 유도하는 마케팅이다. 브랜드명을 직접적으로 홍보하지 않는 대신 소비자들 스스로 스타가 착용한 브랜드를 검색하도록 유도하는 것이다. 수십억 원에서 수백억 원이 소요되는 TV 광고 대신 사진 몇 장만으로 브랜드를 알릴 수 있어 패션업계가 자주 사용하는 마케팅이다.[87]

파파라치 마케팅 효과가 커지면서 광고 모델 계약 내용도 변화하고 있다. 연예인이 패션 브랜드 광고 모델 계약을 할 때 과거엔 화보 촬영 횟수, 시즌별 광고 횟수 등이 기준이 되었지만 파파라치 컷과 SNS 업로드 여부가 함께 계약 조건으로 묶이고 있는 것이다. SNS 시대를 맞아 파파라치 마케팅은 스타의 블로그나 SNS를 통해서도 이루어지고 있다. 스타가 SNS 업로드를 통해 백 하나 들고 찍은 사진을 노출시키는 데에는 기본 200만 원 정도가 제공되는데, 사진과 함께 기재되는 글 역시 대부분 홍보업체에서 미리 '가공' 해주는 것으로 알려져 있다.[88]

조혜원은 파파라치 마케팅의 대표적인 사례로 2013년 3박 4일 일정으로 한국을 방문한 광고 모델 미란다 커를 들었다. 그는 "미란다 커는 3박 4일의 내한 일정 내내 '걸어다니는 광고판'"이었다면서 이렇게 말했다. "입국 전부터 이미 브랜드들과의 조율로 입출국부터 운동, 파티, 예능 등 상황별 입을 브랜드가 정해져 있었다. 이는 수백 개의 기사로 쏟아졌고 그 제품들은 1.5~3배씩 판매율이 오르고, 물건이 없어 선결제하고 예약 대기까지 걸어놓는 등 인기를 끌었다."[89]

파파라치 마케팅에선 파워 블로거들도 큰 역할을 수행한다. 여성 소비자들이 패션, 뷰티 제품에 대한 상세 정보를 얻는 주요 매체 가운데 하나가 블로그이기 때문이다. 김아미는 2014년 9월 "스타들의 연출하지 않은 듯 자연스러운 파파라치 사진을 인터넷 언론을 통해 한날한시에 띄우고 파워 블로거들이 이에 대한 상세 정보를 블로그에 올려 '서포트Support'하는 방식으로 패션 브랜드를 홍보하는 고도의 마케팅 전략을 활용하고 있다"면서 이렇게 말했다.

"언론을 통해 스타의 파파라치 컷이 노출되는 날엔 파워 블로거들의 손이 분주해진다. 파워 블로거들은 '○○○백 알고 보니 어디 꺼'라는 방식으로 브랜드명과 특징을 자세하게 설명한 글을 포스팅한다. 블로그 방문자들은 기나긴 '스크롤 압박'에도 불구하고 관련 정보를 탐독한다. 이렇게 해서 클릭수가 올라가면 인터넷 포털 사이트에서는 ○○○백과 브랜드 이름이 키워드 자동 검색과 연관검색어로 묶이게 되는 것이다."[90]

파파라치 마케팅

Technology Section

Trend Keyword

갈라파고스의 비극

전 세계적으로 쓸 수 있는 제품인데도 자국 시장만을 염두에 두고 제품을 만들어 결국엔 글로벌 경쟁에서 뒤처지는 현상을 가리키는 말이다. 갈라파고스 제도가 육지에서 고립되어 고유한 생태계가 만들어진 것과 유사하다고 해서 붙은 말이다.

갈라파고스Galapagos는 남미 에콰도르 해안에서 서쪽으로 960킬로미터 떨어져 있는 19개의 작고 관목들로 뒤덮인 섬이다. 1831년 영국의 생물학자 찰스 다윈이 훗날 진화론의 토대가 되는 생태조사를 한 곳으로 유명하다. 갈라파고스의 비극이라는 말은 1990년대 일본의 전자, 정보기술IT 산업이 내수시장에만 주력해 세계시장에서 고립되자 이런 현상을 설명하기 위해 사용되기 시작했는데, 이후 기술과 서비스가 세계시장의 요구와 국제 표준을 맞추지 못하면 세계시장은 물론 내수시장마저도 위태로울 수 있다는 의미로 사용되고 있다.[1]

갈라파고스의 비극은 2007년 애플의 아이폰이 나오기까지 업무용 스마트폰 시장에서 타의 추종을 불허하며 독보적 1위 자리를 지켰던 블랙베리의 몰락을 설명하는 개념으로도 널리 알려져 있다. 블랙베리는 미국 대통령 버락 오바마가 "블랙베리에 중독됐다"고 말할 만큼 즐겨 애용해 한때는 '오바마폰'으로도 불렸지만, 고립된

섬 갈라파고스처럼 글로벌 IT 환경과 격리되고 단절된 채 자기 방식만을 고집하다 결국 무너지고 말았다는 것이다.[2]

한국의 초고속인터넷 보급률은 세계 6위지만 한국의 인터넷 환경이 갈라파고스의 역설에 빠져 있다는 견해도 있다. 대표적인 사례로 지적되는 게 바로 '액티브X'다. 액티브X는 웹브라우저에서 새로운 콘텐츠나 프로그램을 추가할 때 사용되는 프로그램으로 특정 웹페이지에 접속하면 자동으로 설치되는데, 편리하다는 장점은 있지만 악성코드 유포 경로로 악용되면서 사회적 논란의 대상이 되어왔다. 이와 관련 이민형은 2014년 11월 "액티브X는 국내 인터넷 생태계를 갈라파고스로 만들었고, 국민들의 사이버보안에 대한 안전 불감증을 심어줬다" 면서 이렇게 말했다.

"IE만 지원한다는 단점으로 인해 구글 크롬, 모질라 파이어폭스 등에서는 정상적으로 서비스 사용이 불가능하다. 이는 IE의 점유율을 극단적으로 높이는 결과를 가져왔고, 기업들은 또 다시 액티브X를 기반으로 한 서비스를 개발하게 되는 악순환이 이어지고 있다.……결국 액티브X는 국내 인터넷 환경 진화에 걸림돌이 됐다는 것이 전문가들의 일반적인 중론이다."[3]

감성 ICT

인간의 감성을 자동 인지하고 사용 상황에 맞게 정보를 처리해서 사용자에게 감성 맞춤형 서비스를 제공하는 기술을 이르는 말이다. 터치 스크린, 촉각 센싱 등 감성을 자극하는 기술과 뇌파, 맥파 등 생체인식 등을 통해 인간의 감성을 인지해 처리하는 융합산업이라 할 수 있겠다.[4]

감성 ICT 산업은 '창의적 신감성 산업'으로도 불리는데, 미래 혁신 산업으로 급부상하고 있다. MIT, MS, NTT Docomo, 어펙티브 미디어Affective Media 등 글로벌 연구기관은 감성 ICT를 차세대 프로젝트로 선정해 기술개발을 추진하고 있다. 산업조사 전문기관 IRS 글로벌은 감성 ICT 산업 세계 시장규모가 2011년 1,486억 달러에서 2015년에는 1조 270억 달러 수준으로 연평균 62.1퍼센트의 성장률을 기록하며 급성장할 것으로 예측했다.

감성 ICT가 각광을 받는 이유는 급속한 기술 발전으로 제품 사양이 복잡해지고 있기 때문이다. 사용하기 어려운 인터페이스보다는 인간의 감성 이해를 기반으로 한 사용자 친화적 솔루션이 요구되고 있다는 것이다. IRS글로벌은 감성 ICT 산업에서 가장 유망한 분야로 통신 분야 서비스를 들었다. 음성·표정인식 등의 기술이 향후 초소형 센서, 다중채널 기반의 고급감성 인지 기술, 감성 교감

통신 네트워크로 발전한다면 독거 노인의 감성 상태를 가족에게 전달해주는 감성 텔레파시폰이나 사용자 맞춤형 건강 정보 서비스를 제공하는 감성 웰라이프폰 등에 활용될 수 있다는 게 이유다.[5]

『디지털타임스』 2011년 3월 31일자 사설은 앞으로의 사회는 감성이 중요한 요소로 떠오를 가능성이 높다면서 이렇게 말했다. "감성 경영, 감성 디자인, 스토리텔링 등 감성의 중요성이 이미 부각되고 있는 상태다. 전문가들은 정보화 이후는 꿈과 감성이 지배하는 사회가 될 것이라고 예고하고 있다. 따라서 소비자의 제품 구매 포인트도 가격과 성능 외에 감성 만족도가 크게 작용할 것으로 보인다."[6]

광유전학 Optogenetics

빛opto과 유전학genetics이 결합된 용어로, 빛과 유전공학 기술을 이용해 뇌 신경세포(뉴런)의 활동을 조절하는 기술을 말한다. 광유전학 기술을 활용하면 기억을 제어할 수 있다. 기계가 인간 뇌에 전극을 꽂아 가상현실인 '매트릭스' 안에 살고 있다고 느끼도록 인간의 감각을 조작하는 미래를 다룬 영화 〈매트릭스〉나 진짜 기억을 삭제하고 가짜 기억을 심은 내용을 그리고 있는 영화 〈토탈 리콜〉에서와 같은 기억 조작이 가능하다는 말이다.[7]

기억 이식에 대한 연구는 활발하게 이루어지고 있으며 그간 나온 성과도 적지 않다. 2014년 8월, 1987년 노벨생리의학상을 수상한 미국 MIT 도네가와 스스무利根川進 교수팀은 세계적인 과학 저널 『네이처Nature』에 실은 논문에서 생쥐 뇌에 빛을 쪼여 기억을 바꿔치기하는 데 성공했다고 주장했다. 전기충격을 당했던 '나쁜 기억'을 이성異性과 어울린 '좋은 기억'으로 바꾸는 데 성공했다는 것이다.[8] 프랑스 국립과학연구센터 카림 벤체넨 박사는 2015년 3월 국제 학술지 『네이처 뉴로사이언스Nature Neuroscience』에 게재한 논문에서 "생쥐가 잠을 자는 동안 특정 장소에 호감을 갖도록 기억을 이식하는 실험에 성공했다"며 "아직은 초보적인 기억만 이식할 수 있지만 연구가 발전하면 끔찍한 사고를 당해 정신적 고통을 받는 사람에게도

도움이 될 것"이라고 했다.[9]

　광유전학의 궁극적인 목표는 파킨슨·알츠하이머 같은 뇌 질환이나 거식증·폭식증 같은 질병 치료법을 찾는 것이지만 광유전학을 활용한 기억 이식이 악용될 가능성도 있다고 우려하는 사람들도 있다. 영화 〈매트릭스〉나 〈토탈 리콜〉이 보여주고 있는 것처럼 사회 통제의 수단으로 가짜 기억을 이식할 가능성도 없지 않기 때문이다. 말하자면 광유전학은 양날의 칼인 셈이다. 이와 관련 이대한은 "광유전학을 통해 우리는 앞으로 우리 뇌에 대해 더 많이, 더 정확하게 알게 될 것이다"면서 다음과 같은 질문을 던졌다.

　"그 앎은 난치성 정신질환을 극복할 '선한 힘'과 〈매트릭스〉에서 인간 정신을 통제하는 '악한 힘'을 동시에 가져다줄 공산이 크다. 과연 인간은 그런 앎과 힘을 얻게 될까. 또 얻는다면 그 힘을 감당할 수 있을까."[10]

군산디지털 복합체

미국 정부가 페이스북, 구글을 비롯한 인터넷 기업이나 AT&T, 버라이즌 같은 통신 회사들과 서로 이익을 주고받으면서, 개인의 프라이버시를 침해하고 감시하는 동맹을 맺고 있다는 것을 이르는 말이다. 미국 일리노이대학 커뮤니케이션학과 교수 로버트 맥체스니가 2012년 출간한 『디지털 디스커넥트』에 등장하는 용어다. 그는 이렇게 말한다.

" '디지털 시장'에서 기업은 개인 정보를 상품으로 취급하고 이윤 축적을 위해 무단으로 유통시킨다. 대중들의 중요한 사생활이 이른바 '빅데이터'라는 이름으로 거래되는 것이다. 시민의 인권을 보호해야 할 국가권력조차 사회적 통제와 정치적 검열을 위해 이런 데이터에 대한 은밀한 접속과 비밀스러운 독해를 게을리하지 않는다."[11]

군산디지털 복합체가 작동하는 방식은 이렇다. 미국 국방부는 막대한 예산을 투입해 개발한 디지털 신기술을 협조적인 기업들에게 나눠준다. 이런 대가를 얻기 위해 디지털 기업들은 개인의 신상을 턴 후 국방부 소속 정보기관인 미국 국가안보국NSA의 '영장 없는 도청 프로그램(심층패킷분석 기술을 이용해 전화를 엿듣는 방식)'과 주기적인 데이터 요구에 적극적으로 응한다. 예컨대 AT&T는 법 집행

요구를 검토하고 처리하기 위해 100여 명의 상근직원을 고용하고 있으며, 버라이즌에선 79명이 같은 일을 하고 있다. 물론 미국 정부는 이렇게 얻은 정보를 체제 위협 세력을 감시하는 데 활용한다.[12]

전 NSA 직원 에드워드 스노든이 2013년 6월 6일 폭로한 미국 국가안보국의 정보 수집 도구인 프리즘PRISM은 군산디지털 복합체의 실상을 잘 보여준다. NSA는 이 프리즘을 통해 개인 이메일과 영상, 사진, 음성 데이터, 파일전송 내역, 통화 기록, 접속 정보 등 온라인 활동에 관한 모든 정보를 수집한 것으로 알려졌다. 당시 구글, 페이스북, 야후 등 IT 기업들이 프리즘에 연루되었다는 의혹이 일었다. 이에 이들 기업은 "NSA에 중앙서버 접속을 허용한 적이 없다"고 반박하며 정부를 위해 서버 접속을 허용하는 프리즘과 같은 백도어 프로그램 존재를 부인했다.[13]

하지만 2013년 8월 23일 영국 일간 『가디언』이 입수한 미국 기밀문서에 의하면 구글, 페이스북 등이 프리즘에 정보를 제공하고 수백만 달러를 받은 것으로 나타났다.[14]

근원적 독점 Radical Monopoly

어떤 발명품이 거꾸로 우리 삶을 지배하는 현상을 이르는 말이다. 『행복은 자전거를 타고 온다』, 『병원이 병을 만든다』, 『그림자 노동』 등으로 널리 알려진 사상가 이반 일리치가 만든 말이다. 기술의 발달에 따라 무엇인가 새로운 제품이 생기면 처음에는 '있으면 좋은 것'이었다가 점차 '없으면 곤란한 것'으로 변해가는데, 이렇게 어떤 물건이 없이는 살아갈 수 없는 환경을 만들어 그것을 사용하도록 강요하는 것이 근원적 독점의 핵심이라 할 수 있겠다.[15]

자동차가 근원적 독점의 대표적인 사례라 할 수 있다. 휴대전화가 근원적 독점 현상을 불러온 지 오래되었다는 주장도 있다. 노모포비아Nomophobia 현상이 이를 보여주는 대표적인 예라 할 것이다. 노모포비아는 스마트폰 등 휴대전화가 없을 때 초조해하거나 불안감을 느끼는 증상을 일컫는 말로, '노 모바일폰 포비아No mobile-phone phobia'의 준말이다.

더글러스 러미스는 "휴대전화는 '근원적 독점' 효과를 한 단계 더 끌어올렸다. 휴대전화 이용자들은 자발적으로 휴대전화 '영업사원'으로 조직화된다. '뭐라고, 휴대전화가 아직도 없어?' 여기서 '아직도'가 중요하다. 휴대전화가 없는 사람들은 시대에 뒤떨어진 것으로 간주될 뿐만 아니라 타인을 배려하는 마음이 없고 심지어 무례하다는 얘기도 듣는다"면서 '근원적 독점'이란 말로 담아내지 못할 만큼 휴대전화가 현대인의 삶에 미치는 영향은 크다고 했다.

"휴대전화 구매 압력은 편리함이나 필수재로서의 압력 정도가 아니다. 안 사겠다고 버티는 사람은 '왕따'가 될 각오를 해야 한다. 이 현상을 포착하기 위해 나는 '전체주의적 독점totalitarian monopoly'이란 말을 쓰고자 한다. 여기서 '전체주의'는 정치적 극단이란 뜻이 아니다. 그것은 사회 전체를 소비자이면서 동시에 영업사원으로 조직화하는 전체성을 향한 역동적인 기획이다. 생산자들에게 그것은 꿈이 실현되는 것이다."[16]

더글러스 러미스의 주장은 과장일까? 아무래도 그런 것 같지 않다. 2015년 2월 28일자 영국 주간지 『이코노미스트』는 스마트폰이 세상을 바꿔놓아 지금은 스마트폰 없이 살기 어려운 '포노 사피엔스Phono Sapiens' 시대가 되었다고 말했다. 포노 사피엔스는 지혜가 있는 인간을 의미하는 호모 사피엔스homo-sapiens에 빗댄 말로, 스마트폰 없이 생각하거나 살아가는 걸 힘들어하는 사람들을 이르는 말이다.[17]

기가 인터넷 Giga Internet

초고속 인터넷100Mbps보다 10배 빠른 인터넷1Gbps을 말한다. 기가 인터넷이 상용화되면 2시간 분량의 DVD 영화 한 편을 10초에 내려받을 수 있으며 고화질HDTV보다 4배 선명한 초고화질UHD 영상과 입체3D 영상을 실시간으로 시청하는 게 가능해진다. 박수련은 "유무선 인터넷이 기가급 속도로 빨라지면 일상생활에도 큰 변화가 일어날 전망이다. 무엇보다 교육·문화·의료 분야에서 시공간을 초월하는 서비스가 다양해져 개인의 삶이 더 편리해지고 효율성도 높아진다"면서 이렇게 말한다.

"KT 관계자는 '화상 연결을 통해 의료진과 상담이나 진찰을 하는 차원을 뛰어넘어 의료기기에 센서를 부착해 실시간으로 대용량 데이터를 전송할 수 있다면, 원격 수술까지도 가능할 것'이라고 말했다. 또 홀로그램 공연장에서 실제로 K팝 스타의 공연을 보는 듯한 경험을 하는 것처럼, 스포츠 경기장에 가지 않더라도 홀로그램으로 경기를 보고, 회사에선 화상회의를 넘어선 홀로그램 회의로 공간의 제약을 극복할 수 있다."[18]

기가 인터넷이 UHD, 3D 서비스를 비롯해 클라우드 서비스 등 정보통신기술ICT 분야 곳곳에서 새로운 혁신을 불러올 것으로 예측되고 있기 때문일까? 기가 인터넷을 둘러싸고 이동통신사와 케이블

업계 간 경쟁도 치열하게 벌어지고 있다.[19] 기가 인터넷은 다양한 논쟁을 낳고 있기도 하다. 대표적인 게 망 중립성 논쟁이다. 기가 인터넷으로 진화하기 위해서는 수조 원에 이르는 막대한 투자비가 필요한데, 통신사들은 인터넷을 이용해 수익을 창출하는 인터넷 포털, 온라인 음악 · 동영상 서비스, 스마트TV 등 인터넷기기 제조사 등이 통신망 구축 비용을 분담해야 한다고 주장하고 있다.[20]

기가 인터넷이 활성화되기 위해선 콘텐츠 문제를 해결해야 한다는 지적도 있다. 배규민은 2014년 12월 "올 10월 첫 상용화를 시작으로 기가 인터넷 시대가 열렸지만 풀어야 할 과제도 있다"면서 다음과 같이 말했다.

"우선 기존보다 더 많은 비용을 지불하면서 10배 빠른 기가 인터넷 서비스를 사용할 만큼 이를 체감할 수 있는 관련 콘텐츠들이 많아져야 한다. 기가 인터넷의 진가를 경험할 수 있는 초고화질UHD 방송과 사물인터넷IoT은 아직 초기 단계다. UHD 방송의 경우 올 4월 케이블업계서 첫 상용화했지만 UHD 방송 전용 콘텐츠의 수는 아직은 많지 않다. 사물인터넷도 걸음마 단계다. 다양한 서비스들이 나오기까지는 어느 정도 시간이 걸릴 것으로 전망된다."[21]

미래창조과학부는 2013년부터 2020년까지 총 5,501억 원(국비 4,125억 원, 민자 1,376억 원)을 들여 전국에 기가 인터넷 망을 깔기로 했다.[22]

내추럴 UI Natural User Interface · NUI

컴퓨터와 사람 간 소통을 실제로 사람들끼리 하는 것처럼 최대한 맞춰주는, 그러니까 사람의 자연스러운 행동을 통해 컴퓨터를 제어·실행·통신할 수 있도록 해주는 환경을 말한다. 우리말로 하면 '자연스러운 사용자 조작 환경Natural User Interface'이라 할 수 있는데, 사람과 컴퓨터 사이의 자연스러운 인터페이스라 생각하면 되겠다.[23]

김형석은 "내추럴 UI의 주요 기술로는 터치 입력, 제스처 및 음성 인식, 안구 인식, 표정 인식, 생체 인식, 뇌 인터페이스 등의 기반 인식 기술과 이를 활용한 증강현실AR·가상현실VR 기술, 그리고 다양한 3D 디스플레이, 사운드 디스플레이, 촉감 및 운동감 디스플레이 등이 있다"면서 이렇게 말한다.

"이러한 내추럴 UI에 있어 사용자 경험은 더욱 중요한 기술 요소로 등장하고 있다. UX의 개념을 대중화시킨 애플의 아이폰을 보면, 초기 UX는 미니멀리즘과 스큐어모피즘Skeuomorphism으로 대변되는 철학과 함께 새로운 기술보다는 개별 기술의 높은 수준의 완성도가 핵심이었다. 이후에는 사용성 철학에 맞는 새로운 기술의 개발과 도입이 활발하게 이뤄지고 있다. 대표적인 예로 기존의 손가락을 위아래로 움직여 인식하던 지문 인식을 버튼을 누르거나 손가락을 터치하는 과정에서 단순히 인식하는 기술을 도입해 '지문 인식'이라는 과정을 일련의 과정에 포함된 '투명한' 요소로 만들어 사용성을 향상시킨 것을 들 수 있다."[24]

정혁진은 기능은 발전하고 보여줄 것은 많지만 사용자는 복잡한 사용이 아니라 간단하고 단순하게 사용하고 싶어 하기 때문에 더 단순한 방향인 내추럴 UI가 관심을 받는 것이라고 전망했다. "NUI 기반의 움직임은 무시하기에는 그 움직임이 큽니다. 10개 중 1가지가 되더라도 이러한 기능이 들어간 콘텐츠의 유용성과 필요성이 높아지고 있습니다. 또한 비용이 적게 들면서 효과적인 콘텐츠를 구성할 수 있습니다. 게임, 교육, 의료, 광고, 안내, 물류, 보안 등 다양한 분야에 응용하고 적용할 수 있습니다."[25]

뉴로모픽 칩Neuromorphic Chip

컴퓨터·스마트폰에 쓰이는 컴퓨터 칩과 달리 인간의 뇌를 닮은 컴퓨터 칩을 말한다. 2014년 8월 IBM은 과학저널 『사이언스Science』온라인판에 발표한 논문에서 뉴로모픽 칩을 개발하고 '트루 노스True North'라는 이름을 붙였다고 발표했다. 인텔·퀄컴 등도 뉴로모픽 칩을 개발했다고 발표했지만, 실험실 수준이 아닌 공장 생산이 가능한 형태로 이런 칩을 만든 건 IBM이 처음이다. IBM은 트루 노스를 16개, 64개, 256개, 1,024개 등의 순으로 계속 연결해 인간의 뇌 성능에 도전한다는 야심찬 계획을 갖고 있다. 『사이언스』는 시視지각 기능을 갖춘 뉴로모픽 칩이 실용화되면 시각 장애인용 내비게이션 안경 등에 활용될 수 있을 것이라고 전망했다.[26]

김홍남은 미래기술의 특징은 DNAData, Network, Algorithm/Architecture 영역에서 양적·질적 변화로 요약할 수 있다며 양자 컴퓨터와 인간의 뇌를 닮은 뉴로모픽 칩이 기존 컴퓨터의 역량을 본질적으로 바꿔놓을 수 있다는 점에서 전 세계가 주목하고 있다고 했다.[27]

데이터 난로

대규모 서버 인프라를 운영하는 데이터 센터의 서버를 가정이나 사무실과 연결시켜 난방을 하자는 개념이다. 데이터 센터는 각종 데이터(정보)를 모아두는 시설로 서버(대형 컴퓨터)를 적게는 수백 대, 많게는 수만 대 동시에 운영하기 때문에 발생하는 열이 많은데, 이 열을 난로처럼 사용하자는 것이다. 2011년 마이크로소프트리서치와 버지니아대학은 연구 보고서를 통해 서버와 스토리지가 방출하는 열기를 활용해 난방에 쓰자고 제안하면서 데이터 난로를 이용하면 홈 오피스와 사무실 건물의 탄소 배출을 대폭 절감할 수 있다고 말했다.[28]

　유럽에서는 분산형 난방 겸용 데이터 센터가 시도되고 있다. 예컨대 독일의 '클라우드 앤드 히트'란 컴퓨팅 회사는 서버를 한곳에 모아두는 것이 아니라 열이 필요한 사무실 여러 곳에 분산시켜 서버에서 나오는 열을 난방용으로 쓰면서 열이 필요하지 않을 때 나온 열은 물을 데워 온수로 저장하고 있다. 서버 캐비닛을 설치한 이 회사의 사무실은 공짜로 난방을 하는 셈이다. 열을 오롯이 재활용한 덕분에 이 회사는 '녹색 인터넷'을 제공하는 명성을 얻으면서 난방 비용도 아끼는 일석이조의 효과를 얻고 있다. 조홍섭은 "디지털 난방에도 약점이 있다. 난방이 필요한데 데이터 고객이 컴퓨터를 쓰지 않거나, 더운데 컴퓨터가 많이 돌아가면 문제가 생긴다"면서 이렇게 말했다.

"독일 회사는 온수탱크를 채용했지만, 더운 날에는 열을 방출해야만 한다. 프랑스 회사 카르노 컴퓨팅도 서버를 난방 라디에이터처럼 가정에 보급해 열원으로 쓴다. 그런데 이 회사는 컴퓨터 능력이 남으면 대학연구소에 무료로 제공하는 시스템을 채용했다. 가정과 사무실 수백 곳에 무료로 난방을 제공하면서 동시에 시장 가격보다 싼 상업 연산 서비스를 친환경적으로 판매하고 있다. 게다가 공공연구에도 기여한다. 공유와 협력의 정신이 엿보인다."

2014년 연말 방한한 세계적 에너지 전문가 마이클 슈나이더는 세계는 핵발전소에 기댄 중앙집중식 에너지 시스템에서 친환경적이고 효율적인 분산형 시스템으로 전환하고 있다면서 한국 사회를 향해 이렇게 말했다. "정보통신 혁신의 선두주자인 한국이 왜 에너지 혁명에는 이처럼 무관심한지, 정말 의문입니다."[29]

데이터 난로

데이터 마이닝Data Mining

대규모로 저장된 데이터 안에서 체계적이고 자동적으로 통계적 규칙이나 패턴을 찾아내 분석해서 다양한 자료로 활용하는 기술을 말한다. 빅데이터 시대가 개막하면서 데이터 마이닝은 주목받고 있는데, 개인이 만들어내는 정보에서 일정한 패턴을 찾아내면 돈이 되는 정보로 탈바꿈하기 때문이다.

데이터 마이닝을 통해 성공한 대표적 기업으로는 미국의 전자상거래 업체 아마존과 스트리밍 사이트 넷플릭스가 거론된다. 아마존은 고객이 지금까지 아마존에서 검색하고 구입한 책의 목록을 통해 고객의 취향과 관심 영역을 파악해 고객이 관심을 갖고 있는 분야의 책이 나올 때마다 잊지 않고 꼬박꼬박 알려주는 방식으로 대기업의 초석을 놓았다. 넷플릭스 역시 회원이 전에 보았던 영화를 바탕으로 좋아할 만한 영화를 추천하는 '시네매치cinematch' 서비스를 개발해 개인화 마케팅을 진행하고 있다.[30]

기업들은 SNS를 데이터 마이닝의 주요 대상으로 삼고 있다. SNS가 자기 노출의 유력한 통로로 활용되고 있기 때문인데, 이를 잘 보여주는 게 소셜 애널리틱스다. 소셜 애널리틱스Social Analytics는 트위터, 페이스북 등 SNS에서 수집되는 정보를 분석해 소비자 마음을 읽는 기법으로 기업의 마케팅은 물론 위기관리 수단으로 활용되

고 있다.[31]

　데이터 마이닝이 개인의 행동 패턴과 심리까지 읽어내다보니 사생활 침해를 우려하는 목소리들도 적지 않다. 특히 데이터 마이닝을 정치적 목적으로 사용할 경우에는 더욱 심각한 상황이 발생할 것이라는 견해도 있다. 예컨대 2013년 미국에서는 미국 정보기관들이 민간인의 전화 통화·개인 정보를 수집하는 데이터 마이닝 프로그램을 비밀리에 운영해온 사실이 폭로되어 한바탕 논란이 일었다.[32]

　김정운은 데이터 마이닝이 새로운 지식 창출의 수단이 되기도 한다고 말한다. '검색search'만으로는 새로운 지식이 만들어지지 않지만 방대한 데이터베이스를 기반으로 재검색re-search을 반복되다보면 이제까지 전혀 연관이 없어 보였던 정보와 정보들 간의 새로운 연관관계가 발견되어 어느 순간 새로운 차원의 지식 구성이 가능해진다는 것이다.[33]

동영상 6초 전쟁

스낵 컬처 문화의 확산으로 너무 많은 정보나 너무 많은 영상을 사용자들이 건너뛰는 현상이 나타나면서 콘텐츠의 길이가 짧아지고 있다. 바로 그런 이용자들 때문에 동영상 길이도 갈수록 짧아지고 있다. 이를 잘 보여주는 게 이른바 '6초 동영상'이다. 동영상 6초 전쟁을 불러온 일등공신은 트위터 바인Vine이다. 트위터 바인은 트위터가 2012년 인수한 업체로, 6초짜리 동영상을 제작해 트위터에서 공유하는 동영상 서비스다.

6초짜리 동영상은 기존 동영상과 어떻게 다른가? 박찬우는 6초 영상이 기존 영상과 다른 점으로 3가지를 들었다. 첫째 반복이다. 반복Loop을 통해 6초란 짧은 시간에 효과적으로 이야기를 담고 집중하게 만든다는 것이다. 둘째 정사각형 영상이 주류다. 셋째, 스마트폰으로 쉽게 촬영하고 공유가 가능해 사용자의 참여를 유도하기에 적합하다.[34]

2014년 9월 15일 개막한 KT 주최 '올레olleh 국제스마트폰영화제'는 트위터 바인을 이용해 만든 영화에 수여하는 '6초상'을 신설했다. 영화감독 봉만대는 6초 영상의 '존재 이유'에 대해 이렇게 설명한다. "6초가 짧다고요? 사랑을 말하는 데 얼마나 걸리는 줄 아세요? 길어봐야 2초입니다. 우리는 거기에 많은 수식어를 붙이는 거죠. 사실 임팩트는 그 2초가 가장 강력한데도요."

영화제 집행위원장인 이준익 감독은 "스마트폰이라는 강력한 매체를 만난 6초 영화는 이때까지 나온 영화 중 가장 짧지만, 동시에 가장 큰 확산성을 지니고 있습니다. 역사와 언어, 국가를 뛰어넘어 전 세계 사람들이 만날 수 있는 지점인 것이죠. 이 짧은 영상이 머지않아 전 세계를 하나로 잇는 데 큰 역할을 하지 않을까요"라고 했다.[35]

시장조사업체 이마케터EMaketer는 2015년 미국 온라인(모바일 포함) 동영상 광고 시장이 78억 달러로 2014년 60억 달러에 비해 30퍼센트포인트가량 성장할 것으로 예상했다. 동영상 6초 전쟁으로 인해 SNS 업체들은 동영상 서비스를 강화하고 있다.[36]

딥 러닝 Deep Learning

사람처럼 스스로 보고 배운 지식을 계속 쌓아가면서 공부하는 컴퓨터 인공지능 학습법이다. 컴퓨터에 많은 양의 꽃과 사람 데이터를 미리 입력시켜서 스스로 꽃 사진인지 사람 사진인지 구분할 수 있도록 하는 식이다. 보고 배운 것을 기억하고, 그것을 토대로 새로운 사실을 추론한다는 점에서 인간의 사고와 유사한 기술이라고 할 수 있다. 이성규는 딥 러닝은 "인공신경망의 한계를 넘어서기 위한 방편으로 도출된 알고리즘이다" 면서 이렇게 말했다.

"딥 러닝의 역사는 그래서 인공신경망의 역사와 궤를 같이한다. 인공신경망은 이미 알려져 있다시피, 뇌의 정보처리 방식을 기계에 적용해보자는 아이디어에서 도출됐다. 컴퓨터 과학과 의학, 심리학 등 여러 학문이 개입해 탄생한 융합적 결과물이다."[37]

1942년 미국 의대 교수의 아이디어에서 시작된 '딥 러닝'은 1980년대 본격적으로 개발되었다. 하지만 컴퓨터의 성능이 복잡한 계산을 처리하기엔 턱없이 부족했고 처리할 데이터도 많지 않아 사장死藏될 뻔했다가 컴퓨터의 성능이 비약적으로 발전하고 빅데이터 덕에 인공지능이 공부할 거리가 무궁무진해지면서 2000년대 들어 부활했다. 딥 러닝 학습법을 채택한 인공지능도 속속 등장하고 있다. 페이스북은 2014년 사람의 얼굴을 97.25퍼센트의 정확도로 알아내는 '딥 페이스'란 인공지능 기술을 개발했으며, 2015년 구글의 자회사인 '딥 마인드'는 '딥 Q네트워크'라는 인공지능 비디오 게이머를 개발했다.

딥 러닝 기술을 보유한 기업의 인수합병도 활발하다. 트위터는 2014년 7월 딥 러닝 기반의 이미지 검색 스타트업을 인수했고 6월 김범수 카카오 의장이 케이큐브를 통해 투자한 회사도 딥러닝 기술을 보유하고 있는 기업이다. 네이버도 딥 러닝에 적잖은 투자를 이어가고 있다. 딥 러닝 알고리즘을 활용하는 스타트업도 서서히 늘어나고 있는 추세다.[38]

구본권은 "컴퓨터가 응용력을 발휘해 처음 만나는 상황에서 스스로 해법을 찾아내면 일일이 컴퓨터에 정보 입력과 명령을 할 필요가 없다. 꿈꾸어온 인공지능이다"면서 이렇게 말했다.

"무어의 법칙에 따라 컴퓨팅 능력은 급속도로 발달하지만, 인간 능력은 생물학적 시간표에 따라 느리게 변한다. 스티븐 호킹, 빌 게이츠, 일론 머스크 등은 한목소리로 사람을 능가하는 인공지능은 재앙이 될 것이라고 경고했다. 어려운 문제가 던져졌다. 기술 발달에 사람의 태도와 인식을 맞출 것인가, 사람의 속도에 기술을 제어할 것인가? 편리한 기술을 누리는 것에 앞서 기계의 능력을 어디까지 허용할지, 기계가 침범할 수 없는 인간 고유의 영역은 무엇인지에 대한 성찰이 필요하다."[39]

딥 러닝

머신 러닝 Machine Learnig

방대한 분량의 축적된 데이터를 분석해 미래를 예측하는 기술이다. 미래를 예측한다는 점에서 데이터를 분석하는 빅데이터보다 한 단계 진화한 기술이다. 컴퓨터를 활용해 막대한 양의 데이터를 통계 처리해 새로운 패턴을 찾아내는 것으로, 사람이 특정 분야를 공부한 것과 같은 통찰력을 컴퓨터가 갖게 되기 때문에 머신 러닝이라고 부른다.[40] 우리말로 '기계 학습'이라고 한다.

2002년 개봉한 공상과학SF 영화 〈마이너리티 리포트〉에는 범죄를 예측해 사전 차단하는 치안 시스템 '프리 크라임pre-crime'이 등장하는데, 이게 바로 머신 러닝을 활용한 것이다. 머신 러닝은 이미 우리의 일상생활에 깊숙이 들어와 있다. 일기예보, 교통신호등, 비행기 스케줄, 온라인 쇼핑, 주식시세 등은 물론이고 인터넷에서 음악을 듣거나 영화를 볼 때, 은행에서 업무를 보거나 친구와 메시지를 주고받을 때도 머신 러닝의 도움을 받는다.[41] 특정 문장을 번역한 뒤 오역된 부분을 사용자가 직접 수정하면 번역 알고리즘이 이를 학습해 다음 번역 시에는 더 정교한 결과를 보여주는 구글의 번역 서비스나 포털 사이트 네이버에서 쓰는 '검색어 자동 완성' 기능 등도 머신 러닝을 활용한 것이다.[42]

글로벌 IT 기업들은 머신 러닝 시장에 앞다퉈 뛰어들고 있다.

미국 마이크로소프트는 독일 엘리베이터 업체 티센크루프 등 세계 수백 개 기업에 머신 러닝 솔루션을 제공하는 등 머신 러닝을 차기 주력사업으로 생각하고 있다. 이미 검색뿐 아니라 구글 번역, 사진 서비스 피카사 등 다양한 부문에 머신 러닝을 적용하고 있는 구글은 2014년 전자상거래, 게임 등에 대한 예측 모델을 개발하는 영국의 머신 러닝 관련 업체 딥 마인드를 4억 달러(약 4,300억 원)에 인수했다. 페이스북도 2015년 자체 개발한 머신 러닝 관련 소프트웨어를 외부 기술자에게 공개하는 등 사업 영역 확장을 추진 중이다.

네이버와 다음카카오 등 국내 기업도 인공지능AI 기술 연구에 머신 러닝을 포함하는 등 기술 개발에 박차를 가하고 있다. 네이버 산하 연구기관인 '네이버랩스' 김정희 수석연구원은 "단어를 부정확하게 발음해도 사용자가 실제로 말하려고 했던 단어를 예측하는 음성 인식 기술 등 다양한 서비스에 머신 러닝 기술이 적용되고 있다"며 "앞으로는 사람의 생각을 이해할 수 있는 인지認知 기술로 확장해갈 것"이라고 말했다.[43]

세계적인 IT 기업들이 속속 머신 러닝 분야에 뛰어드는 것은 활용 분야가 다양해 무궁무진한 시장이 존재하기 때문이다. 예컨대 머신 러닝 기술을 활용하면 각종 서비스 업체들은 이용자 패턴을 분석해 계약 만료 전에 이탈자를 방지하고 각종 질병 징후 예측을 통한 의료 서비스 개선이나 각 이용자 맞춤 광고 등에 적용할 수 있다.[44] 임백준은 머신 러닝이 가진 마법 같은 능력 때문에 사람들은 인공지능을 획득한 컴퓨터가 인간에게 위해를 가하는 상황을 우려하기도 한다면서 이렇게 말했다.

"엄밀한 의미에서 보면 머신 러닝은 인공지능과 동의어가 아니지만 그러한 우려는 머신 러닝에도 해당한다. 스티븐 호킹이나 빌 게이츠 같은 사람은 인공지능이 인류에게 재앙이 될 수 있다고 경고했지만, 머신 러닝 혹은 인공지능을 실은 로켓은 이미 발사대를 떠났다. 머신 러닝의 손길이 우리 삶 속에 깊이 스며들어 있는 만큼, 로봇 혹은 인공지능의 자의식에 대한 고민은 더이상 공상과학의 영역이 아니다. 머신 러닝을 활용해서 산업을 발전시키고 비즈니스 모델을 새롭게 정의하는 노력이 이루어지는 한편으로, 컴퓨터의 지능에 대한 윤리적, 철학적 고민을 수행하기 위한 인문학적 토론이 사회적 차원에서 이루어져야 한다." [45]

모바일 온리|Mobile only

모바일 기기로만 인터넷에 접속하는 등 인터넷 생태계가 모바일 위주로 구축되는 현상을 이르는 말이다. 모바일에서만 전자상거래, 은행 거래, 음악·영화 소비 등 일상생활을 하고 비즈니스를 처리하는 환경으로 이해하면 되겠다. 2014년 11월 4일 에릭 슈밋 구글 회장이 "많은 기업들이 모바일 퍼스트Mobile First를 주창하고 있지만, 세상은 모바일 온리Mobile Only로 바뀔 것"이라는 발언을 한 이후로 널리 사용되고 있다.[46] 4년 전에 슈미트는 '모바일 퍼스트Mobile first'라고 주장했었다. PC에서 모바일로 옮겨가는 시대를 일러 모바일 퍼스트 시대라고 한다.

　　에릭 슈밋은 "한국과 싱가포르 등에서는 스마트폰을 일과 놀이 수단인 동시에 종교생활 도우미, 개인 비서, 고성능 카메라, 헬스 기기 등으로 활용하고 있다"면서 모바일 온리 세상은 아시아에서 모습을 드러내고 있다고 했다. 이어 그는 이런 현상은 아직까지도 먼저 개인용 컴퓨터를 산 뒤 노트북으로 넘어가고, 다시 스마트폰을 장만하는 미국과 유럽 사람들 눈에는 '이상한 모습'으로 보이지만 일본과 한국에서 시작된 '셀프 카메라' 문화가 몇 년 만에 전 세계로 확산된 것에 비추어볼 때 유럽과 미국도 아시아의 모바일 온리를 따라올 게 분명하다고 했다.[47]

한국에서 모바일 온리 현상이 두드러지게 나타나는 분야는 쇼핑, 인터넷 포털사이트, 게임 분야다. 특히 모바일 패러다임으로 이동은 2014년 인터넷 포털사이트와 게임업계를 관통한 이슈였다. 이와 관련 박호현은 2014년 12월 "모바일 온리 시대로 옮겨가는 속도는 점점 빨라지고 있다. 모바일은 PC를 대체하며 산업 구조도 재편하고 있다"고 했다.

"한 예로 모바일게임 성장세는 모바일 온리 시대의 증거다. 한국콘텐츠진흥원에 따르면 2012년 모바일 게임 시장 규모는 온라인 게임의 11% 수준이었다. 하지만 1년 만에 190% 성장을 하며 온라인게임 시장의 50%까지 따라왔다. 올해 시장 규모는 2조 4,255억 원으로 예상된다. 반면 PC 패키지 게임이나 비디오 게임은 모바일 게임에 속수무책으로 밀리는 중이다. 비디오 게임은 2012년 이래로 40%대 마이너스 성장을 했다. PC 게임도 지난해만 44% 역성장했다."[48]

모바일 온리는 콘텐츠 시장에도 지각변동을 불러오고 있다. 이와 관련 김영호는 2015년 2월 "모바일 온리 시대가 이전 시대와 구분되는 점은 한 기업의 시장 독점이 거의 불가능하다는 데 있다"면서 이렇게 말했다.

"사용자들은 각자의 휴대용 기기를 가지고 자신에게 필요한 콘텐츠만을 애플리케이션 단위로 취사선택해 사용한다. 이제는 더이상 네이버로 대표되는 PC 홈 화면을 장악한 포털이 시장을 지배하는 시대가 아니라는 말이다. 수천 개의 기능을 가진 앱들을 다양한 경로로 활용하기 때문에 한 기업이 제공하는 종합 서비스 대신 각 서비스 영역에서 강세를 보이는 그룹별 '대표 앱'들이 출현하는 것도 두드러진 추세다."[49]

모바일 온리 시대의 개막으로 삶은 편리해졌지만 부작용도 만만치 않다. 가장 널리 알려진 것은 스마트폰 중독 증상의 확산이다. 미래창조과학부와 한국정보화진흥원이 2014년 발표한 '2013년 인터넷 중독 실태조사' 결과에 따르면 한국 스마트폰 사용자 10명 중 1명(11.8퍼센트)은 스마트폰이 없을 때 불안감과 금단 증상을 느끼는 것으로 나타났다. 조사가 처음 시작된 2011년 결과보다 3.4퍼센트포인트 증가한 수치다. 특히 청소년층(만 10~19세)은 4명 중 1명이 중독 위험군으로 나타났다. 업무와 휴식의 경계가 사라지면서 직장인이 느끼는 심리적인 피로감도 커지고 있는 것으로 나타났는데, 외국처럼 퇴근 후에는 업무와 관련된 e메일이나 문자를 사용하지 않을 권리를 법제화하는 게 필요하다는 견해도 있다.[50]

블러링 blurring-out

CCTV나 포털사이트가 제공하는 지도에서 행인 얼굴이나 자동차 번호판 같이 개인 정보가 담긴 부분을 희미하게 모자이크 처리하는 것을 이르는 말이다. 지상파는 TV가 가족 매체라는 점을 강조하며 블러링 처리를 하는 경우가 많은데, 이런 지상파의 처사가 과도하다는 지적이 있다. 예컨대 2014년 2월 19일 방영된 MBC의 〈신비한 TV 서프라이즈〉는 르네상스 시대 화가 보티첼리의 명화 '비너스의 탄생' 가슴 부분을 블러링 처리해서 내보내 비판을 받았다.[51]

CCTV의 확산으로 인해 우려되는 프라이버시 침해를 해결할 수 있는 방안으로 CCTV 모니터링을 할 때 블러링 조치를 도입하자는 의견도 있다. 김경환은 "CCTV 사용에 대해 피사체로서 가장 불쾌하게 생각하는 것은 누군가 나의 의사와 무관하게 나를 감시하고 있다는 것이다. 즉 누군가 나의 동선을 쫓아가고 있으며 나의 모든 행동을 뚫어지게 보고 있다는 것인데, 모니터링할 때에 얼굴에 대해 블러링을 하게 되면 나의 신원이 실시간으로 모니터링하고 있는 사람에 의해 파악될 수 없게 되는 것이다"면서 이렇게 말한다.

"블러링 조치를 취하면, 늦은 밤 지하철을 타고 가는데 누가 날 유심히 보고 있다는 느낌, 엘리베이터에서 누군가 나를 주시하고 있다는 느낌, 너른 광장에서 누군가의 시선이 나를 쫓고 있다는 느낌,

회사 사장이 나의 행방을 파악하고 있다는 느낌 등이 일거에 없어질 수 있을 것이다. 블러링 과정에서 다소의 비용과 시간이 들어가겠지만, 중장기적으로는 누구에게나 개방된 공공장소에서도 최소한의 프라이버시를 누릴 수 있게 하는 조치로서 크게 기여할 수 있을 것으로 보인다."[52]

블러링은 노인 세대의 새로운 일자리로 부상하고 있기도 한다. 2013년 말부터 네이버가 제공하는 지도 서비스의 블러링 작업을 위탁받아 진행하고 있는 시니어 인력 전문기업 에버영코리아의 윤충원 팀장은 "블러링 작업은 젊은이보다 노인한테 더 적합한 업무인 것 같습니다. 모니터 화면을 계속 쳐다보며 8시간 이상 집중한다는 건 무리거든요. 하루 4시간이 적당한 것 같고, 노인들이 산만하지 않아서 집중력 면에서 젊은이보다 더 낫지 않나 싶습니다"라고 했다. 1인당 평균 생산성은 청년들 1,940건, 시니어 1,880건으로 큰 차이가 없으며, 오처리율은 청년들 0.31퍼센트, 시니어 0.17퍼센트로 오히려 시니어가 나았다는 것이다.

에버영코리아 정은성 대표는 "군사시설이나 청와대 같은 특수시설도 블러링해야 하는데 경험이 일천한 젊은이들보다 어르신들의 판단이 훨씬 빠르다"며 "어르신이 업무에 숙련되기까지는 청년보다 두 배의 시간이 걸리지만, 일단 숙련된 뒤에는 일처리가 더 꼼꼼한 것 같다"고 했다.[53]

BCI | Brain Computer Interface

사람의 두뇌와 컴퓨터를 연결하는 '뇌-컴퓨터 인터페이스'를 말한다. BCI는 생각만으로 컴퓨터를 제어할 수 있는 기술이기 때문에 마우스나 키보드 같은 입력 장치가 필요 없다. 머리 표면에 부착한 전극을 통해 뇌파 전기신호를 측정하고 이를 사용자가 제어하기를 원하는 기기에 전송하는 형태로 작동한다.[54]

BCI는 1973년 미국에서 처음 언급되었으며 2010년대 들어 머리에 쓸 수 있는 헤드셋 형태의 뇌파측정 장치가 시장에 나오면서 실용화에 속도가 붙었다. IBM은 2011년 '5년 안에 우리 삶의 방식을 바꿀 5가지 기술' 가운데 첫 번째로 BCI를 지목했다. BCI 연구가 가장 활발한 분야는 의료와 재활 기술이다. 예컨대 사고를 당해 전신이 마비된 환자가 BCI 기술을 이용하면 전동 휠체어를 운전하거나 로봇 팔을 제어해 일정한 작업을 수행할 수 있게 되기 때문이다.

BCI를 스마트 기기에 적용하면 사용자의 편의성을 높일 수 있다. 류한석은 음성 인식, 동작 인식, 안면 인식, 감성 인식 등 스마트 인터랙션Smart Interaction 분야 가운데 특히 "BCI는 머지않아 스마트폰 등의 모바일 기기나 스마트TV에 채용될 가능성이 크며, 이후 착용식 컴퓨터와 사물인터넷에서도 사용될 것으로 전망되는 궁극적인 사용자 인터페이스 기술이다"고 했다.[55]

엔터테인먼트 업계도 BCI 기술에 주목하고 있다. 게임 업체들은 뇌파 인식 헤드셋을 게임 캐릭터 조종에 활용하고 있다. 예컨대 NHN엔터테인먼트는 사람의 뇌파와 생체 신호를 게임을 비롯한 콘텐츠 제작에 반영하기 위해 지금까지 500여 피험자의 생체 신호 데이터를 축적했는데, 뇌파·땀·안면 근육·심장박동 등 측정 정보를 바탕으로 이용자가 어떤 부분에서 흥미와 지루함을 느끼는지 파악해 게임 개발에 반영하고 있다.[56] 영화를 시청하는 관객의 뇌파를 분석해 그 반응에 따라 스토리를 바꾸는 영상 시스템도 등장했다.[57]

앱 권한

안드로이드 앱 장터인 구글 플레이에서 사용하려는 앱을 내려 받으려면 앱 개발자가 설정한 개인 정보 요구사항에 반드시 동의해야만 하는데, 이렇게 구글 플레이에서 모바일 앱을 다운 받을 때 앱을 제공한 회사 측이 갖는 '권한'을 이르는 말이다. 앱마다 다소 차이가 있지만 대체적으로 스마트폰 이용자의 현재 위치, 통화 정보, 주소록 등 소셜 정보, 애플리케이션 정보, 카메라, 계정 정보, 마이크, 내 메시지, 저장소, 네트워크 통신, 시스템 도구, 배터리 소모 등 최대 10여 가지 정보들을 요구한다. 대부분 개인 정보에 대한 것들이지만 이용자들은 앱 권한 절차에 동의해야만 앱을 사용할 수 있기 때문에 '울며 겨자 먹기' 식으로 정보를 제공해야 한다.[58]

　　이 때문에 앱은 공짜가 아니라 개인 정보를 제공한 대가로 얻는 것이라는 지적이 있다. 세계 최대 보안전산업체 시만텍Symantec의 모바일 보안 전문가인 제임스 구엔은 "구글 플레이 마켓에는 무료 앱들이 많이 있지만, 이 가운데 비용을 치르지 않고 얻을 수 있는 것은 없다"며 "이용자들의 개인 정보는 일종의 돈처럼 사용되고 있는 셈"이라고 했다.[59] 2014년 10월 정부와 관련 업계는 '구글 플레이'의 개인 정보 사전 동의 절차인 '앱 권한'이 무차별적인 정보수집 경로로 활용되고 있다고 했다.[60]

과도한 개인 정보 요구 못지않게 범죄 악용 등의 2차 피해도 발생하고 있다. 안랩에 따르면 사용자의 금융정보를 탈취해 금전적 피해를 발생시키는 인터넷뱅킹 관련 악성 앱은 2013년 총 1,440건 발견되었는데, 악성 앱들은 통신사 가입 정보, 문자 메시지는 물론 스마트폰에 저장된 공인인증서나 사진, 메모까지 빼돌린 것으로 드러났다.[61] 2014년 11월에는 일부 손전등 앱이 다운받은 사용자의 위치, 유심 칩 식별번호, 개인 일정 등 개인 정보를 빼내가는 데 사용된 것으로 밝혀지기도 했다.[62]

이런 문제 때문에 보안업계 전문가들은 구글의 앱 권한 정책에 대한 규제가 시급하다고 말한다. 한국은 안드로이드 스마트폰의 시장 점유율이 93.4퍼센트에 달해 사실상 국민 대다수가 구글 플레이의 앱 권한 정책에서 자유롭지 못한 실정이다.

앱 중립성 App Neutrality

구글의 안드로이드나 애플의 iOS 등 모바일 운용체계os 종류와 무관하게 애플리케이션(앱)이나 콘텐츠를 즐길 수 있어야 한다는 개념이다. 현재 모바일 앱 플랫폼 시장은 구글의 안드로이드와 애플 iOS가 과점 중으로 이 때문에 블랙베리, 윈도, 파이어폭스, 리눅스, 타이젠, 우분투 등 여러 모바일 OS는 앱 부족에 시달리고 있다. 시장조사업체 IDC에 따르면 2014년 3분기 전 세계 스마트폰 시장을 기준으로 했을 때 안드로이드와 iOS는 각각 84.4퍼센트와 11.7퍼센트의 점유율을 보유하고 있다. 윈도폰은 2.9퍼센트, 블랙베리는 1퍼센트가 되지 않는다.[63]

2015년 1월 캐나다 정보통신iт 업체 블랙베리의 존 첸 최고경영자ceo는 앱 중립성을 담은 주장을 미 의회 의원들에게 전달하고 회사 공식 블로그에 공개했다. 그는 블랙베리의 '앱과 콘텐츠 중립성'에 대한 전략을 소개하면서 "모든 무선 광대역 이용자들은 합법적인 어떤 앱과 콘텐츠에도 접근할 수 있어야 한다"며 "앱이나 콘텐츠 공급업체들도 플랫폼 차별을 하지 못하게 해야 한다"고 주장했다. 그는 또 "앱 개발자들이 아이폰·안드로이드용 앱에만 주력하면서 그 둘만 모바일 플랫폼에서의 영역을 넓혀가고 있다"며 "이런 현상이야말로 망 중립성 지지자들이 비판해왔던 차별적 관행"이라

고 했다.[64]

　앱 중립성 보장을 요구하는 사람들은 망 중립성 개념을 애플리케이션 환경에도 적용해야 한다고 말한다. 망 중립성은 통신망을 전력이나 철도처럼 중립적인 플랫폼으로 여겨 통신망 사업자가 인터넷상의 앱이나 콘텐츠를 자의적으로 차단하거나 차별하지 말아야 한다는 원칙이다.

MCN

전문성과 입담을 지닌 1인 창작자들의 동영상 제작·유통·수익화 등을 도와주고 광고 수익을 나누어 갖는 기업이나 서비스를 이르는 말이다. 여러 개의 동영상 채널을 묶어 활동하기 때문에 멀티채널 네트워크Multi Channel Network라 불린다. MCN은 인터넷 동영상 서비스로 돈을 버는 1인 콘텐츠 제작자들이 급증하면서 등장한 사업자다. 이들은 개인 제작자를 모아 스튜디오와 촬영 장비를 제공하고 동영상 편집 등을 지원하는 등 콘텐츠 제작을 위한 최적의 환경을 제공하며 저작권 관리나 광고 영업도 대신해준다. 아이디어는 뛰어나지만 체계적인 제작과 유통에 미숙한 제작자들이 수월하게 창작 활동을 할 수 있도록 돕는 역할을 하는 것이다. 아이돌 스타를 관리해주는 연예기획사와 비슷한 사업자라 생각하면 되겠다.[65]

유튜브가 대표적인 MCN 사업자다. 유튜브는 1인 창작자들을 위해 2012년부터 전용 스튜디오를 만들어 적극 지원하고 있는데, MCN 사업을 통해 2013년 전 세계적으로 56억 달러(약 5조 9,000억 원)의 매출을 올렸다. 유튜브는 1인 창작자들을 지원하기 위한 스튜디오 건립을 늘리는 등 MCN을 차세대 비즈니스 플랫폼 전략으로 삼고 있다.[66] 유튜브의 성공에 자극을 받아 해외에서는 MCN 사업자에 대한 인수합병도 활발하다. 2014년 3월 디즈니는 자신의 신변

잡기를 동영상으로 찍어 유튜브에 올려 유명해진 셰이 칼 버클러가 세운 '메이커스튜디오'를 9억 5,000만 달러에 인수했다. 워너브러더스는 MCN '머시나이마'에 1,800만 달러를 투자했고, 드림웍스는 MCN '어섬니스TV'를 1억 1,700만 달러(약 1,200억 원)에 인수했다.[67]

한국에서도 CJ E&M의 크리에이터 그룹이 2014년부터 MCN 사업을 꾸려나가고 있다. 인터넷 방송국 아프리카TV 역시 2014년부터 MCN 사업을 본격화하고 BJ(온라인 방송 진행자) 가운데 40여 명을 선정해 이들이 유튜브 등 외부 동영상 플랫폼으로 진출하거나 대외 활동을 할 수 있도록 지원하고 있다.[68]

MCN 사업이 치열한 이유는 스마트폰의 대중화와 스낵 컬처 문화의 확산으로 인해 동영상 콘텐츠 수요가 폭발적으로 증가하고 있기 때문이다. 정진욱은 "이동하면서, 휴식 중에 모바일로 동영상을 보는 사용자가 늘고 있다"면서 이렇게 말했다.

"사용자는 끊임없이 새로운 콘텐츠를 원하지만 방송사 등 기존 제작사만으론 충분한 양을 공급할 수 없다. 긴 재생시간과 콘텐츠 배포주기도 단점이다. 1인 제작자는 자투리 시간 부담 없이 하나의 콘텐츠를 즐길 수 있을 정도의 짧은 동영상을 생산한다. 분량이 짧은 만큼 더 빠른 주기로 더 많은 영상을 배포할 수 있다. 인터넷에서 통하는 콘텐츠를 만드는 데는 인터넷 문화에 통달한 1인 제작자가 강점이 있다."[69]

5G 이동통신

4G 이동통신인 LTE(75Mbps)보다 최소 13배(1Gbps), 최대 1,300배 (100Gbps) 빠른 기가급 무선 인터넷이 가능한 이동통신 기술을 말한다. 휴대전화에서 G는 세대를 의미하는 'Generation'의 약자다. 그러니까 5G 이동통신은 5세대 이동통신을 의미한다. 여기서 세대는 기술이 획기적으로 달라질 때를 기준으로 구분하는데, 일반적으로 많은 데이터를 빠른 속도로 주고받을 수 있는 기술이 얼마나 발전했는지에 따라 세대 구분을 한다.

1G는 음성 통화만 가능한 아날로그 방식의 이동통신이고, 2G는 아날로그 음성을 쪼개 디지털 신호로 변환하거나 디지털 신호 자체를 전송하거나 수신하는 디지털 방식의 시스템이다. 3G는 음성 데이터와 비음성 데이터(데이터 다운로드, 메일 주고받기, 메시지 보내기 등)를 모두 전송할 수 있게 한 방식이다. 4G는 음성·화상전화·멀티미디어·인터넷·음성메일·인스턴트메시지 등의 모든 서비스가 단말기 하나로 가능하다. LTE가 바로 4G 이동통신으로, 3G와 구별되는 가장 큰 특징은 속도다.[70]

어느 정도 수준의 이동통신 기술을 5G라고 규정할 것인지에 대해서는 2015년 3월 현재 국제적으로 합의된 바가 없다. 업체마다 5G에 대해 정의하는 내용이 각각 달라 혼란마저 발생하고 있다. 누구는 LTE보다 1,000배 빠른 속도라고 말하고 누구는 10배 빠른 속도라고 말하기도 한다. 2015년 3월 톰 휠러 미국 연방통신위원회 FCC 위원장은 스페인 바르셀로나에서 열린 모바일월드콩그레스MWC 전시회에서 5G 개발 움직임을 피카소 그림 해석과 같다고 비유했다. "피카소 그림에 대해 '나는 다른 사람의 눈에는 안 보이는 것이 보인다'고 말하는 사람이 많"은데 "현재 벌어지고 있는 5G 담론이 마치 이런 식"으로 전개되고 있다는 것이다.[71]

그렇지만 이동통신과 관련이 있는 여러 기업으로 구성된 우리나라의 회의체인 '5G포럼'에서는 일단 최대 50Gbps의 다운로드 속도를 5G 이동통신으로 제시하고 있다. 박수련은 5세대 이동통신이 상용화되면 "LTE보다 10배 빠른 1Gbps나 1,000배 빠른 100Gbps에서는 풀HD 화질 영화도 12.5GB까지 단 1초면 스마트폰에 다운로드할 수 있다. 언제 어디서나 기가인터넷에 접속할 수 있기 때문에 모바일로 초고화질 영상 콘텐츠를 시청하고, 동영상을 전송하는 일도 단 몇 초 안에 끝난다"면서 이렇게 말했다.

"또 기존에 단순 모니터링 수준에 그치던 서비스들도 무선까지 연결된 기가망을 활용하면 실시간·지능형 서비스로 업그레이드된다. 실시간 교통량을 분석할 뿐만 아니라, 사고도 예측하는 지능형 교통관제시스템이나 건물 내 에너지 사용량을 효율화하는 건물관리시스템이 사회 곳곳에 확산되는 것이다."[72]

한국 정부와 이동통신사들은 2018년 평창 겨울올림픽에서 5G

시범서비스를 선보인다는 계획을 가지고 있는데, 이는 국제표준을 선점하기 위해서다. 미래창조과학부 김광수 과장은 2015년 2월 "5G 기술방식은 기업과 국가마다 이해관계가 다 다르다. 세계적으로 5G 표준화 일정이 2018~2019년에 시작되는데, 우리가 제안하는 기술이 국제표준으로 채택될 가능성을 높이려면 그것이 실제로 가능하다는 것을 보여줘야 한다. 그래서 평창 동계올림픽 시연이 중요하다. 일본도 2020년 도쿄올림픽에서 자기들이 생각하는 5G를 구현하겠다는 목표를 세워놨다. 그보다 앞서 우리가 강한 인상을 남겨야 한다"고 했다.[73]

하지만 현재 통신 속도로도 충분한데 벌써 5G가 필요한지에 대한 의문을 제기하는 사람들도 적지 않다. 유신재는 2015년 2월 "4세대 이동통신, 그러니까 '엘티이LTE'가 우리나라에서 처음 상용화된 게 2011년 여름이다. 이후 거의 해마다 '엘티이 어드밴스트 LTE-A', '광대역 엘티이 에이'로 업그레이드됐고, 최근에는 '3밴드 엘티이 에이'가 등장했다. 그냥 엘티이보다 2배 빠르다고 자랑하던 게 엊그제 같은데 어느새 3배, 최근에는 4배까지 빨라졌다고 한다. 2011년 당시 75Mbps였던 최대 데이터 다운로드(내려받기) 속도가 이제 300Mbps까지 도달했다" 면서 이제 겨우 '엘티이'라는 용어가 귀에 좀 익숙해졌다 싶은데 통신업계에서는 벌써부터 5세대 이동통신에 대한 이야기가 뜨겁다고 했다.

"이미 4G 시대에 무선이 유선의 속도를 추월했고, 800MB짜리 영화 한 편을 20여 초면 내려 받을 수 있고, 달리는 차 안에서 고화질 동영상을 스트리밍으로 끊김 없이 볼 수 있는데 대체 얼마나, 뭐하려고 더 빨라지겠다는 것일까?"[74]

우버 | Uber

스마트폰 앱으로 택시가 아닌 일반 차량을 배정받을 수 있는 교통 중개 서비스다. 우버는 2010년 미국 샌프란시스코에서 출발했는 데, 초기 이름은 우버캡ubercab이었다. 하지만 샌프란시스코 시 당국 이 택시 사업과 유사하다는 이유로 '정지 명령'을 내리자 '택시'를 뜻하는 '캡'을 빼고 우버로 이름을 바꾸었다.[75] 우버는 우버 블랙Uber BLACK과 우버 XUber X, 두 종류의 서비스를 제공하고 있다. 우버 블랙 은 고급 콜택시 서비스로 일반 택시에 비해 가격이 2배가량 높다. 우버 X는 택시운전 자격증이 없는 일반 운전자들이 기사로 참여하 기 때문에 가격이 싸다. 2014년 12월 현재 현재 우버가 진출한 나라 는 44개국, 170개 도시에 달한다.[76]

이런 파괴력 때문에 우버를 둘러싼 논란도 치열하다. 이용자들 은 우버를 극찬한다. 이희욱은 "'우버'를 한 번이라도 이용해본 사 람은 엄지손가락을 치켜든다. 쾌적한 실내, 친절한 운전기사, 편안 하고 안전한 운행 덕분이다"면서 "택시요금보다 2배는 비싸다지만, 그게 대수인가. 흔히 먹는 '패스트푸드'가 아니라 가끔 기분전환 삼 아 찾는 '프랑스 코스요리'라 생각하니 감수할 만하다. 그 반대편엔 불친절과 불안, 불쾌함의 대명사로 굳어진 택시 서비스가 자리 잡고 있다"고 했다.[77] 실리콘밸리도 우버의 든든한 지원군이다. 실리콘

밸리는 우버가 '성공적 공유경제 모델'이라며 획기적이고 대안적인 IT 기반 경제 패러다임을 열었다고 열광하고 있다.

하지만 우버를 보는 각국의 정부와 기존 택시업계의 시선은 곱지 않다. 주요국 정부는 택시 면허를 받지 않고 택시 영업을 하는 것은 위법이라고 규정했고 우버에게 불법 판정, 경고, 영업정지 명령을 내린 도시 정부도 적지 않다. 우버가 진출한 국가에선 택시업계의 거센 반발도 발생했다. 예컨대 2014년 6월11일 프랑스 파리, 스페인 마드리드, 바르셀로나, 영국 런던, 이탈리아 로마와 밀라노, 독일의 베를린 등 유럽 주요 도시의 택시들은 동시다발적으로 시동을 끄고 택시 영업을 방해하는 우버를 규제하라고 주장했다.[78]

한국에는 2013년 7월 31일 상륙했는데, 2014년 12월 서울중앙지검 형사7부(부장 송규종)는 여객자동차운수사업법 위반 혐의로 우버 테크놀로지의 설립자 트래비스 칼라닉과 렌터카 업체 M사 대표 이 모(38) 씨를 불구속 기소했다고 발표했다. 우버와의 전쟁을 선포했던 서울시는 2015년 1월 2일부터 '우버'의 영업 내용을 신고하면 최대 100만 원의 포상금을 지급하겠다며 '우파라치' 제도를 시행했다.[79] 우버는 2015년 3월 6일부터 한국에서 우버 X를 중단한다고 밝혔으며, 우버 블랙은 현행법(여객자동차운수사업법)에 규정된 대로 운영하겠다고 밝혔다.

우버피케이션_{Uberfication}

차량 이동이 필요한 사용자와 주변에 있는 우버 등록 운전사의 차량을 연결해주는 서비스 우버Uber와 접미사 '화化, fication'를 합친 조어로, 우버처럼 소비자와 사업자를 모바일 네트워크로 연결해주는 신규 플랫폼 사업을 말한다.

우버는 운송사업자로 출발했지만 '우버프레시', '우버코너스토어', '우버러시', '우버키튼' 등을 시범 운영하면서 '운송 플랫폼'으로 영역을 확장하고 있다. '우버프레시uberFRESH'는 점심을 주문한 사람이 길가로 나와 운전사에게서 점심 식사를 받아가는 음식 배달 서비스고, '우버코너스토어Uber Corner Store'는 운전기사가 편의점에서 기저귀, 치약 등 생활용품을 대신 구매해 배달해주는 서비스다. '우버러시UberRUSH'는 자전거 택배 서비스다.[80]

연세대 커뮤니케이션연구소 강정수 전문연구원은 기술이 발전하면서 택시업은 물론 집 청소, 자동차 출장 수리, 마사지 출장 등 전 분야에 걸쳐서 우버피케이션 현상이 발생할 것이라고 전망했다.[81] 이른바 모바일 온리 시대가 개막하면서 네트워크 서비스에 기반한 모바일 플랫폼이 수요자와 공급자를 연결하는 가장 효율적인 통로로 떠오르고 있다는 점에서 모바일을 기반으로 한 생활 플랫폼 혁명이 시작되고 있는 셈이다.

이미테이션 게임The Imitation Game

기계가 인간을 얼마나 완벽하게 모방할 수 있는지 살피는 게임이다. 모방 게임이라고도 한다. 영국 케임브리지대학 출신의 수학자 앨런 튜링이 1950년 발표한 논문 「기계도 생각할 수 있을까Can Machines Think?」에서 처음 고안한 게임이다. 제2차 세계대전 당시 누구도 풀 수 없다고 여겨진 나치 독일의 암호체계 애니그마를 해독해 유럽을 나치의 위협에서 구한 앨런 튜링은 컴퓨터의 원형을 제시한 '컴퓨터의 아버지'로 통한다.[82]

튜링은 컴퓨터가 의식을 가진 사람과 자연스럽게 대화를 주고받을 수 있다면 컴퓨터도 생각하는 능력이 있다고 봐야 한다고 주장했는데, 튜링의 이런 아이디어를 기반으로 영국 레딩대학이 튜링 테스트 방식을 개발해 '튜링 테스트'라는 이름으로도 불린다. 튜링 테스트 방식은 이렇다. 심판을 맡은 사람이 컴퓨터 2대가 설치된 방에 들어간다. 한 쪽은 컴퓨터 프로그램, 한 쪽은 사람과 연결되어 있다. 심판은 양쪽 컴퓨터와 5번의 대화를 주고받는다. 채팅을 마친 후 둘 중 더 자연스럽게 대화가 이루어진 쪽을 사람이라고 판단하는데, 컴퓨터가 전체 심판단 가운데 3분의 1 이상을 속이고 사람으로 꼽히면 인공지능을 지녔다고 인정한다. 2014년 6월 레딩대학은 "유진 구스트만이라는 컴퓨터 프로그램이 65년 만에 튜링 테스트를 처음으로 통과했다”며 이미테이션 게임 테스트를 통과한 인공지능이 처음 탄생했다고 밝혔다. 우크라이나에 사는 13세 소년으로 설정된 유진은 심판진 33퍼센트를 속인 것으로 나타났다.[83]

KAIST 뇌과학 교수 김대식은 “튜링 테스트는 다양한 기술, 철학, 윤리적 문제를 던진다. 테스트를 통과하기 위해 기계는 ‘기계가 아닌 척’해야 할 수 있다. 사람보다 더 똑똑해서도, 더 도덕적이어도 안 된다. 미래 기계들은 튜링 테스트를 통과하기 위해 인간을 최대한 완벽하게 속일 능력을 키워야 한다는 말이 된다”면서 다음과 같이 말했다. “튜링 테스트 대상은 기계가 아니다. 사실 우리 인간을 테스트 하고 있는 것이다. 내 모든 말을 들어주고, 내게 진심으로 관심을 보여주는 듯하는 누군가가 기계라는 사실이 무슨 의미가 있을까?”[84]

텔레그램 Telegram

러시아의 페이스북으로 통하는 '브콘탁테'를 만든 파벨 두로프가 내놓은 모바일 메신저다. 두로프는 러시아 정부의 사용자 정보제공 요청을 거절하고 러시아를 떠나 독일에서 텔레그램을 만들었다. 텔레그램은 자신들의 최대 강점으로 우수한 보안을 내세웠다. 1대 1 비밀 대화창을 이용하면 대화 내용이 아예 상대방만 읽을 수 있도록 암호화된 채 전송되고, 서버에 보관된 대화 내용은 본사 측에서도 들여다볼 수 없는 메신저라는 것이다. 텔레그램은 2013년 12월 자신들의 암호화 방식에 대한 자신감을 나타내는 일종의 마케팅으로 상금 20만 달러(약 2억 원)를 내걸고 서버 코드의 암호를 푸는 사람에게 상금을 주겠다고 했는데, 2014년 3월까지 상금을 받은 사람은 없는 것으로 알려지면서 강력한 암호로 유명세를 얻었다.[85]

텔레그램을 한국에 널리 알린 것은 '카카오톡 사찰' 파문이다. 2014년 9월 18일 검찰이 인터넷 검열 강화를 위해 '사이버 명예훼손 전담수사팀'을 신설하고 경찰이 정진우 노동당 부대표를 수사하는 과정에서 카카오톡 대화 내용을 압수수색해 들여다보았다는 주장이 제기되자 텔레그램이 이른바 '사이버 망명'지로 급부상한 것이다. 텔레그램은 9월 24일부터 7일 연속 카카오톡을 제치고 국내 앱스토어 다운로드 수 1위를 기록하는 등 선풍적인 인기를 끌었다.[86]

이런 인기를 등에 업고 10월엔 국내 이용자가 직접 개발한 텔레그램 한국어판이 인터넷에 유포되었으며, 텔레그램은 트위터를 통해 한국어 번역 전문가를 모집한다는 글을 띄우며 한국어판 제작에 돌입했다.[87]

하지만 한국인들은 텔레그램을 설치해놓고도 실제 대화는 카카오톡으로 하는 경우가 대다수인 것으로 드러났다. 그래서 정부의 무분별한 인터넷 검열 의지에 대한 항의 차원에서 한국인들이 텔레그램을 설치한 것이라는 해석이 나왔다. 이 해석에 따르면, 100만 명이 넘을 만큼 많은 사람이 텔레그램을 설치한 것은 그 어떤 서명운동보다 강력한 항의를 담고 있는 것으로, 텔레그램 열풍은 이른바 '모바일 액티비즘'의 한 사례다.[88]

2014년 10월 13일 172만 명으로 치솟았던 텔레그램 이용자는 10월 20일 155만 명, 11월 3일 113만 명으로 꾸준히 감소해 텔레그램 열풍은 결국 찻잔 속 태풍으로 끝났다. 하지만 잠시나마 한국 사회를 강타한 텔레그램 열풍은 모바일 메신저에서 사생활이 보장될 수 있는 '보안성'이 얼마나 중요한 속성인지를 다시 한 번 환기시켜 준 계기가 되었다는 게 일반적인 해석이다.[89]

트위터 뮤트Twitter Mute

친구를 맺고 있는 사람 가운데서 특정 사용자의 글이 안 보이게 할 수 있도록 트위터가 2015년 도입한 기능이다. 그간 트위터는 트위터 사용자(A)가 상대방(B)을 '언팔로우(메시지 구독 중단)'하면 A가 보는 화면에 B의 메시지가 나타나지 않게끔 했다. 하지만 이렇게 할 경우 A가 B를 언팔로우했다는 사실이 B에게 통보되기 때문에 특정인의 트위터 메시지를 부담스럽게 여기면서도 관계가 틀어질까봐 언팔로우하기를 꺼리는 사례가 많았다. 아예 트위터 사용을 사실상 그만둬 버리는 사람들까지 등장했다. 그러니까 트위터 뮤트는 상대방의 감정을 상하게 하지 않고 예의 바르게 상대편을 무시할 수 있도록 트위터가 내놓은 해결책이라 볼 수 있겠다.[90]

트위터가 뮤트 기능을 도입한 것은 이용자들의 '트위터 피로감' 때문이다. '트위터 사용자들이 타임라인을 본 총 횟수'를 '월 실사용자 수(1개월간 트위터를 한 차례 이상 실제로 사용한 적이 있는 회원의 수)'로 나눈 수치는 2013년 2분기에 691로 정점에 이르렀으나 그 후로 감소해 2014년 1분기에는 614에 그쳤다. 또 '최근 30일 사이에 트윗을 보낸 적이 있는 트위터 사용자들의 비율'은 2014년 1분기 기준으로 13퍼센트에 그쳐 트위터 사용자 중 87퍼센트는 한 달에 한 차례도 트윗을 보내지 않은 것으로 나타났다.[91]

Digital Section

Trend Keyword

검색어 자동 완성 성차별

2013년 UN은 인터넷 세상의 성차별 현상에 대한 주의를 환기시키기 위해 제작한 광고에서 인터넷 검색엔진이 '자동 완성 문구'를 이용해 세상 사람들이 여성에게 어떤 편견을 갖고 있는지를 보여주었다. 광고 이미지는 클로즈업된 각각 다른 인종의 여성 얼굴을 배경으로 여성은 ~하면 안 된다Women shouldn't ~, ~할 수 없다Women cannot ~, ~해야 한다Women should ~, ~할 필요가 있다Women need to -' 등 4가지 항목으로 구성되었는데, 이는 여성에 대한 고정관념과 터부가 심각하다는 것을 보여주기 위한 것이었다.

예컨대 "여성은 할 수 없다"를 입력하면 "운전할 수 없다", "신뢰할 수 없다", "성직자가 될 수 없다" 등의 자동 완성 문장이 떴으며, 여성은 권리, 투표권 등을 가져서는 안 된다는 문구도 나타났다. 또 "여성은 집에 있어야 한다", "부엌에 머물러야 한다", "통제 받아야 한다"는 식의 문장들도 자주 검색이 된 것으로 나타났다.[1]

이 광고에 포함된 문구는 2013년 3월 9일을 기준으로 검색엔진 '구글'에 실제로 입력했을 때 가장 많이 뜨는 내용을 차용한 것이다. 카피라이터 카림 슈하이바는 "이번 광고는 양성평등을 이루기 위해 우리가 아직 가야 할 길이 멀다는 것을 보여줘 충격적"이라면서 이 사회에 경종을 울리길 바란다고 했다.[2]

공유 저작물

저작권 보호 기간이 만료된 만료 저작물, 저작권법에 따라 기증된 기증 저작물, 일정한 조건으로 자유 이용을 허락하는 CCL Creative Commons License 표시로 자유롭게 이용 가능한 저작물, 공공기관이 창작하거나 취득해 관리하고 있는 저작물 등을 이르는 말이다. 한국에서 공유 저작물 구축 건수는 2011년 3만 6,000건, 20112년 13만 7,000건, 2013년 21만 7,000건, 2014년 12월 현재 106만 건으로 4년 만에 30배 가까이 늘었다.[3]

한국저작권위원회는 2014년 12월 5일부터 누구나 자유롭게 이용할 수 있는 공유 저작물을 제공하는 인터넷 사이트 '공유마당 gongu.copyright.or.kr'에 '나눔N'이란 메뉴를 신설하고 개인이 자신의 저작물 이용을 허락한 저작물의 공개를 시작했다. 그동안 한국저작권위원회의 '공유마당'에는 저작권에 문제가 없는 공유 저작물 106만 건이 등록되어 있었는데, 공유 저작물이 개인이 기증하는 저작물까지 확대된 건 이번 '나눔N'이 처음이다. 저작권 권리 처리가 끝난 콘텐츠인 공유 저작물은 공유마당에서 누구나 자유롭게 만들고 create, 나누고 share, 다시 쓸 remake 수 있다.

박경일은 "저작권위원회가 공유 저작물 기증 대상을 개인으로 확대한 것은 국내 저작권 정책이 창작자의 권리를 보호하고 저작권 침해를 적발하는 단속 일변도에서 벗어나 개인 저작물에까지 '공유' 개념을 도입함으로써 건강하고 자유로운 콘텐츠 생태계를 구축했다는 데 의미가 있다"고 했다.

"이를 통해 합법적인 저작물 유통 환경을 조성하고, 저작권 비용이 부담스러운 소규모 기업 등에 혜택을 제공하겠다는 것이다. 또 개인 저작자들은 저작권의 자유 이용을 허락하면서 경제적인 실익은 없지만, 자신의 작품을 활용할 경우 저작권자를 표시토록 해 기부의 기회는 물론이고 자신의 작품에 대한 성취감 등을 느낄 수 있도록 했다."[4]

전 세계적으로 공유 저작물에 대한 인식은 높아지고 있는 추세다. 구글은 2004년부터 6년간 뉴욕대학, 하버드대학 등과 함께 1,200만 권 분량의 서적을 디지털화해 PDF와 전자책 형태로 서비스하고 있는데, 이 중 300만 건가량이 공유 저작물이다. 공유 저작물을 활용해 비즈니스에 성공한 경우도 있다. 미국의 온라인 서점이자 전자상거래 업체 아마존이 그런 경우다. 아마존은 2007년부터 2만 5천여 개 기업·40여 개 도서관과 제휴해 전자책 60만 권을 무료로 서비스했는데, 이런 무료 콘텐츠에 힘입어 전자책 단말기 킨들이 글로벌 시장에서 확고부동한 1인자로 자리매김했다는 해석이 있다.[5]

구글 세대

인터넷을 끼고 사는 1993년 이후 태어난 세대를 일컫는 말이다. 구글 세대는 일반적으로 인터넷을 더 창의적으로 사용하고 첨단 정보 기술도 부모나 교사보다도 잘 활용하는 등 '정보 검색의 전문가'로 평가받는다. 하지만 이런 생각이 다소 과장된 것이라고 보는 견해도 적지 않다.

만프레트 슈피처는 『디지털 치매: 머리를 쓰지 않는 똑똑한 바보들』에서 구글 세대는 "컴퓨터와 인터넷이 없던 시기나 1998년에 서비스를 시작한 검색엔진 구글이 없던 시대를 알지 못한다. 이 세대는 우리처럼 나이든 디지털 이민자와 다르게, 인터넷과 정보통신 기술을 이용하는 데 있어 특별한 능력과 숙련도를 가지고 있다"면서도 이렇게 말한다.

"구글 세대는 절대로 인터넷을 정보 검색이나 학습을 위해서만 사용하지는 않는다. 이보다는 학교에서 있었던 일에 대해 친구들과 개인적으로 소통하려는 것이 주된 목적이다."[6]

구글 세대가 단순한 '복사하기'와 '붙이기' 세대일 뿐이라는 주장도 있다. 2008년 영국 유니버시티칼리지는 연구 보고서를 통해 구글 세대가 분석적·비평적 관점으로 정보에 접근하는 능력이 매우 부족한 것으로 나타났다고 말했다. 이 보고서는 구글 세대는 "정보를 볼 때 건너뛰고, 훑어보는 데 익숙하고 통시적(수직적)이 아닌 공시적(수평적)인 수준을 벗어나지 못"하는 특성을 보이는데, 구글 세대가 이렇게 정보 분석능력이 떨어지는 것은 "정보 지식에 접근하는 방법은 다양해졌지만 짧은 시간에 정보를 찾아내 오히려 적합성, 정확성, 영향력을 평가할 시간을 없애버렸기 때문"이라고 했다.

이 보고서의 내용을 요약하자면 이렇다. 구글 세대는 효율적인 키워드 검색을 위해 전략을 짜는 것이 아니라 자연어 검색을 선호하는 등 사용하는 검색 방식이 단순하다. 또 원하는 정보를 찾기 위해 참을성을 발휘하지 않고, 인터넷으로 습득한 정보의 신뢰도도 교과서나 참고서에서 습득한 것보다 낮은 것으로 평가하고 있다. 인터넷 정보의 가치를 인정하고 제공자에게 감사하는 마음도 부족해 저작권에 대해서도 부당한 것으로 인식하고 있다. 마지막으로 보고서는 "가장 중요한 것은 성장기에 정보 검색 교육을 받는 것이며 대학에서 교정 교육은 효과가 전혀 없다"면서 성장기 어린이와 청소년을 위한 정보 검색 교육이 필요하다고 했다.[7]

구글 세대

구글포비아 Googlephobia

유럽연합EU이 세계적인 검색업체 구글에 대해 갖고 있는 두려움을 말한다. 유럽의 구글포비아는 유럽의 검색 시장에서 구글이 차지하고 있는 점유율과 관련이 깊다. 유럽 검색 시장에서 구글이 차지하는 점유율은 90퍼센트를 초과했는데, 이는 70퍼센트가량인 미국보다도 높은 것이다. 유럽인이 사용하는 스마트폰 중 안드로이드 탑재 휴대전화는 74퍼센트가량에 달하고 구글의 브라우저인 크롬의 유럽 시장 점유율도 약 50퍼센트에 달한다. 유럽인의 인터넷·모바일 생활이 구글에서 시작해 구글에서 끝난다고 할 수 있을 만한 수치다.[8]

유럽의 언론이 구글에 대해 느끼는 공포감도 상당하다. 절대다수의 네티즌이 언론사 홈페이지로 바로 접속하기보다는 구글을 거쳐 가다 보니 유럽에서 구글은 뉴스 플랫폼 사업자의 입지도 막강하다. 언론 환경이 갈수록 어려워지면서 유럽 언론은 구글에 종속될지 모른다는 우려를 하고 있다. 유럽연합이 구글에 정당한 뉴스 콘텐츠 사용료를 지불하라고 요구하며 구글세google tax를 도입하려고 하는 이유이기도 하다.[9]

유럽연합은 구글을 통한 미국의 '사찰'도 심각하게 우려하고 있다. 구글은 검색, G메일 등 자사 서비스를 통해 수집한 정보를 분석해 맞춤형 광고를 제공하는데, 이렇게 분석한 정보를 미국 정보기관이 들여다본다면 심각한 상황이 발생할 수 있다고 보고 있는 것이다. 이를 잘 보여준 게 2013년 에드워드 스노든이 폭로한 미국 국가안보국NSA의 프리즘 사태다. 당시 NSA가 2011년 독일의 앙겔라 메르켈 총리의 휴대전화를 도청한 사건이 알려지면서 독일은 물론이고 유럽 전역이 크게 들썩였다.[10]

2014년 11월 27일 유럽연합 의회가 채택한 구글 분할 권고안도 구글포비아 관점에서 이해할 수 있다. 이날 유럽연합 의회는 구글의 검색 사업과 광고를 포함한 다른 사업을 분리하도록 하는 결의안을 찬성 384표, 반대 174표, 기권 56표의 압도적인 표차로 통과시켰다. 이 결의안은 구글의 독점을 견제하겠다는 취지를 담고 있어 이른바 '구글 쪼개기'로 불리는데, 하지만 사실상 효력이 없다는 시각이 우세하다. 『뉴욕타임스』는 결의안에 "법률 전문가들이 EU의 구글 분할은 불가능하다는 의견을 내놨다"며 "상징적 조치"로 평가했다. 『비즈니스인사이더』도 "결의안이 반反독점을 위한 압박을 할 수는 있지만 실제로 그런 힘을 발휘하는 것은 불가능하다"며 유럽연합 의회의 결의안은 "정치적인 행위"라고 분석했다.[11]

구글 효과 Google effect

구글 등 검색엔진에서 검색으로 손쉽게 정보를 얻을 수 있기 때문에 기억하려고 노력하지 않는 증상을 말한다. 미국 컬럼비아대학 심리학과 벳시 스패로 교수팀이 만든 말로 기억하지 않아 생기는 일종의 건망증을 이르는 말로도 쓰인다.

벳시 스패로 박사 연구진은 2011년 7월 『사이언스Science』에 발표한 「구글 효과와 기억력: 정보를 쉽게 얻는 데 따른 인지적 결과 Google Effects on Memory: Cognitive Consequences of Having Information at Our Fingertips」라는 논문에서 간단한 정보라도 컴퓨터에 저장된 것을 안 그룹이 그렇지 않은 그룹보다 이 정보를 잘 기억하지 못했다면서 "인터넷의 발달로 정보를 쉽게 찾을 수 있게 되면서 현대인의 기억력이 점점 저하되고 있다"고 발표했다. 정보를 나중에 찾아볼 수 있다고 생각하는 순간 기억력이 떨어지는 현상이 발생한다는 것이다.[12]

구글 효과를 우려한 목소리는 적지 않다. 미국 UCLA 발달심리학자 패트리샤 그린필드 박사는 2009년 『사이언스』에 발표한 논문에서 "인터넷과 화면 기반의 기술을 더 쓰면서 머릿속에서 대상에 대한 방향을 바꾸는 등 시공간적 능력은 발달했지만 의식적 지식습득, 귀납분석, 비판사고, 상상력은 약해졌다"고 했다.[13]

미래학자 니컬러스 카는 여러 정신의학자와 신경과학자의 연구를 인용해 "인터넷이 인간의 뇌를 실제로 변화시킨다"고 했다. 인터넷을 잘 사용하지 않던 사람들이 5일 동안 하루 1시간씩만 인터넷 검색을 해도 거의 활동이 없던 외측 전전두엽 피질이 집중적인 활동을 하는 등 뇌의 회로가 재구성되는데, 이렇게 전전두엽 피질이 혹사당하면 이해력과 기억력이 저하된다는 것이다.[14]

구글 효과 역시 일종의 디지털 질환이라 할 수 있는데, 가끔이나마 디지털 단식을 통해 부작용을 예방하는 노력을 하자는 제안을 내놓는 사람이 많다. 예컨대 장세훈은 스마트폰과 디지털 기기의 좋은 점만 강조되고 그 부작용은 묻히는 오늘날엔 "스스로 디지털 기기의 사용시간을 줄여야 한다. 디지털 기기의 사용을 줄인 만큼 직접 두뇌를 자극하는 활동을 하는 '디지털 단식'에 나서는 수밖에 없다"면서 이렇게 제안했다.

"디지털 단식을 통해 두뇌를 훈련하는 '뉴로빅스Neurobics'를 실천해보면 어떨까. 인간의 기억을 담당하는 뇌의 해마는 쓰면 쓸수록 뇌세포가 증가한다고 한다. 무한한 가능성을 지닌 두뇌를 디지털 기기의 지나친 사용으로 사장시킬 수는 없지 않은가. 지금 당장 '디지털 단식'을 선언하고 언플러그 된 상태로 뉴로빅스에 나서자."[15]

댓글 놀이

사회적으로 이슈가 되거나 흥미를 끌 만한 기사가 인터넷에 뜨면 짧지 않은 순간에 수백 개에 달하는 댓글이 올라오는 경우가 있다. 댓글 놀이는 이렇게 하나의 기사에 대해 댓글이 많이 달리는 현상을 설명해주는 말이다. 이슈에 대한 자신의 의견을 피력하기 위해 댓글을 다는 사람들도 있지만, 재미 차원에서 댓글을 다는 사람도 많다는 것이다. 이와 관련해 팔란티리2020은 혹자는 "댓글을 보면 이제 진정 시민들이 의견을 개진할 공간이 생겼으니 새로운 민주주의 시대가 열렸다고 하고, 혹자는 진짜 알맹이 있는 의견이라고는 찾아볼 수 없는 사이버 공간상의 배설 행위라고까지 폄하한다" 면서 "하지만 댓글은 실은 많은 이용자에게 하나의 놀이이자 새로운 경험이다"고 했다.[16]

　　2014년 한 인터넷 커뮤니티에 이른바 '살인 인증 사진'이 올라와 경찰 신고 소동이 벌어졌는데, 최초 글 작성자는 논란이 확산되자 직접 해명글을 올리고 댓글 놀이를 하기 위해서였다고 밝혔다.[17] '살인 인증 사진'을 올린 네티즌의 정도가 좀 심했다 뿐이지 댓글 놀이는 하나의 문화 현상이 되었다. 박소영은 2015년 3월 "2000년대 초반 인터넷이 발달하면서 대중들은 포털사이트와 커뮤니티 게시판 등에 손쉽게 의견을 올리기 시작했고, 더 직접적이고 빠른 의견 개진을 위해 기사에 달린 댓글 기능을 활용하기 시작했다"면서 이렇게 말했다.

"최근에는 모바일을 통한 뉴스 소비가 일상화하면서 시간과 장소에 구애받지 않고 다양한 생각이 쏟아진다. 이에 따라 댓글량이 폭발적으로 늘었다. 대중들은 기사를 읽은 후, 댓글을 달고 그에 동조하거나 반박하는 댓글을 또 단다. 댓글마다 '공감', '비공감' 아이콘을 누르는 등 '댓글놀이'에 빠져 있다."[18]

초등학생 사이에서는 베댓글 놀이가 유행했다. 베댓글은 베스트 댓글의 준말로, 댓글 중에서 추천을 가장 많이 받은 댓글을 의미한다. 사람과 디지털연구소 객원연구원 고평석은 2015년 1월 한 초등학생이 "인기 웹툰에 올린 내 댓글이 베스트가 되었다"고 자랑하자 다른 아이가 "나도 베스트가 된 적이 있다"며 "웹툰보다는 웹소설이 쉽다"고 비법을 공유했다는 이야기를 들었다면서 초등학생들이 베스트 댓글 놀이에 빠져드는 이유로 3가지를 제시했다.

첫째, 한 주간 일정이 빡빡할 만큼 바쁜 아이들은 칭찬에 대한 목마름이 있는데, 그런 '존경의 욕구'가 충족되지 않는 상황에서 베스트 댓글은 일종의 출구로 작용하고 있다. 둘째, 표현의 자유를 향한 의지로, 자기의 생각을 거침없이 드러내고 싶은 아이들에게 베스트 댓글은 좋은 실험실이다. 셋째, 관계나 정보에서 질적인 깊이보다 양을 추구하는 경향 때문이다.[19]

댓글 놀이

데이터 민족주의Data Nationalism

인터넷은 전 세계를 하나로 연결해준다는 취지에서 출발했지만 국
가별로 인터넷 장벽을 치면서 국경 없는 인터넷 시대가 저물고 있
다는 우려가 나오고 있다. 미국 캘리포니아주립대学의 아누팜 챈
더·레 우엔 교수는 이런 글로벌 인터넷의 역주행 현상에 대해 '데
이터 민족주의'라는 이름을 붙였다.[20]

데이터 민족주의의 대표적인 사례는 중국의 만리방성 방화벽
the Great Firewall of China이다. 세계의 IT 기업들은 만리장성 방화벽의 검
열 시스템을 비판하고 있지만, 중국은 그게 무슨 문제가 되느냐고
되묻는다. 만리장성 방화벽에 대한 비판이 일자 중국 정부는 2010년
발행한 백서에서 인터넷을 '인류 지혜의 결정체'라고 칭하면서도
'중국의 법과 규정은 국가권력을 전복시키려고 하거나 국가통합을
저해하거나 국가의 명예와 이익에 위배되는 콘텐츠가 포함된 정보
의 확산을 분명하게 금한다'고 명시했다. 또 만리장성 방화벽은 단
지 국가 지위의 수호자일 뿐이라며 '중국 영토 내에서 인터넷은 중
국의 통치 아래 있다. 중국의 인터넷 통치권은 존중받고 보호받아
야 한다'라고 강조했다.[21]

중국의 데이터 민족주의에 대한 비판이 높지만 네트워크 장벽
이 높아지는 것은 세계적인 추세가 될 것이라는 견해도 있다. 예컨

대 벤처스퀘어 대표이사 명승은은 2013년 "중국의 인터넷 만리장성the Great Firewall은 외국에서 들어오는 정보를 선별적으로 차단하기 위한 정치적인 의도로 구축되었는데, 앞으로 인터넷 네트워크 분리의 전범典範이 될지도 모른다" 면서 "네트워크 국경의 벽이 차츰 높아지고 있다"고 했다.[22]

실제 미국의 시사종합지 『애틀랜틱』은 2013년 발생한 프리즘 사태 때문에 데이터 민족주의가 대두하고 있다고 분석했다. 미국이 인터넷 익스플로러·구글·아마존 등을 통해 인터넷 트래픽을 감시한다는 스노든의 폭로가 터져나온 후 '글로벌 지역분할 네트워크'가 태동하고 있다는 것이다. 예컨대 EU는 미국의 인터넷 감시망을 벗어나기 위해 브라질과 함께 독자적인 해저 광케이블 통신을 구축하고 있다. 프랑스와 말레이시아는 웹 대신 자국 내에서만 사용할 수 있는 지역 인터넷 시스템 구축에 힘을 쏟고 있다. 독일은 미국 NSA가 앙겔라 메르켈 총리의 휴대전화까지 도청하자 미국의 통제에서 벗어나기 위한 일환으로 '범유럽 클라우드 컴퓨터 네트워크' 구축 작업을 주도하고 있다.[23]

데이터 민족주의의 대두로 '인터넷의 발칸화balkanization' 현상이 더욱 심해질 것이라는 예측도 있다. 인터넷이 고립된 여러 개의 섬처럼 나뉘는 분화 현상을 일러 인터넷의 발칸화라고 한다. 데이터 민족주의는 '인터넷 주권'를 둘러싼 논란이기도 하다.

데이터 민족주의

디지털 에이징Digital Aging

IT 기기를 사용하며 똑똑하게 늙어가는 것을 일컫는 말이다. 넓게는 ICT를 잘 활용해 노인의 적극적 사회 참여를 이끌자는 뜻으로 쓰이기도 한다. 디지털 기술을 활용해 은퇴 세대에 대한 IT 교육과 재취업을 지원하고, 온라인 쇼핑몰 운영 등 창업을 지원하며 IT 보조기기 활성화, 원격진료 등을 통해 노인층이 건강하게 일할 수 있도록 하자는 의미다.[24]

2013년 6월 노인학 · 노인의학 국제연맹IAGG은 서울 코엑스에서 열린 IAGG의 제20차 세계 노인학 · 노인의학 회의에서 디지털 에이징을 주제로 삼았다. 한국 정부도 디지털 에이징을 사회적 고령화 문제를 해결하는 새로운 전략으로 받아들이고 10월 29일 관련 학술 토론회를 열어 사회의 관심을 높일 전략과 방안을 찾았다.[25]

젊은 층 못지않게 IT 기기를 활용해 정보를 얻고 교류하면서 스마트 라이프를 즐기는 노인들은 증가하고 있다. 한국갤럽 조사에 따르면 60세 이상이 쓰는 휴대전화 중 스마트폰의 비율은 2012년 1월 13퍼센트에서 2013년 11월 27퍼센트로 2배가 되었다. 60~74세는 카톡 · 밴드 · 페이스북 등 소셜네트워크서비스SNS로 친구를 만나거나 전자책 보기, 주식체크, 당뇨관리, 게임, 길찾기, 티켓예매 등을 하기도 한다.

새로운 일자리도 등장하고 있다. 1인 기업 '맥아더스쿨'의 정은상(60) 대표가 그런 경우다. 2013년 5월부터 홈페이지에서 수강 신청을 받은 뒤 6074를 방문해 스마트폰 지식을 파는 SNS 보부상역할을 하고 있는 그는 "맥아더 장군이 인천상륙작전을 했을 때 70세였다. 고령화 시대에 6074는 청춘이나 마찬가지"라고 했다.[26]

디지털 에이징을 통해 노인 세대의 재취업을 지원하고, 온라인 쇼핑몰 운영 등 창업을 지원하겠다는 정부의 전략에 대해 뜬구름 잡는 이야기라고 생각하는 사람들도 있지만,[27] 디지털 에이징의 긍정성을 강조하는 사람들도 적지 않다. 예컨대 한동회는 "디지털 에이징을 통한 활기찬 노년은 노년이 부정적인 관점이 아니라 보다 긍정적으로 지역사회에 자리하게 하며, 가족을 위한 케어 인력의 제한점과 질환 노출의 많은 장애를 극복하게 만들 것이다"면서 이렇게 말했다.

"한국의 고령화에 대한 위기극복을 해결해가는 과정을 전 세계는 관심 깊게 바라보고 있다. 이제 그 해답을 디지털 에이징에서 찾을 수 있기를 바란다. 기업들의 적극적인 참여와 과학과 기술이 접목되는 고령친화환경을 구축하여야 하며 베이비 부머세대들과 노인의 적극적 디지털화된 생활능력을 다양하게 활용할 수 있도록 기회를 제공해야 한다. 지속적으로 장노년층을 위한 정보화 능력을 국가는 키워야 할 것이다. 이러한 우리의 노력은 전 세계에 혁신적 노인복지의 대안 'K-Aging'으로 거듭날 수 있을 것이다."[28]

디지털 좀비|Digital Zombie

디지털 기기에 푹 빠져 외부 세계와 절연된 사람을 이르는 말이다.[29] 한국에서는 이슈에 몰려다니며 인터넷 공간에서 자신과 정치적 성향이 다른 사람들에게 댓글 공격을 하는 이른바 키보드 워리어 keyboard warrior를 일컫는 말로도 쓰인다. 좀비zombie는 원래 일부 아프리카·카리브해 지역 종교와 공포 이야기들에 나오는 되살아난 시체를 가리키는데, 악성 댓글을 다는 키보드 워리어들이 죽지도 않고 떼로 몰려다니는 좀비와 비슷한 행태를 보인다고 해서 디지털 좀비라고 한다.

『조선일보』 2013년 3월 19일자는 "국내 인터넷 환경을 설명하며 '좀비'라는 단어가 등장한다. 소위 '좌좀'(좌익좀비), '우좀'(우익좀비)이라는 조어가 그 예다" 면서 이렇게 말했다. "좀비는 기본적으로 떼를 형성하고, 무뇌無腦이며, 무한 증식한다. 온라인에서는 거침없는 내용의 게시물을 올리는 전사이지만, 막상 현실의 오프라인에서는 전혀 힘을 쓰지 못하는 소심한 사람들과도 같다." 문화평론가 이명석은 "인간성을 잃어버린 채 떼 지어 다니면서 인간을 사냥하는 좀비는 온라인의 익명성을 이용해 하나의 이슈에 몰려드는 키보드 워리어(전사)와 닮았다"고 했다.[30]

한국 사회에 디지털 좀비가 본격 등장한 계기는 2008년 발생한 '촛불정국'이라는 견해가 있다. 박은하는 2012년 "촛불집회 이전까지 인터넷 여론은 대체로 진보 성향이었다. 2000년대 초반 '안티조선운동'이나 '오마이뉴스' 등 진보 성향의 미디어 운동이 인터넷을 통해 펼쳐졌다. 인터넷에서 만들어진 정치 풍자물은 대체로 보수정권을 공격하는 것이었다"면서 이렇게 말했다.

"반면 최근 주요 커뮤니티 사이트에서는 보수와 진보가 치열하게 대립하고 있다. 진보 성향의 커뮤니티가 한바탕 전쟁 끝에 우파 성향으로 바뀌거나, 우파 성향인 커뮤니티들이 규모와 영향력 면에서 대대적으로 약진했다.……또 '좌좀(절대로 고집을 꺾지 않는 좌파좀비)', '우꼴(말이 안 통하는 우파꼴통)' 등 상대 진영을 비하하는 말이나, '일베충(일간베스트+벌레)', '오유X선비(오늘의 유머+위선적인 선비)', '홍꼭(빨갱이+MLB파크)', '아가리언(아고라인)' 등 특정 커뮤니티 이용자를 이념 성향과 연관 지어 조롱하는 표현이 만들어지고 있다."[31]

디지털 좀비의 가장 큰 문제는 인터넷 세상의 여론을 왜곡한다는 데 있다. 일부 특정 '아이디' 이용자가 포털 뉴스 사이트에서 특정 인물이나 지역을 비난하는 동일한 내용의 댓글을 잇달아 게시하기 때문이다. 디지털 좀비가 주로 활동하는 시간은 새벽이다. 한 포털사이트 콘텐츠 모니터링 담당자는 "새벽 1~3시 사이에 정치 뉴스 관련 댓글 도배가 폭주합니다"고 했다.[32]

디지털 지능지수 digital quotient · DQ

영국의 방송통신 규제기관인 오프콤이 고안한 지수다. 태블릿PC와 스마트폰 등 첨단 전자기기와 4세대 이동통신서비스, 애플리케이션, 3D프린터 · 스마트워치 · 인스타그램 등 디지털 환경에 대한 인식 수준을 수치화한 것이라 볼 수 있겠다. 오프콤은 2014년 8월 5일 스마트폰과 태블릿PC 등장 이후 출생한 어린이들의 디지털 기술 이해도가 조부모는 물론 부모보다 월등히 뛰어나다고 밝혔다. 6~15세 800명과 16세 이상 청소년과 성인 2,000명을 대상으로 디지털 기술 이해력을 평가한 결과, 6~7세의 디지털 지능지수 평균이 98로 45~49세의 평균값 96보다 높게 나타났다는 것이다. 디지털 기술에 대한 이해도는 14~15세가 113으로 가장 높았고 55세 이후의 성인은 60퍼센트 이상이 평균 이하를 기록해 고연령층일수록 이해도가 크게 떨어졌다.[33]

청소년의 디지털 지능 지수가 기성세대에 비해 높다는 것은 새로운 사실이 아니다. 이른바 이들은 '디지털 네이티브'로 불릴 만큼 디지털 환경에 익숙한 세대이기 때문이다. 디지털 네이티브는 태어날 때부터 디지털 기기에 둘러싸여 성장한 세대를 이르는 말로, 디지털 원어민이라고도 한다. 돈 탭스콧은 "오늘날은 '세대 차이 generation gap'가 아니라 '세대 덮기 generation lap'가 존재한다" 면서 이렇게 말했다.

"이 말은 디지털 기술의 수용과 습득 측면에서 젊은 세대가 기성세대를 월등히 앞서는 '현상'을 설명하는 것으로, 'lap'은 육상 트랙을 '한 바퀴만큼 앞서다'는 뜻을 갖고 있다. 실제로 아이들은 일상생활의 많은 영역, 특히 기술 부문에서 성인들을 '앞서고' 있다." [34]

디지털 지능지수의 차이는 성인세대와 젊은 세대가 소통하는 방식에도 차이를 가져오고 있다. 오프콤은 25세 이상 성인은 스마트 기기 사용 시간 중 20퍼센트를 전화 통화에 할애하지만, 16~24세 청소년의 통화 시간 비율은 9퍼센트에 불과하다고 했다. 청소년은 소통의 90퍼센트를 사회관계망이나 문자앱 등 문자기반 수단을 통해서 이용하고 있다. 이와 관련 구본권은 "모든 게 디지털화하는 세상에서 '디지털 지능'은 새로운 평가척도로 주목받으며 디지털 기술 이해력의 중요성을 알려준다. 디지털 기술 이해도가 떨어지는 성인세대가 자신들보다 나은 능력을 갖춘 자녀세대를 교육하고 지도해야 한다는 난감함도 불러온다"고 했다.

"디지털 기술 이해도·활용 능력 함양 못지않게 중요한 것은 세대 간 소통 격차의 확대다. 소통 방법과 도구가 다른 디지털 세대와 아날로그 세대 간에 소통이 제대로 이뤄지지 않기 때문이다. 디지털 세대를 아날로그 문명으로 되돌릴 수 없다는 점은 결국 성인세대가 젊은 세대를 이해하기 위해 더 노력해야 한다는 것을 알려준다." [35]

디지털 촌지

과거처럼 직접 만나거나 아이를 통해 전달하지 않고 모바일 메신저를 이용해 제공하는 촌지를 말한다. 모바일 메신저에 단체 채팅방을 만들어 담임교사를 초대한 후 모바일 백화점 상품권을 주는 식이다. '21세기형 촌지'라고도 한다. 디지털 촌지는 모바일 메신저를 통해 '선물하기'가 가능해지면서 등장한 현상이다.

2014년 8월 현재 모바일 메신저 상품 거래 시장 규모는 약 4,000억 원으로 추정되었는데, 모바일 백화점 상품권을 비롯해 외식 상품권, 10만 원 전후의 고가 화장품, 수십만 원짜리 가방 등 판매품목도 다양하다. 심지어 TV, 스피커, 김치냉장고 등의 고가 전자제품도 모바일 메신저를 통해 선물할 수 있다.[36]

디지털 촌지가 유행하는 것은 상대방에게 '선물하기'로 선물을 보내면 쿠폰 형식으로 메신저가 전달되기에 손쉽게 전할 수 있기 때문이다. 비밀 유지가 가능하다는 것도 디지털 촌지가 발생하는 이유 가운데 하나다. 선물 구매자와 수령자만 모바일 메신저 내 '선물함'에서 거래한 선물 내용을 확인할 수 있어 두 사람 모두 이를 삭제하면 거래 내용 확인은 사실상 불가능하다. 게다가 주고받은 흔적도 거의 남지 않는다. 결제를 할 때도 구매 상품 목록은 구체적으로 명시되지 않은 채 '인터넷상거래'로만 표시된다.[37]

서울시교육청은 2015년 3월 20일 발표한 '2015년 불법찬조금 및 촌지 근절 대책'에서 '교사가 학부모에게서 선물, 현금, 모바일 상품권' 받는 것을 촌지의 주요 유형으로 분류하고 "학부모의 개별 방문을 통한 선물은 간소한 선물이라도 원칙적으로 금지한다"고 밝혔다. 하지만 모바일 메신저를 통한 선물 전달이 이루어져도 적발하기 어렵다는 견해가 있다. 서울시교육청 감사과의 한 관계자는 "카카오톡 등 모바일 메신저에서의 선물하기도 금품이라 과도하게 받으면 문제가 될 수 있다"면서도 "그러나 메신저는 개인적인 것이라 현장에서 발견하기도 어렵고 무턱대고 휴대폰을 검사할 수 없어, 내부고발이 아닌 한 적발하기가 어렵다"고 말했다.[38]

디지털 촌지를 근절하기 위한 방법으로 모바일 상품권 운영업체가 선물을 거절할 수 있는 기능을 제공해야 한다는 주장도 있다. 한 초등학교 선생님은 "커피나 빵 같은 경우는 애들이랑 나눠 먹을 수도 있어 감사한 마음으로 받고 있지만 10만 원 이상의 백화점 상품권을 스마트폰으로 보내주는 학부모도 있다"며 "모바일 상품권은 거절하는 버튼이 없어 종이 상품권과 다르게 한 번 받으면 돌려주는 일도 쉽지 않다"고 했다.[39]

디지털 파놉티콘Digital Panopticon

인터넷과 SNS를 통해 자발적으로 자신을 공개해 모든 것이 투명해 진 사회를 이르는 말이다. 인터넷과 SNS는 무제한의 커뮤니케이션 과 자기 노출을 불러오고 있는데, 이런 커뮤니케이션과 자기 노출이 디지털 파놉티콘을 가능하게 하는 연료가 되고 있는 것이다. 소통 과 인간관계를 위해 모든 것을 공개함으로써 서로가 서로를 감시하 는 환경을 열고 있기 때문이다. 소통이 곧 감시로 이어지는 아이러 니가 발생하고 있는 셈이다.[40]

이와 관련 한병철은 『투명사회』에서 "오늘의 통제사회는 특수 한 파놉티콘적 구조를 보여준다. 서로 격리되고 고립되어 있는 벤 담식 파놉티콘의 수감자들과는 반대로 현대 통제사회의 주민들은 네트워크화되어 서로 맹렬하게 커뮤니케이션하고 있다. 고립을 통 한 고독이 아니라 과도한 커뮤니케이션이 투명성을 보장한다. 디지 털 파놉티콘의 특수성은 무엇보다도 그 속의 주민들 스스로가 자기 를 전시하고 노출함으로써 파놉티콘의 건설과 유지에 능동적으로 기여한다는 사실에서 찾을 수 있다"면서 이렇게 말했다.

"그들은 스스로를 파놉티콘적 시장에 전시한다. 포르노적 과 시와 파놉티콘적 통제가 서로를 넘나든다. 노출증과 관음증이 디지 털 파놉티콘인 인터넷을 살찌운다. 주체가 외적인 강제에 의해서가 아니라 자기발전적인 욕구에 의해서 스스로를 노출할 때, 그러니까 자신의 사적이고 은밀한 영역을 잃게 될까 하는 두려움이 그것을 버젓이 드러내놓고자 하는 욕망에 밀려날 때, 통제사회는 완성된다."[41]

디지털 파놉티콘이 전통적인 파놉티콘과 다른 점은 빅브라더와 수감자 사이의 구별이 점점 더 불분명해진다는 데에 있다. 한병철은 이렇게 말한다. "사람들 스스로 자발적으로 파놉티콘적 시선에 자기를 내맡긴다. 사람들은 자기를 노출하고 전시함으로써 열렬히 디지털 파놉티콘의 건설에 동참한다. 디지털 파놉티콘의 수감자는 피해자이자 가해자이다."[42]

디지털 필화 Digital 筆禍

SNS에 무심코 올린 글 때문에 큰 화를 입는 현상을 일컫는 말이다. '손가락이 낳은 지화指禍'라고도 한다. 디지털 필화로 인생을 망친 사람들도 등장하고 있다. 온라인 미디어그룹 인터랙티브코퍼레이션IAC의 홍보담당 이사였던 저스틴 새코(32·여)가 그런 경우다. 새코는 2013년 남아프리카공화국으로 가던 도중 영국의 히스로 국제공항에서 자신의 트위터에 "아프리카로 간다. 에이즈는 안 걸렸으면 좋겠는데. 농담이야. 난 백인이거든"이라는 메시지를 올렸다가 11시간 만에 해고당하는 비운의 주인공이 되었다. 비행하는 동안 그의 글이 3,000번이나 리트윗되어 논란이 일파만파 커졌기 때문이다.

미국 일간지 『뉴욕타임스』는 「어리석은 트윗 하나가 어떻게 저스틴 새코의 인생을 날려버렸나How One Stupid Tweet Blew Up Justine Sacco's Life」라는 기사를 통해 "소셜 미디어는 인정받고 싶어하는 욕망을 교묘하게 다루기 위해 완벽히 디자인됐지만 이번에는 그를 파멸로 이끌었다"고 했다.[43]

디지털 필화는 한국에서도 심심치 않게 발생하고 있다. 팔로어가 많아 SNS 파급력이 큰 연예인 등 유명인에게서 많이 나타나고 있다. 『서울경제』 2013년 7월 6일자는 "SNS에 남긴 글로 인한 연예인의 해명과 그들 간의 소송전도 비일비재하게 발생하고 있다"면서 이렇게 말한다.

"지난해 7월 배우 이채영은 트위터에 '심장 버튼을 끕니다'라며 자살을 암시하는 듯한 글을 올렸다가 네티즌들의 뭇매를 맞았다. 이 씨는 곧장 '문학적 의미예요'라고 해명했으나 결국 트위터를 탈퇴하는 소동을 겪었다. 가수 이효리도 지난해 '불편하다고 외면하지 마세요. 이 세상에 벌어지고 있는 우리가 먹고 있는 진실을 보세요'라는 글을 올려 고기를 먹는 사람들에게 채식을 강요한다며 네티즌들의 비난을 샀다. 지난해에는 방송인 강병규가 배우 이병헌과 이민정의 열애설이 불거지자 '트친님들 이XX 얘기해달라고 조르지 마세요. 아마 조만간 임신 소식이 들릴 겁니다'라는 글을 트위터에 올렸다가 이병헌 측으로부터 명예훼손 혐의로 고소당하기도 했다."[44]

연예인뿐만 아니라 정치인, 일반인들도 디지털 필화에 연루되고 있다. 서울의 한 인테리어 업체에 다니던 김 모(33) 씨는 2013년 트위터에 "경영진이 회사를 제대로 운영하지 않는다"고 썼다가 징계 해고되었다. 한 프로구단의 윤리경영 TF팀 소속 직원인 A씨도 2013년 "새 대표이사가 담배를 너무 많이 피우고 직원들을 강압적으로 대한다"는 글을 트위터에 올렸다가 해고되었는데, 중앙노동위원회에 부당해고 구제신청을 해 1년 만에 복직했다. 2015년 중앙노동위원회에 따르면, 이렇게 SNS에 올린 글 때문에 해고된 뒤 구제

해달라고 신청한 건수는 2012년부터 2014년까지 총 11건에 달한다.[45]

전문가들은 디지털 필화는 "자신의 이야기에 공감을 얻고 싶은 본능 때문"에 발생한다고 해석한다. 고려대 사회학과 명예교수 김문조는 SNS 글이 자극적인 이유에 대해 "SNS 사용자들은 자신의 정서를 효과적으로 드러내기 위해 감정을 농축해 글을 쓰게 된다"고 말했다. 이화여대 심리학과 교수 양윤은 "SNS에 글을 쓰는 순간 자신을 드러내면서 강한 쾌감을 느끼다 보니 이에 따르는 부정적인 영향을 미처 고려하지 못하게 된다"고 해석했다.

SNS에 올린 글로 실생활까지 피해를 보는 것과 관련해 법조계는 작성자가 책임지는 게 맞다는 의견을 내놓고 있다. 노무법인 솔빛의 박웅 노무사는 "타인이 볼 수 있는 SNS에 글을 올리는 것은 공개 의견 표명으로 간주돼 명예훼손 등의 시비에 휩싸일 수 있다"고 했다.[46] 실제 남을 비방하는 글을 SNS나 인터넷에 올렸다가 명예훼손 소송에 휘말리는 사람들이 급증하고 있다.

모바일 키즈 Mobile Kids

어렸을 때부터 태블릿PC나 스마트폰 등을 접하며 성장한 아이들을 이르는 말이다. 한 연구에 따르면 우리나라 영유아의 스마트폰 최초 이용 시기는 만 2.27세로 만 3세가 되기 전에 스마트 기기에 이미 노출되고 있는 것으로 나타났다. 이들은 대부분 하루 10~40분 정도 스마트폰을 사용하고 있으며 1시간 이상 사용하는 영유아도 9.5퍼센트에 달했다.[47]

그래서 '유아 스마트폰 증후군'이라는 말도 등장했지만 모바일 키즈를 겨냥한 비즈니스도 치열하게 벌어지고 있다. SK텔레콤이 내놓은 준키즈폰은 출시 5개월 만에 가입자가 8만 명이 넘었고 KT와 LG유플러스 등도 2014년 4분기부터 U안심 알리미 서비스, U+키즈온 등을 내놓았다. 모바일 키즈의 급증으로 기업들은 키즈용 콘텐츠를 PC보다는 모바일용으로 먼저 내놓고 있다. 예전에는 뽀로로, 코코몽처럼 TV나 책에서 먼저 히트한 캐릭터들이 모바일 앱으로 만들어졌지만 지금은 모바일 앱에서 먼저 인기를 모은 후 TV나 책으로 출시되는 식이다.[48]

모바일 키즈를 겨냥한 콘텐츠 경쟁도 치열하다. 아마존, 유튜브 등 주요 글로벌 사업자들은 모바일 키즈 전용 채널을 제공하고 있다. 구글은 2015년 12세 이하의 어린이용 검색 기능과 유튜브를 개발하겠다고 밝혔다. 구글 관계자는 "아이들이 인터넷을 사용하지 않도록 하는 것이 아니라 안전하고 즐겁게 사용할 수 있게 하고, 아이가 무엇을 사용하는지 부모가 감독할 수 있게도 할 생각이다"고 말했다. 구글의 이러한 움직임에 우려의 시선을 보내는 사람들도 적지 않다. 구글이 어린이를 상업적인 대상으로 삼을 수 있으며 어린이들의 개인 정보를 수집할 수도 있다는 우려 때문이다.[49]

V로거 Vlogger

비디오 블로거video blogger를 이르는 말이다. 유튜브·아프리카TV·판도라TV와 같은 동영상 플랫폼에서 '겜방(게임을 중계하는 방송)', '먹방(음식을 먹는 모습을 보여주는 방송)', '공방(공부방송)', '요방(요리방송)', '음방(음악방송)'에 이르기까지 자신의 끼를 발산하며 '개인 방송'을 하거나 '1인 미디어'를 운영하는 사람들이 바로 V로거다.[50]

V로거가 운영하는 영상 채널은 주요 방송사나 대형 기획사와 경쟁할 만큼 막강한 파급력을 자랑한다. 2015년 1월 미국의 엔터테인먼트 잡지 『버라이어티』가 1,500명의 미국 청소년(13~19세)을 대상으로 어떤 인기인이 그들에게 영향력이 있는지 설문조사를 한 결과, 동영상 사이트 등을 통해 볼 수 있는 V로거들이 TV나 영화에 출연하는 연예인들을 제친 것으로 나타났다. 이들은 해당 순위 1위부터 5위까지를 모두 휩쓸었다.[51]

V로거는 한국에서도 왕성하게 활동한다. 양진하는 2015년 1월 "인터넷 '1인 창작자'들의 활약이 눈부시다. 혼자서 콘텐츠를 제작해 직접 유통시키는 그야말로 '올라운드 플레이어'다"면서 이렇게 말한다.

"이들은 블로그나 동영상 사이트 등을 통해 직접 글을 쓰기도 하고, 동영상을 제작해 올리기도 한다. 기획 집필 촬영 제작 때론 출연까지 다 혼자서 한다. 물론 아마추어들이다. 그런데 이 콘텐츠에 적게는 수천, 많게는 수백만 독자들이 반응한다. 애초 돈을 벌려는 목적은 아니었고, 그렇다고 인터넷 스타가 되기 위함도 아니었지만, 호기심에서 혹은 취미 생활로 시작했는데 인터넷과 SNS에서 반응이 워낙 뜨겁다 보니 뜻하지 않는 소득까지 안겨주는 케이스가 대부분이다." [52]

유튜브의 가파른 성공을 이끈 일등공신도 바로 V로거다. 유튜브에 따르면, 2014년 상반기 국·내외 유튜브 구독자 증가수를 기준으로 가장 많이 성장한 유튜브 채널 20위 중 V로거 채널은 5개에 달했다. 특히 게임 방송과 뷰티 분야가 동영상 카테고리 중 지난 1년간 가장 두드러진 성장세를 보인 것으로 나타났다. 이런 V로거들의 활약으로 2013년 유튜브 파트너의 광고 수익은 2012년 대비 60퍼센트 증가했다. 2014년 현재 유튜브의 월평균 순 방문자는 10억 명이상이며 분당 100시간 분량의 동영상이 업로드되고 있는데, 매년 채널 구독자 수는 3배 이상 증가하고 있다. [53]

자신의 취향에 맞는 동영상 콘텐츠에 대한 수요가 급증하면서 V로거는 더욱 활발한 활동을 할 것으로 여겨지고 있다. 하지만 이를 경계하는 목소리도 있다. 예컨대 명승은은 2015년 1월 "이런 개인 방송이 인기를 얻으면서 몇 가지 우려되는 점도 있다"면서 이렇게 말했다.

"전통적인 매스미디어의 경우 콘텐츠 이용자들이 점점 외면하고 있는데도 그동안 사회적인 이슈를 제기하거나 토론을 진행하고 다큐멘터리를 만드는 등 공공성의 문맥을 갖춰온 게 사실이다. 이에 비해 MCN을 통해 유통되는 영상 콘텐츠들은 대개 사적이고 엽기적이며 보편적이지 않은 화제성에만 집중하게 될 가능성이 높다. 정치적이거나 역사와 사회에 대한 통찰을 담은 이슈, 또는 사회적 약자에 대한 주의 환기를 위한 공익적 콘텐츠는 갈수록 더 외면받기 십상이다. 보고 싶은 것만 볼 수 있는 시대가 되었기 때문에 고민해야 할 것이 더 많아졌다."[54]

블로고스피어 Blogosphere

커뮤니티나 소셜 네트워크 역할을 하는 모든 블로그의 집합 또는 문화를 의미하는 말이다. 블로그Blog, 로고스Logos, 스피어Sphere(공간)의 합성어다. 수많은 블로그는 매우 촘촘하게 연결되어 있기 때문에 이를 통해 블로거는 다른 사람의 블로그를 읽거나 링크하거나 참고해 글을 쓰기도 하고 댓글을 달 수 있다. 이게 시시하듯, 블로그스피어의 특징은 오픈 네트워크다. 이와 관련 매슈 프레이저·스미트라 두타는 이렇게 말한다. "블로고스피어에는 컴퓨터와 인터넷 접속 비용을 제외하면 진입장벽이 없다. 블로고스피어는 모든 의견이 표현될 수 있는 자유방임의 천국이다."[55]

블로고스피어가 확장한 이유를 '인정 투쟁'에서 찾는 견해가 있다. 성재민은 "블로그 이용자들이 아무런 경제적 대가나 보상이 없음에도 불구하고 블로그 활동을 열심히 하는 이유는 블로그 운영을 통해 채울 수 있는 '인정 욕구' 때문이다"면서 이렇게 말했다.

"내가 운영하는 블로그에 사람들이 찾아오고, 댓글을 달고, 의견을 나누는 경험은 무척이나 즐거운 일이다. 평범한 교사가 자동차 전문가가 되고, 대학생이 전문 사진작가 수준의 유명세를 타는 일이 어디 보통 일이겠는가? 이는 블로고스피어를 확대하는 가장 큰 매력 요인이자 오프라인에서는 쉽게 경험하기 어려운 일이다."[56]

『인사이드 애플』의 저자 애덤 라신스키는 블로고스피어는 블로그 문화를 성장시키는 데 큰 역할을 했으며, 오늘날 사회적으로 대중이나 사용자의 의견을 수집하는 데 매우 중요한 역할을 하고 있다고 말한다.[57] 하지만 블로고스피어에 대한 비판의 목소리도 만만치 않다. 비판론자들은 가뜩이나 포화된 미디어 환경 속에서 블로고스피어들이 내는 수많은 목소리 때문에 소음이 늘어났다고 지적한다. 블로고스피어는 가십, 루머, 빈정거림을 일삼는 신뢰할 수 없는 집단으로, 사실과 거짓을 구분할 수 없는 통제 불능의 무정부주의적 경향을 보인다는 비판도 있다.[58]

블로고스피어는 다양한 얼굴을 가지고 있기 때문에 이들의 성격을 하나로 규정하기는 어렵다. 하지만 블로고스피어의 왕성한 활동으로 기업들이 과거에 비해 '평판 리스크'에 노출될 위험성이 커졌다는 것은 부인할 수 없는 사실이다. 블로고스피어의 강력한 전염성 때문에 이들이 브랜드에 대한 분노를 털어놓는다면 '평판 리스크'를 감당하기 어려운 상황에 직면했기 때문이다.[59]

사이버 망명Cyber Asylum

자국 내 온라인 서버의 사용자가 자유로운 인터넷 이용에 제한을 받는다고 느껴 자신이 주로 사용하는 이메일, 블로그 등을 국내법의 효력이 미치지 않는 해외 서버를 기반으로 한 서비스로 옮겨가는 행위를 말한다. 한국은 사이버 망명 논란이 자주 발생하는 국가 중 하나다. 예컨대 정부가 2007년 '인터넷 실명제'를 도입하자 해외 사이트로 도피 행렬이 있었다. 2008년 금융위기 원인과 정부 대응의 문제점을 지적했던 '미네르바 사건' 때와 2009년 검찰이 MBC PD수첩 작가의 이메일을 공개했을 때도 사이버 망명 현상이 발생했다.[60]

2014년 한국에서는 모바일 메신저 텔레그램 열풍이 강하게 불었는데, 이 역시 사이버 망명을 하려는 사람들이 급증하면서 발생한 현상이었다. 2014년 9월 16일 검찰이 사이버상 명예훼손 전담팀을 신설한 후 다음카카오 측이 검찰 요청에 협조한 것이 밝혀지면서 이른바 '사이버 검열' 논란이 발생하자 독일에 본부를 둔 모바일 메신저 텔레그램으로 사이버 망명이 줄을 이은 것이다. 당시 검찰은 "포털 같은 공개된 서비스만 모니터링할 뿐 메신저와 같은 개인 간 대화는 대상이 아니다"고 해명하고 나섰지만 메신저 '보안 논란'이 불거지면서 텔레그램으로 쏠림 현상은 한동안 수그러들지 않았다.[61]

사이버 망명 사태 이후, 카카오톡은 단체 채팅에는 2015년 1분기, PC 버전은 2015년 2분기 내에 일대일 대화에 보안 기능을 강화한 '종단 간 암호화'를 도입하겠다고 밝혔다. 종단 간 암호화는 말 그대로 '끝에서 끝까지' 암호화한다는 의미다. 스마트폰의 카카오톡에서 특정 내용을 한쪽이 보낸 경우, 상대방이 이 메시지를 수신할 때까지 암호화된 상태로 쭉 유지되어 전달되는 것이다. '종단 간 암호화'가 도입되면 서버에도 암호가 풀리지 않은 상태로 저장되기 때문에 열쇠 없이는 내용을 알 수 없는 것으로 알려졌다.[62]

2015년 3·1절을 맞아 사이버 공간의 사찰을 규탄하는 시민단체 모임인 사이버사찰긴급행동(긴급행동)은 서울 조계사 한국불교역사문화기념관 앞에서 '3·1 사이버감시국가 독립선언' 기자회견을 열고 정부의 카카오톡 검열에 대해 "사이버 독립 만세"를 외친 후, 사이버 사찰 금지 법안 입법을 촉구하는 거리 행진을 벌였다. 이들은 사이버 감시 국가 독립, 감시 사찰에 대한 처벌 강화, 표현의 자유 침해 대처, 정보 인권 보호 단결, 사이버 사찰 금지법 제정 등 이른바 '공약 오장'도 확정해 발표했다. 이와 관련해 장여경 긴급행동 집행위원장은 "96년 전 3·1절 사건을 기억하고 잊지 않는다는 건 단순한 추억을 넘어서 지금의 사건과 결부시키는 것이다"며 "이에 독립선언서를 21세기 사이버 사찰 국면에 맞게 수정했다"고 했다.[63]

섹스마트 폰_{Sex-mart Phone}

스마트폰이 성매매 산업의 활성화를 이끌고 있다는 것을 풍자한 말이다. 스마트폰을 이용한 성매매 산업이 급속도로 확대되면서 등장한 말이라 할 수 있겠다. 『중앙일보』 2014년 2월 13일자는 "12일 취재팀이 구글 앱스토어에서 내려받은 W 유흥업소 소개 애플리케이션(앱)에는 속옷 차림의 여성 사진 수백 장이 떠 있었다. 사진을 클릭하면 나이·키·몸무게·가슴 사이즈와 함께 서울 강남 등 여성의 대략적인 현재 위치까지 떴다"면서 이렇게 말했다.

"구글 앱스토어에 '업소', '밤알바' 등의 단어를 쳐보니 성매매 알선, 성매매 업소 구인구직 앱 수십 건이 바로 뜬다. 해외 원정 성매매 업소를 소개하는 앱도 등장했다. 한국 남성들을 상대로 한 필리핀의 앙헬레스 지역이나 태국 방콕의 주요 성매매 업소를 소개하는 식이다.……성매매 업소 용어를 망라한 '밤문화 용어사전', '신음소리 모음 앱' 등 신·변종 성인 앱도 넘쳐난다. 이런 무료 포르노앱은 광고를 삽입하거나 유료 포르노 사이트로 연결해주는 식으로 불법 수익을 올리고 있다."⁶⁴

관련 범죄도 부쩍 늘고 있다. 2010년 1,345명에 그쳤던 청소년 성매매 사범은 2011년 2,006명, 2012년 4,457명 등으로 늘어난 것으로 나타났다. 일선 경찰은 수사기관이 지속적으로 단속을 하지만 청소년 성매매 사범이 계속 늘고 있는 것은 위치 확인 등이 가능한 스마트폰 채팅 앱 사용이 활성화되면서 더 손쉽게 청소년들에게 접근할 수 있게 되었기 때문이라고 말했다. 장병철은 2014년 2월 "청소년들 사이에서 인기를 끌고 있는 채팅 앱을 이용해 실험해본 결과 1시간도 채 되지 않는 짧은 시간 동안 10여 명의 성인 남성들로부터 직·간접적으로 성매매를 요청하는 메시지가 쇄도했다"면서 다음과 같이 말했다.

"채팅 앱을 설치한 뒤 단순히 15세 여자로 프로필을 설정하자마자 자신을 20~30대 남성이라고 소개한 사람들로부터 메시지가 계속 몰려들었다. 한 남성은 '지금 만날 수 있느냐'며 말을 걸어왔고 다른 남성은 '용돈이 필요하지 않느냐' 등의 제안을 해오기도 했다."[65]

섹스마트 폰

소셜 검색 Social Search

검색 결과의 적합성을 결정할 때 같은 지식에 대한 다른 이용자들의 이용 상황을 고려하는 유형의 검색을 말한다. 소셜 미디어에 올려져 있는 내용을 검색하는 데 그치지 않고 이용자들의 검색 행위에 따라 검색 결과가 결정되는 상호 의존적인 검색 체제라 할 수 있겠다. 관계적 검색 기술이라고도 한다. 팔란티리2020은 소셜 검색은 "다양한 차원에서 변화를 가져오고 있다. 우선, 새로운 검색 행동을 만들어낸다"고 했다.

"기존의 검색 서비스에서는 이용자 입장에서 클릭 앤 브라우징, 즉 질의를 입력하고 클릭한 후 결과 리스트 중에서 하나를 클릭하여 브라우징을 하는 일반적인 이용 행태를 반복해야 하는 한계가 있었다. 그러나 관계적 검색에서는 단순히 정보를 찾아주고 이용자가 이를 바탕으로 클릭 앤 브라우징을 하는 것이 아니라, 검색 자체가 다른 사람의 자료를 바탕으로 좀더 적절한 정보를 추천해주는 역할을 한다. 다른 이용자들의 행동 자료를 축적해서 이것을 바탕으로 좀더 정확한 맥락 중심의 검색 결과를 제공하는 것이다."[66]

맥락 중심의 검색 결과 제공은 소셜 검색을 통해 이용자가 원하는 정보를 쉽게 찾을 수 있도록 해준다는 것을 의미한다. 그래서 정보 찾기에서 질적인 측면을 강조하는 게 소셜 검색이 기존 검색과 차별화되는 가장 큰 특징이라고 보는 시각도 있다. 김은미 등은 "기존 검색의 목적이 관련성 높은 정보를 널리, 많이, 빨리 찾는 데 있다면, 소셜 검색은 검색의 주관적 정확도에 좀더 초점을 둔다"면서 이렇게 말했다.

"단순히 주변에서 기름을 가장 싸게 파는 주유소를 검색할 때는 이전 방식이 더 유리하다. 가격이라는 명확한 기준이 있으니 인근 주유소의 가격 정보를 샅샅이 뒤져 비교해보면 정확한 결과를 얻을 수 있다. 그런데 요즘 볼 만한 영화가 뭘까라든지, 친구들과 연말파티를 하기 좋은 장소는 어디일까 하는 검색이라면 기존의 검색 방식대로 무조건 가장 많은 사람의 평가를 평균 내는 방법은 미덥지가 않다. 소셜 검색이 갖는 단점은 새로운 정보를 발견하기가 상대적으로 어려울 수 있다는 것이다. 본래 끼리끼리는 유사한 정보를 갖게 마련이므로 상대가 아는 것을 내가 알고 있을 확률이 높기 때문이다."[67]

페이스북이 제공하고 있는 그래프 서치Graph Search가 대표적인 소셜 검색 서비스다. SNS와 빅데이터를 기반으로 삼고 있는 그래프 서치는 페이스북 이용자들이 공개한 정보를 바탕으로 맞춤형 검색을 제공하고 있다.

SNS 우울증

"취업 준비 중인데 친구들이 회식이나 출장 사진을 올리면 나만 낙오자가 된 것 같아 무기력해진다." "직장 동료가 값비싼 기념일 선물을 받아 SNS에 자랑하면 비교가 돼 연애도 하기 싫어진다." "예쁜 친구의 인스타그램을 보다가 참지 못하고 성형을 했다." "럭셔리 블로거들을 보면 내 삶이 처량해진다."[68]

SNS에 올라오는 타인의 글이나 사진 등을 보고 이렇게 상대적 박탈감을 호소하는 사람들이 적지 않다. 이렇듯 다른 사람이 올린 SNS 게시물을 보고 느끼는 상대적 박탈감 등을 일러 SNS 우울증이라 한다. 다른 사람들의 일상이나 여행 사진, 글 등을 보다가 자신의 상황과 비교를 하게 되어 유독 자신의 삶만 지극히 평범하게 생각하거나 불행하게 여기는 것이다.

SNS 사용이 우울증을 유발한다는 해석은 오래전부터 나왔다. 2012년 미국 미주리 과학기술대학 연구팀은 대학생 216명을 상대로 조사한 결과 SNS에 많은 시간을 쓰는 사람일수록 우울증을 앓을 확률이 크다고 했다. 같은 해 오스트리아 인스브루크대학 연구팀(페이스북 이용자 300명 대상) 조사에서도 '페이스북을 오래 사용할수록 우울감을 느끼기 쉽고 자존감이 낮아진다'는 결과가 나왔다. 2013년 1월 독일의 한 연구진은 페이스북 이용자 가운데 30퍼센트

가 페이스북을 사용한 이후 기분이 나빠졌다는 답변을 했다고 발표했다.[69]

SNS 우울증을 호소하는 사람들은 갈수록 증가하고 있다. '김현철 공감과성장 정신건강의학과의원' 원장 김현철은 2015년 "불면증이나 폭식증에 시달린다거나 감정 기복이 심해졌다며 병원을 찾아온 사람들과 상담해보니 이들의 SNS 사용이 최근 부쩍 늘었음을 알 수 있었다"며 병원을 찾는 10~20대 환자 10명 중 5명 이상은 'SNS로 인한 우울감'을 호소한다고 했다. 이어 그는 "사이버 공간에서 자라온 10~20대들은 현실과 사이버공간 간 장벽을 거의 못 느껴 쉽게 우울감을 느낀다"며 "비교의식이나 열등감이 너무 심해지면 SNS를 탈퇴하는 게 가장 좋고, 어렵다면 열등감을 느끼게 하는 대상을 차단하거나 거리 두기를 하는 게 방법"이라고 했다.[70]

미국 미시간대학의 마가렛 더피 교수는 "페이스북 유저들은 친구가 호화스러운 휴가나 좋은 집, 비싼 차 등과 관련한 포스팅을 했을 때 이를 보고 특히 스트레스를 많이 받는 것으로 나타났다"면서 "SNS에 글을 올리는 사람들은 자신의 삶에서 가장 아름다운 장밋빛 순간만을 골라 올린 것이라는 사실을 명심해야 한다"고 조언했다.[71]

SNS 이별

스마트폰과 SNS가 발달하면서 등장한 이별 유형으로, 전화 · 메신저 · SNS 등으로 관계를 끝내는 행위를 말한다. 결혼정보업체 듀오가 2015년 2월 20 · 30대 미혼남녀 650명(남성 327명, 여성 323명)을 대상으로 '고백이나 이별 통보를 SNS 메신저로 해본 적이 있습니까?'라는 설문조사를 실시한 결과 응답자의 62.9퍼센트가 '그렇다'고 답한 것으로 나타났다. '고백이나 이별 통보를 SNS 메신저로 하는 이유'에 대해선 '상대의 반응을 피하고 싶어서(두려워서)'가 33.5퍼센트로 1위를 차지했다.[72]

SNS 이별은 남녀관계에서만 나타나는 게 아니라 친구, 동아리, 스터디 등 20대와 30대의 인간관계 전반에서 나타나고 있다. 예컨대 언론사 입사를 준비 중인 유 모 씨(27)는 10개월 새 스터디를 6번이나 그만두었는데, 그중 5번은 카카오톡으로 스터디 중단을 통보했다. 채팅방에 스터디를 그만둔다는 말을 남긴 뒤, 스터디원들이 반응을 보일까 모두 잠든 새벽 시간에 채팅방의 '나가기' 버튼을 누른 적도 있다. 유 씨는 "직접 마주하고 말을 하는 게 진정성 있는 이별이라고 생각하지만, 그때의 감정 소모가 두려울 수밖에 없다"며 "스터디는 인간관계 외에도 '효율성'을 따져야 하는 곳이다. 미안한 마음에 갈팡질팡하지만 결국 효율성을 선택하게 된다"고 했다.[73]

중앙대 사회학과 교수 이나영은 메신저나 SNS를 통해 맺어지는 20·30의 관계는 "인간관계라기보다 접속과 단순 연결에 가깝"기 때문에 SNS 이별 현상이 발생한다고 말한다. "SNS 연결망은 확장되는 것처럼 보이지만 그 망 자체가 옛날처럼 견고한 구조를 통한 지속성이 있다고 보지 않는다"며 "접속만 끊으면 커뮤니티를 떠날 수 있으니 지속성을 보장하기 어렵다"는 것이다. 이어 이나영은 "광범위한 네트워크로 연결돼 있는 것 같지만 관계는 파편화돼 있고 얕다. 그래서 공허하다"고 했다.

SNS 이별을 꼭 나쁘게만 볼 필요가 없다는 견해도 있다. 서강대 사회학과 교수 전상진은 '인스턴트 관계'는 한국뿐 아니라 전 세계적인 현상으로, 젊은 세대를 중심으로 '탈전통적 공동체'를 형성해가는 것이라고 분석했다. 그는 "탈전통적 공동체는 거리응원 같은 것"이라면서 "사람들이 이해타산을 생각지 않고 정서적 공감을 하고 싶다는 이유로 만나는 거리응원은 매우 뜨겁지만, 끝나고 나면 뒤도 돌아보지 않고 각자의 길을" 가는데 "이게 바로 전통에서 벗어난 탈전통적 공동체의 전형적인 모습"이라는 것이다. 이어 그는 "어깨를 마주치면서 관계를 맺긴 하지만 서로에 대한 의무감은 지극히 약해진, 새로운 형식의 관계 맺음이라고 볼 수 있다"고 했다.[74]

SNS 허세

다른 사람들을 의식해 자신의 삶을 과장해서 SNS에 올리는 행태를 말한다. 본 것, 먹은 것, 알고 있는 것, 구매한 것에 대해 자랑 아닌 듯 자랑하는 유형이나 자신의 이야기와 생각을 전하면서 명언을 인용하거나 불필요한 영어를 남발하는 것 등이 SNS 허세의 대표적인 사례다.[75]

오영제는 "프로필에 '카카오톡에 들어올 시간도 없음' (그럼 이건 언제 들어와서 쓴 거지요?)이라고 적는다거나, 우는 사진 셀카(눈물이 날 때 달려가 핸드폰을 집어들고 셀카를 찍다니!), 병실에 누워 링거를 맞으며 눈을 감고 셀카를 찍은 모 연예인의 경우도 모두 허세형에 속한다"고 했다. 실제 영국의 한 여론조사 기관이 여성 2,000여 명을 대상으로 소셜 미디어에서 거짓말 빈도수를 조사한 결과에 따르면, 4분의 1에 가까운 사람이 한 달에 1~3회가량 SNS에서 자신의 삶에 대해 과장하거나 거짓말을 한다고 답했다.[76]

정도의 차이일 뿐 SNS 허세는 대세로 자리 잡았다. SNS의 본질 가운데 하나가 자기 노출이기 때문이다. 이와 관련 박권일은 "트위터 · 페이스북 같은 SNS 서비스를 들여다보면, 거의 연극성 인격 장애처럼 보이는 사람을 수도 없이 발견할 수 있다. 보기 딱할 정도의 앙상한 허세로 자신을 치장하거나, 누가 봐도 거짓말일 게 뻔한 자기 인생 이야기를 늘어놓는다. 사소한 에피소드에 지나치게 기뻐하며 축하해달라고 한다거나, 아니면 세상이 끝나기라도 한 것처럼 우울한 포즈를 취하기도 한다"면서 자신은 "이것을 자기 전시 욕망 desire for self display이라 부르고 싶다"고 말했다.[77]

SNS 허세는 생존투쟁의 성격을 갖고 있기도 하다. 청소년들 사이에서 유행하고 있는 SNS 유령친구가 그런 경우다. 인터넷 검색창에는 유령친구를 사귈 수 있는 방법을 묻는 질문부터 유령친구를 구한다는 글이 올라오고 있으며, 아예 유령친구 맺기를 도와준다는 카페도 있다. 상대방에 대한 얼굴도 이름도 모르는 채 SNS에서 오로지 아이디 상으로만 아는 가짜 친구를 일러 SNS 유령친구라 하는데, SNS 유령친구 현상은 SNS 친구가 적으면 왕따로 여기는 분위기에서 비롯된 것이다.[78]

2014년 들어 '안티 SNS'가 빠른 속도로 확산했는데, 이 역시 SNS 허세와 관련이 있다는 견해가 있다. SNS에 글을 올릴 때 '남들이 욕하지 않을까', '너무 허세를 떠는 것처럼 보이지 않을까' 하는 걱정 때문에 자기 검열을 하는 사람들이 늘고 있고 이들을 중심으로 '안티 SNS'가 확산되고 있다는 것이다.[79]

연결과잉overconnectivity

어떤 시스템이 내외부에서 연결성이 급격히 높아질 때 일어나는 현상을 가리키며 이때 시스템 전체는 아니라 해도 그 일부는 적응 불능 상태에 빠진다는 사실을 의미하는 말이다. 윌리엄 데이비도는 『과잉연결시대』에서 "연결과잉은 때로 폭력을 부른다. 심각한 사고의 원인이 되기도 한다. 한 회사, 심지어는 한 국가를 파멸의 위기에 빠뜨릴 수도 있다"면서 이렇게 말한다.

"오늘날엔 연결성이 강화될수록 문제는 커지기만 한다. 지역적 문제가 국가적 문제로, 국가적 위기가 국제적 위기로 전개된다. 인터넷의 영향으로 모든 형태의 상호연결성이 높아지고 견고해지면서, 사회는 점점 상호의존 상태에 놓이게 되었다.……나는 우리가 겪은 금융 위기의 근본적 뿌리가 바로 '연결과잉' 현상에 있다고 자신 있게 말할 수 있다."[80]

상호연결성의 급작스러운 증가는 2가지 가능성을 안고 있다. 첫째는 상호연결성으로 말미암아 매우 급격한 변화가 일어난다는 것이고 둘째는 주변 환경이 기술의 변화를 따라잡지 못해 상당한 문화지체를 일으킬 수 있다는 것이다. 데이비도는 "연결성의 과도한 증가는 그 연결 존재를 갑작스럽게 변화시키며, 그에 따라 우리의 제도나 사회적·경제적 기관들 또한 급격한 환경 변화를 겪게"

되는데 "엄청나게 민첩한 움직임을 보이지 못하는 한, 제도나 기관들은 환경 변화를 따라잡지 못한다. 이는 또다시 상당한 문화지체 현상을 낳는다"고 했다.[81]

연결과잉이 통제 불능 등과 같은 수많은 부작용을 낳으면서 사회 전체를 파멸의 위기에 빠뜨릴 수 있다는 우려도 제기되고 있다. 하지만 기술의 발달은 연결과잉을 더욱 심화시키고 있으며, 사회 분위기는 연결을 가능케 하는 신기술에 대한 예찬으로 흐르고 있다. 이와 관련해 이상욱은 첨단 기술에 대한 전망에는 늘 상당한 과장과 선택적 부각이 있기 마련이라면서 '똑똑한' 네트워크에 의존하는 삶이 항상 좋은 것인지 따져보아야 한다고 말한다.

"길거리를 걸어가는 행인으로부터 정보를 수집하여 그에게 잘 어울릴 것 같은 옷을 입은 모습을 비추어주는 옷 가게의 쇼윈도를 생각해보자. 이런 기술을 환영할 사람도 있겠지만, '나는 좀 내버려 달라!'고 요구할 사람도 많을 것이다. 물론 우리가 이미 끊임없이 울려대는 '카톡!' 소리에 익숙해졌듯, 충분한 시간이 흐르면 우리 모두 '똑똑한' 옷 광고를 그저 익숙한 삶의 풍경으로 받아들이게 될 수도 있다. 하지만 우리가 결국에는 기술에 익숙해질 수 있다는 사실이 그 기술을 선택해야 할 이유가 될 수는 없다. 사회적으로 큰 파급효과를 지닐 기술을 선택하는 과정에서 우리가 그보다는 훨씬 더 나은 이유를 요구하는 것이 당연하다."[82]

유튜브 음란물

동영상 플랫폼 유튜브에는 검색어 제한이 없어 손쉽게 음란물 검색과 시청이 가능한데, 이 때문에 유튜브에서 음란물 노출 문제가 심각하다는 지적이 많다. 한국에서 유튜브 음란물이 판을 치기 시작한 것은 2012년 9월부터 시행된 청소년보호법과 정보통신망법 이후부터다. 청소년 유해 매체물로 지정된 정보를 제공하는 사업자와 포털사이트가 성인 인증 시스템을 갖추면서 성매매와 유사 성행위를 알선하거나 관련 정보를 공유하는 인터넷 사이트들이 정부의 집중 단속을 피해 유튜브로 모여들기 시작한 것이다. 이른바 '풍선 효과'가 발생한 셈이다.[83]

『경향신문』 2014년 6월 30일자는 "30일 경향신문이 스마트폰과 PC에서 유튜브에 접속한 뒤 검색창에 '엉덩이'라고 입력하자 수많은 음란물이 검색됐다. 한 영상을 클릭해보니 상반신을 노출한 남성과 여성이 뒤엉켜 있는 장면이 1분 여간 계속됐다. 여성의 가슴이 노출되는 장면은 방송통신심의위원회(방심위)가 규정한 '노출 수위(1~4단계)' 중에서도 3단계에 해당하는 음란물로 청소년 접근 차단 대상이다"면서 이렇게 말했다.

" '섹스'나 남녀 성기를 지칭하는 단어를 검색하면 더욱 노골적인 동영상들이 올랐다. 유튜브에선 별도 로그인이나 성인인증 없이도 음란물 검색이 가능했다. 국내 동영상 공유 사이트에서는 로그인 후 성인인증이 필요하지만 유튜브에선 기본적으로 검색어 제한을 하지 않기 때문이다. 유튜브 음란물에는 불법 성인사이트 접속이나 성매매를 알선하는 인터넷주소URL 등도 포함돼 있다. 청소년들이 바로 접근 가능한 것이다."[84]

유튜브 음란물 논란에 대해 구글은 "사용자가 유튜브 내 '안전모드'를 활성화하면 음란물을 차단할 수 있다"며 사용자 책임으로 돌리고 있다. '안전모드'는 사용자가 신고한 부적절한 콘텐츠와 음란물 검색을 차단해주는 자율규제 시스템이다. 하지만 실제로 검색해보면 시청 제한 적용을 안 받는 음란물들이 태반이며 안전모드 기능을 모르는 사용자와 PC방 등 외부에서 유튜브를 이용하는 청소년이 많아 문제는 쉽게 해결되지 않고 있다는 지적도 적지 않다.[85]

정부는 유튜브 음란물에 대해 뾰족한 해법을 내놓지 못하고 있다. 해외 기업인 구글에 국내법을 강제하기 어렵기 때문이다. 시민단체와 전문가들은 해외 사이트에 대해서도 동일한 수준의 법을 적용하는 것이 필요하다고 말한다. 정완 경희대 법학전문대학원 교수는 "한국에서 서비스를 제공하는 구글코리아는 국내법 적용이 가능한데, 모기업이 미국 회사라는 이유로 국내법 적용을 꺼린다"면서 "해당 국가와 형사사법공조 등을 통해 국내법을 준수토록 하는 대안이 필요하다"고 말했다.[86]

초연결 사회|Hyper-connected Society

디지털 기술을 통해 사람과 사람, 사람과 사물, 사물과 사물, 온라인과 오프라인이 일대일 또는 일대 다수, 다수 대 다수로 긴밀하게 연결되는 사회를 말한다. 초연결hyper-connected이라는 말은 2008년 가트너가 처음 사용했는데, 이미 전 세계는 초연결사회로 진입하고 있다.

2014년 말 전 세계 현재 인터넷 사용자 수는 30억 명, 이동통신 가입자 수는 70억 명에 달하고 IPInternet Protocol 주소는 42억 개가 넘는다. 한국은 대표적인 초연결 사회다. 2014년 12월 현재 한국의 인터넷 사용률은 82퍼센트, 초고속 광대역 인터넷 보급률은 77퍼센트로 단연 으뜸이다. 최은수는 "전 세계는 휴대전화, 이메일, 문자 메시지 등을 통해 하나로 연결돼 있다"며 "이로 인해 페이스북과 유튜브, 트위터 등을 통해 시간과 공간에 관계없이 문화콘텐츠를 공유하며 동질감을 느끼는 '글로벌 시티즌Global Citizen'이 새로운 '가상 국가Fictional Country'를 만들어내고 있다"고 말했다. [87]

2014년 1월 열린 스위스 다보스에서 열린 세계경제포럼WEF은 초연결 사회의 도래를 수직적 의사결정 구조의 수평화, 지구촌 의사결정 과정의 변화 등과 함께 3대 핵심 주제로 삼았다. [88] 세계적 경영 전략가인 돈 탭스콧Don Tapscott은 '초연결로 이루는 스마트 세상Via Hyperconnectivity, Into the Smart World' 이란 주제의 강연에서 초연결 사회의 키워드를 '개방'으로 정의하면서 협업, 투명성, 지적재산공유, 자유를 초연결 사회 개방의 4대 원칙으로 제시했다. 초연결 시대에는 어떤 나라나 기업도 독자적으로 성공하기 어렵기 때문에 협업, 투명성, 공유, 권력분산을 통한 개방을 통해서만 기업 생존과 경쟁력 향상을 확보할 수 있다는 것이다.[89]

초연결 사회는 한국에서도 화두다. 박근혜 정부는 2025년까지 '초연결 창조사회'에 진입하겠다며 2014년 12월 초연결 시대의 정보화 비전과 미래상을 알리는 '초연결 창조한국 비전 선포식'을 가졌다. 이에 대해 이상욱은 "정말로 중요한 것은 '초연결 사회'의 도래 자체가 아니라 그것을 구체적으로 '어떻게' 실현시킬 것인가"라면서 이렇게 말했다.

"'초연결 사회'가 실현되는 수많은 방식 중 어떤 방식이 바람직할지를 결정하는 과정에는 다양한 기술적, 사회적, 법적 고려가 필요하다. 어떤 경우에도 절대 피해야 할 생각은 초고속 연결망이 좀더 광범위하게 깔리고 정보통신 산업에 대한 규제가 사라지기만 하면 바람직한 '초연결 사회'가 자연스럽게 등장하리라는 기대이다. 무엇보다도 '초연결 사회'에서 살아갈 시민들의 '느낌'과 '생각'이 충실하게 반영되어야 한다."[90]

초연결 사회는 피할 수 없는 대세가 되었는데, 이로 인한 부작용이 적지 않다는 지적도 있다. 그 가운데 대표적으로 거론되는 것이 바로 사이버 안보 문제다. 실제 세계 모든 나라가 법 제정, 시스템 구축, 컨트롤타워, 인력 양성, 민관·국제협력 등의 사이버 대책을 내놓으며 사이버 리스크를 예방하기 위해 노력 중이지만 사이버 안보 문제를 얼마나 해결할 수 있을지 미지수라는 분석이 일반적이다. 김명자는 "지구촌이 디지털 혁명의 경이로운 혜택을 누리려면 사이버 리스크는 어떻게든 최소화해야 한다"면서 이렇게 말했다.

"그런데 날로 진화하는 사이버 공격을 기술적 '창과 방패', 즉 '해커 대 해커'의 대전對戰으로 얼마나 해결할 수 있을지 전망이 서질 않는다. 기술의 가치價值가 인간의 가치를 앞질러 제어 기능이 상실된 것은 아닌지, 디스토피아dystopia를 면할 수 있는 기술 사회의 윤리는 무엇인지, 당장 SNS에서의 유해정보 확산은 어쩔 것인지……. 사이버 세상의 '기본'에 대해 묻게 된다. 기술 혁신 못지않게 이들 질문에 답하는 일이 초연결 사회의 과제로 남아 있다."[91]

이른바 초연결 사회의 역설도 발생하고 있다. 이와 관련 신동희는 "급속히 진행되는 초연결 사회가 분명히 우리에게 던져줄 긍정적 측면이 많지만, 프라이버시, 개인정보, 저작권 같은 민감한 사항도 충분히 보완되어야 한다"며 이렇게 말했다. "한때 SNS의 개방성, 확장성, 대중성, 소통성에 신기해하고 함몰되었던 사용자들도 때론 혼자 있고 싶어하고, 잊혀지고 싶어하기 때문이다. 그들은 어쩌면 열린 네트워크상에서 군중 속의 고독을 느끼고 있을지도 모른다. SNS에서의 가식적, 피상적으로 의미 없이 남겨야 하는 메시지에 피로해진 것이다. 초연결 사회의 역설이 아닐 수 없다."[92]

Culture Section

TALK

Trend Keyword

가베돈壁ドン

'벽'을 의미하는 '가베壁'와 '단단한 것을 칠 때 나는 소리'인 '돈ドン'을 합친 조어로, 남자가 여자를 구석으로 몰고 가 벽을 치며 "내 여자가 되어줘" 등의 오글거리는 멘트를 날리는 행동을 말한다. 우리식으로 하면 '벽치기'쯤에 해당한다. 일본 만화가 와타나베 아유의 순정만화 『L-DK』에서 등장한 가베돈은 2014년 드라마·영화·광고 등을 휩쓸며 일본 대중문화의 트렌드로 떠올랐다. 벽이 아닌마루에 여자를 밀치는 '유카돈床ドン'이나 여자가 남자에게 하는 '역逆가베돈'까지 등장했다.

가베돈 열풍을 활용한 마케팅도 등장했다. 예컨대 2014년 일본의 한 의류업체는 옷을 들고 준비된 벽 앞에 서면 남자 모델 2명이 가베돈을 하며 여성 손님에게 "어째서 그렇게까지 귀여운 거야", 남성에겐 "이 녀석, 넌 뭘 입어도 어울린다니까"라는 이벤트를 진행했다. 2014년 9월 지바현에서 개최된 '도쿄 게임쇼 2014' 행사장에선 연애 게임을 개발하는 회사 볼티지가 여성들이 장신의 미남 모델에게서 가베돈을 받는 행사를 진행했는데, 젊은 여성들의 반응은 폭발적이었다.[1]

가베돈은 박력이 아닌 '개인 영역을 침해하는 폭력 행위'라는 비판도 일었지만 일본인들의 다수는 가베돈에 호의적이다. 『아사

히신문』이 발행하는 주간지 『아에라AERA』와 익명 인터뷰를 한 40세의 일본인 여성은 키 크고 잘생긴 남자가 자신을 구석으로 몰고 가 벽을 치며 "넌 왜 이렇게 예쁜 거야. 내 여자가 되겠다고 어서 말해"라는 가베돈을 받는 것이 소원이라면서 "나보다 나이도 지위도 아래인 남자의 가베돈이 최고"라고 했다.

가베돈 열풍은 한동안 일본 사회에서 유행했던 초식남에 대한 반발 심리에서 비롯된 것으로 보는 시각이 일반적이다. 유약한 초식남草食男에게 지친 일본 여자들이 원하는 박력 있는 남성상을 보여주는 "여성들의 연애 판타지가 반영된 현상"이라는 것이다.[2] 초식동물처럼 온순하고 착한 남자를 일러 초식남이라고 한다.

『아에라』는 가베돈은 벽으로 밀치는 행위 이상의 문화적 의미를 갖게 되었다고 해석했다. 메이지明治대학 국제일본학부 교수 후지모토 유카리藤本由里는 "예전엔 '손을 잡는다'가 연애의 첫걸음이었던 것처럼 이젠 가베돈이 그런 상징이 됐다"고 말한다. 일본의 연애 카운슬러인 오다카 지에小高千枝는 『아에라』와의 인터뷰에서 "가베돈의 폭력성에만 초점을 맞춰 질색하는 것은 인기 없는 여자라는 증거"라며 "가베돈은 이미 사회 현상이 된 만큼 그 현상을 이해하고 동조하는 것만으로도 뇌에서 사랑을 담당하는 영역이 활성화되며 (여성 호르몬) 에스트로겐 분비도 늘어난다"고 주장했다.[3]

간헐적 단식

운동을 안 하고 12~24시간 굶기만 해도 살이 빠진다는 다이어트다. 공복을 유지하는 상태가 주기적으로 반복되면 그만큼 위의 크기가 줄어들고 자연스레 음식물에서 나오는 독소도 적어져 다이어트나 건강 개선 효과를 낸다는 것이다. 간헐적 단식은 영국 BBC의 다큐멘터리 프로그램 진행자인 마이클 모슬리가 『간헐적 단식법』이라는 책을 집필하면서 널리 알려졌다. 그는 이 책에서 '먹고, 단식하고, 장수하라' 등 3가지를 강조하면서 이른바 5대 2 다이어트 방법을 제시했다. 1주일에 5일은 충분히 식사하되, 2일은 제한된 칼로리 내에서 섭취하라는 것이다.[4]

한국 사회에 '간헐적 단식' 열풍을 몰고 온 것은 SBS 스페셜 〈끼니 반란〉(2부작)으로, 이후 간헐적 단식은 한국 사회에서 새로운 다이어트 트렌드로 떠올랐다. 박민수는 간헐적 단식이 새로운 트렌드로 떠오른 이유로 3가지를 제시했다. 첫째, 그간 바나나, 고구마, 키위, 단백질 등 수없이 많은 원 푸드 다이어트가 소개되었지만 별다른 해법을 제시하지 못했으며, 이젠 그런 '종류 제안 다이어트'의 소재가 고갈되었다. 둘째, 식사 횟수를 줄이면 외식 등으로 들어가는 비용이 줄어들게 되는데, 지속되는 불경기로 조금이라도 식비를 줄여야 하는 현시대적 트렌드와 맞아떨어진다. 셋째, 단식이란 개

넘이 주는 비움의 미학으로, 지금까지 현대인은 너무 많이 먹어왔는데 그런 부분에 대한 성찰적 반성으로서 단식은 매우 강한 호소력과 철학적 설득력을 가진다.[5]

간헐적 단식이 오히려 위험하다는 반론도 만만치 않게 제기되었다. 예컨대 호주 모던 필라테스 협회의 한국 지부 수석 강사 고병준은 간헐적 단식 이후가 문제라고 말한다. 그는 "간헐적 단식의 효과가 나타날 수는 있지만 장시간 공복을 유지한 후 어떤 음식을 어떻게 섭취해야 하는지 소개된 적이 없다"며 "이는 오히려 심각한 폭식으로 이어질 가능성도 배제할 수 없다"고 했다.[6]

이런 비판에 대해 〈끼니 반란〉을 연출한 이윤민 PD는 "꼭 하루에 세끼를 먹어야 한다는 것도 근거가 부족한 건 마찬가지"라며 "어떤 식습관이 좋다고 권할 수는 없지만 지나치게 많이 먹기를 부추기는 사회 속에서 '끼니 반란'은 다른 방향의 신호를 보냄으로써 균형을 맞추려는 작은 시도라고 봐줬으면 좋겠다"고 했다. 그는 또 "살을 뺄 목적이라면 '간헐적 단식'을 권하고 싶지 않다"며 "'간헐적 단식'은 일정 정도 체중 감량이 따라오지만 결국 자기의 몸의 소리에 귀를 기울이면서 생활 방식을 바꿔나가는 것"이라고 했다.[7]

강남 냉장고

이탈리아의 주방기기 전문 브랜드인 스메그SMEG에서 만든 냉장고로, 2013년경부터 강남에서 선풍적인 인기를 끌며 팔리자 '강남 냉장고'라는 이름이 붙었다. 스메그SMEG는 'Smalteric Metallurgiche Guastalla', 그러니까 metal enamelling factory in the village of Guastalla, Reggio Emilla'의 줄임말로 '지역의 작은 마을인 구아스탈라에 있는 금속 자기 공장'을 뜻한다.[8] 강남 냉장고의 인기는 어느 정도였던가? 유영규는 2013년 7월 "이탈리아에서 배로 물건이 들어오면 창고에 넣을 새도 없다. 두 달여를 기다린 예약 손님에게 바로 배달해야 하기 때문이다. 성격 급한 일부 고객은 남보다 먼저 물건을 받기 위해 70만 원에 달하는 항공 화물료를 자진해서 치르기도 한다"고 했다.

"업계엔 서울 강남 갤러리아 백화점 팝업 매장에서만 월 1억 원 이상의 매출을 올리는 것으로 알려졌지만 실상은 그 이상이다. 스메그코리아 관계자는 '알려진 팝업 매장 매출은 솔직히 미니멈 수준'이라면서 '구체적인 액수는 영업비밀이라 말할 수 없지만 정말 잘 팔린다. 상상에 맡긴다'라고 말했다."

한국에서 폭발적인 인기 때문에 스메그 본사가 있는 이탈리아 북부 구아스탈라 현지 공장은 한국의 예약 주문을 소화하려면 아예

전용라인을 두는 게 낫다는 판단에서 전체 9개 생산 라인 중 1개를 한국 전용라인으로 할당하기까지 했다.[9] 강남 냉장고의 내부 용량은 다른 냉장고에 비해서 훨씬 적지만 용량에 비해 가격은 비싼 편이다. 예컨대 스메그의 최고가 모델인 328리터짜리 2도어 냉장·냉동고(400만 원)는 비슷한 크기의 삼성 제품(55만 원)의 7배가 넘는다. 그럼에도 강남에서 불티나게 팔린 이유는 무엇 때문일까? 이해진은 "비결은 디자인 때문이라는 분석이다" 면서 이렇게 말했다.

"스메그를 구매한 이들은 스메그 냉장고의 기능이 무척 단순하고 특화된 기술도 없다고 말한다. 대신 '동글동글하고 감각적인 디자인이 좋다', '감성적인 욕구를 만족시키는 디자인이다' 라며 스메그의 디자인을 호평한다. 실제로 스메그는 마크 뉴슨, 렌조 피아노, 마리오 벨리니 등 세계적으로 이름 있는 디자이너들과 공동 작업을 진행하고 있다."[10]

게이 프라이드Gay Pride

레즈비언Lesbian · 게이Gay · 바이섹슈얼Bisexual · 트렌스젠더Transgender 등 성적 소수자LGBT들이 자신의 권리를 주장하기 위해 매년 6월 마지막 주말에 전 세계 곳곳에서 개최하는 집회·축제를 말한다. 게이 프라이드 퍼레이드Gay Pride Parade라고도 한다. 게이 프라이드는 1969년 6월 미국 뉴욕의 한 게이바에서 경찰과 시민들이 게이들을 집단 폭행한 사건에서 비롯되었다. 이 사건에서 희생된 사람들을 기억하고, 이날의 야만이 재발되지 않기를 바라면서 이듬해부터 뉴욕의 게이 활동가들이 거리행진을 시작했는데, 이게 바로 게이 프라이드의 시원이다.

게이 프라이드는 동성애자들이 당당하게 자긍심을 드러내며 억압된 감정과 표현욕을 거리에 쏟아내는 행사다. 프랑스의 사례를 통해 게이 프라이드를 한번 엿보자. 목수정은 2012년 "파리의 게이 프라이드는 해를 거듭할수록 기상천외하고, 유쾌한 상상력이 드러나는 친근한 퍼레이드로 자리 잡았다. 이젠 어른 아이 할 것 없이 그 어떤 편견도 없이 이 꿈같은 축제를 기다리고, 솜사탕을 들고 구름 위를 걷는 심정이 되어 퍼레이드의 삼매경에 빠져든다" 면서 이렇게 말했다.

"게이 프라이드는 모든 터부를 죄다 길거리에 쏟아내고 함께 깔깔 웃어주는 프랑스식의 한바탕 굿이다. 세상의 모든 억압과 차별을 비웃어주면서, 정화시키고 승화되는 거대한 굿판이 제법 효과를 거두고 있는 것만은 분명하다."[11]

2013년 6월 28일 미 연방대법원이 동성부부 차별에 대한 위헌 판결 등 '역사적 판결'을 내리자 팝가수 레이디 가가는 게이 프라이드에 참석해 성조기 대신 성소수자를 상징하는 무지개 깃발을 들고 미국 국가 중 '용감한 백성의 땅the home of the brave'이라는 가사를 '동성애자를 위한 땅the home for the gay'으로 바꿔 불렀다.[12]

애플의 CEO 팀 쿡은 애플의 LGBT 직원들을 격려하기 위해 참가한다는 명분을 내걸고 2014년 6월 샌프란시스코에서 열린 게이 프라이드에 참석, 성소수자와 이들을 지지하는 4,000여 명의 성소수자 직원들이 맞춘 단체복을 함께 입고 사진을 찍어 성정체성 논란에 휩싸였다. 이로부터 약 4개월 후인 10월 팀 쿡은 경제주간지 『비즈니스위크』 기고문을 통해 "내 성적 성향을 부인한 적은 없지만 이를 공개적으로 인정한 적도 없다"며 "분명히 말하자면 나는 내가 동성애자라는 사실이 자랑스럽고 이는 신이 내게 준 선물 중 하나라고 생각한다"고 말해 동성애자임을 밝혔다.[13]

녹색 아편

중국에서 골프를 이르는 말이다. 중국 공산화 직후 마오쩌둥毛澤東은 골프를 '백만장자를 위한 운동'이라고 비난하며 금지시켰다. 하지만 1980년대 덩샤오핑鄧小平이 해외투자를 유치하는 수단으로 골프를 활용하기 시작한 이후 2000년대 들어 골프장 수가 크게 늘었다. 이후 "앉아서 하는 것 중에는 마작, 서서 하는 것 중에는 골프가 제일 재미있다"라는 우스갯소리마저 등장할 만큼 중국에선 중산층까지 골프 열풍에 합류했다.[14]

　　2004년 중국 정부는 경작지의 사사로운 점용占用과 농민 이익 침해 등을 이유로 신규 골프장 건설뿐만 아니라 이미 진행 중인 공사 프로젝트에 대해서도 중단 명령을 내렸다. 하지만 2014년 현재 중국은 세계에서 골프장 건설 붐이 꺼지지 않은 유일한 나라로 꼽힌다. 세계경제 위기로 미국에서 골프장이 문을 닫는 동안에도 중국에서는 골프 산업이 매년 20~30퍼센트씩 성장세를 기록해 2004년 170여 개에 불과하던 골프장은 2009년에는 600개를 넘어서는 등 3배 이상으로 증가한 것이다.

　　중국 정치권에 골프는 지금도 금기 사항으로 남아 있다. 그럼에도 중국인들은 왜 녹색 아편에 빠져들고 있는 것일까? 중국의 골프 문화를 다룬 댄 워시본의 『금지된 게임』에 따르면, 이런 혼란상은 지방정부와 부동산 건설업자가 골프라는 단어를 사용하지 않고도 녹지 공간과 승마 연습장, 야외 훈련장이라는 명패를 내걸고 얼마든지 골프장을 지을 수 있기 때문이다. 이들은 때로는 '사회주의적 농촌 건설을 위한 관광 산업'이나 '생태계 회복'을 명분으로 내걸고 골프장을 짓는다.[15] 댄 워시본은 중국에서 골프는 과열된 개발 열풍에서부터 감격스러운 성공 스토리와 어두운 정치 현실까지 중국의 모든 측면을 아우르는 거대한 문명의 충돌이라고 했다.[16]

박영률은 "중국에서는 단지 무언가가 금지됐다는 이유만으로 유행하지 못하는 일은 없다. 골프도 그렇다. 여전히 부자들의 운동으로 금기시하면서도 한 켠에서는 전성기를 구가하는 곳이 중국이다"면서 이렇게 말한다.

"다만 골프 열풍이 전국을 휩쓸고 있다고 말하기에는 어폐가 있다. 아직 중국에서는 거의 10억 명의 중국인이 하루 5달러 미만의 생계비로 살아간다. 그런데도 골프장이 신문의 헤드라인을 장식한다. 골프장은 가난한 농촌 지역에 건설될 때가 많아서 호화로운 리조트가 금방이라도 쓰러질 듯한 판잣집과 개울 하나를 사이에 두고 들어서는 경우도 있다. 이렇게 극명히 대조되는 두 세계가 충돌하면서 골프는 부자들의 운동이라는 인식이 점점 굳어지는 것이다."[17]

랜선 맘

TV 프로그램에 나오는 아이들에 흠뻑 빠져 있는 여성들을 이르는 말이다. 근거리 통신망인 '랜LAN선'을 통해 접한 스타의 아이들을 제 아이처럼 아끼고 사랑한다는 뜻을 담고 있다. 애초 블로그나 SNS에서 활동하며 아이돌 스타의 일거수일투족을 챙기거나 아예 감정적으로 동화되어 아이돌 스타의 출세와 성장에 엄마처럼 기뻐하고 보람을 느끼는 사람들을 일러 랜선 맘이라 했는데, 육아 예능 프로그램에 푹 빠져 있는 젊은 층 여성들이 증가하면서 이들을 이르는 말로 쓰이고 있다. 랜선 맘은 육아 프로그램에 등장하는 아기들을 두고 '랜선으로 낳은 아이'라고 부른다.[18]

랜선 맘은 KBS 2TV의 육아 예능프로 〈슈퍼맨이 돌아왔다〉에 출연하는 탤런트 송일국의 삼둥이와 이휘재의 쌍둥이 아들, 추성훈의 딸 등이 큰 인기를 얻으면서 널리 알려졌다. 이현주는 2015년 1월 "2030 랜선 맘들은 자신의 SNS 프로필 사진에 삼둥이 사진을 올려놓거나, 메신저에서 삼둥이 이모티콘을 사용하는 등 랜선으로 낳은 아이들 사랑에 여념이 없다. 블로그에 아기들의 애교 만발 '움짤(움직이는 사진)'들을 게시하는 랜선 맘들도 부지기수다"면서 이렇게 말했다.

"박소희(27 · 회사원 · 가명) 씨는 '슈퍼맨이 돌아왔다'의 본방

사수는 물론 삼둥이의 사랑스러운 재롱만 모아놓은 '엑기스 편집본'까지 챙겨보는 열혈 랜선 맘이다. 얼마 전 삼둥이 달력을 구입한 박 씨는 자신의 SNS에 달력 구매 인증 사진까지 올렸다. 또래 여자 친구들은 박 씨의 게시물에 '나도 삼둥이 달력 샀다', '주문해놓고 배송 기다리는 중이다', '나는 삼둥이 중 대한이를 좋아한다' 등등의 댓글로 호응했다.……또 다른 랜선 맘 윤명희(26·은행원) 씨는 월요일 출근을 앞둔 일요일 밤 랜선 맘들이 인터넷에 올려놓은 편집본 동영상을 보며 힐링을 한다. 방송을 보면서 자신도 모르게 실제 엄마처럼 감정이입을 하게 된다고 윤 씨는 설명했다.……아직 혼기가 차지 않은 20대 초·중반 여성들 사이에는 아기들을 랜선 조카라 부르는 자칭 '랜선 이모'들도 있다. 스스로를 랜선 이모라고 소개한 박희진(25·대학생·가명) 씨는 '슈퍼맨이 돌아왔다'의 전회를 동영상 파일로 소장하고 있다."[19]

전문가들은 랜선 맘 현상이 불안정한 일자리, 생계 등으로 출산과 육아를 포기하는 이른바 '삼포세대'의 현실과 관련이 있다고 해석한다. 양윤 이화여대 심리학과 교수는 "랜선 맘 현상에는 대리 만족과 보상심리가 얽혀 있다"며 "내가 출산과 육아가 어려우니 상대방의 생활을 보고 대신 만족하는 것으로 풀이된다"고 했다. 양윤은 또 온라인에서 서로를 발견하는 랜선 맘들은 "누군가 나와 똑같은 입장에 있을 때 내면에 있던 것을 드러내며 위안을 받는 것"이라고 말했다.[20]

현실 육아의 고충을 보여주지 않기 때문에 인기를 얻고 있다는 견해도 있다. 양성희는 2015년 1월 "리얼맘의 입장에서 육아 예능이란 현실과 달라도 참 다르다. 특히 쌍둥이 육아란 게 만만찮은 중노동인데, TV는 쌍둥이 수만큼 배가된 육아의 기쁨을 보여줄 뿐이다"면서 이렇게 말했다.

"육아 예능의 주체가 대부분 남성인데, 이것도 연예인 아빠들이나 가능한 얘기다. 주변의 젊은 남성들은 일종의 '수퍼대디' 공포증을 호소하기도 한다. 일도 잘하고, 아이와도 잘 놀아주는 만능 아빠에 대한 공포감이다. 어쨌든 이런 프로의 인기는 역설적이게도 현실 육아의 진짜 고충을 보여주지 않기 때문이다."[21]

수퍼대디 공포증 때문일까? 20~30대 남성들은 육아 예능프로그램이 부성애를 자극하기보다는 부담으로 다가온다고 말한다. 조민승(27 · 회계사 · 가명)은 삼둥이에 열광하는 여자 친구를 이해하기 힘들다고 고백했다. 그는 "귀여워하는 심정은 알겠다"면서도 "하지만 내가 키우기는 싫고 보기만 하겠다는 심리 아닌가. 현실 도피처럼 보이기도 한다"고 했다. 국민스타로 떠오른 추성훈의 딸 추사랑 편집본만 따로 챙겨본다는 임현욱(29 · 회사원 · 가명)은 "사랑이 같은 딸 하나 있었으면 좋겠다"면서도 "현실이 뒷받침이 안 된다"고 말했다.[22]

모루밍족 Morooming族

상품을 오프라인에서 보고 모바일로 구매하는 사람들을 일컫는 말이다. 스마트폰의 보급과 편리한 모바일 결제 서비스의 발달로 등장한 사람들이다. 모루밍Morooming은 모바일mobile과 쇼루밍showrooming의 합성어다. 모루밍족은 한 푼이라도 아끼기 위해 노력한다. 모루밍을 통해 상품을 구매한 한 소비자는 "최저가가 5만 원대더라. 왜 아깝게 백화점에서 사냐. 이틀 만에 가방이 왔다. 백화점 돌면서 옷 입어보고 집에 가면서 휴대전화로 결제한 적도 많다. 보통 온라인에서 결제하면 아무리 못해도 10% 정도는 더 싸다"고 했다.

모루밍족의 등장으로 하소연을 호소하는 매장 직원들이 적지 않다. 한 유통업체 관계자는 2014년 7월 "최근 젊은 고객들을 중심으로 점원의 설명을 들은 뒤 구입은 안 하고 상품번호만 스마트폰으로 사진을 찍어가는 경우도 있다"며 "아무래도 판매하는 입장에서 정성껏 설명했는데 그냥 가버리면 허무하기도 하고, 황당하다"고 토로했다.[23]

모루밍족의 증가로 가장 큰 혜택을 보는 곳은 소셜커머스 업계다. 소셜커머스 업체 티켓몬스터(티몬)의 모바일 매출 비중은 2012년 상반기 20퍼센트에서 2014년 1분기 기준으로 65퍼센트로 성장했다. 오픈마켓 업체 옥션은 모바일 쇼핑 비중이 2013년 5월 5퍼센트

대에서 2014년 6월 25퍼센트로 성장했다.[24]

모루밍족이 증가하면서 모바일 쇼핑 거래액은 급증하고 있다. 통계청이 내놓은 온라인쇼핑몰 판매매체별 거래액 자료를 보면, 2014년 1분기 모바일쇼핑 거래액은 2조 8,929억 원(잠정치)으로 2013년 1분기(1조 1,274억 원)보다 156.6퍼센트나 증가했다. 반면 2014년 1분기 PC를 이용한 인터넷쇼핑 거래액은 7조 5,747억 원으로 전년 동기보다 오히려 3.5퍼센트 감소했다. 유통업계는 '모루밍족'을 잡기 위해 모바일 앱 서비스를 내놓는 등 마케팅을 강화하고 있다.[25]

황승익 한국NFC의 대표는 "이제 쇼핑은 모루밍족이 주도하고 있다. 쇼핑몰에게는 모바일 쇼핑 시 복잡한 결제방식으로 사용에 불편을 겪던 중장년층을 끌어드릴 수 있는 기회가 될 것이며, 장바구니에서 구매를 포기하는 이탈 고객을(업계추산 20% 정도) 잡을 수 있어 매출 증가에도 큰 도움이 될 것이다"고 말했다.[26]

모바일 맘 Mobile Mom

아이를 둔 엄마 중 모바일 쇼핑을 활발하게 이용하는 사람들을 이르는 말이다. 모바일 쇼핑 시장을 주도하고 있는 집단이다. 모바일 맘은 '엄지맘mom'으로 불리기도 한다. 모바일 쇼퍼 '엄지족'과 엄마를 의미하는 '맘'을 합한 말이다. 모바일로 생필품이나 유아용품 등을 구입한다고 해서 엄지맘이라는 이름이 붙었다.

티켓몬스터 김준수 마케팅실장은 "모바일 쇼핑 시장에서 매출 상위 15개 품목 중 14개가 여성이 주 고객"이라며 "그중에서도 육아·뷰티·패션상품의 매출 비중이 가장 높다"고 말했다. 모바일 맘이 모바일 쇼핑을 선호하는 이유는 시간과 장소의 구애를 받지 않기 때문이다. 직장 생활에, 아이까지 돌보느라 대형마트를 가거나 PC를 켜고 앉아 있을 여유가 없는 이들에게 한 손으로 언제든 조작 가능한 모바일 쇼핑은 매력적일 수밖에 없는 것이다. "17개월 된 아들을 돌보다 보니 인터넷 쇼핑은 하기가 어렵"다고 밝힌 주부 배문영(35)은 "모바일 쇼핑은 아기에게 팔베개를 해주고도 스마트폰을 한 손에 들고 할 수 있다"며 "분유·기저귀·세제 등 자주 사는 품목은 일일이 고를 필요도 없고 가격도 모바일이 더 싸다"고 말했다.[27]

모바일 맘을 잡기 위한 쇼핑업체 간 경쟁도 치열하다. 모바일 쇼핑 이용 빈도가 높을 뿐만 아니라 친_親인터넷적 성향이 강해 커뮤니티나 SNS 등에서 상품 관련 정보를 나누는 것에 거리낌이 없는 등 입소문 전파 속도도 빠르기 때문이다. 소셜커머스 업체들은 수시로 가격 파괴 육아용품전을 열고 있으며, 모바일 맘이 워킹맘이라는 점을 감안해 레스토랑이나 음료·베이커리 등의 쿠폰을 싸게 파는 서비스도 내놓고 있다. 유통업체들은 모바일 맘이 모바일 쇼핑을 더 쉽고 편리하게 이용할 수 있도록 차별화된 유아용품을 선별 제안하는 '큐레이션 커머스'나 엄마들 개개인이 자주 구매하는 상품을 추천해주는 '개인 맞춤형 전단' 서비스, 오프라인 매장보다 더욱 저렴하게 쇼핑할 수 있는 모바일 전용 할인혜택 마련 등에 나서고 있다.[28]

모바일 영화

스마트폰이나 웹에 최적화된 영화를 일컫는 말이다. 모바일 영화는 스마트폰과 태블릿PC, 패블릿 등 스마트 기기의 대량 보급과 스낵 컬처의 확산으로 주목받고 있다. 출퇴근 시간이나 휴식 시간 등 10~15분 남짓한 짧은 시간에 스낵(간식)처럼 간편하게 즐길 수 있는 문화콘텐츠를 일러 스낵 컬처Snack Culture라 한다.

모바일 영화의 중심에는 포털사이트가 있다. 2013년 6월 다음 앱에서 단독 개봉한 모바일 영화 〈미생〉은 공개 2주 만에 누적 조회 수 100만을 넘겼다. 〈미생〉을 제작 지원한 다음커뮤니케이션 측은 "웹툰 〈미생〉은 워낙 취업 준비생과 신입사원, 직장인들에게 폭넓게 읽혀졌으면 좋겠다는 성원이 큰 작품이었고, 원작의 메시지를 더 많은 사람들과 공유하기 위해 모바일의 힘을 제공하게 된 것"이라고 말했다.[29]

모바일 영화를 대상으로 한 '29초 영화제'도 있다. 이름 그대로 러닝 타임이 29초짜리 영화들만 모은 영화제다. 스마트폰 등으로 언제 어디서나 영상 제작이 가능해진 만큼 누구나 아이디어와 열정만으로 영화 제작에 도전할 수 있는 기회를 열어주자는 취지로 2011년 시작되었다. 영화 전공 학생들뿐만 아니라 일반인들에게도 문을 열고 있다. '참여·개방·공유'라는 영화제 취지에 맞게 '24시간 365일 쉬지 않는 영화제'를 표방하고 있어 누리집29sfilm.com이나 전용 애플리케이션으로 영상을 올리기만 하면 자동 출품이 된다.

영화의 형식과 장르에도 아무런 제약이 없다. 매달 새롭게 제시되는 주제에 맞춰 찍어 올리기만 하면 된다. 유일한 조건은 '29초'를 정확히 지켜야 하는 것이다. 영화제 신성섭 사무국장은 "영화를 사랑하는 영상 인재들을 발굴하는 데 밑돌을 놓는다는 취지"라며 "짧은 시간에 강력하고 설득력 있는 메시지를 전하는 영화에 후한 점수가 매겨진다"라고 했다.[30]

2014년 9월 15일 개막한 '제4회 올레 국제스마트폰영화제'는 트위터의 영상 서비스인 바인과 함께 '6초상' 부문을 신설했다. 바인은 앱에서 간단히 6초짜리 영상을 제작해 공유할 수 있는 비디오 서비스다. '올레 스마트폰 영화제' 집행위원장을 맡은 이준익 감독은 "아무리 잘 만든 10분짜리 영상이라고 해도 6초짜리 영상의 파급력에 미치지 못합니다. 국적, 언어, 역사 불문의 강력한 메시지를 담은 6초짜리 영상이 전 세계에 공유되기까지는 30분이면 충분합니다"라고 했다.[31]

상영 시간이 가장 짧은 영화에 대한 도전은 계속되고 있다. 영화 제작자이자 애니메이션 감독인 너반 멀릭이 기획한 '1초 영화'도 있다. 그림 12장으로 이루어진 1초짜리 애니메이션으로, 이 영화의 예고편은 무려 1분이나 된다.[32]

보그 병신체

세계적인 패션 잡지 『보그Vogue』에 비속어 '병신'을 합한 말로, 패션 잡지에서 한글 대신 영어 단어를 소리 나는 대로 쓰고 조사만 갖다 붙인 문체를 일컫는다.[33] 비판론자들은 주변의 비아냥에도 아랑곳하지 않고 패션업계가 이른바 '있어 보인다'는 이유로 계속해서 사용한다고 지적한다. 하지만 보그 병신체는 패션 잡지에서만 사용하는 것은 아니다. 이정연은 2013년 3월 "이젠 패션 잡지만의 문제가 아니다. 케이블 방송에서 만드는 패션 관련 오디션 프로그램이나 정보전달 프로그램의 어법도 패션 잡지의 그것과 크게 다르지 않다. 패션에 대한 관심이 일상화하면서 진행되고 있는 현상이다. 패션 정보를 온라인에 올려 많은 사람의 입에 오르내리기를 바라는 블로거들의 글을 봐도 마찬가지이다"라고 했다.[34]

법률 영역은 물론이고 의학·건축 등 소위 '전문가'들이 있는 영역에서도 보그 병신체류의 표현은 다수 발견된다. 인문학자들마저 보그 병신체류의 문체를 쓴다는 지적도 있다. 『동아일보』 2013년 10월 9일자에 따르면, "일상 업무에서도 외국어와 어려운 한자가 언어 건강을 해치고 있다. 회사에서 상사와 부하 직원은 이런 말을 주고받는다. '오퍼레이션 로스의 파서빌리티가 있으니까 리포트해(운영자의 손실이 생길 수 있으니 점검해서 보고해).' 이른바 '은행 외계어'는 이렇다. '익영업일에 불입한 당발송금은 기설정된 계좌에 산입돼 처리됩니다(다음 영업일에 낸 외화송금은 이미 설정된 계좌에 포함해 처리합니다).' 인문학자들이 쓰는 '인문학 외계어'는 그 뜻을 짐작조차 하기 어렵다. '나의 텔로스는 리좀처럼 뻗어나가는 나의 시니피앙이 그 시니피에와 디페랑스 되지 않게 함으로써 그것을 주이상스의 대상이 되지 않게 컨트롤하는 것이다.'"[35]

보그 병신체가 한글을 파괴한다는 비판도 있지만 소비자들의 취향을 반영한 것이라는 지적도 있다. 예컨대 2013년 10월 민간업체가 분양하는 아파트의 80퍼센트가 보그 병신체 식의 이름을 붙였다는 지적이 일었는데, 이에 대해 건설사들은 마케팅 수요 조사 등을 통해 브랜드를 만들고 있다며 수요자들의 기호를 반영한 것이라는 설명을 내놓았다. 외래어 이름이 고급스럽다는 소비자의 생각을 반영한 결과라는 것이다.[36]

보그 병신체라는 이름은 장애인을 비하하는 것인 만큼 다른 이름을 사용해야 한다는 견해도 있다. 최우규는 보그 병신체는 "'병신'이라는 단어는 '불구, 무능, 부족, 불편, 편향' 등의 의미를 함유하고 있다. 장애인을 비하하는 단어다. 이런 올바르지 않은 태도 때문에, 병신이라는 단어는 쓰지 않는 게 맞다"고 했다.[37] 이정연 역시 "특정 매체의 이름과 장애인 비하 표현이 들어간 '보그 병신체'라는 표현부터 먼저 바꿔야겠다"고 말했다.[38]

불금

불타는 금요일의 준말로, 토요일인 다음 날은 출근 부담이 없기 때문에 금요일 밤 친구 · 동료 등과 신나는 시간을 보낸다는 의미를 담고 있는 말이다. 일상에서 벗어나 만끽하는 자유의 대명사로 통한다. 김나영은 "'불금'이라는 단어에는 더 자극적인 스트레스 해소법을 원하는 심리가 깔려 있"다면서 한국인들이 갑자기 금요일이 되면 힘을 내게 되는 원인은 무엇인지 질문을 던진 후 이렇게 말했다.

"가장 큰 이유는 쉬어도 된다는 쾌감, 그리고 여러 가지 일들을 겪어야 하는 직장에서 다소 거리를 둘 수 있다는 해방감일 겁니다. 그러나 그보다 더 큰 원인은 자신의 일상을 벗어나 굳이 어떤 대가를 교환하지 않아도 서로 가치를 나눌 수 있는 '사람들'이 있기 때문에 불금이 즐거운 일일 것입니다."[39]

불금은 전국에서 발견되는 현상지만 한국의 불금 문화를 대표하는 공간은 서울 홍대 앞, 이태원, 강남 등이다. 금요일 밤이면 이곳은 젊음을 불태우려는 청춘남녀로 장사진을 이룬다. 이와 관련 『한국일보』 2014년 7월 8일자는 "술과 춤과 인생을 소진하며 그들은 이성을 찾아 헤매고 스트레스를 해소하고 주목받는 시간을 꿈꾼다"면서 이들에게 불금이 필수적이라고 했다. 이 기사에 등장하는 사람들의 말을 들어보자. 지독한 공부벌레인 한 여대생은 "졸업까지 1년 조금 넘게 남았는데 그전까지 취업을 못할까 갑갑하다"면서도 "그렇다고 일주일 내내 책상에만 앉아 고민하기보다는 하루 정도 남자들의 시선을 즐기고 춤도 추면서 고민을 털어내야 한다"고 말했다.

대기업 영화배급사 직원인 한 남성은 "어떻게 영화관 방문객을 늘릴 수 있을지, 경쟁사는 어떤 홍보를 하고 있는지, 혹시 오늘 처리 못한 법인카드 전표는 없는지, 금요일 밤에는 이 모든 걱정을 잊을 수 있어요"라면서 자신에게 불금은 탈출구이자 자존감을 확인하는 시간이라고 했다. 청년들의 고민을 담은 책 『2030크로스』의 저자 양정무 한국예술종합학교 교수는 "그 어느 때보다 치열하게 살고 있는 한국의 20~30대가 이상과 현실의 괴리, 미래에 대한 불안으로부터 벗어나기 위해 불금에 몸부림친다"고 해석했다.[40]

불금엔 이성보다 감성의 힘이 커진다. 그래서인지 불금에는 범죄도 증가한다. 2013년 6월 경찰청은 2011년 한 해 동안 발생한 총범죄를 요일별로 분석한 결과 금요일에 전체 범죄의 15.5퍼센트(27만 1,837건)가 발생해 가장 많았다고 했다.[41] 2014년 4월 충남 금산경찰서는 슈퍼마켓에서 술과 음료수 등을 훔친 혐의(특수절도)로 김모(16) 군 등 10대 청소년 8명을 불구속 입건했는데, 이들은 경찰 조사에서 "친구들과 함께 불금(불타는 금요일)을 보내기 위해 술을 훔쳤다"고 말했다.[42]

악성코드가 불금을 노린다는 지적도 있다. 한국인터넷진흥원

KISA은 2013년 탐지된 악성코드 은닉사이트를 분석한 결과, 대규모 악성코드 유포가 주말(금요일 18시~일요일) 동안에 집중적으로 발생했다면서 이는 주말에 서버에 대한 관리자의 기술적 조치가 미흡하기 때문이라고 했다.[43] 금요일 저녁시간이 황금 시간대로 부상하면서 방송가는 불금을 겨냥해 치열한 편성 싸움을 전개하고 있다. 박수선은 2015년 1월 "'불금' 안방극장에서 편성 경쟁이 치열하게 벌어지고 있다. CJ E&M과 JTBC가 '사각지대'로 인식되어 왔던 금요일에 주력 프로그램을 전진 배치하면서 지상파 방송사들도 이 시간대에 신설 프로그램을 연달아 내놓고 있다"고 했다.[44]

브로맨스Bromance

형제brother와 로맨스romance가 결합된 조어로 남자들 사이의 진한 유
대와 우정을 지칭하는 말이다. 이른바 '남-남 케미'라 할 수 있겠
다. 브로맨스는 2015년 한국 대중문화의 핫 키워드로 등장했다.
2015년 케이블채널 최고 시청률을 연일 갱신한 tvN 〈삼시세끼〉의
차승원 · 유해진 콤비는 브로맨스 코드를 잘 구현한 대표적 사례로
꼽는다. 이와 관련 김민아는 "'절친' 사이라는 이들의 역학관계는
흥미롭다"면서 이렇게 말했다. "낚시 나갔다가 수확이 없으면 고개
를 못 든 채 돌아오는 유해진은 남편이요, 유해진이 가져온 재료로
온갖 음식을 뚝딱 만들어내면서도 '물고기가 조금만 더 컸으면 좋
겠다'고 바가지 긁는 차승원은 영락없는 아내다."⁴⁵

　이게 시사하듯, 브로맨스는 남자들 사이의 진한 우정을 보여주
면서도 이를 넘어서는 이상야릇한 분위기를 핵심 요소로 삼고 있
다. 그래서 그간 음지에서 일부 젊은 여성들을 중심으로 인기를 얻
은 BLBoys Love이나 '야오이' 코드를 밑바탕으로 하고 있다는 분석이
있다. 야오이는 '여성들이 창작하고 즐기는 남성 동성애물'을 일컫
는 말이다. 대중문화평론가 하재근은 "주시청자 층이 여성들인데,
스크린 가득 매력적 남성이 가득 차 여성들의 팬심을 자극하는 요
인이 될 수 있고, 그리고 남성들 사이의 미묘한 관계에서 금기를 넘

나드는 듯한 욕망을 자극하는 정서를 여성들이 조금 느끼고 있는 것 같"다고 했다.[46]

〈정글의 법칙〉을 연출하는 PD 이영준은 "PD로서 느끼는 '브로맨스'의 매력은 뭘까요?"라는 질문을 받고 이렇게 답했다.

"요즘 예능 프로그램은 그 어느 때보다도 '케미'를 중요하게 생각하는 것 같아요. 특히 '브로맨스'가 '케미'의 최고봉이 아닐까 싶어요. 남자 사이에 우정을 뛰어넘는 로맨스가 있다는 게 정말 매력적이죠. 남자끼리 우정이라면 터프할 것 같은데 알콩달콩한 면이 있으니 재미있잖아요? 또 '케미'로 재미를 만들어가니 스타 캐스팅에 의존할 필요도 없죠. A급 스타 하나 나오는 것보다 스타 둘이 만나서 시너지를 내면 시청률 효과가 더 높아지거든요. 소재 선택도 다채로워지고 참 장점이 많은 것 같아요."[47]

여배우 기근이 브로맨스 현상을 낳고 있다는 견해도 있다. 김민아는 "'차줌마(차승원+아줌마)'의 현란한 요리쇼에 빠져들다가도 문득 궁금해지는 게 있다. 그 많은 여자들은 다 어디로 갔을까. 영화 〈델마와 루이스〉에서 수전 서랜던과 지나 데이비스가 보여준 '워맨스womance · woman+romance'가 그립다"고 했다.[48]

선비질

선비에 어떤 행동을 뜻하는 접미사인 '질'을 붙여 만든 말이다. 다른 사람의 글이나 행동의 문제를 지적하며 비판하는 태도를 이르는 인터넷 용어로, 따분하고 고지식하며, 남에게 괜한 잔소리를 한다는 뜻으로 쓰인다. 쉽게 말해 상대를 훈계하고 가르치려 드는 사람을 비꼬는 말이라 할 수 있겠다. 선비질을 혐오하는 사람들은 '선비인 척'하지 말라고 표현한다. 한세희는 "선비는 스스로 의식 있는 개념인이라 생각하며 인터넷 여론에 휘둘리는 우매한 네티즌을 가르치려는 태도를 보인다. 실제로는 작은 약점을 크게 과장하거나, 교묘히 논리를 비틀어 큰 문제를 작은 문제와 같은 수준으로 축소하는 등 논쟁을 비생산적으로 만드는 사례가 대부분이다"면서 이렇게 말했다.

"끊임없이 벌어지는 키보드 배틀에서 살아남기 위해서는 작은 논리의 허점을 비집고 들어가거나, 논리에서 밀렸음에도 사소한 꼬투리를 잡아 반격을 가해 상대에게 정신적 피해를 줘야 한다. 그런 점에서 선비질은 키보드 워리어들의 좋은 무기다. 한 네티즌은 선비를 '도덕과 윤리를 악플의 도구로 삼는 사람'이라고 명쾌하게 정의했다."[49]

선비의 사전적 정의는 학식이 있고 행동과 예절이 바르며 의리와 원칙을 지키고 관직과 재물을 탐내지 않는 고결한 인품을 지닌 사람이다. 이렇게 좋은 뜻을 갖고 있는 말을 부정적으로 사용해도 좋은 것일까? 이런 의문을 가진 사람들도 적지 않은 것 같다.

예컨대 문유석은 "'선비'가 모멸적 용어인 세상이다. 위선 떨지 말라는 뜻이다. 속 시원한 본능의 배설은 찬양받고, 이를 경계하는 목소리는 위선과 가식으로 증오 받는다. 그러나 본능을 자제하는 것이 문명이다. 저열한 본능을 당당히 내뱉는 위악이 위선보다 나은 것이 도대체 무엇인가? 위선이 싫다며 날것의 본능에 시민권을 부여하면 어떤 세상이 될까"라면서 다음과 같이 말했다.

"1차 대전 패전 후 독일인들은 막대한 배상금 부담에 시달렸다. 이때 나치들은 사상의 자유, 표현의 자유를 주장하며 유대인의 열등함, 사악함이 모든 문제의 원흉이며 아리아인의 우수성이 '팩트'라는 우생학까지 주장했다. 그들 마음속 심연에는 지금의 고통을 남의 탓으로 돌리고 자존감을 회복하고 싶은 본능이 있었다. 결국 성실하고 착한 가장들이 이웃들을 대량 학살하고 그 피하지방으로 비누를 만들었다. 그게 우리 인간의 본능이다. 여성 차별, 흑인 차별, 이민자 증오……. 우리의 본능은 전자발찌를 채워야 할 상습 전과자다. 그래서 우리는 끊임없이 서로에게 선비질을 해야 한다."[50]

소비 행복론

엘리자베스 던과 마이클 노턴이 『당신이 지갑을 열기 전에 알아야 할 것들Happy money : the science of smarter spending』에서 주장한 행복론이다. 이들은 "돈으로 행복을 살 수 있다"고 주장하면서도 지출 방법이 행복과 만족감에 큰 영향을 준다고 말한다. 집을 사는 등 최대 규모의 구매를 하고도 사람들의 전반적인 행복 수준은 크게 나아지지 않는데, 이는 돈을 '어떻게' 써야 하는지에 대한 고민이 부족하기 때문에 발생한다는 것이다.

엘리자베스 던과 마이클 노턴은 수많은 사례 연구·조사를 통해 행복감을 최대한 끌어올릴 수 있는 지출 방법으로 5가지 원칙을 제시했다. 첫째, 주택, 볼펜 등과 같은 물질적인 것을 구매하기보다는 여행, 콘서트 관람, 특별한 식사와 같은 체험을 구매하라. 둘째, 소비의 만족감을 극대화하기 위해 지금 누리고 있는 즐거움을 잠시 뒤로 미루는 등 평범한 일상에 약간의 변화를 주어서 특별하게 만들어라. 셋째, 몇 푼 아껴보겠다고 소중한 시간을 버리지 말고 시간을 구매하라. 넷째, 먼저 돈을 내고 나중에 소비하라. '선지급·후소비'는 과소비를 막을 뿐만 아니라 소비할 때 구매한 물품을 공짜로 얻은 것처럼 느낄 수 있게 해준다. 다섯째, 소득의 일부를 다른 사람을 위해 지출하면 소득이 늘어나는 만큼의 보상을 얻을 수 있으니

다른 사람에게 투자하라.[51]

　　마이클 노턴은 행복해지기 위한 소비 습관을 알고 있으면서도 사람들이 시행착오를 겪고, 행복한 소비를 하지 못하는 이유는 무엇인지라는 질문에 대해 이렇게 말했다.

　　"우리 인생에서 무엇이 좋은지 스스로 결정하기 힘들기 때문이에요. 건강을 유지하기 위해 아이스크림을 먹지 말고 체육관에서 운동해야 한다는 걸 알고 있지만, 종종 운동을 빼먹고 아이스크림을 먹는 것처럼요. 그러니 우리는 소비를 할 때도 충분히 훈련을 해야 할 필요가 있습니다. '지금 내가 하는 소비가 정말 나를 행복하게 해 줄 것인가', '이것이 나에게 꼭 필요한 소비인가'라고요."[52]

스드메

스튜디오 촬영, 드레스 대여, 메이크업을 묶어 부르는 웨딩업계의 속어다. 결혼식을 올리기 전에 찍는 앨범 촬영에서 예식 당일 신랑 신부 화장까지 포함하는 결혼 준비의 핵심 과정을 가리키는 말이라 할 수 있겠다. 결혼 비용이 천정부지로 치솟으면서 스드메 비용 때문에 속앓이를 하는 예비부부들이 적지 않다.

웨딩플래너들은 주로 예비부부들에게 스드메 업체를 패키지로 묶어 소개해 결혼 준비를 돕는데, 주로 예비신부들을 공략한다. 한 예비신랑은 이렇게 말했다. "웨딩박람회에 가면 업체 직원들이 예비 신부만 쳐다보고 얘기해요. 대놓고 '신랑님은 이런 거 잘 모르세요' 하기도 하고요. 신랑은 '들러리' 아니면 '투명인간' 이죠."[53]

왜 이런 현상이 발생하는 것일까? 예비신랑들에 비해 예비신부들이 결혼식에 대해 집착하는 경향이 있고 '특별한 대우'를 받으려 하기 때문이다. 곽금주는 "신부들이 '평생 한 번'이라는 말 때문에 결혼식을 올릴 때는 평소와 다른 판단 기준을 갖게 된다"며 "여자는 남자에 비해서 결혼식에 대한 환상이 크고, '결혼하고 나면 고생한다'는 생각 때문에 '이번 기회에 미리 보상을 받자'는 심리가 작동한다"라고 말한다.[54]

스드메는 결혼시장에서 정보의 비대칭이 가장 심각한 분야로 꼽힌다. 웨딩플래너가 제시하는 '견적서'를 봐도 예비부부들은 드레스나 메이크업 등 각 항목의 구체적인 원래 가격을 알 수가 없기 때문이다. 스드메 패키지를 구입했다 하더라도 예상치 못한 추가 비용이 발생하는 경우도 적지 않다. 배소진은 "각 항목의 원가가 불투명하다 보니 '견적'을 내기에 따라 가격이 천차만별이다"면서 이렇게 말했다.

"대개 웨딩플래너를 통한 '스드메' 패키지 가격은 100만 원~200만 원대에서 형성된다. 그러나 실제로 지불하는 가격은 예측 불가다. '패키지' 계약을 하더라도 구체적으로 결혼 준비에 들어가면 기타 비용들이 붙기 시작한다. 메이크업 때 원장이 직접 하는 경우 추가비용을 낸다거나 신부의 머리가 짧아 연출을 하기 어려우니 연장을 하라고 권하는 식이다. 스튜디오 촬영 때는 DVD 구입과 사진을 고르는 비용까지 따로 청구하기도 한다."[55]

한국소비자원이 발표한 자료에 따르면 '스드메' 관련 소비자 피해는 2010년 37건, 2011년 45건, 2012년 43건으로 많아지는 추세다. 이 기간에 접수 처리된 125건 중 76퍼센트(95건)는 계약 해지 거절 관련 피해로 나타났다.[56] 『조선일보』 2014년 11월 5일자는 신랑·신부·혼주 101쌍을 만나는 동안 "단계마다 추가 비용이 꼭 있다"는 이야기를 수없이 들었다며 "정찰제를 하지 않는 업체가 많아, 자꾸 속는 것 같다"는 말도 여러 사람이 했다고 보도했다.

2014년 10월 새정치민주연합 신학용 의원은 공정거래위원회를 대상으로 열린 정무위원회 국정감사에서 결혼을 포함한 관혼상제 분야에 대한 불공정행위가 여전하다고 질타하며 "공정위원장은 '스드메'라는 말을 들어봤나"고 물었다. 이어 그는 "서울 강남에만 이런 업체가 3,000여 곳이 넘게 있는데 문제는 웨딩컨설팅 업체와 스드메 업체가 비밀계약을 맺어 가격을 담합해 소비자들이 세 가지를 하나하나 찾아가면 더 비싼 가격을 불러 컨설팅 업체를 찾게 만들고 있다"고 했다.[57]

취업난으로 젊은 층은 결혼을 기피하고 있는데 반해 웨딩업체의 경쟁은 치열해지고 있기 때문에 스드메 비용이 큰 폭으로 뛰고 있다는 견해도 있다. 한 해 결혼하는 사람이 한 세대 만에 10만 쌍 가까이 급감했지만 드레스 빌려주고 웨딩 사진 찍어주는 업체는 우후죽순 늘어나면서 출혈 경쟁을 하다 보니 불필요한 추가 항목을 요구하는 업체들이 생겼다는 것이다. 웨딩 산업을 20년 가까이 지켜본 한 전문가는 "소비자는 '거품이 많다'고 화내는데, 정작 업계에선 '거품이 도대체 어디 있느냐', '죽겠다'고 하소연하는 구조가 됐다"고 분석했다.[58]

어그로 _aggro_

상대방을 도발해 분노를 유발하는 행위를 일컫는 말이다. 영어 'aggressive(공격적인)'에서 유래했다. 어그로는 원래 블리자드 엔터테인먼트의 온라인 게임인 '월드 오브 워크래프트'에서 쓰이던 말로 몬스터를 공격할 때 가장 많은 데미지를 준 캐릭터에게 가는 몬스터의 '위협 수준'을 일컫는 말이었다. 그러다가 인터넷과 SNS에서 짜증나는 말과 행동을 하는 사람들의 행태를 지칭하는 말로 발전했다. 주로 '어그로를 끈다'는 식으로 쓰이는데, 어그로를 끄는 행동을 반복하는 사람을 일러 '어그로꾼'이라고 한다.[59] 어그로는 주로 악플 형태로 나타난다. 최서윤은 "어그로를 끄는 개인 또는 세력에는 두 부류가 있다"면서 이렇게 말한다.

"자신의 어그로에 걸려든 사람을 보며 즐거움을 느끼고 심지어 자존감을 확인하기 때문에 의도를 가지고 온 힘을 다해 어그로를 끄는 사람. 또 한 부류는 진심으로 해맑게 '개소리' 하는 사람. 의도의 유무라는 차이점이 있지만 둘 다 '개소리'를 한다는 데에 공통점이 있다."[60]

어그로를 온라인 인정투쟁의 산물로 보는 견해도 있다. 어그로꾼을 '공격적인 관심종자'로 보는 시각이다. 경기대 범죄심리학과 교수 이수정은 어그로는 "평소에도 생길 수 있는 공격성, 폭력성의 충동을 조절하지 못하고 즉각적으로 표출하려는 현상"이라면서 "비판을 받으면서도 지속적으로 공격적인 태도를 취하는 것은 그러면서 욕구를 충족시킬 수 있기 때문"이라고 했다. 김효정은 "정보를 조작해 관심을 받거나 '어그로'를 끌어 주목받는 '관심종자'들의 행위는 결국 특정한 욕구를 충족시키기 위해 발생하는 것이다"면서 이런 '관심종자'와 '관심글'은 집단 양극화 현상을 낳을 수 있다는 점에서 심각한 행위라고 말했다.

"캐스 선스타인 하버드대 로스쿨 교수는 자신의 저서 '루머', 공저 '불편한 인터넷' 등을 통해서 '루머는 정보의 폭포 현상 information cascades을 통해서 전파돼 집단의 논의를 양극화시킨다'고 말했다. 일정 수 이상의 사람이 허위 정보를 믿게 되면 더 많은 사람이 그것을 따라 믿게 된다. 만약 다른 정보가 들어와도 자기 합리화를 위해 정보를 무시하는 자기 검열을 하고, 다른 사람과 뜻을 같이하게 된다. 이러면서 몇몇 정보는 삭제되고 의견은 극단적으로 흐르는데, 이것이 집단으로 부딪치면 집단 양극화group polarization로 번지게 된다."61

어그로

엄마 포르노

노골적인 성애 묘사로 사회적 논란을 일으킨 영국 작가 E. L. 제임스가 쓴 3부작 소설 『그레이의 50가지 그림자』 시리즈를 이르는 말이다. 사디즘과 마조히즘적 요소를 결합한 이 책이 중년 여성들에게 폭발적인 인기를 끌자 엄마 포르노라는 별칭이 붙었다. 『그레이의 50가지 그림자』는 한국어를 비롯해 히브리어, 라트비아어, 러시아어 등 세계 51개 언어로 번역되어 선풍적인 인기를 끌며 2014년 2월 판매량 1억 권을 돌파했다.[62]

　『그레이의 50가지 그림자』는 반페미니즘적 소설이라는 비판을 받기도 했는데, '감정 사회학자' 에바 일루즈는 반페미니즘 소설이 아니라 오히려 페미니즘의 코드를 녹여둔 작품이라고 해석했다. 이에 대해선 이유진의 해설을 들어보자. "일루즈는 이 소설을 통해 여자들이 페미니즘의 평등과 자율이라는 정치적 문제를 벗어던진 채 홀가분하게 에로스의 쾌락만을 선물받게 되었다고 본다. 침대 위의 사도마조히즘적인 불평등은 하나의 유희일 뿐, 남녀의 권력 관계나 평등의 문제와도 무관해 정치적 부담이 없다. 그야말로 여자들이 가진 모든 판타지를 정교하게 충족시키는 장치다. 1억 권 판매의 원동력은 '성평등'과 '낭만적 사랑'이라는 여자들의 모순된 희망을 동시에 만족시키고, 인정투쟁에 시달리는 현대인의 사랑과 불안을 가학과 피학적 행위로써 해결하는 기괴한 줄거리 덕분이라는 것이다."[63]

2015년 2월 14일 『그레이의 50가지 그림자』 영화 개봉을 계기로 영국과 미국의 소방 당국에는 때 아닌 비상이 걸렸다. 영화 개봉을 계기로 수갑 같은 각종 도구를 이용한 모방 섹스가 늘어나 낯 뜨거운 구조 요청 전화가 급증할 수 있다는 우려 때문이었다. 미국 소비자제품안전위원회CPSC에 따르면 섹스 장난감과 관련한 부상으로 응급실을 찾는 미국인들의 숫자는 2007년 이후 2배로 늘었는데, 특히 관련 사고 대부분은 『그레이의 50가지 그림자』가 출간된 이후인 2012년과 2013년 사이에 집중된 것으로 나타났다. 미국의 CNN 방송은 "더욱 많은 사람이 실험적인 섹스를 하도록 영감을 불어넣었다"며 "이는 때로는 당황스럽고 고통스러운 결과로 이어지기도 한다"고 지적했다.[64]

『그레이의 50가지 그림자』 시리즈는 한국에서는 신통한 성적을 기록하지 못했는데, 이에 대한 김경의 해석이 재미있다. "오늘날 미국 인구의 5~10퍼센트 사람들이 사도마조히즘 섹스를 경험하고 있으며 사도마조히즘이 일종의 문화 상품으로 자리 잡았다. 하지만 우리는 아니다. 진부해도 정상적인 섹스에서 되려 안정감을 느끼는 '미개한 국민'일 뿐이다."[65]

연기돌

아이돌 중에서 연기 활동까지 병행하는 스타를 이르는 말이다. 애초 드라마 업계가 연기돌에 주목한 것은 아이돌이 매력적인 '수출 상품'이었기 때문이다. 한류 열풍에 힘입어 아이돌 스타가 출연하는 것만으로도 드라마 수출 단가가 3~4배 뛰는 현상이 발생하자 너도나도 아이돌을 드라마에 캐스팅하기 시작한 것이다.

하지만 2013년경부터 연기돌이 드라마에서 차지하는 위상은 부쩍 커졌다. 조·단역을 불문하고 아이돌 멤버가 출연하지 않는 드라마나 영화를 찾는 일이 어려워진 것이다. 이와 관련 김양희는 2014년 3월 "일주일 내내 지상파 3사 드라마에는 '연기돌(아이돌 연기자)'이 등장한다. 아이돌이 주·조연급으로 출연하지 않는 드라마를 꼽는 게 더 어려울 정도로 '연기돌'의 안방 습격은 더욱 거세지고 있다. 더불어 '연기돌'에 대한 시선도 점차 바뀌고 있다"면서 이렇게 말했다. "가수와 연기 겸업에 대한 부정적 시선도 일부 남아 있기는 하다. 하지만 '연기돌'은 한류에 편승한 일시적 바람이 아니라 이제 완전히 '현상'으로 굳어졌다."[66]

연기돌의 득세로 20대 여배우가 설 자리가 좁아지고 있다는 해석도 있다. 2014년 현재 브라운관에서 20대 여배우들이 차지해야 하는 자리는 거의 대부분 미스에이의 수지, 소녀시대의 윤아, 아이유, 애프터스쿨의 유이 같은 아이돌 출신 연기자들이 장악한 것으로 나타났다. 이와 관련해 한 연예계 관계자는 "20대 초반대의 여배우를 찾기가 힘들다. 이제 매니지먼트에서도 젊은 여자 연기자들을 키우는 데 힘을 쏟지 않는 상태다. 연기자로 키우고 싶으면 차라리 걸그룹 멤버로 넣어서 시작하는 경우가 많다"라고 했다.[67]

연기돌의 위상이 커지면서 아이돌 가수의 '연기 2모작' 행보도 갈수록 빨라지고 있다. 과거엔 가수 활동의 한계를 느낄 때 연기자로 변신을 꾀했지만 가수 데뷔 1~2년차에서부터 가요계 정상을 달리는 아이돌까지 앞다퉈 연기자 입문을 시도하고 있는 것이다. 이는 '한류 시너지 효과'를 챙기려는 계산이 작용한 것으로 분석되었다. 아이돌 가수의 생명력이 갈수록 짧아지고 있다는 것도 이들이 일찍 '연기 2모작'에 나서는 이유다. 가요 기획사의 관계자는 "아이돌 가수는 생명력이 길지 않다는 사실을 자신들 스스로 잘 알고 있다"면서 "또한 연기 겸업을 일찍 시작할수록 드라마나 영화 흥행 성적이 좋지 않더라도 가수 활동으로 손쉽게 이미지 회복을 할 수 있다는 장점도 있는 것"이라고 했다.[68]

중국 방송사들도 연기돌에 주목하고 있다. 중화권에는 의리 있는 단단한 팬덤이 존재하기 때문에 중화권 드라마에 연기돌이 출연할 경우 시청률과 화제성 두 마리 토끼를 다 잡을 수 있어 이들을 향한 중화권 드라마계의 러브콜이 이어지고 있는 것으로 분석되었다.[69]

요리의 역설cooking paradox

대형마트나 편의점에서 인스턴트 음식을 쉽게 구할 수 있게 되면서 집에서 직접 요리를 하는 사람들은 줄어들고 있다. 하지만 요리에 대한 관심은 그 어느 때보다 높아지고 있는데, 이런 현상을 일러 '요리의 역설'이라고 한다.[70] 『요리를 욕망하다』의 저자 마이클 폴란이 만든 말이다. 폴란의 문제의식은 이렇다. "주방을 포기하고 식사 준비를 식품산업에 넘겨준 역사적인 순간에, 우리는 왜 많은 시간을 들여 텔레비전에서 다른 사람들이 요리하는 모습을 지켜보고, 음식에 대해 말하며 생각하게 된 걸까?"

그런 의문을 가질 만도 한다. 오늘날 미국 가정에서 식사를 준비하는 시간은 1960년대보다 절반 이상 줄어서 하루 평균 27분밖에 되질 않으니 말이다. 이런 현상은 한국도 예외는 아니다. 한국에서도 즉석식품이나 배달요리에 대한 의존도는 갈수록 커지고 있는 추세며 '먹방'이 새로운 트렌드로 자리 잡은 지도 오래되었다. 유명 요리사가 연예인 못지않은 인기를 누리는 현상도 나타나고 있다.[71] 왕상한은 "누구나 신선하고 몸에 좋은 맛있는 음식을 먹고자" 하지만 "시간에 쫓기는 현대인들이 한 끼를 해결하기 위해 주방 일에 몇 시간을 투자하는 건 불가능한 일이"기 때문에 "'요리의 역설'은 어쩌면 당연한 현상일지 모른다"고 말한다.[72]

요리의 역설은 어쩔 수 없는 현상이겠지만 폴란은 요리의 역설로 인한 폐해도 적지 않다고 지적한다. "여성의 사회진출이 가시화되면서 요리행위 자체가 기업으로 위탁돼 '산업적 요리'가 등장, 인간의 건강에 상당한 손실을 끼쳤다"는 것이다. 폴란은 또 "산업적요리를 생산하는 기업은 설탕과 지방, 소금을 사람들이 요리할 때보다 훨씬 많이 사용하는 경향이 있다"며 "집에서 거의 쓰지 않는 새로운 화학재료를 사용해 식품보존 기간을 늘리고 실제보다 훨씬 신선해 보이도록 해 비만이 증가하고, 식단과 연관된 만성질병이 증가세를 보이고 있다"고 지적한다.[73]

폴란은 "우리는 스크린 앞에서 삶을 낭비하고 있다"면서 직접요리를 하자고 제안한다. "요리는 산만한 삶에 해독제antidote와 같다. 왜냐고? 요리는 일과 여가 활동에서조차 사용하지 않는 감각에우리를 연결한다. 만지고 냄새 맡고 맛보고. 요리를 하는 동안 손은바쁘고 하루의 근심은 사라진다." 그는 또 손수 요리할 때 시간이많이 걸린다고 말하는 사람들을 향해선 "식당까지 가서 주문하고기다리는 시간, 또는 전자레인지로 해동하는 시간을 따져보라"며다음과 같이 제안했다. "직접 요리한 음식을 가족이 나눠 먹는 게외식이나 냉동식품 섭취보다 여러모로 낫다."[74]

웹소설

웹을 통해 연재되는 소설을 일컫는다. 인터넷 소설 또는 온라인 소설로 불렸는데, 2013년 1월 네이버가 웹소설이라는 플랫폼을 출시한 후 웹소설로 불리고 있다. 네이버가 서비스한 지 1년 만에 웹소설의 조회수가 216퍼센트 성장하자 이후, 문피아, 바로북, 조아라, 북팔, 카카오페이지 등에서도 웹소설을 서비스하기 시작했다. 웹소설의 주류는 로맨스물이고 주요 이용자는 젊은 여성들이다.[75]

웹소설의 인기가 가파르게 상승하면서 전자책을 통해 출간되거나 종이책으로 나온 웹소설도 등장했다. 2차 창작물 생산이 활발하게 이루어지면서 웹소설을 원작으로 하는 영화와 드라마도 나왔다. 웹소설의 형식도 다양해졌다. 한승주는 2014년 8월 웹소설은 "3~5분 안에 읽을 수 있는 한 회에 승부를 봐야 한다. 때문에 한 회 안에 기승전결과 클라이맥스가 필요하다"면서 "종이책으로 펴낸 소설이 긴 호흡으로 볼 수 있는 영화라면, 웹소설은 연속극이다. 요즘엔 대사 옆에 인물의 캐리커처가 함께 나오고, 주요 장면이 그림으로 서비스된다"고 했다.[76]

2015년 1월 네이버가 밝힌 자료에 따르면, 2013년 1월 15일 출시된 '네이버 웹소설'에는 2년 동안 109명의 정식 연재 작가와 약 11만 명의 아마추어 창작자들의 작품이 게재되었다. 총 작품 수는

23만 개가 넘었다. 또 2014년 한 해 동안 글을 올린 작가 수는 6만 7,000여 명이었으며, 작품 수는 전년대비 115퍼센트 증가한 12만 3,000여 건이었다. '네이버 웹소설' 정식 연재 작품은 2014년 한 해 동안 총 36억 회가 넘는 조회 수를 기록하며 전년 대비 163퍼센트 성장했다. 미리보기 수입과 원고료를 합해서 한 해 동안 1억 원 이상의 수익을 올린 작가는 7명에 달했고 약 2억 8,000만 원의 수익을 얻은 작가도 있었다.[77]

웹소설을 노크하는 정통 작가도 있다. 이진백 네이버 웹소설 담당 매니저는 "출판계 불황으로 활로를 찾지 못하는 일부 순수문학 출판사가 정식으로 등단한 작가들의 작품을 웹소설에서 연재할 수 있는지 문의해왔다"고 했다. 박훈상은 2015년 2월 "'단군 이래 최대 불황'이라는 순수문학 시장에도 웹소설 성공이 알려지면서 묘한 기류가 감지되고 있다"면서 다음과 같이 말했다.

"웹소설이 순수문학 작가들에게 '억' 소리 나는 숨통을 틔워 줄까. 부정적인 전망도 있다. 웹소설 독자층에 장르문학 마니아가 많아 순수문학 작품에 지갑을 열지 미지수이고, 순수문학 작가들이 빠른 전개를 강조하는 웹소설 작법에 적응하기 어렵다는 것이다. 클릭 횟수가 돈으로 환산되는 웹소설이 문학 본래의 의미를 해친다는 근본적인 회의도 있다." 경력 10년의 문학 편집자는 "텍스트 콘텐츠가 모바일에서 팔릴 가능성을 보여줬다는 점에서 오늘날 작가들에게 시사하는 바가 크다"고 했다.[78]

이쑤시개 음악

온라인에서 노래 한 곡 듣는 값이 이쑤시개 값도 안 될 만큼 디지털 음원 가격이 싸다는 것을 풍자하는 말이다. 예컨대 2012년 공전의 히트곡 싸이의 〈강남 스타일〉은 국내 온라인 음원 사이트에서 9주 동안 다운로드로 286만 건, 듣기만 하는 스트리밍으로 2,732만 건을 기록했지만 싸이가 음원 판매에서 얻은 수입은 3,600만 원밖에 안 되었다.[79]

이쑤시개 음악 현상은 대중음악 시장의 주도권이 온라인으로 넘어가면서 발생했다. 디지털음원전송사용료 징수 규정에 따라 현재 한 곡당 듣는 가격은 12원이지만 음원 사이트에서 무제한 스트리밍 서비스를 이용하면 곡 당 가격은 절반(6원)으로 줄어든다. 여기서 생산자는 수익의 60퍼센트를, 음원 서비스 업체는 40퍼센트를 갖는다. 생산자에게 떨어지는 돈은 3.6원에 불과한 셈이다. 여기서 또 유통사 수수료 등을 떼면 실제 창작자에게 돌아가는 돈은 이보다 줄어든다.[80]

가요계는 2014년 7월 바른음원협동조합(바음협)을 출범해 '음원 제값 받기' 운동을 벌이기 시작했다. 바음협은 '창작자에게 불리한 음원 유통 구조를 개혁하자'는 취지로 뮤지션들이 나서 만든 조직이다. 바음협 신대철 이사장은 "한국은 음악이 가장 싼 나라다.

스트리밍으로 음악을 1만 회 들으면 가수는 3만 6천 원 정도 번다. 말이 되냐"면서 이렇게 하소연했다.

"스트리밍 곡 하나 당 6원의 수익이 발생한다. 이 중 2.4원 정도를 스트리밍업체가 갖는다. 남은 3.6원을 유통사에게 정산해주면 유통사는 수수료 20퍼센트를 떼고 약 2.1원을 제작사로 정산한다. 그중 저작권료는 0.6원, 실연권료는 0.36원이다. 즉, 스트리밍 곡 하나의 가격은 화장실에서 손 씻고 물기 닦는 휴지 한 장 가격인 7원보다도 싸다. 뮤지션들의 몫은 이쑤시개 하나 값인 2.1원보다도 헐값이다." 이어 신대철은 값 싸진 음악의 피해는 고스란히 소비자들에게 돌아온다면서 "이러다 옛날 홍콩영화처럼 몰락할 수도 있겠다는 생각도 든다"고 했다.[81]

『조선일보』 2015년 1월 15일자 사설은 이쑤시개 음악 현상의 "문제는 몇 천 원에 몇 천 곡이든 무한정 듣게 하는 덤핑 판매에 있다"며 다음과 같이 말했다.

"무엇보다 큰 장벽은 우리 사회에 퍼진 '음악은 공짜'라는 생각이다. 2000년 음원을 공짜로 뿌리는 인터넷 사이트가 등장할 때도 정부는 지켜보고만 있었다. 음악 산업을 망가뜨리는 무제한 '스트리밍'도 한국 업계가 제일 먼저 시작했다. 가수와 작곡·작사가를 동정해달라는 게 아니다. 사람들이 제값을 치르고 음악을 즐기도록 해야 좋은 노래가 더 많이 나온다. 지금이라도 '음악은 사서 듣는 저작물'로 제대로 대접하는 제도를 만들어야 한다."[82]

이쑤시개 음악

2차 커피족

저녁식사와 술자리를 마치고 2차로 술집 대신 '커피 한 잔'을 하러 가는 사람들을 이르는 말이다. 세계적인 '커피 공화국'답게 한국은 독특한 커피 문화도 만들어내고 있는데, 그런 문화 가운데 하나라 할 수 있겠다. 식품업체 직원 안승회(31)는 "수년 전만 해도 1차부터 집에 갈 때까지 술을 계속 마셨지만 요즘은 2차로 커피전문점을 찾는다"며 "돈도 적게 들고, 집에 가기 전에 술이 깰 수 있어 커피나 차를 마시고 있다"고 말했다. 회식을 하거나 친구들끼리 술을 마시면 노래방 대신 2차로 커피전문점을 찾는다는 것이다. 고은경은 2015년 2월 "경기불황과 건강에 대한 관심이 겹치면서 직장인들의 회식문화가 바뀌고 있다. 무조건 1차, 2차 술집으로 향하던 과거와 달리 2차는 1차 때 마신 술이 깰 수 있는 커피전문점을 찾는 이들이 늘고 있다"고 했다.[83]

커피전문점 업계에선 밤 9~12시가 제2의 피크타임으로 떠올랐다. 스타벅스 관계자는 "아침 출근시간과 점심식사 직후 시간대 다음으로 영업 종료시간을 얼마 남기지 않고 방문하는 고객이 눈에 띄게 늘었다"며 "서울 강남이나 광화문같이 이런 수요가 있는 지역의 매장은 영업 종료시간을 오후 11시로 늦추고 있다"고 했다. 아예 24시간 운영하는 매장을 늘리는 커피 전문점들도 있다.[84]

커피 공화국

한국에 커피가 처음으로 들어온 시기는 대략 1890년경으로 알려져 있는데, 이로부터 100여 년이 지난 후 한국은 세계적인 커피 공화국이 되었다. 조 엘린저 한국맥도날드 대표는 "한국인들은 저녁에도 술 대신 커피를 마시는 등 시간과 장소를 불문하고 하루 종일 커피를 찾는다"며 "가히 '커피 공화국'이라고 해도 과언이 아니다"고 말했다.[85]

농림축산식품부와 한국농수산식품유통공사가 2015년 1월 펴낸 보고서에 따르면, 한국인의 주당 커피 섭취 빈도는 12.2회를 기록해 단일 음식 가운데 가장 높았다. 1인당 연간 커피 소비량이 400잔에 육박하는 것으로, 이는 한국의 대표 음식인 김치와 쌀밥을 넘은 것이다. 국가별 1인당 커피 소비량은 핀란드, 노르웨이, 덴마크 등 북유럽이 높지만 증가 속도는 한국이 가장 빠르다.[86]

커피 소비량이 늘어나면서 커피 재료인 원두 수입도 급증하고 있다. 커피의 원재료인 원두 수입은 2013년 10만 7,122톤으로 5년 전의 9만 7,000톤보다 11퍼센트 증가했고 같은 기간 수입액은 2억 4,300만 달러에서 3억 1,770만 달러로 36퍼센트 높아졌다. 국내 커피 생산량도 크게 늘어났다. 국내 생산량은 2013년 65만 톤으로 2009년보다 25만 톤, 생산액은 1조 6,545억 원으로 5년 만에 8,620억 원 증가했다. 같은 기간 커피믹스(조제커피) 생산량은 545퍼센트, 생산액은 121퍼센트 증가했다. 하지만 전체 커피 생산량에서 커피믹스가 차지하는 비중은 같은 기간 41.5퍼센트에서 39.2퍼센트로 낮아졌다.[87]

커피 전문점도 급증했다. '한 집 건너 한 집이 커피숍'이라는 우스갯소리는 단순한 우스갯소리가 아니다. 서울시와 서울신용보증재단이 2015년 1월 27일 생활밀착형 업종 43개를 선정해 업종별·자치구별 밀집도를 조사해 펴낸 '2014 서울 자영업자 업종지도'를 보면, 커피숍은 서울 시내 25개 모든 자치구에서 5년 연속 업체 수가 늘었다. 커피숍의 급증 현상은 피시방과 견주면 뚜렷하게 알 수 있다. 2008년 4,500개였던 피시방은 2012년에는 3,000개로 줄어들었지만 2008년 5,900개였던 커피숍은 매해 늘어 2012년에는 2배에 가까운 1만 1,000개를 기록했다.[88]

커피 공화국의 어두운 면도 있다. 커피 전문점의 창업 후 생존율은 낮은 편이다. 창업한 지 1년도 안 돼 문을 닫은 커피숍은 23.1퍼센트에 달한다. 2009년 문을 연 커피숍은 2012년 현재 절반이 안 되는 47.4퍼센트만 살아남은 것으로 나타났다.[89]

프래밀리|framily

친구와 가족의 합성어로, 가족 같은 친구를 말한다. 1인 가구의 급증으로 인해 등장한 유사類似 가족이라 할 수 있겠다. 2010년 이후 3년 여간 만들어진 3억 5,000만 건이 넘는 소셜 빅데이터에서 '가족'에 대한 언급은 12.5퍼센트 이상 줄어들었지만 프래밀리는 사회 현상으로 떠오르고 있는 것으로 나타났다.

　프래밀리 현상을 잘 보여주는 것은 셰어 하우스다. 침실·책상 등 개인의 독립 공간은 따로 부여해 사생활을 보장하면서도 부엌·거실·마당 등은 공용 공간으로 지정해 1인 가구들이 모여 함께 생활하도록 고안된 주거 형태가 셰어 하우스다. 송길영은 "지켜야 할 규칙이 있고, 적당히 가까우며, 적당히 거리가 있는, 그리고 언제든 탈출할 수 있는 퇴로를 열어둔 관계는 가족이 갖는 지독한 끈끈함에 지친 이들에게 숨 쉴 수 있는 여유를 허락"한다면서 "이제 우리는 한집에 모여 살지만, 언제든지 해체하고 다시 조립할 수 있는, '가족인 듯, 가족 아닌, 가족 같은' 가족을 꿈꾸고 있"다고 했다.[90]

　소셜 다이닝social dining도 프래밀리의 한 사례라 할 수 있겠다. 관심사가 비슷한 사람끼리 만나 식사를 하는 것을 일러 소셜 다이닝이라 한다. 2015년 1월 현재 한국에는 10여 개의 소셜 다이닝 업체가 활발하게 운영되고 있다.[91]

하프 셰어족 half share族

이웃 혹은 모르는 사람들과 각종 비용을 절반씩 부담해 생활하는 사람들을 이르는 말이다. 1인 가구가 급증하면서 등장한 사람들로, 작은 의미의 공유경제 Sharing Economy를 실천하는 사람들이라 할 수 있겠다. 하프 셰어족은 이웃뿐 아니라 온라인을 통해 처음 만난 사람과 혼자 먹기 부담스러운 양의 족발·피자·치킨 같은 음식부터 쿠폰을 나눠 쓰거나 각종 생활용품 등을 함께 구입해 생활비를 절감하고 있다.[92]

일부 대학생들은 학교 커뮤니티에 음식 나눔 제안 글을 올려 파트너를 찾기도 한다. 서울 관악구 봉천동에 사는 대학생 이 모 (26) 씨는 "피자나 치킨 등 혼자 먹기에 양이 많은 음식을 시킬 때 학교 커뮤니티에 '치킨 나눔할 학우를 찾는다'는 글을 올리곤 한다"며 "같은 학교 학생들이기 때문에 밤늦게 만나도 안전하고, 무엇보다 절반씩 비용을 부담하니까 경제적으로 도움이 된다"고 말했다.[93]

하메족도 하프셰어족의 일종이다. 하메족은 하우스메이트 housemate족의 준말로, 룸메이트가 확대된 개념으로 거주 비용을 아끼고자 가족이 아닌 사람과 집을 같이 사용하는 사람을 뜻한다.

Media Section

TALK

Trend Keyword

광고 편집권

광고를 빌미로 기업이 언론사의 편집권을 침해하는 행위를 일컫는 말이다. 『한국일보』 편집국장 출신으로 논설위원인 이충재가 2014년 각 신문사 편집국장들이 편집권의 독립과 자율성에 대해 어떤 인식을 갖고 있는지 분석하기 위해 14명의 10대 일간지 전·현직 편직국장을 심층 인터뷰한 결과에 따르면, 편집국장들은 경영진의 직·간접적인 광고와 협찬 요구에 시달리고, 기사 제목이나 단수 조정을 요청하는 광고주의 압력을 상시적으로 받고 있는 것으로 나타났다.

한 신문사 인터뷰 대상자는 "대기업으로부터 기사 조정을 요구하는 전화를 자주 받았다. 굉장한 부담감을 느꼈고 사실상 무시하기 어렵다"고 토로했다. 또 다른 면담자도 "신문사에서 기업에 광고와 협찬에서 아쉬운 소리를 종종 해 신경 쓰지 않을 수 없다. 기사를 빼거나 할 수는 없지만 단수 조정 정도는 해줬다"고 밝혔다. 이충재는 "광고주들 가운데 각 신문사에서 가장 뜨거운 감자는 '삼성'이었다"며 "거의 모든 인터뷰 대상자들이 삼성 문제로 골머리를 앓고 있다고 했고 기자들과의 갈등도 상당 부분이 삼성 기사와 관련돼 있었다"고 했다.[1]

기업의 광고 편집권 행사는 광고가 인터넷과 모바일 등 뉴미디어 시장으로 이동하면서 전통 언론의 광고 수주율이 하락하고 있는 것과 관련이 깊다. 장기적인 경기 불황으로 대기업에 대한 광고 의존도가 높아지는 것과도 무관치 않다. 이충재는 "일부 면담자들은 신문사가 먼저 기업에 정당하지 않은 광고와 협찬을 요구하는 지금 상황이 광고자본의 간섭을 자초한 측면이 적지 않다고 말했다"며 "연초가 되면 사장과 함께 대기업들을 돌아다니며 광고와 협찬을 잘 부탁한다는 인사를 다녔다는 편집국장들도 여러 명 있었다"고 했다.²

신문의 위기 속에서 경영 위축을 의식한 기자들의 자기검열과 은밀하게 작동하고 있는 현실순응적인 기제도 광고 편집권 현상이 발생하는 이유로 꼽힌다. 전·현직 편집국장들은 "신문의 어려움을 이해하고 편집권 침해를 어느 정도 용인하는 분위기가 형성돼 있는 요즘 같은 상황에서 문제를 제기하는 것 자체가 생뚱맞게 보인다"고 했다.³

편집국 출신을 광고국장으로 임명하는 언론사들도 증가하고 있다. 한국기자협회가 발행하는 『기자협회보』에 따르면, 2014년 10월 기준으로 10여 년 이상 광고국장직을 지켜온 이들은 광고국이 아닌 편집국 출신이었다. 경제지 기자 A씨는 "신문사 내에서도 경영직군으로 발돋움하기 위해 광고국을 거치는 것이 순리이기도 하지만 기자와 광고주의 밀접한 관계를 이용하기 위한 의도도 숨겨져 있다"며 "우리 회사도 편집국 출신을 광고국으로 보내자고 해야 할지 고민 중"이라고 말했다.⁴

김유리는 2015년 1월 "꼬리가 몸통을 흔든다는 말도 나온다. 광고주는 꾸준한 광고로 언론을 관리하고 언론사는 이런 광고를 이유로 해당 광고주의 치명적 약점을 살짝 비켜가 주기도 한다. 이런 일들은 언론과 업계에서 일상화돼 있다"면서 이렇게 말했다.

　"언론사가 알아서 기업의 홍보처가 되기도 한다. 지난해 말 경제지들은 일제히 기업인 사면·가석방을 주장했다. 한 경제지는 특별취재팀을 꾸려 기업인 사면 필요성을 강조했다. 해당 특별취재팀에 속했던 E 기자는 '해당 기획 예상 출고 시점은 지난해 11월 말~12월 초였으나 취재팀에 차출된 기자들의 '창피하다'는 반발이 이어지면서 한 달여 가량 기사 출고가 밀렸다'고 당시 상황을 전했다. E 기자는 '기자들은 논조를 맞춰 줄 테니 기자 이름만 빼달라고 해 특별취재팀으로 나간 것'이라고 말했다."[5]

뉴스 큐레이팅 News Curating

홍수 같이 쏟아지는 정보를 알기 쉽게 정리해주고, 여러 기사를 보기 좋게 정리해주는 뉴스 소비 서비스를 말한다. 일반적으로 미술 작품들을 모아 전시하는 것을 일컬어 큐레이팅이라 하는데, 정보를 수집한 후 '가치'를 부여해주는 뉴스 서비스라고 해서 뉴스 큐레이팅이라고 한다. 큐레이션 저널리즘이라고 한다.[6] 미국의 『허핑턴포스트』나 『버즈피드』 등이 대표적인 뉴스 큐레이팅 매체인데, 이들은 『뉴욕타임스』 등 전통 매체를 위협하고 있다.

조윤호는 "뉴스 큐레이팅의 등장은 '팩트 위주의 저널리즘'이 '해석과 가공의 저널리즘'으로 전환되고 있음을 뜻한다"고 말한다. 다른 매체에서 보도한 뉴스를 모으고aggregate, 고른curate 뒤, 재편집해 게재하기 때문이라는 게 이유다. 바로 이런 이유 때문에 저작권을 둘러싸고 기존 언론사들과 종종 갈등을 빚기도 한다. 그래서 큐레이팅 업계 차원의 원칙과 기준을 마련해야 한다는 주장이 나오고 있다. 최진순은 "인용을 어디까지 인정할 것인가는 매우 복잡한 문제이지만 업계 스스로 가이드를 만들 필요가 있다"며 "윤리적이고 양심적인 큐레이팅이 필요하다"고 말했다.[7] 기존 언론이 뉴스 큐레이팅에 개방적 자세를 가져야 한다는 견해도 있다. 예병일은 2014년 4월 "사실 기존 미디어 입장에서 큐레이션의 부상은 미묘한 의미를 갖는다. 껄끄럽고 당혹스럽기까지도 하다. 비용을 들여 힘들게 콘텐츠를 만들고 있는 입장에서 저작권을 외면하는 일부 큐레이터들은 '무임승차'를 노리는 얄미운 존재로 보인다"면서 이렇게 말했다.

"어쨌거나 현재의 논란에도 불구하고 세상은 큐레이션의 시대로 가고 있고, 변화는 받아들여야 한다. 모든 언론사나 기자가 큐레이터가 될 수도 없고 그럴 필요도 없다. 하지만 큐레이션이 부상한 미디어 환경 변화의 원인을 이해하고 그간 고수해온 '폐쇄성'은 벗어던져야 한다. 예컨대 다른 매체의 글을 인용했다면 '과감히' 링크를 걸어주어 독자들이 손쉽게 다른 매체로 이동할 수 있게 '개방'할 필요가 있다. 우리 언론은 개방에 너무 인색했다. 독자를 '내 울타리' 속에 가두는 폐쇄적인 전략으로는 소셜 시대에 사람들에게 어필하기 힘들다."[8]

뉴스 큐레이팅이 뉴스 소비를 활성화하며 뉴스 소비 트렌드를 이끌 것이라는 긍정적 평가도 있지만,[9] 뉴스 큐레이팅으로 인해 맞춤형 뉴스만 소비하는 이용자들이 필터 버블Filter Bubble에 갇힐 것이라는 분석도 있다. 필터 버블은 이용자가 거대 미디어 기업들이 제공하는 정보에만 의존한 나머지 점점 자신만의 울타리에 갇히게 되는 현상을 말한다.[10] 영국 『파이낸셜타임스』는 "신문의 중요한 기능 중 하나는 예기치 못한 뉴스를 읽게 하는 것"이라며 "지나친 독자 맞춤형 전략은 독자를 가두는 결과를 낳을 수 있다"고 지적했다.[11]

드론 저널리즘_{Drone Journalism}

무인기를 의미하는 드론을 활용한 취재를 말한다. 그간 드론을 활용한 취재방식에 제한을 두었던 미국 연방항공청FAA은 2015년 1월 보도 분야에서 드론을 이용하는 대신 관련 연구 내용을 FAA와 공유한다는 조건으로 CNN의 드론 사용을 허가해 드론 저널리즘에 대한 장벽을 제거했다. CNN은 2014년 6월부터 보도 시설에 드론을 도입해 드론 저널리즘을 모색해왔으며, AP통신이나 미국의 유력 언론들도 큰 재해사건 보도에 드론을 활용해왔다.[12] BBC 역시 드론 저널리즘에 아주 적극적이다. 2011년 200만 마리 플라밍고 떼를 드론으로 촬영한 다큐 〈어스플라이트Earthflight〉를 선보인 BBC는 2013년 6개의 날개가 달린 취재용 드론 '헥사콥터'를 도입하면서 뉴스 영상의 혁신을 선언했다.[13]

최서희는 "드론 취재의 장점은 한두 가지가 아닙니다. 하늘을 나는 새들이 보는 시각으로 사건사고 생생한 현장 영상을 제공할 수 있습니다. 10명의 목숨을 앗아간 경주 마우나 리조트의 지붕이 무너져 내렸을 때도 드론들이 공중에서 활약했습니다" 면서 "드론은 또, 가스 폭발 사고 현장처럼 유독가스가 유출되고 추가 폭발 위험이 있어 사람이 접근하기 어려운 곳에서 진가를 발휘합니다"고 했다.[14]

드론 저널리즘이 가장 위력을 발휘하는 곳은 재난 현장이다. 최진홍은 2015년 1월 "사람이 접근하기 어려운 지역에 드론을 날려 정교한 촬영과 민감한 정보의 수집을 시도하는 일이 점점 빈번해지고 있다. 최근 폴란드에서는 시위 장면을 촬영한 드론이 새로운 저널리즘의 한 축으로 각광을 받고 있으며, 2011년 허리케인 참사가 벌어진 미국에서도 드론 저널리즘은 엄청난 위력을 발휘했다."[15]

드론 저널리즘이 본격화하면서 대학도 드론 저널리즘 코스 개설에 적극적이다. 예컨대 미국 미주리 저널리즘스쿨과 네브래스카 링컨대학은 드론 저널리즘 프로그램을 개설해 드론 활용 취재 실습까지 학생들에게 과제로 부과하고 있다.

하지만 드론 저널리즘으로 사생활 침해에 대한 우려가 커지고 있다는 견해도 있다. 개인주택의 앞마당도 손바닥 보듯 공중에서 드론으로 손쉽게 내려다볼 수 있고, 고층 아파트의 거실도 드론을 띄워 올리면 창문으로 엿볼 수 있기 때문이다. 이 때문에 드론 저널리즘이 안착하려면 과도한 사생활 침해 논란과 항공법, 기타 규제 법규에 대한 진지한 논의가 있어야 한다는 지적이 있다. 드론 저널리즘 자체에 대한 회의론도 적지 않다.[16]

디지털 소매치기 |Digital pick-pocket

뉴스 큐레이팅 매체인 『허핑턴포스트』나 『버즈피드』 등의 기사가 원 기사보다 많은 트래픽을 올리는 현상을 말한다. 2014년 5월 유출된 『뉴욕타임스』의 혁신보고서에서 사용된 말이다. 이 보고서는 "『허핑턴포스트』는 가끔 우리(『뉴욕타임즈』) 기사를 가지고 우리보다 더 많은 트래픽을 기록한다. '넬슨 만델라 부음기사'가 대표적"이라고 거론하면서 『허핑턴포스트』의 한 간부의 말을 빌려 "자랑스러운 일은 아니지만 이것이 너희가 해야 할 경쟁이다. 너희는 (남들이) 너희 기사를 가지고 더 나은 제목을 붙이고 소셜 미디어로 더 많이 홍보해서 (너희 기사를) '디지털 소매치기'하는 걸 막아야 한다"고 말했다.[17] 디지털 소매치기의 주범 가운데 하나로 지적된 『허핑턴포스트』는 자신들은 요약만 해서 넘겨주는 것이기 때문에 문제가 없다고 주장한다.[18]

디지털 소매치기와 전통 언론의 공생이 가능하다는 주장도 있다. SNS를 활용한 큐레이션으로 '뉴스 플랫폼'의 역할을 수행하는 플립보드의 에디토리얼 디렉터인 조쉬 퀴트너Josh Quittner는 디지털 소매치기 논란에 대해 "어려운 문제다. 『뉴욕타임스』 같은 언론의 기자들은 가자지구와 같이 매우 위험한 곳에서 취재하고 있다. 다치거나 죽을 수도 있는 곳이며, 그렇기 때문에 이런 취재에는 엄청난 비용이 든다. 다른 매체가 이들이 고비용, 고위험을 감수하고 쓴 아름다운 기사의 중요한 부분만 쏙 빼가는 현상이 일어나고 있다"면서도 이렇게 말했다.

"그렇지만 『허핑턴포스트』와 『뉴욕타임스』가 지금 같은 관계를 유지할 수는 있다. 『뉴욕타임스』는 별로 안 좋아하겠지만, 그게 꼭 나쁜 현상이라고 말할 수는 없을 것 같다. 그렇다고 『뉴욕타임스』가 망하는 것도 아니기 때문이다."[19]

디지털 소매치기는 한국에서도 논란이 되고 있다. 비판론자들은 뉴스 큐레이팅 매체들이 한국의 베끼기 풍토와 어뷰징을 큐레이션 저널리즘으로 포장하며 노골적으로 베끼기 기사를 양산하고 있다고 비판한다. 강정수는 "남의 기사를 토씨 하나 안 바꾸고 복사·붙여넣기 하는 걸 큐레이팅이라고 볼 수 없다"며 "한국에 들어와서 (큐레이팅의 의미가) 이상하게 바뀌었고, 큐레이팅이라는 미명 하에 도둑질을 하는 것 같다. 트래픽에 함몰된 것 아닌가"라고 했다. 최진주는 "인터넷 언론들이 '~에 따르면'이라는 말만 붙이고 단독기사들을 베끼기 하는 등 '원 기사'를 굳이 읽어볼 필요도 없이 만드는 행태를 보여왔다"며 "요즘은 몇몇 매체들이 큐레이팅이랍시고 베끼기와 다름없는 행동을 하는데, 이는 도둑질을 정당화하는 것에 불과하다"고 말했다.[20]

디지털 퍼스트_{Digital First}

종이신문에 등을 돌리고 웹과 모바일로 이동한 독자들을 다시 끌어오려는 종이신문의 전략을 이르는 말이다. 디지털 퍼스트라는 말은 2014년 5월 유출된 『뉴욕타임스』의 '혁신 보고서'에서 처음 등장했다. 이에 따르면, 디지털 퍼스트는 "최우선 순위가 종이신문의 어떤 제약으로부터 벗어나 가능한 최고의 디지털 상품을 생산하는 것"이자 "최종적으로는 다음 날 종이신문에 올릴 만한 최고의 디지털 기사를 골라내는 것"이다.[21]

『뉴욕타임스』의 혁신 보고서 발표 이후 한국 신문사들도 디지털 퍼스트 전략에 박차를 가하고 있다. 빠르게 변하는 뉴스 소비 행태와 온라인 환경 속에서 '디지털 퍼스트' 전략은 선택이 아닌 필수가 되었기 때문이다. 디지털 퍼스트 전략은 기자의 정체성을 흔들고 있다. 이준웅은 디지털 퍼스트 때문에 내일의 이야깃거리를 선별하고 이야기로 가공하는 일을 해왔던 언론의 역할이 근본적으로 변하고 있다면서 이렇게 말했다.

"이제 기자는 편집 일정에 따라 제출한 기사가 인쇄되고 방송되면 끝이라고 생각할 수 없다. 기사가 인터넷에 공개되고, 댓글이 달리고, 교류 매체를 통해 공유되는 한, 필요하다면 언제나 기사를 고쳐 올린다. 왜냐하면 뉴스를 결정하는 자는 언론인이지만 그 가치를 심판하는 자는 클릭, 댓글, 공유의 당사자인 공중이기 때문이다. 디지털 퍼스트 시대의 최고의 기자는 '안 쓰는 자'가 아니라 '일단 쓰는 자' 그것도 '열심히 고쳐 쓰는 자'가 될 전망이다."[22]

대부분의 언론이 디지털 퍼스트를 위기를 타개할 구원투수로 간주하고 있지만, 한국 언론의 디지털 퍼스트 전략이 왜곡되고 있다는 주장도 있다. 김창남은 한국의 2015년 1월 "주요 신문사들이 추진 중인 디지털 퍼스트 전략은 클릭 수를 높이기 위해 검색어 장사를 하거나 종이신문보다 인터넷이나 모바일에 기사를 먼저 노출시키는 '선先 출고' 개념이 짙다"면서 다음과 같이 말했다.

"디지털 퍼스트는 웹, 모바일 등 각 플랫폼에 최적화된 뉴스 콘텐츠를 생산하자는 게 '지상과제'인데 비해 각 신문사가 추진하고 있는 전략은 기사 출고 속도에만 방점이 찍혀 있다. 상황이 이렇다보니 단기 성과인 '트래픽'에 목을 매는 악순환이 되풀이되고 있다고 신문 관계자들은 설명했다. 엄호동 『파이낸셜뉴스』 온라인편집 부국장은 '신문보다 모바일이나 인터넷에 먼저 기사를 출고하는 것을 디지털 퍼스트로 착각하고 있다'면서 '하지만 진정한 의미의 디지털 퍼스트 전략은 각각의 플랫폼에 최적화된 콘텐츠를 생산해내는 것'이라고 설명했다."[23]

그래서 한국 언론이 입으로는 '디지털 퍼스트'를 말하지만 사실상 '페이지 퍼스트'에 묶여 있다는 지적도 있다. 디지털 퍼스트에 대한 뚜렷한 목표와 비전이 없어 온라인 기사를 많이 쓰는 것을 곧

디지털 퍼스트

디지털 퍼스트라고 착각해 질보다 양으로 승부하는 무리수를 두고 있다는 것이다. 이와 관련해 『기자협회보』 2015년 1월 21일자 사설 「'디지털 퍼스트' 좀더 과감하게」는 위기를 벗어나기 위해선 더 과감하고 혁신적인 개혁이 있어야 한다면서 디지털 퍼스트 전략으로 4가지를 제시했다.

첫째, 페이지뷰 확대에만 매달려서는 뉴스 수용자들을 붙잡기 힘들기 때문에 저널리즘의 신뢰를 훼손하는 트래픽 중심 사고와 결별해야 한다. 둘째, 디지털 퍼스트는 기술적 뒷받침이 없이는 반쪽이 될 가능성이 크기 때문에 뉴스를 찾는 독자의 특성을 파악해 최적화된 서비스를 할 선진적인 CMS(콘텐츠관리시스템)를 구축해야 한다. 셋째, 소셜 미디어의 발달로 독자들의 커뮤니티가 형성되는 곳이 뉴스 생산의 한 축이 된 만큼 정부기관이나 기업체에서 뉴스 생산을 넘어 온라인 영역 뉴스 발굴 비중을 늘려야 한다. 넷째, 공급자 위주의 제작 방식을 탈피해 뉴스 수용자와 협업할 수 있는 모델을 개발하는 등 독자와 호흡해야 한다.[24]

디지털 퍼스트 갈등

디지털 퍼스트 전략을 두고 갈등도 적잖게 발생한다. 예컨대 2014년 12월 그간 정치와 문학, 예술 등에 대한 장문의 기사를 생산해온 전통의 미국 잡지 『뉴리퍼블릭』 기자들은 페이스북 공동창업자 크리스 휴즈가 2012년 인수한 뒤 전통적 잡지 독자보다 온라인 독자들을 만족시키는 데 주력하자 디지털 우선 전략에 반발해 대거 사직했다.

새 사장에 임명된 야후뉴스 경영자 출신인 가이 비드라가 인터넷상에서 더 잘 유통되는 '스토리텔링'에 주력하겠다고 밝히면서 『뉴리퍼블릭』의 잡지 발행 횟수를 연간 20회에서 10회로 줄이고, 기사 분량도 스마트폰 독자들에 맞게 기존 5,000단어(A4 용지 약 11쪽)에서 대폭 줄인 것에 대한 반발 차원이었다. 이에 로버트 라이시 전 노동부 장관, 피터 베이너트 뉴욕대학 교수 등 『뉴리퍼블릭』의 필진과 전직 편집자들은 성명을 내고 "현 경영진은 시대에 맞게 바꾸겠다고 하지만 이 잡지의 핵심인 지적이고, 문학적이며, 정치적인 임무를 벗겨버리려 하고 있다"고 비판했다.[25]

한국에서도 디지털 퍼스트 전략의 방향성을 두고 의견이 분분하다. 디지털 퍼스트의 필요성은 인정하지만 디지털 퍼스트 전략이 공급자보다는 수용자의 관점을 염두에 두고 있기 때문에 이른바

'클릭 수'에만 집착하는 것 아니냐는 우려를 하는 사람들이 적지 않다. 예컨대 2014년 11월 8일 『한겨레』 기자 13명은 7일자 『한겨레』가 한 기자의 페이스북에 쓴 글을 그대로 옮겨 홈페이지 톱기사로 올린 편집을 문제 삼으면서 이렇게 말했다.

"온라인에서 다른 형식의 글쓰기를 인정하더라도, 그 글이 『한겨레』가 가장 주요하게 전달해야 하는 콘텐츠인지는 다른 문제다. 우리는 '클릭 수 장사'를 염두에 둔 이 같은 콘텐츠 발굴 및 배치가 '사실의 확인과 전달'이라는 저널리즘의 대원칙에서 크게 벗어나 있는 게 아닌지 우려한다."[26]

그런 클릭 수 장사에 대한 우려 때문일까? 『뉴욕타임스』는 혁신 보고서에서 기술엔 적응하되 저널리즘의 원칙은 강화하겠다며 모든 플랫폼에서 불편부당의 원칙 지키기, 온라인과 신문 기사의 질적 차이 없애기 등을 구현하는데 노력하겠다고 했다. 영국 BBC도 2015년 펴낸 「뉴스의 미래」 보고서에서 뉴스 생산과 유통에 모바일, 사회 관계망 서비스, 드론 등의 기술적 도구는 적극 활용하겠다면서도 "정확성, 불편부당함, 의견의 다양성, 뉴스와 공적 서비스에 있어 저널리즘 가치에 대해 어떤 타협도 하지 말아야 한다"고 선언했다.[27]

로봇 저널리즘 Robot Journalism

컴퓨팅 기술에 의존해 소프트웨어를 활용하는 기사 작성 방식을 말한다. 정의된 문제를 해결해가는 일련의 알고리즘이 기사 작성에 직접 개입하는 형식을 두고 로봇 저널리즘이라고 부르기도 한다. 기사 제작 알고리즘에 주목해 알고리즘 책임 보도 또는 알고리즘 저널리즘이라고도 한다. '컴퓨테이셔널 저널리즘Computational Journalism', '데이터 저널리즘Data Journalism'으로 묶어서 호명하는 사람들도 있다.[28]

세계적으로 로봇 저널리즘 실험이 한창이다. 영국 『가디언』은 2013년 11월 로봇이 쓴 기사들로만 구성된 주간신문 『더롱굿리드The Long Good Read』를 발행하는 실험을 시작했다. 『더롱굿리드』는 『가디언』의 기사 중 주제, 댓글, 리트윗 수, '좋아요' 수 등을 기준으로 기사를 선별하고 자동 편집한 뒤 이를 종이신문으로 제작해 무료 배포한다. 『LA타임스』는 2014년 3월 LA 지역에 발생한 지진 속보를 로봇 저널리즘을 이용해 작성했는데, 지진과 관련된 데이터를 수집해 프로그램화된 문장 구조에 데이터를 배치하는 식으로 구성된 이 기사의 작성 시간은 채 10분이 되지 않았다.[29]

2015년 1월 IT 전문 매체인 『버지The Verge』는 AP통신이 기업 실적 뉴스를 로봇으로 제작하기 시작한 지 6개월 만에 상당수를 완전 자동화할 수 있게 되었다고 했다. AP는 2014년 6월 오토메이티드 인사이트AI와 제휴 계약을 맺고, 속보와 기업 실적 뉴스 보도에 대해 자동화 기술을 적용하겠다고 발표했는데, 『버지』는 AP가 현재 AI의 워드스미스 플랫폼을 사용해 매 분기마다 약 3,000건의 기업 실적 뉴스를 로봇 제작 방식으로 쏟아내고 있다면서 이 숫자는 계속 늘어나는 추세라고 했다. 기자 사회는 로봇 저널리즘의 등장에 곤혹스러워하고 있다. 로봇이 경쟁자로 부상하고 있기 때문이다. AP의 로 페라라 부회장은 로봇 저널리즘의 도입으로 인해 기자들이 우려하고 있는 실직과 관련해 "자동화는 일자리를 대체하는 것이 아니었다. 우리가 가진 자원을 급변하는 환경 속에서 우리가 가진 자원을 최대한 효율적으로 활용하는 것"이라고 했다.[30]

김익현은 AP통신의 로봇 저널리즘 이야기를 듣고 각종 보도자료를 처리하는 일이나 일부 매체들이 트래픽을 올리기 위해 쏟아내는 검색어 기사는 로봇이 인간보다 잘할 수 있는 영역이라는 생각이 들었다면서 로봇 저널리즘은 기자들에겐 '위기이자 기회'로 작용할 것이라고 했다.

"보도자료를 리라이팅하거나, 검색어 기사를 쏟아내는 저널리즘은 분명 위기다. 프리드먼의 표현대로 아웃소싱 당할 수도 있다. 그러니 일하는 방식을 바꿔야만 한다. 반면 발상을 바꾸면 충분히 기회로 삼을 수도 있다. 잡다한 업무에서 벗어나 좀더 생산성 높은 기자 본연의 업무에 집중할 수 있을 터이기 때문이다."[31]

김영주는 "로봇이 기자보다 더 빠르고, 더 정확하고, 더 객관적으로 기사를 쓸 수 있다. 데이터를 모으고 선별하고 분석하는 데 로봇은 기자보다 더 탁월한 능력을 발휘할 수 있다. 24시간 기사를 생산해야 하는 디지털 퍼스트 시대에 더 적합한 노동력일 수 있다"면서 이렇게 말했다.

"로봇은 시민을 만날 수도, 시민의 삶 속으로 들어갈 수도 없다. 저널리즘을 실천하는 사람들은 그들의 양심에 따라야 하는 의무를 지닌다. 로봇은 양심 대신 알고리즘을 따른다. 물론 시민들의 삶 속으로 들어가지도 않고 양심을 따라야 하는 의무를 저버리는 기자들 때문에 로봇 기자가 더 환영받을 날이 올지도 모른다. 우리가 우려해야 하는 것은 바로 그런 미래다."[32]

리스티클 Listicle

목록List과 기사Article의 합성어로, 「30세가 되기 전 꼭 해야 할 10가지」, 「이별의 아픔을 극복하는 12가지 비법」처럼 가짓수로 소개하는 기사를 말한다.[33] 리스티클은 미국의 뉴스 · 엔터테인먼트 웹사이트인 『버즈피드』가 개발한 뉴스 포맷으로, 『버즈피드』가 성공하는 데 큰 기여를 한 것으로 평가받는다.[34] 잭 셰퍼드 『버즈피드』 디렉터는 "왜 리스티클 형식에 주목했나"라는 질문에 이렇게 답했다. "우리는 스스로 하나의 콘텐츠 실험실이라고 생각한다. 사람들이 어떤 콘텐츠를 좋아하고 공유하는지 여러 가지 형식을 실험했고, 리스티클은 그런 면에서 가장 성공한 형식 중 하나이다."[35]

2014년 영국의 옥스퍼드대학 출판사는 리스티클을 『옥스퍼드 영어사전』 온라인판에 새로운 단어로 등재했는데,[36] 페이스북이나 트위터에서 단연 많이 공유되고 거론되는 콘텐츠로 자리 잡으면서 리스티클은 언론계의 새로운 트렌드가 되었다. 『버즈피드』를 비롯해 『허핑턴포스트』 등이 즐겨 사용하고 있으며, 지금은 한국 언론들도 자주 애용한다.[37]

차준철은 리스티클이 주목받는 이유로 5가지를 들었다. 첫째, 뉴스와 정보의 홍수 시대의 개막으로 인해 수많은 이야깃거리를 일일이 찾아보기가 갈수록 어려워진 상황에서 리스티클은 핵심적인 내용을 일목요연하게 요약·정리해준다. 둘째, 온라인이든 오프라인이든 딱딱한 뉴스는 접하기가 왠지 부담스러운 상황에서 리스티클은 시사적인 내용을 담으면서도 어렵지 않게 설명해주기 때문에 재미있고 부담이 없다. 셋째, 리스티클은 잘 골라 읽으면 이익이 된다는 느낌을 주는 등 실생활에 유용한 정보를 제공해준다. 넷째, 내용이 뻔하지만 리스티클은 독자들의 호기심을 불러일으킬 만한 이야깃거리를 주로 다루어 독자의 궁금증을 유발한다. 다섯째, 한눈에 쏙 훑어볼 수 있는 리스티클은 무겁지 않은 형식과 주제로 구성되어 있어 SNS 공유에 편리하다.[38]

리스티클에 대한 부정적인 견해도 있다. 미디어연구가 김낙호는 리스티클이 범하기 쉬운 치명적 단점으로 3가지를 제시했다. 첫째, 출처를 아예 지워버리는 도용 사례가 발생하는 등 제대로 된 출처를 밝히지 않는 경우가 있다. 둘째, 내용을 스낵 사이즈로 얇고 재미있게 포장해 관심을 끄는 것에 집중하다가 근거가 생략되고 사안의 복합성마저 왜곡하는 경우가 있다. 셋째 별반 유용한 내용이 없는데도 그럴듯한 규모의 리스트를 만들어야 하기에 억지로 항목을 부풀려서 모두의 시간과 에너지를 낭비한다.[39]

리스티클은 언론인들 사이에서도 논쟁거리다. 리스티클이 '뉴스인 듯 뉴스 아닌, 뉴스 같은' 콘텐츠이자 네이티브 광고로도 활용되고 있기 때문이다. 그래서 '리스티클을 과연 뉴스로 볼 수 있는가'라는 질문도 나오고 있는데,[40] 팩트가 담겨 있다면 기사로 볼 수 있다는 시각이 있다. 예컨대 『월스트리트저널』 한국 지국장인 알래스테어 게일은 이렇게 말했다.

"리스트형 기사도 글의 한 포맷이다. 뉴스이며 동시에 콘텐츠이기도 하다. 『WSJ』도 리스트형 기사를 쓰는 『파이브 싱즈Five Things』라는 매체를 운영한다. 나도 거기에 북한에 대해서 리스트형 기사를 썼다. 아주 긴 기사를 쓰는 것도 가치가 있지만, 짧은 문장과 사진으로 이루어진 리스트형 기사도 가치가 있다. 기사란 팩트를 전달하는 것이다. 리스트형 기사에 팩트가 있으면 된다."[41]

리스티클이 디지털 시대에 전통 미디어가 채우지 못한 틈새를 공략해 대성공을 거두었다는 점에서 주목해야 한다는 견해도 있다. 서울대 언론정보학 교수 이준웅은 "뉴스 형식을 다양화하려는 그들의 노력을 전통 미디어가 많이 배워야 한다"고 했다.[42]

모바일 뉴스

뉴스 시장이 모바일에 의해 크게 흔들리고 있다. 2014년 12월 30일 한국언론진흥재단이 낸 '2014 언론수용자 의식조사'에 따르면, 모바일이 뉴스 소비의 대세로 부상했다. 모바일을 통한 뉴스 이용은 2013년 55.3퍼센트에서 2014년 59.6퍼센트로 증가했는데, 이는 2011년 19.5퍼센트에서 3년 만에 3배로 급증한 것이다. 특히 50대의 모바일 뉴스 이용이 5.8퍼센트포인트 상승해 평균 상승폭을 웃돈 것으로 나타나 모바일 기기를 통한 뉴스 이용 패턴이 젊은 층에서 중·장년층으로 확산되고 있는 것으로 드러났다. 반면 종이신문을 통한 뉴스 이용은 2013년 33.8퍼센트에서 2014년 30.7퍼센트로 3.1퍼센트포인트 줄었다.[43]

모바일 뉴스 소비가 증가하면서 종이신문의 포털사이트에 대한 종속이 더욱 심화되고 있다는 주장이 있다. 언론사들은 모바일에서만큼은 네이버에 주도권을 뺏길 수 없다고 강조하며 모바일 전용 서비스를 내놓았지만 이게 신통치 않은 성적을 거두자 2014년 12월 10일부터 네이버에 모바일 뉴스 공급을 시작했는데, 이는 네이버의 압도적인 영향력을 인정하는 사실상의 항복 선언이었다는 것이다. 이와 관련 이정환은 2014년 12월 "언론사들은 늘어난 모바일 트래픽을 반기면서도 뚜렷한 전략 없이 네이버 의존적인 플랫폼 전략에 안주하고 있다"면서 다음과 같이 말했다.

"일부 언론사들이 모바일 전용 서비스를 내놓고 있지만 아직까지는 실험에 그치고 있다. 트위터나 페이스북 등 소셜네트워크서비스가 새로운 트래픽 유입 경로로 부각되고 있지만 아직까지 전체 트래픽에서 차지하는 비중은 미미한 수준이다. 대부분 언론사들이 별도의 모바일 전략을 내놓지 못하고 있다."

모바일 비중이 늘어날수록 언론사 트래픽은 지속적으로 줄어들 수밖에 없기 때문에 포털사이트 종속을 우려하는 목소리가 크지만 언제까지 포털사이트 탓만 하고 있을 수는 없다는 지적도 있다. 예컨대 이성규 블로터 미디어랩장은 "한국 언론의 네이버 종속이 어제오늘 일도 아닌데 언제까지나 포털 탓만 하고 있을 수는 없다"며 "포털이 줄 수 없는 차별화된 뉴스 소비 경험을 제공하고 다른 독자들과 소통하고 뉴스의 맥락을 읽을 수 있는 서비스를 고민해야 한다"고 말했다."

'모바일 맞춤형 뉴스'를 만들어야 종이신문이 살아남는다는 주장도 있다. 최진순은 "이용자의 라이프스타일은 모바일과 완전히 동기화하고 있다. 망설일 이유가 없다. 최고의 역량을 가진 기자들로 모바일 조직을 꾸려야 한다. 모바일 뉴스 생산 그리고 이용자 대응까지 모바일 환경에 걸맞은 서비스를 위한 전담기구는 미래를 향한 첫 걸음이다"면서 이렇게 말했다.

"그간 국내 전통 미디어는 실시간 검색어 기사를 통해 유입되는 이용자 폭주에 환호했지만 결과적으로 뉴스 경쟁력은 확보할 수 없었다. 농밀한 이용자 관계모델에 기반하지 않는 공급자 관점의 뉴스 생산에만 머물렀기 때문이다. 참여 저널리즘은 고사하고 이용자가 원하는 뉴스 그 자체도 실종했다. 모바일 이용자에겐 더이상 놀라운 일은 아니지만 애초 신문용, 방송용으로 만들어진 뉴스에 대한 매력도는 낮다. 똑같은 소식을 모바일에서 본다는 것 자체가 난센스다. 차라리 친구들의 이야기를 보는 것이 낫다. 위치, 시간, 분위기 등 이용자의 상황이 고려되는 뉴스로 대응할 수 없다면 모바일에서 살아남기 어렵다."[45]

온라인 잡지 『미디어이슈』가 '스마트 미디어 시대 뉴스/정보 콘텐츠 선호'를 주제로 한국언론진흥재단이 2014년 수행한 2개의 조사연구에서 수집된 데이터를 2차적으로 분석한 결과에 의하면, 모바일 뉴스 이용자들은 건강, 쇼핑, 맛집, 패션, 요리 등 개인의 삶이나 행복과 밀접한 관련이 있는 콘텐츠를 주로 소비하는 것으로 나타났다.[46]

VOD 가격 논쟁

VOD 시장이 급팽창하고 있다. 2014년 10월 최민희 새정치민주연합 의원이 분석한 자료를 보면, VOD 서비스 기업 7곳이 지난 2011년부터 2014년 6월까지 VOD로 벌어들인 매출은 모두 1조 1,464억 원에 이르렀다. 같은 기간 가입자는 1,510만 명에서 1,984만 명으로 31.4퍼센트포인트 늘었다.[47]

VOD 시장의 성장으로 가격을 둘러싼 논란도 발생하고 있다. 2014년 10월 지상파 방송 3사는 유료방송 업체들에 HD화질의 편당 VOD 이용료를 1,500원, SD화질은 편당 1,000원으로 인상하겠다는 내용의 공문을 보냈다. 2015년 2월 현재 지상파 방송 프로그램의 VOD는 일반 화질SD 편당 700원, 고화질HD 편당 1,000원이다. 유료방송업계는 '시장침체'가 우려된다며 반발했지만 지상파 방송 3사는 '콘텐츠 제값 받기'라는 취지에서 가격인상을 결정했다는 밝혔다. 유료방송 업계가 결국 지상파의 인상 요구를 받아들이면서 2015년 5월 11일부터 VOD 가격은 인상되었다.

지상파는 '콘텐츠 제값 받기'를 강조하지만 미디어 환경의 변화와 경기 불황에 따른 광고 수주율 하락으로 위기에 처한 지상파가 VOD 가격 인상을 통해 경영 상태를 개선하려는 것으로 보는 해석이 있다. 금준경은 다음과 같이 말한다.

"지상파 방송사 입장에서 매년 급성장을 거듭하고 있으며 동시에 안정적인 점유율을 보이고 있는 VOD 시장은 매력적이다. 최근 지상파 방송 3사가 VOD 가격 인상을 결정한 것도 이와 무관하지 않다는 해석이 나온다. VOD 가격 인상은 재송신료 인상과 함께 지상파 방송사의 경영 악화를 해결할 '출구'로 여길 가능성이 크기 때문이다."

그래서 지상파 3사가 소비자들에게 VOD 가격 인상의 근거를 투명하게 밝혀야 한다는 지적도 나왔다. 하주용은 2015년 1월 "지상파 방송 프로그램은 1차적으로 광고를 통해 수익을 얻는다. VOD 서비스는 일종의 잉여 판매인 셈인데 이를 통해 수익을 거두려면 구체적인 콘텐츠 제작비 등을 이용자에게 설명하고 설득하는 게 우선돼야 한다"고 했다.[48]

VOD 가격 인상 논쟁은 큰 틀에서 보자면 콘텐츠 제공자와 플랫폼 사업자 간의 갈등과 방송사와 통신사의 싸움이 복잡하게 얽혀 있는 문제다. 따라서 지상파와 유료방송 업계의 갈등이 장기화되면 결국 피해는 고스란히 소비자에게 돌아오게 될 것으로 예측된다.[49] VOD 시장이 성장하면서 시청자 주권을 보장할 수 있는 장치 마련이 시급하다는 목소리가 나오는 이유다.

VOD 가격 논쟁

센서 저널리즘_{Sensor Journalism}

센서로 수집한 데이터로 기사를 작성하는 저널리즘을 말한다. 미국 뉴욕시의 공영 라디오 WNYC가 시민 참여로 작성한 「매미 추적기 Cicada Tracker Project」(2013) 기사가 대표적이다. 독자들은 매미 소리 감지 센서를 각 지역에 설치했고 방송사는 이를 취합해 생태 기사를 완성했다. 워싱턴DC의 지역별 총격 발생 상황을 시각화한 『워싱턴 포스트』의 「지역의 총소리」(2013)도 센서 저널리즘의 성공 사례로 거론된다. 경찰의 협조를 받아 '샷스포터shotspotter'라는 오디오 센서를 곳곳의 CCTV에 달아 총격이 들리면 실시간으로 데이터와 지도를 결합해 보도한 기사다.⁵⁰

최진홍은 "사물인터넷의 3대 요소로 꼽히는 '센서'는 데이터를 갈망하는 저널리즘이 가장 원했던 기술이다. 온전한 콘텐츠 생산자의 역할을 수행하는 센서는 그동안 다양한 규제에 가로막혀 얻어내기 어려웠던 방대한 데이터를 쉽게 구축해준다는 장점이 있다"면서 이렇게 말한다.

"센서 저널리즘은 정확한 데이터를 요구하는 독자들의 욕구를 충족시키는 데 탁월한 효과를 내고 있다. 데이터 기반의 기사 작성이 시대의 요구로 부상한 가운데 해당 데이터를 스스로 얻어내고자 하는 갈망이 센서 저널리즘의 태동을 알리는 셈이다. 심지어 센서를 탑재한 기기의 가격은 시간이 갈수록 떨어지고 있다. 간단한 센서 장비로 기상관측을 하고, 특정 음향을 분석할 수 있는 시대이기에 가능한 일이다.[51]

센서 저널리즘은 왜 각광받는 것일까? 정부나 기관에서 제공하는 데이터의 양과 질의 한계를 보완할 수 있다는 장점을 갖고 있다는 견해가 있다. 정부나 기관이 제공하는 데이터는 양적으로나 질적으로 여러 한계를 안고 있을 뿐만 아니라 측정 시점이나 단위, 공간을 기자들이 통제하지 못해 신뢰 문제가 발생하는데, 이런 문제를 해결할 수 있는 수단이 되고 있다는 것이다.

시민들에게 뉴스 생산 과정에 참여할 수 있는 기회를 제공함으로써 독자의 참여를 진작시키는 효과를 거둘 수 있다는 견해도 있다. 이와 관련 이성규는 2015년 1월 이렇게 말했다. "시민들의 자발적 참여로 데이터를 제공받게 되면 더 정교한 보도와 분석이 가능해진다. 모질라재단 프로덕트 매니저인 자본 모라디는 블로그에서 '지역 신문은 수용자들의 참여를 새로운 방식으로 이끌어내는 부수 효과를 얻게 된다'고 설명했다. 시민의 참여가 증대될수록 뉴스는 더 풍부한 정보를 지니게 된다는 것이다."[52]

센서 저널리즘을 둘러싸고 논란도 발생하고 있다. 센서의 범람이 프라이버시와 충돌을 빚기 때문이다. 캐슬린 컬버 위스콘신대학 저널리즘스쿨 교수는 제한된 목적으로 투명하게 사용할 때만 센서 저널리즘의 가치를 지닐 수 있다며, 센서 저널리즘의 5대 윤리 요건으로 수집 범위의 최소화, 사용 범위의 최소화, 투명성, 책임성, 데이터 보호를 제시했다. 하지만 저널리즘 윤리로만 한정해 접근해서는 안 된다는 견해도 있다. 센서 데이터에 대한 윤리는 저널리즘보다 공동체를 우선순위에 두어야 한다는 주장이다. 조쉬 스턴스 제럴딘닷지재단 디렉터는 "저널리즘의 렌즈로만 센서 저널리즘의 윤리를 정의하는 것은 불충분하다"라며 "공동체 그리고 공동체 가치의 눈으로 이 문제를 접근해야 한다"고 강조했다.[53]

센서 저널리즘을 직접 시험해보았다는 이성규는 2015년 3월 "하드웨어 제작이 간편해진다고 저널리즘의 품질이 높아지지는 않는다"면서 "결과적으로 센서 저널리즘은 하드웨어보다 데이터를 다루는 기술이 향상될 때 빛을 발할 것으로 보인다"고 했다. 저널리스트의 상상력이 센서 저널리즘과 만나야 품질이 좋은 기사가 만들어진다는 것이다.[54]

스케치 뉴스 Sketch News

현장을 그리듯이 표현하는 뉴스를 일컫는다. 단풍철이면 단골 메뉴로 등장하는 전지적 작가 시점의 등산객 관련 보도나 설이나 추석 등 명절 연휴 기간에 흔히 접할 수 있는 다음과 같은 방송 뉴스가 이에 해당한다. "웃음꽃을 피웁니다", "이야기꽃을 피웁니다", "즐겁기만 합니다", "정겹기만 합니다", "웃음이 가득합니다", "분위기를 만끽합니다", "발걸음은 가볍습니다", "동심에 빠져봅니다".[55]

방송기자연합회 저널리즘 특별위원회는 2013년 낸 책 『방송 보도를 통해 본 저널리즘의 7가지 문제』에서 기자가 일종의 독심술을 발휘하는 식의 별다른 거부감 없이 '상상과 추측에 바탕을 둔 내용을 전지적 작가 시점으로 묘사하는' 표현 방식은 기사 쓰기에 적합하지 않다고 지적했다. 특별위원회는 또 "스케치 기사 자체로는 큰 비난거리나 문제가 아닐 수 있다"고 전제하면서도 "원론적으로 기사는 문학적 글쓰기가 아니며, 이런 표현 방식에 길들여져 비판정신을 잃어버리게 될 경우 정치적 편향, 광고주 편향 기사를 생산하게 될 개연성이 매우 높아지게 된다는 것이 문제"라고 했다. 날씨 스케치의 표현 방식이 대통령이나 재벌 회장의 마음을 읽고 미묘한 감정까지 묘사해낼 수 있는 능력으로 변용될 수 있어 경계해야 한다는 것이다.[56]

숙명여대 미디어학부 교수 강형철은 2015년 2월 스케치 뉴스가 "한국 방송에서 지나친 비중을 차지하면서 문제적 뉴스 '장르'가 되고 있다"면서 스케치 뉴스의 문제점으로 다음의 4가지를 지적했다. 첫째, 스케치 뉴스는 화면만 눈길을 끌 뿐 가치 있는 내용이나 의미를 찾기 어려운 것이 많은데, 이것 때문에 정작 중요한 뉴스가 나가지 못하게 된다. 둘째, 상투적이거나 필요 없는 표현으로 방송의 품질을 낮춘다. 셋째, "자식들의 효심이 느껴집니다", "설레고 들뜬 모습입니다", "옻가락까지 춤을 춥니다" 등의 주관적 관점으로 객관 보도의 원칙을 무너뜨린다. 넷째, 본질은 외면한 채 표피적인 스케치만으로 사안을 오히려 왜곡하거나, 이 보도를 원하는 쪽의 홍보 수단이 될 수 있다. 이어 강형철은 "스케치 뉴스 자체가 문제라고 하긴 어렵다"면서 이렇게 말했다.

"그러나 의미 있는 현장을 제대로 보여주려는 뉴스의 목적을 잊은 채 기자를 어쭙잖은 화가로 만드는 일반적 경향을 고쳐야 한다. 자신들이 배운 바가 그것이라고 해도 후배들에게는 그렇게 가르치지 말아야 할 대표적인 한국 뉴스 관행이 스케치 뉴스라고 나는 생각한다."[57]

『슬로우뉴스 slownews.kr』

'빠른 게 좋지만, 느린 건 더 좋다Fast is Good, Slow is Better'는 모토를 내걸고 2012년 3월 26일 한국에서 창간된 온라인 매체다. 각자 1인 미디어로 활약하던 블로거 15명이 모여 만들었다. 『슬로우뉴스』는 속보 경쟁이 한국의 언론 환경을 혼탁하게 만들었다는 문제의식에서 출발했다. 이들이 생각하는 한국의 언론 환경은 이렇다. 사실 여부를 검증해야 하는 언론은 속보 경쟁에 매몰되어 오보를 확산하는 주체가 되는 등 한국의 언론 환경을 심각하게 훼손시켰다. 뉴스 유통은 포털사이트가 장악하고 있기에 언론은 제목 낚시, 선정 보도, 베껴 쓰기 장사에 푹 빠져 있으며, 독자들 역시 그런 뉴스를 선호하고 있어 이른바 '클릭 저널리즘'이라는 괴물을 만들어냈다. 『슬로우뉴스』가 이른바 '느린 뉴스'를 강조하는 것도 이 때문이다.

"빠른 것 자체가 문제는 아니죠. 하지만 그 속도 속에서 잃어버리는 것들이 너무 많습니다. 더 풍부한 맥락, 더 깊은 성찰, 이미 잊혀진 것으로부터 이어진 큰 흐름과 연결, 기타 많은 것들 말이죠. 이제 잠깐 숨을 고르고, 자신과 세상을 찬찬히 되돌아볼 때입니다."[58]

2014년 4월 현재 『슬로우뉴스』의 월 평균 페이지뷰는 50~60만 회 수준이지만, SNS에서 추천·공유되는 횟수는 기존 언론의 추종을 불허할 만큼 영향력을 행사하고 있는 것으로 알려져 있다. 『슬로우뉴스』의 뉴스 유통 전략은 SNS 특화와 구글 검색엔진최적화SEO다. 포털사이트와 기사 제휴를 맺지 않은 것도 이유지만 독자의 70퍼센트 이상이 모바일 기기로 『슬로우뉴스』를 찾기 때문이다. 한 장의 이미지 안에 글과 사진을 섞어 정보를 요약해 전달하는 '슬로우카드'는 SNS 전용이며, 순식간에 예전 정보가 흘러가버리는 SNS의 환경을 고려해 지난 글을 모아주는 '슬로우뉴스 몰아보기' 서비스도 제공하고 있다.[59]

『슬로우뉴스』 편집장 민노(필명)는 속보성 기사가 쏟아지는 언론 환경에 대해서 "계속 쓰레기가 쓰레기를 덮는 악순환이 반복되고 있다. '이래도 좋은가'라는 질문을 한 번 했으면 좋겠다" 면서 이렇게 말했다.

"권력과 자본은 스스로 팽창하려고 하는 욕구가 있다. 언론에는 그런 것을 '감시하는 존재'라는 역사적 가치가 부여된다. 또 공동체가 어떤 가치를 가져야 하는지에 대해 끊임없이 의견을 제시하는 것. 과연 그런 것들이 지금 존재하는지, 또 미약하게나마 존재하는 게 나은 것인지 독자들은 한 번쯤 물어봤으면 좋겠다. 언론이 갖는 역사성, 저널리즘이라는 가치는 여전히 19세기든, 23세기이든 존재해야 하고, 존재했으면 좋겠다."[60]

SMR Smart Media Rep

2013년 SBS와 MBC가 콘텐츠 유통을 위해 공동으로 출자해 설립한 온라인·모바일 광고 대행사다. 예능·드라마·시사교양 하이라이트 영상에 관한 온라인 광고 영업을 대행한다. 2014년 종편 4개사와 CJ E&M(tvN·Mnet 등) 등이 추가로 SMR에 참여했다. 현재 지상파 방송 광고 영업 대행은 한국방송광고진흥공사(코바코)나 자체 방송광고 대행사가 맡고 있는데, SMR은 이를 제외한 시장의 광고 영업을 전담하고 있다.[61]

SMR이 스마트 미디어 광고 시장에 적극 나서는 이유는 시장이 점차 커지고 있기 때문이다. 코바코에 따르면 2013년 스마트폰, 스마트TV, 인터넷, IPTV 등을 통한 스마트 광고 시장 규모는 2조 9,805억 원으로, 이는 같은 기간 지상파TV 광고(2조 1,599억 원) 규모를 뛰어넘은 수치다.[62] 그간 지상파 방송사들은 KT, SK브로드밴드, LG유플러스 등 IPTV 사업자를 포함한 유료방송 업계가 콘텐츠 유통 주도권을 잡고 있어 디지털 생태계에서 동영상 콘텐츠들의 가치를 충분히 인정받지 못했다고 생각해왔는데, 이런 문제의식이 낳은 광고 대행사라 생각하면 되겠다.[63]

2014년 12월부터 SMR 소속 업체들은 광고 영업권과 수익 배분율 등을 이유로 유튜브에 더는 방송 프로그램을 제공하지 않기로

했다. 자신들의 한류 콘텐츠가 유튜브가 성장하는 데 일조했는데도 유튜브에서 발생하는 매출이 거의 없을 뿐만 아니라 그냥 프로그램을 '홍보'하는 수단에 불과하다고 생각한 까닭이다. 대신 SMR 소속 업체들은 네이버와 다음카카오에 콘텐츠 공급을 확대하기로 했다.

네이버와 다음카카오는 광고 수익의 90퍼센트를 SMR에 배분하며 영상 편성권과 광고 영업권 등도 SMR에 넘기기로 했는데, 네이버와 다음카카오가 이처럼 파격적 조건을 제시한 것은 미래 모바일 시장의 핵심 콘텐츠인 동영상 확보 전략에서 비롯된 것으로 분석되었다.[64] 네이버 관계자는 "방송사의 요구는 주도권을 넘겨달라는 얘기였고, 우리는 주도권을 넘겨주더라도 이용자를 잡아야겠다고 생각했다"며 "이대로 가면 유튜브 점유율이 90%를 넘어가게 될 것"이라고 말했다.[65]

SMR 소속사들이 유튜브에서 철수하면서 한국에서 유튜브의 성장세가 주춤했다는 분석도 있다. 2015년 1월 한 조사에 따르면, 2014년 유튜브의 국내 순 방문자수는 2013년 대비 13.3퍼센트 증가했지만 네이버의 TV캐스트는 이 기간에 52.4퍼센트 늘었고 다음카카오의 TV팟은 3.2퍼센트 오른 것으로 나타났다.[66] 유튜브 철수로 SMR 소속사들이 이익을 얻게 되었지만 이로 인해 유튜브를 이용하는 한국인 이용자들이 피해를 보고 있으며, 결국에 부메랑 효과를 낳아 SMR 소속사들이 피해를 볼 것이라는 견해도 있다.

박장준은 2015년 1월 "이제 이용자들이 유명한 짤방을 볼 때마다 방송사와 네이버, 다음이 돈을 벌게 된다. 포털에 걸린 연예기사 안에 들어 있는 영상을 봐도 방송사와 매체가 돈을 번다. 자기 상품 가지고 마음대로 돈을 벌겠다는데 무슨 상관이냐고 묻는다면, 당신들의 전략은 완벽하게 틀렸다고 말할 수 있다"면서 다음과 같이 말했다.

"모바일 퍼스트, N스크린을 운운하면서도 정작 최대 동영상 플랫폼 유튜브에 드나드는 한국 이용자는 영상을 못 보게 됐다. 단기적인 이익에 눈이 멀어 이용자를 차별하면 결국 이용자에게 뒤통수를 맞게 돼 있다."[67]

유튜브에서 SMR 소속 회사의 영상을 볼 수 없게 되자 한국인들 사이에서는 이른바 '변칙 시청법'이 등장했다. SNS, 커뮤니티 사이트 등에서 해외로 IP주소를 우회해 유튜브에서 SMR 7개사 방송 콘텐츠를 시청하는 방법이 확산되기 시작한 것이다.[68]

유령 광고

광고를 집행하지 않으면서도 광고를 집행한 것처럼 위장하는 광고를 말한다. 말 그대로 '보이지 않는 광고'라 할 수 있다. 일반적으로 광고를 집행한 기업은 광고 판매를 확인하기 위해 세금영수증과 광고가 실린 지면을 확인하지만, 유령 광고는 세금영수증만 확인하고 광고가 배치된 면에 대한 확인은 생략한다. 광고업계에서는 유령 광고가 대략 5~6년 전부터 생겨난 것으로 보고 있다. 한 대기업 홍보팀 관계자는 "광고 효과가 없더라도 광고를 하는 경우가 있는데 이럴 땐 '협찬'으로 진행한다"며 "지면이나 온라인 홈페이지에 광고를 노출시키지 않으면서도 광고를 집행한 것으로 갈음해 언론에 광고비를 지급한다"고 했다.[69]

유령 광고는 다른 언론사를 차별대우하고 있다는 시각을 주어서는 안 되기 때문에 등장한 광고 유형이다. 한정된 광고비를 쪼개 지급했는데 비슷한 급의 다른 매체에서도 '광고를 달라'고 달려들면 감당할 수 없게 되어 노출 효과 없는 광고를 진행하는 것이다. 국내 굴지 기업의 홍보팀에서 일한다는 사람은 "기업 입장에서는 '회사 이름 안 박아도 된다', '광고·협찬할 테니 이름은 빼달라'고 이야기 할 수밖에 없다"며 "보이지 않는 광고다. 10개 매체 모두에 광고를 할 수 없으니 생기는 편법이다"고 했다.[70]

유튜버 Youtuber

동영상 플랫폼 유튜브에 직접 제작한 다양한 장르의 영상을 게시·공유하는 사람을 지칭하는 말이다. 넓게는 유튜브 방송을 통해 새로운 문화와 경제를 만들어내는 사람들이라는 의미로도 쓰인다. 유튜버는 V로거Vlogger의 한 사례라 할 수 있다. V로거는 비디오 블로거video blogger의 준말로 1인 방송을 하는 사람들을 이른다.

유튜버들은 유머, 게임, 요리, 뷰티, 먹방, 일상 등 다양하고 개성이 강한 주제의 영상을 직접 창작해 큰 인기를 누리고 있는데, 매년 수천 명이 유튜브 활동만으로 억대 수익을 올리고 있다. 유튜브 유럽·중동·아프리카 총괄 디렉터 데이비드 리퍼트는 2014년 10월 "방송사는 예전부터 세상의 모든 콘텐츠를 전송하려면 600개 정도의 채널이 필요하다고 생각했었다"며 "하지만 유튜브에서 현재 연간 10만 달러 이상 수익을 내는 채널만 수천 개가 넘는다"고 말했다.[71]

『중앙일보』 2014년 8월 6일자는 "청춘세대는 두 개의 지구에서 살아갑니다. 하나는 우리가 발을 붙이고 살아가는 이 지구촌이고, 또 다른 하나는 전 세계 청춘이 자발적으로 만들어낸 '유튜브'라는 온라인 세계입니다. 실제 세상에서 취업이나 진로 문제로 시달리는 청춘들도 '유튜브 제국'에선 청춘 특유의 창의성으로 새로운 문화를 만들어냅니다"면서 "유튜버는 청춘세대의 또 다른 이름입니다"라고 했다. 이어 "청춘세대에게 유튜브는 또 하나의 지구다. 전 세계 20~30대는 유튜브를 통해 새로운 문화를 만들고 경제적 이윤을 창출하고 있다"고 했다.[72]

블로그에 대한 규제 강화와 상업성에 따른 신뢰도 하락으로 뷰티업계를 중심으로 유튜버는 새로운 홍보 마케팅 수단으로 각광받고 있다. 인기 유튜버에게 일부 브랜드가 몰리기 시작하면서 광고비도 천정부지로 치솟고 있다. 한 홍보대행사 관계자는 2015년 1월 "해외에서도 K-뷰티에 대한 관심이 높아지면서 지난해 하반기부터 뷰티 브랜드에서 인기 유튜버에게 많은 접촉이 있었다"면서 "하지만 인기 유튜버의 경우 단일 브랜드로 영상을 제작하는 데 700만 원을 요구해 가격이 상상을 초월할 정도로 부담이 크다"고 토로했다. 유튜버 광고비는 구독자 수와 콘텐츠 뷰 수에 따라 정해지는데 2015년 현재 시장에 형성돼 있는 가격은 최소 150만 원에서 최대 700만 원 수준으로 알려져 있다.[73]

유튜브 측은 "유튜브의 경쟁 상대는 TV"라고 말하는데, 이렇게 호기롭게 말할 수 있는 것도 유튜버들 때문이다. 특정 연령, 성별, 취미 등 세분화된 소비층을 겨냥한 수천, 수만 개 채널이 유튜브에 있으니 말이다. 현재 유튜브는 무료로 카메라 촬영, 녹음, 편집 등 전문적 제작기술을 가르쳐주는 유튜브 콘텐츠 제작 지원 프로그램을 운영하며 유튜버 양성에 심혈을 키우고 있다. 2012년부터는 유튜버들을 위한 전용 스튜디오를 만들고 있는데, 로스앤젤레스, 런던, 도쿄, 뉴욕 등에 스튜디오가 들어선 상태다. 5,000명 이상 가입한 채널을 운영 중인 유튜버라면 공짜로 이 스튜디오를 사용할 수 있다.[74]

한국에서도 오로지 유튜브 활동만으로 '억대 반열'에 오르는 유튜버들이 등장하고 있다. 이렇듯 영향력은 확대되고 있지만 한국에서는 아직 유튜버에 대한 편견이 존재한다. 한국의 대표적 유튜버로 통하는 '대도서관TV'를 운영 중인 나동현(닉네임 대도서관)은 "유튜브 크리에이터는 아무리 수익이 많아도 공식적으론 '무직'으로 여겨진다. 이 때문에 대출이나 투자 유치가 필요할 때 불이익이 많고 그나마 수익이 적은 이들은 더 큰 어려움에 처하게 된다"면서 "유튜브 채널 운영에 전념하는 창작자들도 정식 직업인으로 인정받아야 한다"고 말했다.

이어 그는 "앞으로 유튜브 채널을 주도하는 핵심 멤버는 육아, 요리, 살림 등 온갖 전문적인 생활 정보를 가진 주부가 될 것"이라며 "블로그도 처음엔 주부들이 잘 몰랐지만 시간이 지난 후 다수의 주부 파워 블로거들이 나온 것처럼 유튜브도 그러할 것"이라고 예측했다.[75]

저작인격권

저작자가 자신의 저작물에 대해 갖는 정신적·인격적 이익을 추구할 수 있는 권리를 말한다. 공표권·성명 표시권·동일성 유지권 등 3가지로 구성되어 있다. 공모전 출품작을 두고 저작인격권 논란이 자주 발생한다. 다수의 공모전 주최 측이 공모전 약관에 '응모작(또는 수상작)에 대한 일체의 권리는 주최기관에 귀속되는 것'으로 규정해 출품작의 저작권을 공모전 주최 측이 일괄적으로 챙겨가는 일이 만연해 있기 때문이다.[76]

이에 대한 불만이 잇따르자 2014년 문화체육관광부는 창작물 공모전 가이드라인을 발표해 저작권법 10조에 따라 "공모전에 출품된 응모작의 저작권, 즉 지식재산권과 저작인격권은 저작자인 응모자에게 원시적으로 귀속되고, 공모전 주최는 응모작 중 입상하지 않은 작품에 대해 어떤 권리도 취득할 수 없다"라고 규정했다. 하지만 가이드라인을 어겨도 처분이 불분명하고, 단서 조항을 통해 저작권에 대한 불공정 계약을 하는 곳이 많아 여전히 문제점이 많은 것으로 지적되고 있다.[77]

2015년 3월 2일 서울중앙지법 민사46부(재판장 지영난)는 작가 동의 없이 드라마에 등장하는 인물의 생사生死를 바꾼 행위는 작가의 저작인격권을 침해한 행위라면서 드라마 작가 서영명(62)이

전속 계약사였던 JS픽쳐스와 JTBC를 상대로 낸 손해배상 소송에서 "2억 8,600만 원을 배상하라"고 판결했다. 이날 재판부는 "'저작자는 부득이한 사정이 아니면 본질적인 내용을 유지할 권리를 가진다'는 저작권법상 저작인격권에 규정된 동일성 유지권을 침해한 점이 인정된다"고 했다.[78]

2010년 제작사와 전속계약을 맺은 서영명은 드라마 방영 이후 대본 송고가 늦다는 이유로 제작사에서 작가 교체를 통보 받고 32회 극본을 넘기고 물러났는데, 이와 관련 "집필 계약이 지켜지지 않았고, 드라마 줄거리에 대한 중대하고 본질적인 변경으로 저작인격권이 침해당했다"며 52억 원대 손해배상 소송을 냈다.[79]

정파 저널리즘

특정 정치 집단의 주장을 해당 정파의 지지자들에게 전달하는 역할을 하는 저널리즘을 이른다. 2015년 박재영 고려대 미디어학부 교수와 안수찬 『한겨레』 기자, 박성호 전 MBC 기자가 1992년 대선이후 20년간 『조선일보』·『중앙일보』·『한겨레』 3개 신문의 선거보도를 분석한 결과에 따르면, 한국 사회의 보수와 진보를 대표하는 『조선일보』·『한겨레』가 민주화 이후 대통령 선거 보도에서 특정후보를 대변하는 정파적 보도 비율을 늘린 것으로 나타났다. 박재영은 "인상적으로 알고 있던 신문사의 정파적 경향이 데이터로 나타난 것이 성과"라면서 "1990년대 신문사가 증면을 하고 정치기사가 늘어나면서 기사가 잘게 쪼개졌다. 신문 전체의 균형성은 과거와 비슷할지 몰라도 개별 기사에서는 야당발 기사, 여당발 기사 같은 식으로 정파성이 늘어난 것으로 볼 수 있다"고 했다.[80]

신문의 구독률과 신뢰성이 가파르게 떨어지고 있는 이유가 정파 저널리즘과 밀접한 관련이 있다는 분석이 있다. 한국언론진흥재단이 조사한 '2012년 언론수용자 의식조사'에 따르면 조사 대상자들은 신문 기사의 공정성과 신뢰도를 떨어뜨리는 것으로 '정치적 편파성'(75.4퍼센트)을 국민 이익보다 자사 이익을 우선시 하는 '자사 이기주의'(79.5퍼센트)에 이어 2위로 꼽았다. '부유층과 권력층

입장 대변'(74.0퍼센트), '선정주의'(72.6퍼센트) 등이 뒤를 이었다.[81]

신문의 정파성은 '여론 다양성' 차원에서 필요하기 때문에 무조건 싸잡아 비난만 할 수 없으며, 보수 언론의 정파성이 도를 넘었다는 주장도 있지만,[82] 진보·보수 가릴 것 없이 한국 신문의 정파성이 심각하다는 주장도 만만치 않다. 이들은 과도한 정파 저널리즘이 '우리 대 그들'의 이분법 구도를 부추겨 한국 사회를 정파싸움의 소용돌이로 몰아가고 있다고 지적한다. 예컨대 김민환은 "소통의 부재에 대해 정치권 탓만 할 수는 없다. 사회에서 바람직한 공론을 창출하여 국민을 통합할 책무가 있는 언론은 혐오스런 정파성의 늪에서 좀처럼 빠져 나오지 않고 있다"며 이렇게 말했다.

"자기 정파의 잘못은 바늘처럼 가벼이 여기고 다른 정파의 오류는 몽둥이인 양 키운다. 제3자의 위치에서 정치를 감시하는 언론 본연의 자세는 잊은 지 오래다. 우리 언론은 관전자나 심판이 아니다. 걸핏하면 여야 선수들까지 운동장에서 밀어내고 언론끼리 패가 갈려 백병전을 치른다. 언론을 통해 자유로이 의견을 교환하게 하면 예정된 방향으로 모든 것이 자동 조절된다는 자유주의의 기본 가정은 정파 저널리즘이 판을 치는 상황에서 제대로 작동할 리가 없다."[83]

카드 뉴스 Card News

주요 이슈를 이미지와 간략한 텍스트로 정리한 뉴스다. 스크롤을 내리며 읽어야 하는 장문의 기사 대신, 12장 내외의 짧은 글을 사진 여러 장에 얹어 사진을 1장씩 넘겨가며 보는 형식의 뉴스로 이미지를 옆으로 밀어보는 것이 특징이다. 모바일 맞춤용 뉴스라 할 수 있겠다. 페이스북과 같은 SNS에서 쉽게 넘겨볼 수 있어 젊은 층 사이에서 인기가 높아 언론사들이 경쟁적으로 카드 뉴스를 제작하고 있다. 주류 언론뿐 아니라 비주류 미디어들도 젊은 독자들의 '공감 포인트'를 짚어낸 카드 뉴스로 SNS 상에서 주목받고 있다. 김희영은 2014년 12월 "카드 뉴스는 기존 취재 내용을 재가공하기 때문에 비용 대비 효과가 높다는 게 장점으로 꼽힌다"면서 이렇게 말했다.

"각사마다 차이가 있지만 일반적 제작과정은 온라인 부서의 기자가 아이템을 선정, 텍스트를 작성하면 웹디자이너가 편집을 도맡는 식이다. 이렇게 제작된 카드 뉴스는 단순한 기사 링크보다 호응이 높다. 정혁준 한겨레 디지털콘텐츠팀장은 '일대일 비교는 어렵지만 같은 주제의 뉴스보다 적어도 2~3배 이상은 더 전달된다'며 '모바일에서 화면을 넘기면서 이슈의 핵심을 쉽게 읽을 수 있어 젊은 층에서 좋아하는 형식'이라고 말했다."[84]

연세대 커뮤니케이션연구소 강정수 박사는 "모바일에서는 시각적 콘텐츠에 주목도가 높기 때문에 카드 뉴스가 범용화될 것이라는 데 완전히 동의한다"며 "스마트폰의 좁은 화면에서 시각적·압축적으로 여러 소식을 알 수 있고, 버스나 지하철을 기다리며 짧은 시간 내 소비하기 좋은 형태"라고 말했다. 이어 그는 "페이스북에 동영상을 직접 업로드하게 된 이후 동영상 트래픽이 점차 높아지고 있다"며 이미지 위주의 카드 뉴스에 이어 동영상 뉴스가 페이스북 이용자들의 주목을 받게 될 것이라고 전망했다.[85]

카드 뉴스 '티 타임즈T Times'를 제작하고 있는 『머니투데이』의 유병률 디지털뉴스부장은 2015년 2월 "동영상이 뉴스의 궁극적인 콘텐츠 형태가 될 것이라는 전망에 동의하지 않는다"며 "짧은 글과 이미지가 적절히 섞여 독자가 핵심을 빨리 파악할 수 있는 형태가 하나의 큰 흐름이 될 것"이라고 전망했다. 그는 또 카드 뉴스에 대한 일부의 우려에 대해서는 "모두들 카드 뉴스를 하기 때문에 질릴 수 있지만 그게 과연 카드 뉴스의 형태에 질린 것이냐는 질문을 해볼 필요는 있다"며 "카드 뉴스란 형식 안에 독자에게 필요한 콘텐츠를 담아낼 수 있다면 성공할 수 있다"고 했다. 결국 뉴스의 가치는 플랫폼이나 형태 문제가 아니라 콘텐츠의 질에 달려 있다는 것이다.[86]

키즈 크리에이터 Kids Creator

유튜브에 직접 동영상을 올리는 어린이나 초등학생들을 이르는 말로, 어린이 창작자라는 뜻에서 키즈 크리에이터라고 부른다. 유튜브에는 놀라운 인기를 얻고 있는 키즈 크리에이터가 적지 않다. 미국의 초등학생 에반이 진행하는 에반튜브EvanTubeHD 채널의 조회수는 2015년 2월 현재 10억 건, 구독자는 100만 명을 넘었으며 3남매의 일상을 중계하는 유튜브 채널 브래테일리Bratayley 구독자도 70만 명을 넘었다. 에반은 2011년, 5세 때 아빠와 함께 동영상을 찍은 것을 시작으로, 지금까지 일주일에 한 번씩 유튜브에 장난감 리뷰와 가족들과 함께하는 놀이를 올리고 있다.[87]

　　남은주는 2015년 2월 "요즘 아이들은 동영상으로 논다. 소꿉장난 같기도, 진지한 작업 같기도 한 동영상 놀이는 어른들이 먼저 시작했다. 초등학생들 사이에서 유행하는 '수학여행 파우치 공개방송'은 20대 여성들을 대상으로 시작했다가 중고등학생들 사이에서 돌던 것이 초등학생에까지 전파된 것이다"면서 이렇게 말했다.

　　"최근 유튜브에선 새로 나온 물건 상자를 뜯어 내용물을 살피는 '언박싱 방송' 인기가 많다. 어른들은 주로 전자제품 리뷰 방송을 보는데, 아이들은 장난감 상자 포장을 뜯어 블록 조립이나 불빛과 소리를 들어보는 장난감 후기 방송에 몰두한다. 뽀로로, 또봇, 타요,

로보카폴리, 라바 등의 장난감을 가지고 노는 영상을 보여주는 토이푸딩티브이, 단비스토이 등의 장난감 전문 채널들도 속속 등장했다. 대사도 없고 등장인물은 장난감과 인형을 움직이는 손뿐이지만 어린 시청자들은 열광한다. 토이푸딩티브이의 구독자는 12만 명, 채널 내 영상의 총 조회수는 1억 4천만 건을 넘는다."

유튜브 온라인 파트너십 담당 박태원 매니저는 2015년 가장 성장할 분야로 키즈 콘텐츠를 꼽았다. 그는 "2014년 4분기만 해도 새로 시작하는 장난감 채널 숫자를 헤아리기 어려울 정도다"면서 "이들 채널의 특징은 아이들이 주도한다는 것이다. 외국의 사례를 보면 아이가 만들고, 스스로 주인공이 되고 소비하는 경향이 대세를 이룰 것"이라고 했다.[88]

유튜브가 어린이들의 놀이터로 급부상하자 유튜브는 2015년 2월 '유튜브 키즈YouTube Kids' 앱을 새롭게 출시했다. 유튜브는 선정적인 동영상에 무분별하게 노출되지 않을까 하는 부모들의 걱정을 덜 수 있도록 만든 게 유튜브 키즈라고 했는데, 2015년 4월 미국 소비자 단체들은 '유튜브 키즈' 앱에 부당 광고가 게재되었다며 연방거래위원회FTC에 수사를 의뢰했다. 소비자 단체들은 "바비Barbie나 레고Lego, 맥도날드 등의 유튜브 키즈 브랜드 채널이 제작한 동영상 내용이 광고와 제대로 구분되지 않았다"고 주장했다.[89]

『텔레그래프』 스캔들

영국의 보수·우익 여론을 대변하는 정통 일간지 『텔레그래프』의 정치 담당 선임해설위원인 피터 오본이 2015년 2월 공개적으로 낸 사직서 '나는 왜 텔레그래프를 떠났나'가 발단이 되어 영국 언론계는 물론이고 대기업과 정치권이 발칵 뒤집힌 사건을 말한다. 오본은 사직서에서 경영진이 광고 수입에 급급해 편집권을 훼손하고 언론 기능을 마비시키는 '치명적 순간'으로 치닫게 하고 있다고 주장했다.[90]

 오본은 2012년 말 HSBC은행의 탈세 의혹 보도가 무마된 것을 편집권이 훼손된 대표적 사례로 들었다. 그는 HSBC은행의 광고 중단 위협 때문에 회사 경영진이 편집진에게 의혹을 축소하도록 지시했다고 폭로하면서 "회사가 진실 보도의 의무를 저버리고 독자들에게 일종의 사기를 치고 있다"고 비판했다. 공영방송 BBC는 연일 관련 뉴스를 취재해 내보냈다. 경쟁지인 『가디언』은 "『텔레그래프』 사주가 운영하는 '요델'이라는 택배회사가 2012년 12월 에이치에스비시로부터 2억 5천만 파운드(약 4200억 원)의 대출을 받은 사실을 확인했다"며, 『텔레그래프』와 HSBC은행의 유착 가능성을 제기했다.[91]

 『텔레그래프』는 2월 20일 1면에서 익명 기사를 통해 『더 타임스』의 모기업인 뉴스UK의 사업국 직원 2명이 자살한 사태가 광고주 업무와 관련 있다고 암시하고 『가디언』도 애플과 같은 거대 광고주의 비위를 맞추기 위해 애쓴다면서 『더 타임스』와 『가디언』도 광고주에게서 절대 자유롭지 못하다고 역공을 가했다.

이에 앞서 『텔레그래프』는 19일 「독자들에게 드리는 약속」이라는 장문 사설을 내고 "우린 HSBC은행과 관련된 보도 방향, 방법 등에 대해 독자들에게 사과할 내용이 없다"며 "그동안 해왔던 대로 이번 스캔들 역시 다뤄왔다"고 말했다. 이어 "값싼 포퓰리즘과 냉소주의가 판치는 시대에 우린 상업적 성공을 바탕으로 탁월한 저널리즘을 지켜왔다"면서 "『가디언』이나 BBC, 『더 타임스』 등 다른 언론으로부터 저널리즘에 대한 강의를 들을 생각은 없다"고 덧붙였다. 마지막으로 BBC·『가디언』·『더 타임스』가 이 사태를 비판적으로 보도하는 이유가 반기업 정서와 집권 보수당에 대한 반감 때문이라고 했다.[92]

이와 관련 이준웅은 "『텔레그래프』 편집국도 걱정이고 탐사보도의 정치적 동기도 궁금하지만, 이 사태는 이미 시작된 언론의 위기를 날로 보여주는 것 같아 우울하다"면서 다음과 같이 말했다.

"현대 언론은 공영이든 민영이든, 아니면 어떤 종류의 혼합형이든 후원자 없는 사업모형을 유지한 적이 없다. 그런데 후원자의 영향력에 대해 투명했던 적도 별로 없다. 이제 언론사는 내용과 편집에 외부 압력이 없음을 주장하는 것만으로는 누구에게도 진정성을 주장할 수 없게 되었다. 편집국과 사업국 간 거리가 너무 가까워졌기 때문이다. 공중에게 내용과 편집의 방향성을 투명하게 설명할 수 있어야 한다. 이 요점을 깨닫고 실천하느냐 마느냐가 존중받는 언론이 될 수 있느냐 마느냐를 결정하게 될 것이다."[93]

『텔레그래프』 스캔들은 사실상 광고 편집권을 둘러싼 논쟁이기도 하다. 특히 한국 언론도 광고 편집권을 두고 적잖은 논란이 발생하고 있기 때문에 영국에서 터진 스캔들이지만 '『텔레그래프』 스캔들'은 결코 남의 나라만의 문제가 아니라는 견해도 있다. 이와 관련해 장행훈은 이렇게 말했다.

"피터 오본의 사직 선언을 읽으면서 한국 언론을 떠올렸다. 한국의 언론 상황은 영국 상황에 견줘 훨씬 더 자본의 영향력이 큰데, 한국의 언론 종사자 가운데서는 왜 저런 결단을 내리는 언론인이 없는지 곰곰이 생각해봤다."[94]

파워 크리에이터_{Power Creator}

1인 창작자를 말한다. '아마추어 게임 방송 진행부터 요리 · 엔터테인먼트 · 뷰티까지 섭렵하며 유튜브 3억 뷰를 기록한 양띵(본명 양지영)이 대표적인 파워 크리에이터다. V로거Vlogger나 유튜버 등이 파워 크리에이터라 할 수 있겠다. V로거는 비디오 블로거video blogger의 준말로 1인 방송을 하는 사람들을 일컫는 말이고, 동영상 플랫폼 유튜브에 직접 제작한 다양한 장르의 영상을 게시 · 공유하는 사람을 지칭해 유튜버라 한다.

양진하는 2015년 1월 "인터넷 '1인 창작자'들의 활약이 눈부시다. 혼자서 콘텐츠를 제작해 직접 유통시키는 그야말로 '올라운드 플레이어'다"면서 이렇게 말했다.

"이들은 블로그나 동영상사이트 등을 통해 직접 글을 쓰기도 하고, 동영상을 제작해 올리기도 한다. 기획 집필 촬영 제작 때론 출연까지 다 혼자서 한다. 물론 아마추어들이다. 그런데 이 콘텐츠에 적게는 수천, 많게는 수백만 독자들이 반응한다. 애초 돈을 벌려는 목적은 아니었고, 그렇다고 인터넷 스타가 되기 위함도 아니었지만, 호기심에서 혹은 취미 생활로 시작했는데 인터넷과 SNS에서 반응이 워낙 뜨겁다 보니 뜻하지 않는 소득까지 안겨주는 케이스가 대부분이다."[95]

파워 크리에이터의 성공 사례가 늘어나면서 1인 제작자 · 1인 채널의 방송 활동을 지원하는 MCN Multi Channel Network 비즈니스도 확대되고 있다. 세계적인 동영상 플랫폼 유튜브는 물론이고 한국의 인터넷 방송 아프리카 등이 파워 크리에이터 발굴과 지원에 나서고 있다. CJ E&M은 게임 · 뷰티 · 엔터테인먼트에 이르는 국내외 크리에이터를 발굴 · 육성하고 있는데, 2014년 12월 현재 총 144팀의 콘텐츠 제작자를 확보했으며, 총 1,200만 명이 개인 채널의 영상을 유튜브를 통해 구독하고 있다. 소셜 라이브 미디어 아프리카TV에는 매일 10만 개 개인 채널이 열리며 최고 77만 명이 동시 접속하고 있다.[96] 유튜브 역시 개인이 직접 유튜브 채널을 만들어 운영할 수 있도록 지원하고 있다.

　　파워 크리에이터의 활동 범위가 넓어지고 영향력이 커지자 한국 정부는 2014년 12월 콘텐츠 크리에이터 육성에 정책적 지원을 나서기로 했다. 파워 크리에이터가 창조적인 상상력으로 일자리와 소득을 만들어내는 것을 핵심으로 하는 박근혜 정부의 '창조경제' 컨셉트와 맞아 떨어진다고 보았기 때문이다. 정부는 파워 크리에이터들의 아이디어를 발굴해 세계적 콘텐츠를 만들어낸다는 계획을 세우고 '글로벌 파워 크리에이터' 선발 프로젝트까지 진행하고 있다.[97]

페이지 스리 걸_{Page Three Girl}

영국의 타블로이드 신문 『더 선』이 3면에 고정적으로 싣는 가슴을 드러낸 토플리스(상반신 노출) 여성 모델 사진을 이르는 말이다. 『더 선』에 페이지 스리 걸 사진이 실리기 시작한 것은 언론재벌 머독이 『더 선』을 인수한 지 1년 후인 1970년 11월 17일부터다. 페이지 스리 걸이란 말은 1975년부터 널리 쓰였다.

여성의 젖꼭지_{nipples}까지 그대로 드러낸 것에 대해 비난이 빗발쳤지만, 『더 선』은 "여체의 신비와 아름다움의 전령사"라고 자처하면서 벗기는 데에 더욱 열을 올렸다. 장사가 되었기 때문이다. 페이지 스리 걸로 『더 선』의 판매부수가 급증하면서 적자에 허덕이던 신문은 흑자로 돌아섰다. 『더 선』은 "Page Three"라는 말을 상표 등록까지 했다.[98]

영국 하원의원 클레어 쇼트는 이 '페이지 스리 걸'에 강한 문제의식을 갖고, 『더 선』의 이런 관행에 제동을 거는 내용을 담은 법안을 1987년에 제출했지만, 법안은 통과되지 않았다. 2000년대 들어서 그녀는 다시 『더 선』을 향해 포문을 열었지만, 『더 선』은 대놓고 쇼트 의원을 향해 '질투심 많고, 뚱뚱한' 여성으로 비아냥거리면서 다음과 같이 주장했다.

"3면에 나오는 여성들은 모두 지적이고 활동적이고, 자신의 일을 즐기기 때문에 자발적으로 우리 신문에 나온다. 그리고 수백만 명의 우리 독자들은 남녀 불문하고 그들을 보고 즐기고 있다.……
그러니 쇼트 의원이 더 할 말이 없다면 그냥 달나라에나 가라."[99]

2015년 1월 16일 『더 선』은 페이지 스리 걸 사진을 내보내지 않겠다고 밝혔다가 약 1주일 만에 이를 번복하고 다시 페이지 스리 걸을 부활시켰다. 『더 선』은 공식 트위터 계정을 통해 '해명과 수정'이라는 제목 아래 상반신 누드 상태로 윙크를 하고 있는 금발 모델의 사진을 실은 3면을 공개하고 "최근 언론 보도를 감안해 이게 우리의 '페이지 3'란 걸 명확히 하려 한다"며 "지난 이틀간 우리에 대해 떠들었던 다른 모든 언론과 언론인을 대신해 사과한다"고 밝혔다. 이에 페이지 스리 걸 폐지 소식에 환영 논평까지 냈던 '페이지 3 금지No More Page 3' 운동 단체는 "다시 싸움이 시작되었다"고 선언했다.[100]

PIP Platform in Platform

방송 사업자가 특정 플랫폼 내에 별도로 구축해 운영하는 플랫폼을 말한다. 방송 사업자는 방송 콘텐츠 편집권은 물론이고 온라인 광고 운영권 등을 직접 관리·운영할 수 있기 때문에 기존보다 효율적으로 콘텐츠 판매 수입과 광고 수입을 올릴 수 있다. SBS·MBC·종편 4사·CJ E&M 등 7개사로 구성된 온라인·모바일 광고 대행사인 SMR은 동영상 플랫폼 사업자들에게 PIP를 요구하고 있는데, 이는 모바일이라는 새로운 플랫폼에서 콘텐츠를 재생산할 수 있는 수익 구조를 만들지 못하면 미래가 없다는 위기의식 때문이다.[101]

SMR은 PIP 등을 둘러싼 협상 결렬로 인해 2014년 12월부터 유튜브에 영상을 제공하지 않기로 했다. SMR은 "PIP 방식을 도입해야 동영상별 시청시각, 시청패턴 등 소비자에 대한 분석을 할 수 있다"며 "VOD를 포함한 '통합시청률' 산정·프로그램 제작과 연관된 문제로 SMR 소속사들이 온라인을 강화할지 TV를 강화할지를 정하려면 우리 스스로의 플랫폼을 갖고 있어야 한다"고 주장했다. 이에 대해 유튜브는 유튜브 자체가 플랫폼인데 그 안에 또 다른 플랫폼을 넣으면 세계에 동일하게 제공하는 서비스의 사용자경험ux 등의 일관성을 해칠 수 있다는 이유를 들어 SMR의 요구를 즉시 거부했다.[102] 지상파 방송사들은 IPTV 내의 다시보기vod 서비스에 대해서도 PIP 방식의 도입을 요구하고 있는데, IPTV 업계 역시 PIP는 옥상옥屋上屋이라는 이유로 거부하고 있다.[103]

네이버·다음카카오는 SMR의 요구를 수용해 2014년 12월부터 PIP 서비스를 제공하고 있다. 지금까지 방송사가 영상을 제공하면, 네이버·다음카카오는 이 영상을 갖고 광고주와 계약하고 얻은 수익은 일정 비율로 방송사와 나누어왔다. 네이버·다음카카오와 타결된 PIP 협상으로 SMR은 광고 영업권을 얻어내는 등 경제적으로 큰 이익을 얻게 되었으며 영상 플랫폼 사업의 '주도권'도 갖게 된 것으로 분석되고 있다.[104]

네이버·다음카카오가 PIP를 허용한 것은 미래 모바일 시장의 핵심 콘텐츠인 동영상 확보 전략에서 비롯된 것으로 분석되고 있다.[105] 네이버 관계자는 "방송사의 요구는 주도권을 넘겨달라는 얘기였고, 우리는 주도권을 넘겨주더라도 이용자를 잡아야겠다고 생각했다"며 "이대로 가면 유튜브 점유율이 90%를 넘어가게 될 것"이라고 말했다.[106]

하이에나 저널리즘

사회적 이슈가 생기면 무작정 쓰고 보자는 식으로 최소한의 사실관계도 확인하지 않은 채 달려드는 언론의 보도 행태를 일러 하이에나 저널리즘이라고 한다. 국민의 감성을 자극하는 선정적인 먹잇감을 찾아 조금이라도 약점을 보이면 계속해서 물어뜯는 것이다. 2014년 1월 7일 국내 3대 소셜 커머스 업체 가운데 한 곳인 위메프가 신입사원을 채용하고 정직원과 같은 업무를 시킨 후 전원을 해고했다는 보도가 나온 이후 쏟아져나온 기사들이 대표적인 케이스다.

당시 한국 언론은 위메프가 취업준비생들을 상대로 갑질을 해댔다고 비판했지만, 이는 기본적인 사실관계조차 확인하지 않은 보도였다. 고용노동부 조사 결과 위메프의 내부 합격 기준에 못 미쳐 전원 불합격한 것으로 드러났기 때문이다. 이와 관련 익명을 요구한 한 인터넷 신문의 기자는 "노동부 조사 결과 나온 것처럼 인턴 채용은 없었고 이를 언론이 마치 위메프가 인턴 채용 후 전원 해고한 것으로 신중하지 못한 보도를 한 것은 분명히 문제"라며 "요즘 갑질 논란이 뜨거운 이슈인데 그 부분에서 위메프가 말려들었고 언론의 보도행태도 과했다고 본다"고 말했다.[107]

강성원은 하이에나 저널리즘이 발생하는 이유는 "선정적이고 자극적인 특정 사안에 심한 쏠림 현상을 보이는 경향이 많고, 정부

출입처나 기업 홍보실에 안주해 취재 없이 보도자료 받아쓰기에 익숙하기 때문이다"면서 이렇게 말한다.

"정부 부처를 출입하는 한 경제신문 기자는 '쏟아지는 정보의 양이 워낙 방대하고 기자들도 통달한 전문가가 아니다 보니 정보를 제대로 소화하기보다 하나의 기사 틀에 맞춰 기사를 만들어내기 바쁘다'며 '정부 발표 자료를 검증하려면 툴tool과 전문가가 필요한데 정부가 모든 정보를 공개하지 않는 비대칭성도 심해 전문가의 검증도 한계가 있다'고 말했다. 최근 연말정산 사태 관련 기재부 발표를 예로 들면 많은 출입기자들은 5,500만 원 이하 직장인의 세금 부담이 줄어들 거라는 정부 홍보에 맞춰 기사를 썼다. 하지만 이는 정부가 다자녀 혜택을 줄였다거나 독신자들은 외려 체감하는 세 부담이 늘어났다는 사실을 간과한 기사였다. 이 기자는 '정부는 자료를 수시로 쏟아내고 중간중간 수정 보도자료도 갑자기 내는데 그중 중요한 자료는 지면에 담지 않으면 물을 먹는 거니까 검증할 시간도 없이 바로바로 기사를 만들어내는 경우가 많다'며 '죄책감이 들면서도 각각 사안에 통달한 전문가가 기사를 쓰지 않는 이상 현재 시스템상 어쩔 수 없다'고 토로했다."[108]

하이에나 저널리즘은 언론이 제대로 된 비판을 하지 않기 때문에 나타나는 현상이라고 보는 견해가 있다. 홍원식은 "좋은 비판 기사를 만들어내기 위해서는 오랜 시간에 걸친 취재 노력과 함께 심층적인 분석이 필요하다"면서 이렇게 말했다.

"하지만, 우리 언론은 시간과 노력이 들어가는 비판기사를 선택하기보다는 국민들의 감정을 자극하는 선정적 먹잇감을 찾는 비난 기사를 만들어내는 데 열중하고 있다.……'하이에나 저널리즘'이 문제가 되는 것은 우리 사회가 정작 문제를 해결하는 데 필요한 노력을 기울이기보다는, 그저 감정적으로 소진되어 버리게 하기 때문일 것이다."[109]

하이에나 저널리즘은 연예 저널리즘에서도 자주 발견된다. 연예뉴스시장이 과열 경쟁으로 포화상태에 놓여 있기 때문이다. 이택광은 "매체가 많아진 결과 하나의 이슈가 터지면 하이에나처럼 몰려가서 다 뜯어먹는 식의 환경이 만들어졌다"며 "매체 간 평등은 보장됐으나 정글의 왕국이 됐다"고 했다.[110]

하이퍼로컬 저널리즘 hyper-local Journalism

세분화된 지역 정보와 그 지역 사람들 이야기를 중심으로 그 지역 업소의 광고를 담는 등 더욱 세분된 지역성을 강조하는 보도를 말한다. 하이퍼로컬 저널리즘은 지역 밀착에 바탕을 두고 있기 때문에 구 단위나 읍 단위의 작은 지역이나 공동체의 세세한 정보를 다룬다는 게 특징이다.[111]

지역 언론이 하이퍼로컬 저널리즘에서 활로를 모색해야 한다는 주장이 있다. 예컨대 이국환은 2013년 11월 『국제신문』에 게재한 옴부즈맨 칼럼에서 "지역화된 뉴스는 주로 온라인상에서 전문기자와 단위 지역의 구성원이 협업관계를 통해 생산 유통될 수 있다는 점에서 새로운 형태의 하이퍼로컬리티를 형성한다"면서 이렇게 말했다.

"지역 내 세세한 정보를 독자들에게 제공해 친숙도와 충성도를 높이는 하이퍼로컬 저널리즘은 신문의 위기와 지역 언론의 위기라는 이중고에 직면한 『국제신문』에 수익 사업이 될 수도 있다. 2010년 미국의 소셜 커머스 열풍을 감지한 『워싱턴포스트』는 지역의 다양한 서비스와 상품들을 등록하는 소셜 커머스 사이트를 구축하여, 업체들이 온라인으로 관련 상품을 등록하면 『워싱턴포스트』가 소식지를 발송하고 무료로 광고를 실어주기 시작했다. 이를 위해 별도

벤처기업을 설립하고 다양한 거래처들과 제휴하여 수익을 창출하고 있다.……『국제신문』이 하이퍼로컬 뉴스를 추구하는 과정에서 축적한 지역 밀착의 정보와 네트워크라면 충분히 소셜 커머스를 통해 수익을 창출할 수 있으며, 더불어 지역민에게 필요한 소비 관련 정보도 제공할 수 있다."[112]

2013년 11월 한국신문협회가 주최한 '지방신문 미래전략 토론회'에서 『대전일보』 남상현 발행인은 "이른바 '하이퍼로컬형' 정보 강화, 지역사회 공동체 발전을 위한 건설적인 대안 제시, 인적 네트워크를 통한 지역광고 확보 등 지방신문 고유의 장점을 살려 미디어 환경변화에 적극 대처해가자"고 말했다.[113]

2014년 12월 부산에서 출범한 로컬콘텐츠연구원은 하이퍼로컬리즘과 공공저널리즘 실현을 통해 풀뿌리 민주주의 정착에 기여하겠다고 밝혔다. '언론사의 위기가 민주주의 위기'라는 문제의식을 가지고 출범한 로컬콘텐츠연구원은 공익적 차원에서 지역 언론의 문제를 분석하고 해결을 고민하는 비영리 연구 조직, 지역언론 – 학계 간 협력을 통해 지역 언론의 미래를 설계하는 'Think Tank', 로컬 콘텐츠와 지역성에 대해 전문성을 가진 학술연구기관을 지향하고 있다.[114]

주

1_ Life Section

1 채승기 · 유명한, 「살인범 5%는 가족…선진국의 2~3배」, 『중앙일보』, 2015년 1월 15일.

2 변태섭 · 채지선, 「"죽음도 함께" 빗나간 가족주의, 참극 부른다」, 『한국일보』, 2015년 1월 16일.

3 서경원 · 이지웅, 「실패를 모르는 '온실사회'…가족 비극 낳는다」, 『헤럴드경제』, 2015년 1월 15일.

4 「사설」 낡은 가족주의 벗어나 새로운 가족 관계로」, 『경향신문』, 2015년 1월 17일.

5 김기환 · 신진, 「"교사 된 것 후회" 20%…OECD 1위」, 『중앙일보』, 2015년 2월 10일.

6 김지훈, 「교사 명퇴 급증 최대 이유 "학생 지도 어려워져"」, 『한겨레』, 2015년 2월 11일.

7 이영희, 「[분수대] 선생님도 직장인이잖아요」, 『중앙일보』, 2015년 2월 11일.

8 「사설」 최악의 집단 무기력에 빠진 한국의 교사들」, 『중앙일보』, 2015년 2월 10일.

9 조일준, 「화물선에 버려진 '엑소더스'…"도와줘요, 침몰해요"」, 『한겨레』, 2015년 1월 11일.

10 조일준, 「화물선에 버려진 '엑소더스'…"도와줘요, 침몰해요"」, 『한겨레』, 2015년 1월 11일.

11 김지은, 「지중해의 대형 '난민 유령선', 왜 잇따르나」, 『한겨레』, 2015년 1월 5일.

12 윤승민, 「지중해 한 가운데 난민 수백 명 버리는 '유령선' 기승」, 『경향신문』, 2015년 1월 4일.

13 김희원, 「뗏목 대신 유령선…진화하는 '난민 트렌드'」, 『세계일보』, 2015년 1월 4일.

14 라제기, 「돈 챙겨 바다서 먹튀…신종 밀입국업자 골머리」, 『한국일보』, 2015년 1월 4일.

15 김동섭 · 김정환, 「고달픈 노년…'老老 부양' 15만 가구」, 『조선일보』, 2015년 1월 29일.

16 신성식 · 장주영 · 김혜미, 「[사람 속으로] 60대가 80대 모시는 '노노 부양' 14만 세대」, 『중앙일보』, 2014년 7월 5일.

17 김동섭 · 김정환, 「100세 시대의 복지 死角… '버거운 동거'가 老老 학대 부르기도」, 『조선일보』, 2015년 1월 29일.

18 장원주 · 이태영, 「"노블레스 노마드"족이 는다…명품 대신 여가생활 중시」, 『세계일보』, 2007년 8월 6일.

19 김명곤, 「[열린세상] 위대한 유목민, 위태로운 유목민」, 『서울신문』, 2008년 4월 11일.

20 「사설」 '상속 빈곤층' 시대, '퍼주기'가 자식 망친다」, 『중앙일보』, 2014년 6월 18일.

21 이화정, 「은퇴 후 직업의 연속성 보장 정책 아쉽다」, 『중부매일』, 2014년 11월 18일.

22 박민제, 「다자녀 역설…부양 외면당한 부모 평균 자녀 3.4명」, 『중앙일보』, 2014년 6월 17일.

23 이주찬, 「재산 물려줬더니 "부모 안 모시겠다"…상속 빈곤층 급증」, 『JTBC 뉴스』, 2014년 6월 17일; 「사설」 '상속 빈곤층' 시대, '퍼주기'가 자식 망친다」, 『중앙일보』, 2014년 6월 18일.

24 최경운, 「내가 모르는 내 아이」 [1] '자신의 삶'을 '자식의 삶'에 심으려고만 하는 부모들」, 『조선일보』, 2014년 11월 20일.

25 디지털뉴스부, 「"독친(毒親)으로 병들어가는 부모부터 구출해야"」, 『디지털타임스』, 2014년 11월 24일.

26 최재훈, 「내가 모르는 내 아이」 [3] 부모 등쌀에…성적표까지 고치는 아이들」, 『조선일보』, 2014년 11월 22일.

27 정용석, 「독친(毒親)과 선친(善親) 사이 누굴 선택할 것인가」, 『시사IN』, 제1074호(2014년 12월 1일).

28 박진영, 「"딸 있는 판사, 아들만 있는 판사보다 女권리에 우호적"」, 『세계일보』, 2014년 6월 17일.

29 조기원, 「미국 '딸바보' 판사들의 '페미니즘' 변신」, 『한겨레』, 2014년 6월 18일.

30 조성호, 「아침을 열며」 우리사회의 유리천장과 아버지의 역할」, 『영남일보』, 2014년 6월 23일.

31 김양중, 「즐거워야 할 명절에 불안 · 초조 · 불면증까지」, 『한겨레』, 2015년 2월 18일.

32 채윤경, 「"가족 만나면 갈등, 없으면 박탈감"…평일 자살 40명, 명절 직후엔 43명」, 『중앙일보』, 2015년 2월 24일.

33 강준만, 『개천에서 용 나면 안 된다: 갑질공화국의 비밀』(인물과사상사, 2015), 197쪽.

34 서영지, 「친척들 앞에 설 자신이 초라했을까… '명절의 비극'」, 『한겨레』, 2015년 2월 23일.

35 홍성원, 「"저 손님 혹시 '미스터리 쇼퍼'?…"」, 『헤럴드경제』, 2013년 1월 21일.

36 임지선, 「오늘 만난 '진상 손님', 회사가 보낸 '암행 감시단'?」, 『한겨레』, 2013년 10월 31일.

37 이용상 · 문동성, 「불친절 잡아내는 '미스터리 쇼퍼' 감정노동 부추긴다」, 『국민일보』, 2013년 5월 6일.

38 「사설」 '多文化 학생 1%', 10~15년 뒤 主流 사회 편입이 관건」, 『조선일보』, 2014년 9월 22일.

39 임미나, 「"한국사회, 반(反)다문화 · 인종주의 방치"」, 『연합뉴스』, 2014년 8월 12일.

40 조호연, 「여적」 반(半) 한국인」, 『경향신문』, 2015년 2월 13일.

41 이현아, 「배운녀자 신드롬」 '촛불' 앞장 新우먼파워」, 『스포츠한국』, 2008년 7월 3일.

42 박이은실, 「'배운 녀자'들이 촛불에 앞장선 이유」, 『참세상』, 2008년 7월 5일.

43 한귀영, 「30대 여성의 속물화」, 『한겨레21』, 제970호(2013년 7월 17일).

44 박권일, 「'배운 녀자' 그 이후」, 『한겨레』, 2015년 2월 3일.

45 조용헌, 「夫源病(부원병)과 炊事期(취사기)」, 『조선일보』, 2015년 3월 9일.

46 이경은, 「6075 新중년」 [제3부-5] 은퇴後 "여보, 밥 줘" 대신 "내가 밥 할게"…夫婦사이 지옥서 천국 된다」, 『조선일보』, 2015년 2월 12일.

47 김찬곤, 「병(病): 베이비부머 은퇴 급증 대비해 부원병 · 화병, 근원적 대책 필요 정신적 병 백신 미리 만들어야」, 『경북일보』, 2015년 3월 20일;

48 이경은, 「6075 新중년」 [제3부-5] 은퇴後 "여보, 밥 줘" 대신 "내가 밥 할게"…夫婦사이 지옥서 천국 된다」, 『조선일보』, 2015년 2월 12일.

49 「사설」 눈길 끄는 '사전 장례의향서' 캠페인」, 『헤럴드경제』, 2012년 11월 14일.

50 문혜원, 「비싼 수의 · 관에 모시는 것이 孝일까」, 『머니위크』, 2013년 11월 21일.

51 박민제, 「자식에게 퍼주고 노후에 버림받는 '상속 빈곤층' 는다」, 『중앙일보』, 2014년 6월 17일.

52 박민제, 「아버지를 "○○씨"로 부르는 소송 법정」, 『중앙일보』, 2014년 6월 17일.

53 박민제, 「아버지를 "○○씨"로 부르는 소송 법정」, 『중앙일보』, 2014년 6월 17일; 「사설」 '상속 빈곤층' 시대, '퍼주기'가 자식 망친다」, 『중앙일보』, 2014년 6월 18일.

54 「[사설] '상속 빈곤층' 시대, '퍼주기'가 자식 망친다」, 『중앙일보』, 2014년 6월 18일.

55 심인성, 「미국 내 가장 큰 위협은 '자생적 극우주의자 테러'」, 『연합뉴스』, 2015년 2월 22일; 이미현, 「미국 가장 큰 테러 위협은 IS 아닌 '자생적 극우주의자'」, 『아시아경제』, 2015년 2월 22일.

56 윤정호, 「'美 최대 위협은 국내 과격파 소버린 시티즌(Sovereign Citizen)'」, 『조선일보』, 2015년 2월 23일.

57 이인열 외, 「나이에서 일곱 살 빼라… '6075(60~75세) 新중년' 출현」, 『조선일보』, 2013년 9월 9일.

58 특별취재팀, 「60대 트윗왕 "친구 얻고 돈 벌고"」, 『중앙일보』, 2014년 2월 25일.

59 김은정, 「[6075 新중년] [제3부-2] 사랑 고백하고, 커플티 입고… '20代 CC(캠퍼스 커플)' 뺨치는 '新중년 BC(복지관 커플)'」, 『조선일보』, 2014년 2월 4일.

60 이인열 외, 「257조 예금 新중년, 백화점의 '王손님'」, 『조선일보』, 2013년 9월 10일.

61 이인열 외, 「나이에서 일곱 살 빼라… '6075(60~75세) 新중년' 출현」, 『조선일보』, 2013년 9월 9일; 이인열 외, 「257조 예금 新중년, 백화점의 '王손님'」, 『조선일보』, 2013년 9월 10일.

62 허준혁, 「안나 카레니나의 법칙과 행복한 가정」, 『위키트리』, 2013년 10월 31일.

63 김상조, 「'안나 카레니나 법칙'의 한국 금융」, 『경향신문』, 2014년 10월 8일.

64 송준규, 「안나 카레니나 법칙, 그리고 안전」, 『전북일보』, 2015년 2월 3일.

65 이지웅, 「[新앵그리 맘 기획] 신앵그리 맘 폭발사회, 기로에 선 대한민국」, 『헤럴드경제』, 2014년 8월 11일.

66 정부경·전수민, 「앵그리 맘으로 표출된 '모성의 사회운동화'] 아이를 위한 집단행동, 공감대 확산 큰 울림」, 『국민일보』, 2014년 9월 24일.

67) 이지웅, 「[新앵그리 맘 기획] 신앵그리 맘 폭발사회, 기로에 선 대한민국」, 『헤럴드경제』, 2014년 8월 11일.

68 김견숙, 「[김견숙의 에세이 산책] 내 아이만을 위한 '앵그리 맘'은 안 된다」, 『매일신문』, 2015년 4월 7일.

69 강지혜, 「취업난 속 졸업 유예…이름 없는 '대학 5학년'」, 『뉴시스』, 2014년 10월 1일.

70 남정미 외, 「[어떻게 생각하십니까] 'NG(No Graduation·졸업 안하는 학생)族' 3년 새 두 배로…속타는 대학」, 『조선일보』, 2014년 11월 7일.

71 채승기·김선미, 「취업 못하니 계속 대학 5학년…NG족 급증」, 『중앙일보』, 2015년 2월 24일.

72 김정필, 「젊은 층 절반이 '5포 세대': 연애·결혼·출산·대인관계·내집 마련 중 1가지 이상 포기」, 『한겨레』, 2015년 3월 3일; 김혜림, 「2030 "연애·결혼·출산·대인관계·내집 마련 포기…3포 아닌 5포 세대"」, 『국민일보』, 2015년 3월 3일.

73 김현주, 「[김현주의 일상 톡톡] '5포 세대'에게도 희망은 있다고?」, 『세계일보』, 2015년 2월 11일.

74 김현주, 「[김현주의 일상 톡톡] '5포 세대'에게도 희망은 있다고?」, 『세계일보』, 2015년 2월 11일.

75 김수현, 「청년층, 이러다 '7포 세대' 되기 전에」, 『오마이뉴스』, 2015년 3월 24일.

76 김성희, 「훌륭한 상사의 휴가 '부하를 믿고 떠나라'」, 『이코노믹리뷰』, 2011년 8월 3일.

77 이지훈, 「왜 맡기지 못하는가」, 『조선일보』, 2015년 1월 28일.

78 김성희, 「훌륭한 상사의 휴가 '부하를 믿고 떠나라'」, 『이코노믹리뷰』, 2011년 8월 3일.

79 이형수, 「'도내 북부지역의 레저스포츠 활성화에 앞장'」, 『충북일보』, 2013년 6월 11일.

80 황만호, 「인제군, 모험레포츠 수도권 집중 홍보 나서: 짜릿한 오감만족 인제에서 느껴 보세요!」, 『강원신문』, 2014년 6월 15일.

81 강인귀, 「스카이다이빙, 번지 점프 등 익스트림 스포츠 5종목 하루 만에 끝내기」, 『머니위크』, 2014년 10월 20일.

82 조득진, 「요우커(遊客·중국인관광객) 600만 시대-'리테일·테인먼트(럭셔리 쇼핑과 여행 결합)'로 VIP 잡

는다」, 『포브스코리아』, 2014년 10월 14일.

83 김윤종 외, 「살짝 맛보고 옆으로 톡… '디지털 메뚜기족' 는다」, 『동아일보』, 2009년 9월 29일.

84 정지섭, 「팀 쿡 "잡스 성공은 세계 최고 변덕 덕"」, 『조선일보』, 2015년 3월 21일; 인지현, 「팀 쿡 "애플 신화 만든 건 잡스의 변덕"」, 『문화일보』, 2015년 3월 20일.

85 장현구, 「미국 흑인 다시 남부로… '대이동' 100년 만에 역전」, 『연합뉴스』, 2015년 2월 3일.

86 윤정호, 「남부로 다시 이동하는 美 흑인들」, 『조선일보』, 2015년 2월 5일.

87 박태훈, 「미국 흑인 인구 이동 100년 만에 재역전, 북부서 남부로」, 『세계일보』, 2015년 2월 3일.

88 손병호, 「일자리 찾아 남부로…美 21세기판 흑인 대이주」, 『국민일보』, 2015년 2월 4일.

2_ Society Section

1 김기봉, 「후루사토(故郷) 납세」, 『전남일보』, 2014년 10월 30일.

2 차학봉, 「"地方도 살리고 節稅도 하자"…日, '고향 납세(원하는 지역에 기부금 내고 일부 세액공제 받는 제도)' 20만 명 눈앞」, 『조선일보』, 2014년 10월 28일; 정슬기, 「日, 고향 납세 답례로 기부금 절반 전자화폐로 돌려주다가…이시카와현 가가시 "지나치다" 지적에 긴급 중단」, 『매일경제』, 2015년 3월 6일.

3 김찬호, 「새로운 지연(地緣), 열린 고향」, 『경향신문』, 2015년 2월 14일.

4 노현웅, 「채취는 8만 건, 범죄수사엔 1400여 건만 활용」, 『한겨레』, 2014년 10월 13일.

5 박태우, 「검찰, 7년 전 노사분쟁 참가자까지 무차별 'DNA 채취'」, 『한겨레』, 2015년 2월 3일.

6 「사설」 무분별한 DNA 채취 안 된다」, 『경향신문』, 2015년 2월 4일.

7 남상욱, 「한전 납품 따내려 외제차 · 골프 레슨비… '맞춤형 뇌물' 살포」, 『한국일보』, 2015년 2월 1일; 장관석, 「한전 관계자, 납품업체로부터 '맞춤형 뇌물' 받은 내역 보니…」, 『동아일보』, 2015년 2월 1일.

8 남상욱, 「한전 납품 따내려 외제차 · 골프 레슨비… '맞춤형 뇌물' 살포」, 『한국일보』, 2015년 2월 1일.

9 「사설」 공공기관 납품비리 심각성 보여준 한전 '뇌물 잔치'」, 『경향신문』, 2015년 2월 3일.

10 신정록, 「만물상」 일본인과 메이와쿠(迷惑)」, 『조선일보』, 2015년 1월 27일.

11 박정훈, 「이런 日本이 소름 끼치도록 무섭다」, 『조선일보』, 2015년 2월 6일.

12 서의동, 「도쿄리포트」 日 '메이와쿠(迷惑) 기피' 문화의 두 얼굴」, 『경향신문』, 2011년 3월 28일.

13 권혁범, 「포럼」 日 대재앙 속 '숨은 진실' 찾기」, 『경향신문』, 2011년 4월 3일.

14 김은환, 「일본 대참사에서 얻는 교훈」, 『경인일보』, 2011년 3월 23일; 박정훈, 「이런 日本이 소름 끼치도록 무섭다」, 『조선일보』, 2015년 2월 6일.

15 서의동, 「도쿄리포트」 日 '메이와쿠(迷惑) 기피' 문화의 두 얼굴」, 『경향신문』, 2011년 3월 28일.

16 김동인, 「'올해의 법안' -세월호 · 세 모녀 3법」, 『시사IN』, 제380호(2014년 12월 30일).

17 장슬기, 「생활 비관 죽음…열 달 만에 세 모녀법으로」, 『미디어오늘』, 2014년 12월 24일.

18 홍성윤, 「기자 24시」 '송파 세 모녀' 외면한 세 모녀법」, 『매일경제』, 2014년 11월 21일.

19 최성진, 「송파 세 모녀법에 '세 모녀 잃게 만든 조항' 그대로」, 『한겨레』, 2015년 4월 15일.

20 최현묵, 「Weekly BIZ」 설득하지 않고 설득하는 힘」, 『조선일보』, 2015년 2월 14일.

21 임은경, 「작은 시도로 큰 변화를 이끌어내는 스몰 빅의 놀라운 힘, 설득의 심리학」, 『업코리아』, 2015년 2월 7일.

22 김슬기, 「타인을 변화시키는 52가지 '작고 사소한 시도'」, 『매일경제』, 2015년 1월 30일.

23 최현묵, 「[Weekly BIZ] 설득하지 않고 설득하는 힘」, 『조선일보』, 2015년 2월 14일.

24 김용운, 「단어 하나 바꿨더니…모금액 90% 증가?」, 『이데일리』, 2015년 2월 11일.

25 정옥주, 「대학 진학률 29%·청년실업률 세계 최저…스위스 경쟁력 원천은?」, 『뉴시스』, 2014년 1월 20일.

26 장원재, 「대학 진학률 29%인 스위스, 71%인 한국보다 실업률 낮은 비결은」, 『동아일보』, 2014년 1월 21일.

27 백기철, 「[유레카] 스위스 패러독스」, 『한겨레』, 2013년 9월 9일.

28 박주연, 「뭐라 딱 꼬집어 말할 수 없어」, 『주간경향』, 2003년 10월 9일.

29 김보경, 「남성성에 갇힌 슈퍼우먼들에게 보내는 조언」, 『연합뉴스』, 2014년 6월 2일.

30 이나미, 「'마초 여성들'에게 고함」, 『국민일보』, 2014년 12월 17일.

31 이나미, 「'마초 여성들'에게 고함」, 『국민일보』, 2014년 12월 17일.

32 「[사설] 국립대를 '어용대'로 만들겠다는 발상」, 『한겨레』, 2015년 1월 26일.

33 「[사설] 국립대 총장까지 '친박' 정치인이라니」, 『경향신문』, 2015년 2월 9일.

34 「[사설] 국립대 총장 임용 줄줄이 거부하는 근거 설명하라」, 『한국일보』, 2015년 1월 26일.

35 「[사설] 국립대 총장마저 '정피아 낙하산' 채우겠다는 건가」, 『세계일보』, 2015년 2월 9일.

36 김유진, 「S대 나온 39세 女박사, 결혼 못하고 있는 진짜 이유는…」, 『머니투데이』, 2014년 1월 10일.

37 장수경, 「저학력男·고학력女, 짝 찾기 힘들다」, 『뉴스천지』, 2012년 7월 27일.

38 박영철, 「능력 있고 돈 잘 버는 30대 여성의 고민」, 『주간조선』, 2012년 5월 20일.

39 김상운, 「"한국을 울혈 사회로 만든 불공정 청산하자"」, 『동아일보』, 2015년 1월 7일.

40 이경원 외, 「[한국 사회 집단분노] 불신·조롱 제1 타깃은 '승인 받지 못한 권력'」, 『국민일보』, 2015년 1월 6일.

41 윤평중, 「火病(화병) 부르는 '鬱血(울혈) 사회' 넘어서기」, 『조선일보』, 2015년 1월 30일.

42 박병률, 「총리 후보자 □□□□ 62% 넘으면 '낙마'」, 『경향신문』, 2015년 2월 1일.

43 민수미, 「일간지 사설 십자포화 맞은 이완구…낙마 가능성 제기」, 『국민일보』, 2015년 2월 11일.

44 김필규, 「[팩트체크] 총리 후보 '62% 법칙'…사설로 본 역대 청문회」, 『JTBC뉴스』, 2015년 2월 10일.

45 김기태, 「상업화의 배후, '의산복합체' 삼성」, 『한겨레 21』, 제919호(2012년 7월 16일).

46 정승원, 「"한국도 美처럼 보험사-병원-제약사 복합체 생길 수도"」, 『청년의사』, 2014년 2월 24일.

47 송윤경, 「[빗장 풀린 공공부문 민영화] '영리 자회사' 통해 의료 민영화 '우회로' 연 정부…배후엔 '의산복합체'」, 『경향신문』, 2013년 12월 20일.

48 「[사설] 해외서 '갑질'하는 공무원·기업인들의 추태」, 『경향신문』, 2013년 10월 19일.

49 임정욱, 「의전 사회」, 『한겨레』, 2014년 5월 6일.

50 최효주, 「어제까지 연인이었던 그가…이별 범죄 실태: 살인·납치까지 양상 다양화…'정신 질환' 견해도」, 『시사포커스』, 2014년 4월 14일.

51 김선식, 「이별 통보 남자친구 성폭행범으로 무고한 사시준비생 실형」, 『한겨레』, 2015년 2월 4일; 「끔찍한 '이별범죄'…하루 평균 54건」, 『YTN TV』, 2015년 2월 3일.

52 최우리, 「헤어지는 법을 못 배운 청춘들의 '이별 폭력'」, 『한겨레』, 2014년 4월 17일.

53 강천석, 「어이없는 사람 어이없는 세상」, 『조선일보』, 2015년 2월 14일.

54 이기문·장형태, 「'이케아(IKEA) 연필 거지'를 아십니까」, 『조선일보』, 2015년 2월 12일.

55 이건혁, 「'공짜'가 아니라 '공용'입니다」, 『동아일보』, 2015년 2월 12일.

56 특별취재팀 「[왜 지금 '여성 일자리'인가] 붙임 끝 임신한 간호사에 "네 순서가 맞느냐"…임신 순번제라는

굴레」, 『경향신문』, 2013년 5월 3일.

57 특별취재팀, 「[왜 지금 '여성 일자리' 인가] 임신 순번제, 인건비 아끼려는 병원의 꼼수」, 『경향신문』, 2013년 5월 3일.

58 최성진, 「순번 정해 차례 오면 임신하라?」, 『한겨레』, 2014년 10월 11일.

59 장영은, 「"대를 이어 일자리 보장할 노사 단협은 무효"」, 『연합뉴스』, 2013년 5월 16일.

60 김성모·윤형준, 「지방의료원 41%(14곳), 단체협약에 '고용 세습' 명시」, 『조선일보』, 2013년 7월 4일.

61 이호승, 「76개 공기업 특별채용 등 일자리 대물림」, 『디지털타임스』, 2013년 10월 21일; 최종석, 「'고용 세습 조항' 공공기관 총 63곳」, 『조선일보』, 2013년 10월 15일.

62 「[사설] 대기업 귀족노조가 '고용 세습' 특권까지 챙기나」, 『조선일보』, 2015년 2월 13일.

63 김기철, 「'고용 세습 勞使단협' 사법 처리」, 『매일경제』, 2015년 4월 15일.

64 신동호, 「[여적] 추첨 민주주의」, 『경향신문』, 2013년 3월 17일.

65 임종업, 「위기의 '대의 민주주의' 노동자부터 주부까지 추첨으로 뽑아 국회로!」, 『한겨레』, 2011년 7월 15일.

66 신동호, 「[여적] 추첨 민주주의」, 『경향신문』, 2013년 3월 17일.

67 임항, 「[한마당-임항] 추첨제 민주주의」, 『국민일보』, 2014년 5월 27일.

68 이환주, 「'남의 떡이 더 큰 이유'에 대한 과학적 고찰」, 『파이낸셜뉴스』, 2014년 10월 30일.

69 조환규, 「친구들이 항상 부러운 이유」, 『경향신문』, 2015년 2월 16일.

70 김우창, 「[김우창 칼럼] 매체 정보의 건너편」, 『경향신문』, 2014년 3월 10일.

71 매튜 프레이저·스미트라 두타, 최경은 옮김, 『개인과 조직, 시장과 사회를 뒤바꾸는 소셜 네트워크 e혁명』 (행간, 2010), 71~72쪽.

72 이환주, 「'남의 떡이 더 큰 이유'에 대한 과학적 고찰」, 『파이낸셜뉴스』, 2014년 10월 30일.

73 곽희양, 「"코피노 버린 한국인 아버지를 찾아주세요"」, 『경향신문』, 2013년 6월 18일.

74 정희완, 「'버림받은 코피노' 직접 아빠 찾기 첫 승소」, 『경향신문』, 2014년 6월 23일.

75 이현정, 「"우리 아빠는 어디 있나요" 한국 몰려오는 '코피노'」, 『매일경제』, 2015년 2월 2일.

76 「[사설] 코피노 판결, 사회적 관심이 필요하다」, 『중앙일보』, 2014년 6월 23일.

77 박종익, 「한국어 포함 언어가 증명하다…인간은 여전히 '낙천적'」, 『서울신문』, 2015년 2월 10일.

78 이영완, 「'돈키호테의 후예' 스페인어권 가장 낙천적…중국어권 가장 비관적」, 『조선일보』, 2015년 2월 11일.

79 박종익, 「한국어 포함 언어가 증명하다…인간은 여전히 '낙천적'」, 『서울신문』, 2015년 2월 10일.

80 원호섭, 「한국어는 우울한 언어…세상에서 가장 행복한 언어는?」, 『매일경제』, 2015년 2월 10일.

81 강재형, 「[말글살이] 우울한 한국어?」, 『한겨레』, 2015년 2월 15일.

82 천예선, 「지구촌 '중산층 살리기' 길을 잃다」, 『헤럴드경제』, 2014년 9월 19일.

83 김회승, 「위험한 계급」, 『한겨레』, 2015년 1월 12일.

84 최형욱, 「[전미경제학회] 위험한 계급 프리카리아트가 온다」, 『서울경제』, 2015년 1월 4일; 이유진, 「'위험한 계급' 구출 안 하면 남는 것은 지옥문」, 『한겨레』, 2014년 6월 30일.

85 이유진, 「'위험한 계급' 구출 안 하면 남는 것은 지옥문」, 『한겨레』, 2014년 6월 30일.

86 김회승, 「위험한 계급」, 『한겨레』, 2015년 1월 12일.

87 윤선영, 「[Insight] 요구만 맞추는 협상은 'No' 욕구를 채워줘야 타깃 명중」, 『매일경제』, 2015년 1월 16일.

88 최철규, 「[DBR/DBR新용어] 협상 3.0시대… '윈윈' 넘어 가치를 만족시켜라」, 『동아일보』, 2012년 3월 15일.

89 전상민, 「PR 불변의 법칙」, 전상민 외, 『PR의 신: 우리는 세상을 어떻게 움직였는가』(인물과사상사, 2014),

336쪽.

90 함보현, 「'화' 이야기 펴낸 김열규 교수」, 『연합뉴스』, 2004년 4월 9일.

91 이경원 외, 「[한국 사회 집단분노] 불신·조롱 제1 타깃은 '승인 받지 못한 권력'」, 『국민일보』, 2015년 1월 6일.

92 윤평중, 「火病(화병) 부르는 鬱血(울혈) 사회' 넘어서기」, 『조선일보』, 2015년 1월 30일.

93 이현정, 「'화' 놔두면 병 버리면 약」, 『서울신문』, 2014년 4월 14일.

94 김봉수, 「직장인 90% "일하면서 화병 앓은 적 있다"」, 『아시아경제』, 2015년 1월 27일.

95 이철호, 「아내는 "무능남" 아들은 "창피해"…火病 호소하는 아버지들」, 『동아일보』, 2014년 2월 28일.

3_ Economy Section

1   김신영, 「가입 때만 王…보험 만족도, 세계 꼴찌」, 『조선일보』, 2014년 3월 31일.

2   김신영, 「가입 때만 王…보험 만족도, 세계 꼴찌」, 『조선일보』, 2014년 3월 31일.

3   김양규, 「보험계약 관리권을 설계사에게?…보험업계, 고아계약(계약자 관리가 안 되는 계약) 이전 '반발'」, 『헤럴드경제』, 2015년 2월 2일.

4   권화순, 「"3000만 원 먼저 받고…" 보험설계사 '노예계약서' 내용 보니」, 『머니투데이』, 2014년 7월 24일.

5   김회승, 「한계비용 제로 사회, 공유경제가 해답인가」, 『한겨레』, 2014년 12월 30일.

6   홍기영, 「파괴자 우버와 공유경제」, 『매경이코노미』 제1790호(2015년 1월 7일).

7   김광수·정태우, 「함께 쓰는 '새로운 소비' 공유경제 빠르게 확산」, 『한겨레』, 2013년 6월 17일.

8   류현정, 「[우버택시 대해부] ⑨ P2P 혁신인가, 국가 권력에 대한 도전인가」, 『조선일보』, 2015년 2월 9일.

9   허미경, 「자본주의 종말과 협력적 공유사회 도래」, 『한겨레』, 2014년 10월 6일.

10 박돈규, 「所有(소유)보다 共有(공유)…차도 집도 나눠 쓰는 사회가 온다」, 『조선일보』, 2014년 10월 4일.

11 김국현, 「공유경제의 저주, 일자리도 클라우드로 간다」, 『미디어오늘』, 2015년 1월 21일.

12 김회승, 「한계비용 제로 사회, 공유경제가 해답인가」, 『한겨레』, 2014년 12월 30일.

13 강동철, 「共有경제 '100% 착한 경제' 일까요」, 『조선일보』, 2015년 2월 6일.

14 류현정, 「[우버택시 대해부] ⑨ P2P 혁신인가, 국가 권력에 대한 도전인가」, 『조선일보』, 2015년 2월 9일.

15 김광수·정태우, 「함께 쓰는 '새로운 소비' 공유경제 빠르게 확산」, 『한겨레』, 2013년 6월 17일.

16 김광현, 「[Smart & Mobile] "구글을 두 개로 쪼개라"…유럽의 '구글포비아'」, 『한국경제』, 2014년 12월 2일.

17 신동흔, 「구글稅(포털에 부과하는 뉴스 콘텐츠 사용료) 받는 스페인 언론 "뉴스는 공짜 아니다"」, 『조선일보』, 2014년 11월 5일.

18 김재섭, 「'구글세'를 아시나요?」, 『한겨레』, 2015년 2월 5일.

19 안상욱, 「'구글세' 걷으려던 스페인 언론, 백기투항」, 『블로터닷넷』, 2014년 12월 17일.

20 배소진, 「한국서 1조 버는데 세금은… '구글세' 본격 논의」, 『머니투데이』, 2015년 2월 4일.

21 유일동, 「근린 궁핍화의 망령」, 『건설경제신문』, 2013년 1월 31일.

22 김경락, 「불길 번지는 세계 통화 전쟁…갈피 못 잡는 원화 어디로?」, 『한겨레』, 2015년 1월 6일.

23 권홍우, 「[더블 클릭] 근린 궁핍화 정책과 죄수의 딜레마」, 『서울경제』, 2013년 4월 9일.

24 송경재, 「스웨덴도 환율전쟁 가담… '1930년대 망령' 되살아나고 있다」, 『파이낸셜뉴스』, 2015년 2월 13일.

25 천관율, 「정규직이라고 안심일까요? '숙련 해체'의 세계화」, 『시사IN』, 제384호(2015년 1월 26일).

26 김기찬, 「헝가리보다 못한 한국 근로자 못」, 『중앙일보』, 2015년 2월 4일.

27 참여연대 조세재정개혁센터, 「2014 세법개정안, 걱정이 앞선다」, 『오마이뉴스』, 2014년 8월 7일.

28 조기원, 「각국 정부 '번만큼 세금 내라' vs 글로벌 기업 '번만큼 내면 바보'」, 『한겨레』, 2014년 12월 8일.

29 유병온, 「아일랜드, 조세 회피 수단 '더블 아이리시' 없앤다」, 『한국경제』, 2014년 10월 15일.

30 정열, 「"아일랜드, 2020년까지 '더블 아이리시' 폐지"」, 『연합뉴스』, 2014년 10월 15일.

31 윤정호, 「美서 떠오르는 직업 '랜드맨' 은?」, 『조선일보』, 2015년 1월 30일.

32 박태서, 「[취재 후] '랜드걸'을 아십니까?」, 『KBS』, 2015년 2월 20일.

33 오승범 외, 「모바일 쇼핑 13兆…대형마트 위협하는 스마트폰」, 『파이낸셜뉴스』, 2015년 3월 23일.

34 송지유 · 엄성원, 「모바일 쇼핑 月 1조 원 시대…"스마트폰이 쇼핑판도 바꿨다"」, 『머니투데이』, 2014년 7월 5일.

35 장정훈, 「한 손엔 애, 한 손엔 앱…우리 집 아기 엄마 모바일 쇼핑 '큰손'」, 『중앙일보』, 2013년 6월 12일.

36 구희령, 「모바일 쇼핑 10조…아저씨도 누릅니다」, 『중앙일보』, 2014년 1월 21일.

37 김상범 · 한정완, 「한국의 문화적 배경에서 나타나는 디자인 정체성에 대한 고찰: 버네큘러 디자인을 중심으로」, 한국디자인학회, 『한국디자인학회 학술발표대회 논문집』(2007년 5월), 2쪽.

38 류승호 · 문찬, 「키치와 버네큘러 개념의 제품 디자인 수용을 위한 이해」, 『디자인학연구 61』, 한국디자인학회, 2005년 8월, 203쪽; 전찬열, 「[전찬열의 자동차와 생활] 진화하는 디자인」, 『대전일보』, 2014년 5월 12일.

39 류재용, 「서울을 대표하는 '서울디자인자산 51선'」, 『아크로팬』, 2009년 7월 5일.

40 이영희, 「[책 속으로] 시장 커피 수레, 아파트 옷 수거함…몸에 밴 지혜 품은 생활용품들」, 『중앙일보』, 2015년 2월 7일.

41 이인묵, 「美 'TGiF(Twitter · Google · iphone · Facebook) 제국' 위협하는 中 '인터넷 삼총사' BAT(Baidu · Alibaba · Tencent)」, 『조선일보』, 2014년 3월 24일; 손해용, 「중국 'BAT'의 습격…한국 넘어 미국 'TGIF' 넘본다」, 『중앙일보』, 2014년 7월 9일.

42 이재은, 「中 영화산업 최대 '큰손', 'BAT'를 주목하라」, 『조선일보』, 2014년 9월 20일.

43 이초희, 「中 바이두 · 알리바바 · 텐센트 '파죽지세'… 'M&A' 성장 동력」, 『아시아경제』, 2014년 11월 28일.

44 허상천, 「부발연 "도시재생 · 복지에 사회적 투자 활용" 제안」, 『뉴시스』, 2013년 11월 25일.

45 원낙연, 「영국 사회투자기금 '빅 소사이어티 캐피털'」, 『한겨레』, 2013년 3월 26일.

46 오상헌, 「복지 해법, 소셜 투자로 찾는다」, 『한국경제』, 2013년 12월 2일.

47 장주영, 「셀럽이 사랑하면 뜬다?!…스타가 사랑한 잇 아이템 '이모저모'」, 『매일경제』, 2014년 4월 6일.

48 김영인, 「원주 전통시장 활성화 '셀럽 마케팅' 성황」, 『연합뉴스』, 2012년 9월 1일; 김범진, 「[셀럽 마케팅 전성시대] 왜 셀럽인가…유명인과 소통 욕구 깔려 있어」, 『매일경제』, 2011년 9월 3일; 최지영, 「브랜드들의 이유 있는 셀럽 콜래보레이션」, 『OSEN』, 2012년 11월 28일.

49 박동미, 「말보다 패션…세상을 움직이다」, 『헤럴드경제』, 2013년 4월 12일.

50 김범진, 「[셀럽 마케팅 전성시대] 왜 셀럽인가…유명인과 소통 욕구 깔려 있어」, 『매일경제』, 2011년 9월 3일.

51 김경락, 「분배가 성장을 해친다? OECD "근거 없다" 정면 반박」, 『한겨레』, 2014년 12월 9일.

52 김경락, 「분배가 성장을 해친다? OECD "근거 없다" 정면 반박」, 『한겨레』, 2014년 12월 9일.

53 류이근 · 김경락, 「위기의 한국 경제, 가계소득 높여야 산다」, 『한겨레』, 2014년 7월 14일; 류이근 · 김경락, 「수출 대기업이 번 돈, 가계로 흘러들어야 '경제 선순환'」, 『한겨레』, 2014년 7월 13일.

54 류이근 · 김경락, 「수출 대기업이 번 돈, 가계로 흘러들어야 '경제 선순환'」, 『한겨레』, 2014년 7월 13일.

55 이창곤, 「'소득 주도 성장론'에 대한 기대」, 『한겨레』, 2014년 7월 14일.

56 허정윤, 「야후, 모바일 사업 정조준…유망 기업 '어크-하이어(acq-hire)' 공격 행보」, 『전자신문』, 2012년 9월 27일.

57 「신종 스카우트 "탐나는 인재 있거든 회사 통째로 구입!"」, 『스포츠조선』, 2011년 5월 20일.

58 강준만, 「인재 영입을 위한 기업 인수를 뭐라고 하나? acqui-hire」, 『인문학은 언어에서 태어났다』(인물과사상사, 2014), 236쪽.

59 조옥희, 「한국은 역할 대행 서비스의 천국: 혼자 사는 여성들 "시급남편 구해요"」, 『한국일보』, 2013년 12월 1일.

60 남은주, 「언제 어디서든 '나를 빌려드립니다'」, 『한겨레』, 2014년 4월 17일.

61 원선우, 「대행시대: 부모 代役? 20만 원만 내세요」, 『조선일보』, 2015년 2월 28일.

62 원선우, 「대행시대: 부모 代役? 20만 원만 내세요」, 『조선일보』, 2015년 2월 28일.

63 임상수, 「구글 "인터넷검열은 불공정 무역장벽" 주장」, 『연합뉴스』, 2010년 11월 16일; 「구글 "인터넷 검열이 자유무역 침해"」, 『헤럴드경제』, 2010년 11월 16일.

64 백우진, 「中 '만리 방화벽' 다용도…인터넷기업 보호 효과」, 『아시아경제』, 2015년 2월 10일.

65 김지선, 「툭하면 접속 차단…의혹의 '만리장성 방화벽'」, 『디지털타임스』, 2014년 7월 9일.

66 박정현, 「잡스의 정신적 파트너 조너선 아이브, 애플 실세로 부상」, 『조선일보』, 2012년 10월 31일.

67 월터 아이작슨, 안진환 옮김, 『스티브 잡스』(민음사, 2011), 541쪽.

68 카민 갤로, 박세연 옮김, 권영설 감수, 『스티브 잡스 무한혁신의 비밀』(비즈니스북스, 2001), 232쪽.

69 조철환, 「오바마는 왜 '중산층 살리기'에 올인했나」, 『한국일보』, 2015년 1월 21일.

70 손제민, 「오바마의 묘수 '중산층 경제론'」, 『경향신문』, 2015년 1월 21일.

71 채병건, 「오바마 "상위 1% 증세로 교육 지원…중산층 살리겠다"」, 『중앙일보』, 2015년 1월 22일.

72 김은정, 「'D의 공포'가 부추였다…웃돈 내더라도 '마이너스 금리' 국채 투자」, 『한국경제』, 2015년 2월 9일.

73 김수헌, 「선진국 국채 '마이너스 금리' 시대로」, 『한겨레』, 2015년 2월 10일.

74 김신회, 「글로벌 채권시장 '비정상' 정상화…마이너스 금리 왜?」, 『머니투데이』, 2015년 2월 4일.

75 김수헌, 「선진국 국채 '마이너스 금리' 시대로」, 『한겨레』, 2015년 2월 10일.

76 김민경·김일우, 「'초단시간 노동' 돌봄 전담사 전북 99%-대구 0% '극과 극'」, 『한겨레』, 2015년 2월 18일.

77 「사설」 교육 현장의 참담한 '초단기 노동자'」, 『한겨레』, 2015년 2월 18일.

78 박초롱, 「하루 2~3시간 초단기 근로자 120만 명 시대」, 『연합뉴스』, 2015년 3월 23일.

79 전수진, 「카드 긁으면 팁 선택화면도 떠…액수 늘어 20%는 짠돌이 취급」, 『중앙일보』, 2015년 2월 7일.

80 박봉권, 「[US REPORT] 논란 커지는 미국 팁 문화…고객에게 임금 일부 전가하는 것 아닌가」, 『매일경제』, 2014년 10월 13일.

81 임미현, 「미국의 팁 문화와 최저임금」, 『노컷뉴스』, 2014년 7월 7일.

82 김종우, 「'일그러진' 미국의 팁 문화…분쟁 끊이지 않아」, 『연합뉴스』, 2014년 10월 12일.

83 고현석, 「문형표 복지장관 취임사, '포용적 성장'이란 박근혜 대통령, 지난 9월 G20 처음으로 화두 던져」, 『뉴스1』, 2013년 12월 2일.

84 이현숙, 「포용적 성장, 지속가능 경제 이끈다」, 『한겨레』, 2013년 10월 28일.

85 이창구, 「OECD "소득 불평등이 경제성장 방해"… 낙수 효과 공식 부인」, 『서울신문』, 2014년 12월 10일, 5면.

86 이유미, 「IMF, 소득불평등 위협에 대해 경고"FT"」, 『연합뉴스』, 2014년 1월 20일.

87 이현훈, 「포용적 성장이 답이다」, 『경향신문』, 2015년 1월 24일.

88 성재민, 『소셜 캠페인: 마음까지 마케팅하라』(북카라반, 2012), 223~224쪽.

89 김유성, 「 '제2의 페북' 넥스트도어 성공 예감…600억 원 투자 유치」, 『이데일리』, 2013년 10월 30일.

90 이준구, 「효율 임금 이론의 관점에서 본 어린이집 사건」, 『허핑턴포스트코리아』, 2015년 1월 18일.

91 김경집, 「[시론] 꿈과 보람을 포기하지 않게 약속을 지켜야」, 『경향신문』, 2015년 1월 19일.

92 장지혜, 「인천보육교사협회 "마녀사냥 자제…보육교사 처우개선을"」, 『경기일보』, 2015년 1월 20일.

4_ Marketing Section

1 윤형중, 「'대출' 검색 광고 한 번 클릭하면 2만 6389원」, 『한겨레』, 2013년 8월 16일.

2 이진영, 「"포털 검색 광고 중 뉴스 기여 비중 19.4%…관련 영업이익 55~60%는 신문사에 줘야"」, 『동아일보』, 2014년 11월 25일.

3 이덕주, 「EU "구글 둘로 쪼개라"…의회, 검색·광고 분할 요구」, 『매일경제』, 2014년 11월 23일.

4 박용하, 「NGO 회원 모집에 마케팅 업체 동원」, 『경향신문』, 2015년 1월 20일; 「[사설] 마케팅 업체 동원해 회원 모집 나선 국제 NGO」, 『경향신문』, 2015년 1월 21일.

5 이재현, 「자생력 갖춘 NGO로 혁신해야」, 『경향신문』, 2015년 1월 26일.

6 박미영, 「소비 큰손 '골드 퀸' 잡아라 자신 위해 투자하는 40~50대 여성 타깃」, 『디지털타임스』, 2013년 8월 20일.

7 심윤희 외, 「"남편·자식보다 날 위해 돈 써요"」, 『매일경제』, 2013년 7월 26일.

8 「'꽃보다 누나' 소비 시장 큰손 '골드 퀸' 잡아라」, 『파이낸셜뉴스』, 2014년 10월 29일.

9 김병철, 「공익광고는 '새벽 방송용'…편성 비율만 지키면 된다?」, 『미디어오늘』, 2013년 10월 28일.

10 강태화, 「심야에만 나가는 지상파 공익광고…"공익성 종편보다 못해"」, 『중앙일보』, 2014년 10월 21일.

11 김세옥, 「지상파, 공익광고 편성 '홀대' 심각」, 『피디저널』, 2014년 10월 21일.

12 「공항 패션을 둘러싼 이모저모」, 『VOGUE』, 2010년 9월호.

13 김형철, 「[김형철의 패션 시크릿] 공항 패션은 패션리더」, 『아주경제』, 2014년 5월 19일.

14 이수민, 「[토요 Watch] 불황에도 식지 않는 스타마케팅 송혜교 립스틱…김남주 가방…이종석 헤드폰…」, 『서울경제』, 2013년 8월 23일; 안선영, 「[안선영의 it패션] 연예인 공항 패션, 알고 보면 협찬 전쟁?」, 『아주경제』, 2014년 8월 7일.

15 「공항 패션을 둘러싼 이모저모」, 『VOGUE』, 2010년 9월호.

16 안병민, 「질리게 만드는 기능 업그레이드…누구를 위한 革新인가」, 『조선일보』, 2013년 8월 5일.

17 여준상, 「[책속의 이 한줄] 구글-제트블루-이케아의 성공 비결은 '절제 마케팅'」, 『동아일보』, 2013년 3월 12일.

18 김영준, 「'관광 두레' 아십니까, 주민참여 지역관광공동체」, 『뉴시스』, 2013년 7월 30일; 박창욱, 「지역관광 위해 '관광 두레' 만든다」, 『머니투데이』, 2013년 7월 30일.

19 「[사설] '관광 두레' 주민자치력이 관건이다」, 『새전북신문』, 2013년 7월 21일.

20 박강섭, 「관광으로 부활하는 두레」, 『국민일보』, 2013년 8월 7일.

21 이현동, 「식품관서 산 한우 스테이크하우스서 바로 조리…백화점 지하1층은 '그로서란트'」, 『한국경제』,

2014년 12월 29일.

22 서정민, 「카페 같은 식료품점, 그로서란트… '싱글 요리족' 천국」, 『중앙일보』, 2015년 2월 16일.

23 홍석재, 「[홍씨네 유씨네] '영화 상영 전 광고'에 숨어 있는 이해관계」, 『한겨레』, 2013년 8월 15일.

24 연선옥, 「영화 시작 전 광고 많이 틀다 소송당한 CGV, 얼마나 심하길래?」, 『조선일보』, 2013년 8월 11일.

25 조아름, 「극장, 애들 보는데 외모 비하 광고가…」, 『한국경제』, 2013년 10월 23일.

26 박생규, 「'헐레벌떡' 영화시간 맞춰갔더니…광고만 14분?」, 『뉴시스』, 2014년 6월 5일.

27 변이철 외, 「"왜 영화 상영시간에 광고를 끼워넣죠?"」, 『노컷뉴스』, 2015년 2월 4일.

28 변이철 외, 「"왜 영화 상영시간에 광고를 끼워넣죠?"」, 『노컷뉴스』, 2015년 2월 4일.

29 김경희, 「유통업계 '장마 마케팅' 한창」, 『연합뉴스』, 2013년 6월 18일.

30 장성호, 「비오는 날에는 소시지빵…날씨 따른 소비자 '구매 심리'」, 『MBC뉴스데스크』, 2013년 10월 8일.

31 최석환, 「'날씨 경영' 뭐길래…수십 억 경제 효과」, 『머니투데이』, 2013년 5월 13일.

32 배미진, 「'날씨 경영'으로 돈 버는 기업이 뜨는 시대」, 『경남매일』, 2014년 12월 4일.

33 김경수, 「'리테일테인먼트'가 뜬다」, 『파이낸셜뉴스』, 2014년 11월 13일; 고은경, 「놀이터가 된 가구매장… 리테일먼트가 뜬다!」, 『한국일보』, 2012년 7월 6일.

34 전설리, 「'똑같은 DIY인데' 중국서 희비…홈데포 '철수' vs 이케아 '데이트 명소'」, 『한국경제』, 2012년 9월 28일.

35 「'리테일-테인먼트'를 추구하는 아시아의 신흥 부자들」, 『연합뉴스』, 2013년 6월 11일.

36 조득진, 「요우커(遊客ㆍ중국인관광객) 600만 시대- '리테일ㆍ테인먼트(럭셔리 쇼핑과 여행 결합)'로 VIP 잡는다」, 『포브스코리아』, 2014년 10월 14일.

37 레베카 손더스, 세스컴 전략기획팀 옮김, 『아마존의 성공비결』(리드북, 1999), 73쪽.

38 김현아, 「"모바일 광고, 배너 시대는 끝났다"」, 『이데일리』, 2014년 5월 8일.

39 이윤희, 「인터넷 세상의 '괴물' 배너 광고의 몰락 네이티브 광고 등 새로운 수익 모델 출현으로 대체될 가능성」, 『이코노믹리뷰』, 2014년 11월 17일.

40 이성규, 「인터넷 배너 광고 절반 이상은 노출은 '0'」, 『블로터닷넷』, 2014년 12월 4일.

41 이윤희, 「인터넷 세상의 '괴물' 배너 광고의 몰락 네이티브 광고 등 새로운 수익 모델 출현으로 대체될 가능성」, 『이코노믹리뷰』, 2014년 11월 17일.

42 이정현, 「[통계뉴스] 미국 네이티브 광고 시장 추이」, 『지디넷코리아』, 2014년 11월 10일.

43 박지해, 「마니아층 두꺼운 웹툰, 플랫폼산업 블루칩으로」, 『파이낸셜뉴스』, 2014년 7월 13일; 강동철, 「미디어로 '완생'한 웹툰」, 『조선일보』, 2015년 2월 13일.

44 박상준, 「어, 홍보 만화였어? 그런데 재미있네」, 『한국일보』, 2013년 10월 31일.

45 이승우, 「웹툰 홍보戰 "600만 명 손끝 잡아라"」, 『한국경제』, 2014년 3월 29일.

46 박상준, 「어, 홍보 만화였어? 그런데 재미있네」, 『한국일보』, 2013년 10월 31일.

47 이성희, 「콘서트ㆍ웹툰…대기업 '젊음과 통하라'」, 『경향신문』, 2013년 11월 12일.

48 이지성, 「[토요 Watch] '동심 잡아라' VIK 마케팅이 뜬다」, 『서울경제』, 2014년 6월 6일.

49 신정선, 「[Why] 14K 금장식ㆍ고급 소재까지…명품백 아닙니다, 책가방입니다」, 『조선일보』, 2015년 1월 5일.

50 심희정, 「[시각] 그들만의 리그」, 『서울경제』, 2015년 2월 2일.

51 두정아, 「[M+AD] 경쟁사 겨냥한 '비교 광고', 그 논란의 역사」, 『MBN스타』, 2015년 2월 16일.

52 김은정, 「'돌직구'를 날린다…비교 광고, 2위 업체가 해야 효과」, 『조선일보』, 2013년 6월 10일.

53 김정필, 「소비자 사로잡는 '맥도날드-버거킹' 광고 전쟁…우린 왜 '비교 광고' 보기 힘들까」, 『한겨레』, 2015년 2월 12일.

54 윤석기, 「'비교'는 해도 '비방'은 하지 마라」, 『조선일보』, 2013년 6월 10일.

55 김희경, 「[야! 한국 사회] 가난, 아이, 시선」, 『한겨레』, 2014년 9월 22일.

56 이유주현, 「아프리카 주민들이 추위 떠는 노르웨이 돕는다?」, 『한겨레』, 2014년 3월 21일.

57 김경하·문상호, 「배곯는 모습에 시청자는 울고 모금은 늘지만…TV는 고민입니다」, 『조선일보』, 2014년 1월 14일.

58 최지영, 「요즘 기업이 사는 법, 스토리텔링보다 스토리두잉」, 『중앙일보』, 2014년 6월 19일.

59 황성혜, 「[Weekly BIZ] "나는 이런 도전 해봤다" 수다 떨게 했더니…직원들 자세가 달라졌다」, 『조선일보』, 2015년 1월 24일.

60 박은경, 「[3040 광장] 스토리두잉(Storydoing)의 시대」, 『매일신문』, 2014년 11월 11일.

61 예영준, 「18분 만에 1조 원어치 팔았다…중국 알리바바의 괴력」, 『중앙일보』, 2014년 11월 12일.

62 박일근, 「하루 10조 원 팔겠다는 알리바바처럼…뚫어라 거대 시장」, 『한국일보』, 2014년 10월 22일.

63 예영준, 「18분 만에 1조 원어치 팔았다…중국 알리바바의 괴력」, 『중앙일보』, 2014년 11월 12일.

64 박일근, 「하루 10조원 팔겠다는 알리바바처럼…뚫어라 거대 시장」, 『한국일보』, 2014년 10월 22일.

65 예영준, 「18분 만에 1조 원어치 팔았다…중국 알리바바의 괴력」, 『중앙일보』, 2014년 11월 12일.

66 예영준, 「18분 만에 1조 원어치 팔았다…중국 알리바바의 괴력」, 『중앙일보』, 2014년 11월 12일.

67 송경화, 「CJ '미생 쿠폰' 대박치자 슬그머니 조건 수정」, 『한겨레』, 2015년 2월 3일.

68 김범석, 「커피빈도 2015년부터 종이쿠폰 없애…바코드-스마트폰 앱으로 바꾸기로」, 『동아일보』, 2014년 12월 29일; 구희령, 「[NEW tech NEW trend] 신통방통, 앱 쿠폰」, 『중앙일보』, 2015년 2월 6일.

69 구희령, 「[NEW tech NEW trend] 신통방통, 앱 쿠폰」, 『중앙일보』, 2015년 2월 6일.

70 김보라, 「외모에 아낌없이 투자…젊은 도시男 '여미족' 뜬다」, 『한국경제』, 2014년 3월 24일.

71 박진호, 「멋 부리는 남성들… '여미족' 늘고 있다」, 『SBS』, 2014년 6월 2일; 김지훈, 「대도시 남성 명품 소비층 '여미족' 뜬다」, 『머니투데이』, 2014년 3월 24일.

72 진혼임, 「여미족, 외모에 아낌없이 투자하는 남성 늘어나 '여미족 이란?'」, 『한국일보』, 2014년 6월 2일.

73 윤태희, 「'9,900원', '19,900원'에 과학적 효과 숨어 있다」, 『서울신문』, 2015년 2월 20일.

74 김기환, 「[김기환의 완벽한 쇼핑] "10원 할인이 뭐길래"…990원의 경제학」, 『세계일보』, 2013년 12월 27일.

75 김준엽, 「물건 값 990원 속에 숨은 비밀은… '경제학 카운슬링'」, 『국민일보』, 2010년 3월 18일.

76 송경화, 「기업들 '유튜브 마케팅' 좋아요」, 『한겨레』, 2014년 10월 15일.

77 오수민, 「[발언대] 유튜브 광고의 매력」, 『서울경제』, 2014년 11월 12일.

78 송경화, 「기업들 '유튜브 마케팅' 좋아요」, 『한겨레』, 2014년 10월 15일.

79 손현철, 「[손현철의 스마트TV 2.0] 소비자와 직접 만나는 기업들: TV 유료 광고 감소의 법칙」, 『피디저널』, 2014년 8월 3일.

80 정성진, 「광고회사의 변신…캐릭터 사업에 영화 투자까지」, 『조선일보』, 2015년 2월 26일.

81 서상범, 「빅데이터에 빠진 광고회사들…통합 마케팅 솔루션으로 거듭난다」, 『헤럴드경제』, 2015년 1월 2일; 고은경, 「광고회사들, 영역 벗어나 미래 먹거리 찾는다」, 『한국일보』, 2015년 1월 24일.

82 정성진, 「광고회사의 변신…캐릭터 사업에 영화 투자까지」, 『조선일보』, 2015년 2월 26일.

83 정유현, 「동영상 광고 플랫폼 판도 변화… '다윈', 구글 '트루뷰' 대항마로?」, 『이투데이』, 2014년 6월 23일.

84 배규민, 「유튜브, '광고 5초 건너뛰기'의 힘」, 『머니투데이』, 2014년 3월 16일.

85 김평호, 「'5초간의 승부' 유통·식품업계에 부는 유튜브 마케팅…왜?」, 『데일리안』, 2014년 2월 23일.

86 남은주, 「웃음도 감동도 5초면 OK! 6초 동영상 도전기」, 『한겨레』, 2014년 9월 5일.

87 박소연, 「파파라치가 '패션 홍보' 효자」, 『아시아경제』, 2011년 3월 15일.

88 김아미, 「"○○백 어디 꺼?"…소비자만 모르는 '파파라치 마케팅'의 진실」, 『헤럴드경제』, 2014년 9월 30일.

89 조혜원, 「파파라치도 협찬? 짜고 치는 판에 놀아난 기분」, 『매일경제』, 2013년 9월 2일.

90 김아미, 「"○○백 어디 꺼?"…소비자만 모르는 '파파라치 마케팅'의 진실」, 『헤럴드경제』, 2014년 9월 30일.

5_ Technology Section

1 김규복, 「[로터리] 갈라파고스 경제냐 창조 경제냐」, 『서울경제』, 2013년 4월 29일.

2 최연진, 「블랙베리 결국 '갈라파고스의 비극' 맞다 글로벌 IT 환경 적응 뒷짐…자기 스타일만 고집하다」, 『한국일보』, 2013년 8월 14일.

3 이민형, 「[기획/굿바이 액티브X①] 갈라파고스 한국 인터넷 생태계, 문제는 '액티브X'」, 『디지털데일리』, 2014년 11월 10일.

4 「[용어 아해] 감성 ICT」, 『디지털타임스』, 2013년 8월 26일.

5 홍연정, 「감성 ICT 산업, 2015년 1조 270억 달러로 급성장」, 『건설경제신문』, 2012년 4월 2일.

6 「[사설] 감성 ICT 체계적으로 육성해야」, 『디지털타임스』, 2011년 3월 31일.

7 김한별, 「[궁금한 화요일] 뇌 비밀 푼다, 광유전학」, 『중앙일보』, 2014년 9월 16일.

8 유세진, 「美 MIT 연구팀, 쥐의 기억 조작 성공…'토탈 리콜' 가능해지나?」, 『뉴시스』, 2014년 8월 28일.

9 이영완, 「[사이언스] 잊고 싶은 기억 지워드립니다…당신이 잠든 사이에」, 『조선일보』, 2015년 3월 16일.

10 이대한, 「신경회로 켜고 끄는 광유전학, 뇌의 판도라 상자 열까」, 『한겨레』, 2013년 10월 22일.

11 허윤희, 「자본과 국가권력에 포위된 디지털 미디어 환경을 톺아본, 로버트 맥체스니의 『디지털 디스커넥트』」, 『한겨레21』, 제1041호(2014년 12월 18일).

12 이재성, 「파시즘은 디지털 혁명의 예정된 운명인가」, 『한겨레』, 2014년 12월 12일.

13 김기정, 「"구글·애플서도 개인 정보 수집" 美 민간 사찰 스캔들 일파만파」, 『매일신문』, 2013년 6월 7일.

14 김희원, 「구글·페이스북·MS 등 '프리즘'과 무관하다더니…」, 『세계일보』, 2013년 8월 25일.

15 정윤희, 「설국열차에 대한 단상」, 『국방일보』, 2013년 8월 28일.

16 더글러스 러미스, 「휴대폰과 전체주의」, 『경향신문』, 2013년 8월 19일.

17 양태삼, 「"'포노 사피엔스' 시대 도래" 英 이코노미스트」, 『연합뉴스』, 2015년 2월 27일; 손병호, 「英 이코노미스트 "스마트폰 없이 살기 힘든 '포노 사피엔스' 시대 도래"」, 『국민일보』, 2015년 2월 27일.

18 박수련, 「기가 인터넷·5G가 왔다…모든 게 실시간에 되는 시대」, 『중앙일보』, 2014년 10월 21일.

19 박지성, 「'기가 인터넷' 과도한 끼워 팔기 우려 증폭」, 『디지털타임스』, 2014년 12월 9일.

20 황지혜, 「통신사 "포털·SNS 인터넷 비용 내라"…기가 인터넷 구축비 분담 요구」, 『매일경제』, 2014년 7월 15일.

21 배규민, 「'기가 인터넷' 보급 확대, 콘텐츠 다양성 과제」, 『머니투데이』, 2014년 12월 27일.

22 심나영, 「"LTE보다 40배 빠른 기가 인터넷 시대 곧 온다"」, 『아시아경제』, 2013년 4월 27일.

23 한상기, 「"사람에게 더 자연스럽게"…내추럴 UI '성큼'」, 『아이뉴스24』, 2013년 3월 15일.

24 김형석, 「UX는 사용자·서비스·장치 잇는 종합기술」, 『머니투데이』, 2015년 1월 31일.

25 정혁진, 「세상을 바꿀 미래기술, NUI 제1화─NUI란 무엇인가?」, 『디스 이즈 게임』, 2014년 11월 11일.

26 김한별, 「인간의 뇌 닮은 '칩'…기계, 세상을 인식하다」, 『중앙일보』, 2014년 8월 8일.

27 김홍남, 「[이슈와 전망] ICT 'DNA' 변화 주목하자」, 『디지털타임스』, 2015년 1월 11일.

28 김우용, 「데이터 센터로 만드는 세계에서 가장 큰 난로」, 『지디넷코리아』, 2011년 12월 4일.

29 조홍섭, 「'녹색 인터넷'과 '데이터 난로'」, 『한겨레』, 2015년 2월 26일.

30 김영걸, 「[Weekly BIZ] 특정 플랫폼 고집하지 않고…외부서 아이디어 구하고…"넷플릭스는 경영 전략의 교과서"」, 『조선일보』, 2013년 12월 7일; 이신영, 「[Weekly BIZ] [Cover Story] 넷플릭스 창업해 포천誌 선정 '2010년 올해의 기업인' 1위 오른 헤이스팅스」, 『조선일보』, 2013년 12월 7일.

31 윤형중, 「빅데이터 시대의 명과 암…나는 네가 무얼 했는지 다 알고 있어」, 『매일경제』, 2011년 12월 7일.

32 임화섭, 「美유력지들 '데이터 마이닝' 놓고 사생활 침해 논란」, 『연합뉴스』, 2013년 6월 10일.

33 김정운, 「[김정운의 에디톨로지] 창조는 편집이다] 자유자재로 편집할 수 있어야 좋은 지식이다 ⑧ 검증가능성(verfiability) 반증가능성(falsifiability) 편집가능성(editability)」, 『중앙선데이』, 제249호(2011년 12월 18일).

34 박찬우, 「[Weekly BIZ] 동영상 길면 안 본다…기업들의 '6초 전쟁'」, 『조선일보』, 2015년 2월 14일.

35 이서희, 「6초 영화가 짧다고? 사랑 전달 2초면 충분!」, 『한국일보』, 2014년 9월 16일.

36 김지선, 「'SNS 동영상' 전성시대…해외는 활발한데 국내업체 서비스는 언제쯤…」, 『디지털타임스』, 2015년 1월 11일.

37 이성규, 「요즘 뜬다는 '딥 러닝', 대체 그게 뭐지?」, 『블로터』, 2014년 7월 31일.

38 이성규, 「요즘 뜬다는 '딥 러닝', 대체 그게 뭐지?」, 『블로터』, 2014년 7월 31일.

39 구본권, 「[유레카] 스스로 학습하는 컴퓨터」, 『한겨레』, 2015년 3월 8일.

40 이인묵, 「구글, 모든 것이 Google화 된 세상을 선언하다」, 『조선일보』, 2013년 5월 24일.

41 임백준, 「머신 러닝의 시대」, 『한겨레』, 2015년 4월 7일.

42 이상우, 「컴퓨터가 세상을 학습하는 시대가 왔다」, 『IT동아』, 2015년 1월 21일.

43 김지섭, 「미래 예측하는 '머신 러닝(Machine Learnig·기계 학습)'…IT 새 격전지 됐다」, 『조선일보』, 2015년 1월 20일.

44 최연진, 「미래 예측하는 머신 러닝, IT 새 블루오션 연다」, 『한국일보』, 2015년 1월 22일.

45 임백준, 「머신 러닝의 시대」, 『한겨레』, 2015년 4월 7일.

46 최광, 「에릭 슈미츠 "모바일 퍼스트 넘어 모바일 온리 세상 온다"」, 『머니투데이』, 2014년 11월 4일.

47 김재섭, 「슈미트 구글 회장 "이젠 '온리 모바일' 시대"」, 『한겨레』, 2014년 11월 4일.

48 박호현, 「'모바일 온리'로 급변하는 ICT 시장」, 『서울경제』, 2014년 12월 30일.

49 김영호, 「[기고] 모바일 온리 시대 '진짜 모바일 기업' 되기」, 『아시아경제』, 2015년 2월 12일.

50 김호경, 「[토요판 커버 스토리] '모바일 온리 시대'의 그늘」, 『동아일보』, 2015년 3월 21일.

51 박소영 외, 「[Cover Story] "눈엣가시 걸리기만 해"…색안경 낀 검열의 눈」, 『한국일보』, 2014년 3월 1일.

52 김경환, 「[정보보호법바로알기 32] 공공장소 CCTV와 프라이버시 보호」, 『보안뉴스』, 2013년 4월 2일.

53 원낙연, 「'디지털 업무'가 청년들 전유물이라고?…"시니어가 척척 해냅니다"」, 『한겨레』, 2015년 1월 21일.

54 「[용어 아하!] BCI(뇌-컴퓨터 인터페이스)」, 『디지털타임스』, 2014년 6월 8일.

55 류한석, 「[IT 칼럼] 스마트인터랙션 기술을 주목하라」, 『주간경향』, 제1061호(2014년 1월 28일).

56 박순찬, 「이 게임 재미없나요? 腦波(뇌파)까지 읽는 게임회사」, 『조선일보』, 2014년 12월 16일.

57 정동영, 「뇌로 움직이는 차세대 기술, BCI」, 『한국경제』, 2013년 11월 1일.

58 「모바일 앱 다운받을 때 '앱 권한'이 뭔가요?」, 『위키트리』, 2014년 3월 5일.

59 최희정, 「[초점] 스마트폰 앱 무료 다운…당신은 얼마나 많은 '권한'을 내줬나요?」, 『뉴시스』, 2015년 1월 19일.

60 박지애, 「영화 앱 설치하는데 '문자 메시지 접근권'은 왜 요구하나」, 『파이낸셜뉴스』, 2014년 10월 29일

61 박지애, 「영화 앱 설치하는데 '문자 메시지 접근권'은 왜 요구하나」, 『파이낸셜뉴스』, 2014년 10월 29일

62 이부연, 「손전등인데 SD카드에 접근?…앱 '권한' 확인 필수」, 『아이뉴스24』, 2014년 11월 6일.

63 John Ribeiro, 「블랙베리, "망 중립성뿐만 아니라 앱 중립성도 필요하다"」, 『아이티월드』, 2015년 1월 23일.

64 김주연, 「'앱 중립성 논쟁 미국에서 점화…블랙베리, "우리도 있다"」, 『전자신문』, 2015년 1월 25일.

65 정진욱, 「[이슈 분석] 산업으로 성장한 MCN」, 『전자신문』, 2014년 7월 23일.

66 라제기, 「방송이 식사라면 유튜브는 맛있는 간식」, 『한국일보』, 2014년 11월 21일.

67 이인묵, 「나홀로 제작자 돕는 지원군…여기 있소이다」, 『조선일보』, 2014년 9월 5일.

68 명승은, 「MCN…게임 말고, 저를 보러 오세요」, 『시사IN』, 제383호(2015년 1월 20일).

69 정진욱, 「[창간 32주년 특집 2-새로운 기회, 창조] 1인 제작자 전성시대, MCN이 뜬다」, 『전자신문』, 2014년 9월 22일.

70 고란, 「[틴틴경제] 휴대전화 4G · LTE와 3G는 어떻게 다른가요」, 『중앙일보』, 2013년 6월 19일.

71 김태훈, 「[IT 이슈] "피카소 그림 같은 5G"…업체마다 정의 제각각 '혼란'」, 『한국경제』, 2015년 3월 17일.

72 박수련, 「기가인터넷 · 5G가 왔다…모든 게 실시간에 되는 시대」, 『중앙일보』, 2014년 10월 21일.

73 유신재, 「5G 이동통신, 더 빨라져서 뭐할라고?」, 『한겨레』, 2015년 2월 16일.

74 유신재, 「5G 이동통신, 더 빨라져서 뭐할라고?」, 『한겨레』, 2015년 2월 16일.

75 류현정, 「[Weekly BIZ] [Cover Story] 성공할 때까지 계속 실패하라」, 『조선일보』, 2013년 12월 5일.

76 김현일, 「"운전대 잡을 일 없다"…우버 택시 '트래비스 칼라닉' 38세 억만장자 등극」, 『헤럴드경제』, 2014년 10월 16일.

77 이희욱, 「멈추지 말라, 공유경제의 가치」, 『한겨레21』, 2014년 8월 21일.

78 윤형중, 「'말썽을 일으켜라, 몸값을 팍팍 높여라'」, 『한겨레』, 2015년 1월 9일.

79 박나영, 「우버 VS 서울시 전면전…오늘부터 신고 시 100만 원 포상」, 『아시아경제』, 2015년 1월 2일.

80 김신회, 「우버, 점심 배달까지 "10분 안에 OK"」, 『머니투데이』, 2014년 8월 28일.

81 정미하, 「우버, 자원배분 효율화 '자극제'로 삼아야」, 『아이뉴스24』, 2014년 8월 28일.

82 박민희, 「천재는 왜 독사과를 먹어야 했나」, 『한겨레』, 2015년 2월 5일.

83 윤태웅, 「인공지능의 아버지, 기계도 생각한다」, 『중앙일보』, 2015년 2월 7일.

84 김대식, 「[김대식의 브레인 스토리] [129] 누구를 위한 튜링 테스트인가?」, 『조선일보』, 2015년 4월 2일.

85 진달래, 「비밀 보장 '텔레그램' 암호화 때문이라는데」, 『머니투데이』, 2014년 10월 5일.

86 정수영, 「한국 내 1위… '텔레그램' 인기국은 언론자유 후진국」, 『KBS뉴스』, 2014년 9월 30일.

87 이서희, 「텔레그램 한국어판 등장…사이버 망명 가속화」, 『한국일보』, 2014년 10월 6일.

88 최광, 「텔레그램 열풍 '모바일 액티비즘'…실 이용은 여전히 카톡?」, 『머니투데이』, 2014년 10월 4일.

89 김지선, 「무섭게 성장하던 텔레그램, 가입자 수가 왜…」, 『디지털타임스』, 2014년 11월 25일.

90 임화섭, 「트위터, 언팔로우 않고 글 감추는 '뮤트' 도입」, 『연합뉴스』, 2014년 5월 5일.

91 김재섭, 「재잘재잘 피곤해!」, 『한겨레』, 2014년 5월 14일.

6_ Digital Section

1 박일범, 「UN의 성차별 고발 광고…'검색창 속의 여성 차별'」, 『팝뉴스』, 2013년 10월 21일; 「불균형 보디빌더 이어 UN의 성차별 고발 광고 '충격'…왜?」, 『이투데이』, 2013년 10월 21일.

2 박윤수, 「유엔 여성, 새 양성평등 캠페인 광고 '눈길'」, 『여성신문』, 2013년 10월 26일.

3 김고금평, 「저작권 걱정 없이 쓸 수 있는 '공유 저작물'이 106만 건이나?」, 『머니투데이』, 2014년 12월 10일.

4 박경일, 「'저작권 공유문화' 더 널리 퍼진다」, 『문화일보』, 2014년 12월 11일.

5 류세나, 「저작권 공유문화 확산 '콘텐츠 쉐어' 가치 커진다」, 『아이뉴스24』, 2014년 12월 9일.

6 만프레트 슈피처, 김세나 옮김, 『디지털 치매: 머리를 쓰지 않는 똑똑한 바보들』(북로드, 2012), 240~241쪽.

7 이동인, 「구글 세대, 정보 분석 능력 떨어져」, 『전자신문』, 2008년 1월 22일.

8 김광현, 「[Smart & Mobile] "구글을 두 개로 쪼개라"…유럽의 '구글포비아'」, 『한국경제』, 2014년 12월 2일.

9 박소라, 「스페인, 구글세(뉴스 저작권 사용료) 매긴다」, 『전자신문』, 2014년 11월 3일.

10 김광현, 「[Smart & Mobile] "구글을 두 개로 쪼개라"…유럽의 '구글포비아'」, 『한국경제』, 2014년 12월 2일.

11 송옥진, 「"정보 독점 놔둘 수 없다" 공룡 구글에 채찍 든 EU」, 『한국일보』, 2014년 12월 9일.

12 이해진, 「'디지털 치매' 예방법…"전화번호 외우세요"」, 『머니투데이』, 2013년 8월 27일.

13 「[증강인류] ① 스마트폰의 습격」, 『연합뉴스』, 2011년 10월 24일.

14 이인열, 「[Weekly BIZ] 인터넷은 정말 인간의 뇌를 바꿔놓고 있는가」, 『조선일보』, 2014년 10월 21일.

15 장세훈, 「[뉴스와 현장] '디지털 단식'이 필요한 시대」, 『국제신문』, 2013년 8월 20일.

16 팔란티리2020, 『우리는 마이크로 소사이어티로 간다』(웅진윙스, 2008), 209쪽.

17 온라인뉴스부, 「일베 살인 인증샷 논란…최초 작성자 '댓글놀이 하려 했다…왜 살인자 인증됐나'」, 『서울신문』, 2014년 6월 16일.

18 박소영, 「'저팔계 류현진' 공감 1773건…빵빵 터진 댓글 놀이」, 『LA중앙일보』, 2015년 3월 16일.

19 고평석, 「아이들은 왜 '베댓글' 놀이를 할까?」, 『한겨레』, 2015년 1월 27일.

20 송민섭, 「인터넷도 '블록시대'…'데이터 민족주의' 대두」, 『세계일보』, 2014년 7월 12일.

21 에릭 슈미트·제러드 코언, 『에릭 슈미트 새로운 디지털 시대: 사람, 국가, 비즈니스의 미래를 다시 쓰다』(알키, 2013), 147쪽.

22 명승은, 「폐쇄하고 분리하라…인터넷의 위기」, 『시사IN』, 제322호(2013년 11월 20일).

23 송민섭, 「인터넷도 '블록시대'…'데이터 민족주의' 대두」, 『세계일보』, 2014년 7월 12일.

24 강동식, 「[알아봅시다] 고령화 시대 '디지털 에이징'」, 『디지털타임스』, 2013년 10월 31일.

25 유효정, 「[ICT 시사용어] 디지털 에이징」, 『전자신문』, 2013년 12월 2일.

26 신성식 외, 「60대 트윗왕 "친구 얻고 돈 벌고"」, 『중앙일보』, 2014년 2월 25일.

27 김동훈, 「뜬구름 잡는 디지털 에이징…어르신들 뿔났다」, 『뉴스토마토』, 2013년 10월 30일.

28 한동희, 「[DT광장] ICT가 만드는 '디지털 에이징'」, 『디지털타임스』, 2014년 2월 13일.

29 「Digital Zombie」, 『Wikipedia』.

30 어수웅·변희원, 「어쩌다 세상은 좀비·전염병에 열광하게 됐나」, 『조선일보』, 2013년 3월 19일.

31 박은하, 「디시, 촛불, 좌좀·우꼴…정보교류서 이념논쟁의 장으로 분화」, 『경향신문』, 2012년 9월 7일.

32 이하늘, 「[인터넷 여론이 왜곡된다/上] 조직적 활동·금품수수 의혹도, 트위터 자동프로그램」, 『머니투데이』, 2012년 11월 1일.

33 박소현, 「"디지털 지능지수, 6세 어린이가 45세 성인보다 높아"」, 『연합뉴스』, 2014년 8월 7일.

34 돈 탭스콧(Don Tapscott), 이진원 옮김, 『디지털 네이티브: 역사상 가장 똑똑한 세대가 움직이는 새로운 세상』(비즈니스북스, 2008/2009), 70~71쪽.

35 구본권, 「6~7살 아이보다도 못한 어른들의 '디지털 지능'」, 『한겨레』, 2014년 12월 31일.

36 이건혁, 「카톡! 촌지가 도착했습니다」, 『동아일보』, 2014년 10월 7일.

37 김학재, 「신종 촌지?…모바일 메신저 '선물하기'」, 『파이낸셜뉴스』, 2014년 9월 19일.

38 김지현, 「신종 뇌물주의보! 기프티콘 주기는 쉽지만 거절하기는 어려운 선물, 공직자 발목 잡을 수도」, 『주간동아』, 제984호(2015년 4월 20일); 김학재, 「신종 촌지?…모바일 메신저 '선물하기'」, 『파이낸셜뉴스』, 2014년 9월 19일.

39 임근호, 「커피 쿠폰…영화 티켓…케이크 교환권…문자 보내듯 오고 가는 '마음' 부담 없어 참 좋다」, 『한국경제』, 2014년 2월 22일.

40 함혜리, 「"드러낼수록 서로 감시하는 새 통제사회 만들어"」, 『서울신문』, 2014년 3월 12일; 조철, 「우리 모두가 '디지털 감옥'을 건설하고 있다」, 『시사저널』, 제1277호(2014년 4월 10일).

41 한병철, 『투명사회』(문학과지성사, 2014), 95~96쪽.

42 한병철, 『투명사회』(문학과지성사, 2014), 102쪽.

43 정유경, 「주체 못할 '인정욕망'…SNS는 지옥의 맷돌인가」, 『한겨레』, 2015년 3월 2일; 김선미, 「트위터 필화시대…회사 비방 올렸다 해고」, 『중앙일보』, 2015년 3월 3일.

44 이지성 외, 「[토요 Watch] SNS 포비아에 갇힌 사회: 축구 사태로 본 소셜 네트워크 폐해」, 『서울경제』, 2013년 7월 6일.

45 최연진, 「[편집국에서] SNS는 정말 무덤일까」, 『한국일보』, 2015년 3월 3일.

46 김선미, 「트위터 필화시대…회사 비방 올렸다 해고」, 『중앙일보』, 2015년 3월 3일.

47 김태열, 「"스마트폰 등 영향, 청소년 근시 10명 중 8명…스마트폰 2살 때 처음 접해"」, 『헤럴드경제』, 2014년 10월 29일.

48 손재권, 「모바일 키즈 비즈니스가 뜬다」, 『매일경제』, 2014년 12월 8일.

49 조재성, 「어린이용 구글과 유튜브 나온다 12세 이하 대상으로 내년 개발 돌입할 것」, 『이코노믹리뷰』, 2014년 12월 5일.

50 정미하, 「'인터넷은 동영상 시대' 1인 미디어가 간다」, 『아이뉴스24』, 2014년 12월 31일.

51 신수지, 「[집중취재] 1인 제작자 잡아라"…육성사업 뛰어드는 기업들 '한 달 동영상 수익만 3,500만 원' 유튜브 스타도 등장」, 『데일리한국』, 2015년 1월 21일.

52 양진하, 「나는 인터넷 '1인 창작자'다」, 『한국일보』, 2015년 1월 28일.

53 황유진, 「지금 유튜브는 'V로거' 전성시대」, 『헤럴드경제』, 2014년 8월 13일.

54 명승은, 「MCN…게임 말고, 저를 보러 오세요」, 『시사IN』, 제383호(2015년 1월 20일).

55 매슈 프레이저·스미트라 두타, 최경은 옮김, 『개인과 조직, 시장과 사회를 뒤바꾸는 소셜 네트워크 e혁명』(행간, 2010), 127쪽.

56 성재민, 『소셜 캠페인: 마음까지 마케팅하라』(북카라반, 2012), 27쪽.

57 애덤 라신스키, 임정욱 옮김, 『인사이드 애플』(청림출판, 2012), 170쪽; 「[용아 아하!] 블로고스피어(Blogosphere)」, 『디지털타임스』, 2013년 3월 18일.

58 돈 탭스콧, 윤미나 옮김, 이준기 감수, 『위키노믹스: 웹2.0의 경제학』(21세기북스, 2000), 69~70쪽; 매슈

프레이저 · 스미트라 두타, 최경은 옮김, 『개인과 조직, 시장과 사회를 뒤바꾸는 소셜 네트워크 e혁명』(행간, 2010), 268~269쪽.

59 매슈 프레이저 · 스미트라 두타, 최경은 옮김, 『개인과 조직, 시장과 사회를 뒤바꾸는 소셜 네트워크 e혁명』(행간, 2010), 271~272쪽.

60 정기홍, 「[씨줄날줄] 디지털 흔적과 사이버 망명」, 『서울신문』, 2014년 9월 29일.

61 박순찬, 「카톡 등 메신저 이용자들 '사이버 亡命(망명)'」, 『조선일보』, 2014년 9월 29일.

62 「[2014년 신조어 · 유행어] ② 사이버 망명(cyber asylum)」, 『조선일보』, 2015년 1월 1일.

63 손미혜 · 이정우, 「"망명 아니라 독립"…사이버감시국서 독립선언」, 『뉴스1』, 2015년 3월 1일; 강민수, 「"망명 대신 반격"…사이버사찰 피해자들 '독립 선언'」, 『오마이뉴스』, 2015년 3월 1일.

64 이유정 · 고석승, 「스마트폰은 섹스마트?」, 『중앙일보』, 2014년 2월 13일.

65 장병철, 「채팅 앱에 '15세女' 올렸더니 순식간에 10여 명이…」, 『문화일보』, 2014년 2월 21일.

66 팔란티리2020, 『우리는 마이크로 소사이어티로 간다』(웅진윙스, 2008), 120~121쪽.

67 김은미 · 이동후 · 임영호 · 정일권, 『SNS혁명의 신화와 실제』(나남, 2011), 177~179쪽.

68 손승희, 「[발언대] SNS 속 글이 우울증에 영향」, 『경남도민일보』, 2014년 7월 25일.

69 오영제, 「SNS 이용 백서, 좋은 예 vs 나쁜 예」, 『레몬트리』, 2013년 9월호; 채윤경, 「"남들은 저렇게 행복한데 나만…" SNS가 낳은 카 · 페 · 인 우울증」, 『중앙일보』, 2015년 1월 16일.

70 채윤경, 「"남들은 저렇게 행복한데 나만…" SNS가 낳은 카 · 페 · 인 우울증」, 『중앙일보』, 2015년 1월 16일.

71 송혜민, 「"페북하다 느낀 질투심, 우울증 유발한다" 美 연구」, 『서울신문』, 2015년 2월 5일.

72 「사랑고백부터 이별통보까지 메신저 · SNS 통해 전달…이유는?」, 『비주얼다이브』, 2015년 2월 16일.

73 김경학 외, 「"우리 헤어져" 톡 치면 끝…SNS 세대 만남 & 이별」, 『경향신문』, 2015년 2월 9일.

74 김경학 외, 「전문가 조언/상대 최대한 배려하고 결별 이유는 만나서 설명해야」, 『경향신문』, 2015년 2월 9일.

75 박주희 외, 「'애용'과 '관종' 사이 당신의 SNS는 안녕하십니까?」, 『한국일보』, 2014년 8월 29일.

76 오영제, 「SNS 이용 백서, 좋은 예 vs 나쁜 예」, 『레몬트리』, 2013년 9월호.

77 박권일, 「소셜 미디어에 흔한 '연극성 인격 장애'」, 『시사IN』, 제195호(2011년 6월 14일).

78 김수연 · 곽도영, 「"SNS 유령친구 구해요"…왕따 두려워 가짜인맥 맺는 아이들」, 『동아일보』, 2013년 3월 21일.

79 황지혜, 「[SNS 세상은 지금] "연결은 그만" 관계 끊어주는 SNS」, 『매일경제』, 2014년 6월 6일.

80 윌리엄 데이비도, 김동규 옮김, 『과잉연결시대: 일상이 된 인터넷, 그 이면에선 어떤 일이 벌어지는가』(수이북스, 2011), 9, 13~14쪽.

81 윌리엄 데이비도, 김동규 옮김, 『과잉연결시대: 일상이 된 인터넷, 그 이면에선 어떤 일이 벌어지는가』(수이북스, 2011), 29쪽.

82 이상욱, 「[과학 오디세이] 늘 모든 것과 연결되어 있는 삶」, 『경향신문』, 2014년 5월 11일.

83 신용아, 「국내 포털 단속했더니…음란물, 구글 · 유튜브 환승」, 『서울신문』, 2013년 8월 22일 6면.

84 송진식 외, 「[유튜브 '음란물' 무방비] 유튜브는 음란물 천국…'엉덩이' 입력하자 야동으로 도배」, 『경향신문』, 2014년 6월 30일.

85 강희정, 「유튜브, 알고 보면 야동 천국!」, 『더팩트』, 2015년 1월 15일.

86 신용아, 「국내 포털 단속했더니…음란물, 구글 · 유튜브 환승」, 『서울신문』, 2013년 8월 22일 6면.

87 최은수, 「패러다임 변화를 알리는 신조어들」, 『매일경제』, 2015년 1월 12일.

88 이정환, 「우리 집 세탁기가 '카톡'을 보냈다…"세제 주문할까요?"」, 『미디어오늘』, 2014년 2월 2일.

89 김영식, 「돈 탭스콧 "초연결시대, 기업 혁신의 키워드는 '개방'"」, 『아시아경제』, 2013년 4월 24일.

90 이상욱, 「늘 모든 것과 연결되어 있는 삶」, 『경향신문』, 2014년 5월 12일.

91 김명자, 「초연결 사회 위협하는 사이버 테러」, 『중앙일보』, 2015년 1월 24일.

92 신동희, 「[시론] '초연결 사회'의 역설」, 『디지털타임스』, 2014년 5월 22일.

7_ Culture Section

1   민태원, 「일본서 유행 '벽에 여자 밀치기'…우리나라에서 한다면 어찌될까?」, 『국민일보』, 2015년 2월 15일;
    길윤형, 「"넌 오늘부터 내 여자야…" 일본 여성 홀린 '가베돈'」, 『한겨레』, 2014년 10월 23일.

2   이영희, 「[분수대] 판타지는 판타지일 뿐」, 『중앙일보』, 2015년 3월 4일.

3   전수진, 「일본식 벽치기 '가베동' 열풍」, 『중앙일보』, 2015년 2월 14일.

4   홍민철, 「간헐적 단식…마이클 모슬리의 '비법'」, 『서울신문』, 2015년 3월 11일.

5   박민수, 「[헬스코치] 간헐적 단식, 맞는 사람 vs 맞지 않는 사람」, 『중앙일보』, 2013년 7월 17일.

6   최훈진, 「[커버스토리] 간헐적 단식 No! 유산소 운동 No! 근력 운동은 Yes!」, 『서울신문』, 2013년 11월 2일.

7   박수선, 「"'간헐적 단식' 다이어트 아닌 생활방식의 변화"」, 『피디저널』, 2013년 7월 15일.

8   「'스메그'가 뭐길래…강남 아줌마들 열광하는 이유 있네」, 『이투데이』, 2013년 7월 26일.

9   유영규, 「강남 아줌마들은 왜 '스메그'에 열광하나」, 『서울신문』, 2013년 7월 26일.

10 이해진, 「'강남 냉장고' 스메그, 비싸고 작은데 왜 인기?」, 『머니투데이』, 2013년 7월 26일.

11 목수정, 「[목수정의 파리통신] 더 넓은 평등을 위한 게이 프라이드」, 『경향신문』, 2012년 7월 3일.

12 이혜진, 「레이디 가가, "게이의 땅"…美 국가 개사」, 『CBS노컷뉴스』, 2013년 7월 1일.

13 「애플 CEO 팀 쿡 '커밍아웃', "게이 퍼레이드에도 참가했어요"」, 『세계일보』, 2014년 10월 31일.

14 황유석, 「中 '녹색 아편' 골프 바람」, 『한국일보』, 2003년 11월 4일.

15 김성현, 「'녹색 아편' 골프에 빠진 중국」, 『조선일보』, 2014년 12월 20일.

16 이형석, 「골프로 파헤친 중국 자본주의의 두 얼굴」, 『헤럴드경제』, 2014년 12월 12일.

17 박영률, 「골프로 본 현대 중국의 미시사」, 『한겨레』, 2014년 12월 19일.

18 이현주, 「"애들은 남이 키우는 걸 보는 게 진리" 주말에도 TV만 뚫어져라…」, 『한국일보』, 2015년 1월 14일;
    양성희, 「육아를 TV로 배웠어요」, 『중앙일보』, 2015년 1월 31일.

19 이현주, 「"애들은 남이 키우는 걸 보는 게 진리" 주말에도 TV만 뚫어져라…」, 『한국일보』, 2015년 1월 14일.

20 이현주, 「"애들은 남이 키우는 걸 보는 게 진리" 주말에도 TV만 뚫어져라…」, 『한국일보』, 2015년 1월 14일.

21 양성희, 「육아를 TV로 배웠어요」, 『중앙일보』, 2015년 1월 31일.

22 이현주, 「[까톡2030] 육아 예능에 울고 웃는 랜선 맘 "삼둥이에 푹 빠진 여친, 허영심만 늘면 어쩌죠?"」,
    『한국일보』, 2015년 1월 14일.

23 김경학 외, 「매장서 본 상품 모바일로 싸게 사는 '모루밍족'」, 『경향신문』, 2014년 7월 3일.

24 구희령, 「모바일 쇼핑 10조…아저씨도 누릅니다」, 『중앙일보』, 2014년 1월 21일.

25 김경학 외, 「매장서 본 상품 모바일로 싸게 사는 '모루밍족'」, 『경향신문』, 2014년 7월 3일.

26 이광주, 「모바일 쇼핑, '모루밍족'을 잡아라」, 『패션비즈』, Friday, July 4, 2014.

27 구희령, 「모바일 쇼핑 10조…아저씨도 누릅니다」, 『중앙일보』, 2014년 1월 21일.

28 장정훈, 「한 손엔 애, 한 손엔 앱…우리 집 아기 엄마 모바일 쇼핑 '큰손'」, 『중앙일보』, 2013년 6월 12일;
    송화정, 「홈플러스, '엄지맘' 덕에 모바일 쇼핑 '쑥'」, 『아시아경제』, 2014년 10월 6일.

29 박수선, 「짧고 강렬한 10분짜리 모바일 영화」, 『피디저널』, 2013년 6월 11일.

30 홍석재, 「짧지만 강렬하게…29초에 세상 담다」, 『한겨레』, 2013년 6월 24일.

31 김유정, 「"6초 영상도 영화" 스마트폰 영화 촬영 노하우」, 『디지털타임스』, 2014년 9월 16일.

32 변희원, 「눈 6번 '깜빡'…영화는 끝났다」, 『조선일보』, 2014년 9월 16일.

33 안혜리, 「노트북을 열며」 지하철의 '보그 병신체'」, 『중앙일보』, 2015년 2월 12일.

34 이정연, 「'보그 병신체' 먼 곳에 있지 않네」, 『한겨레』, 2013년 3월 6일.

35 민병선 외, 「567들 한글날」 보그 병신체…은행 외계어…법률 화성어…」, 『동아일보』, 2013년 10월 9일.

36 박미주, 「한글날 아파트 이름 살펴보니…난무하는 '보그 병신체'」, 『아시아경제』, 2013년 10월 9일.

37 최우규, 「마감 후」 '병신체'」, 『경향신문』, 2013년 3월 15일.

38 이정연, 「'보그 병신체' 먼 곳에 있지 않네」, 『한겨레』, 2013년 3월 6일.

39 김나영, 「김나영 기자의 1일1식(識)」 (68) 월요일에 읽는 '불금'의 사회학」, 『서울경제』, 2015년 1월 26일.

40 장재진 외, 「불금! 발은 퉁퉁 부어도 스트레스는 훌훌」, 『한국일보』, 2014년 7월 8일.

41 이지웅, 「'불금' 범죄도 늘어난다」, 『헤럴드경제』, 2013년 6월 20일.

42 한종구, 「"불금을 위하여" 금요일마다 슈퍼마켓 턴 10대들」, 『연합뉴스』, 2014년 4월 14일.

43 김현아, 「악성코드는 '불금(금요일 밤)'을 노린다」, 『이데일리』, 2014년 4월 3일.

44 박수선, 「지상파 '불금' 방어전 돌입: '삼시세끼' 등 케이블 약진에 KBS '스파이' MBC '나가수' 배치」,
    『피디저널』, 2015년 1월 27일.

45 김민아, 「여적」 브로맨스」, 『경향신문』, 2015년 2월 25일.

46 신새롬, 「음지에서 양지로…대중문화계 대세는 '브로맨스'」, 『연합뉴스TV』, 2015년 2월 21일.

47 이다원, 「M+기획…브로맨스③」 '정글의 법칙' PD "'브로맨스'+생존, 예상보다 반응 좋아"」, 『MBN』, 2015
    년 2월 18일.

48 김민아, 「여적」 브로맨스」, 『경향신문』, 2015년 2월 25일.

49 한세희, 「인터넷 이디엄」 (112) 선비」, 『전자신문』, 2012년 9월 13일.

50 문유석, 「조선일보를 읽고」 아무리 사실이라 믿어도 함부로 말해선 안 된다」, 『조선일보』, 2014년 6월 27일.

51 안상희, 「經─財 북리뷰」 당신이 지갑을 열기 전에 알아야 할 것들」, 『조선일보』, 2013년 9월 29일; 이언주,
    「Book」 당신이 지갑을 열기 전에 알아야 할 것들: 돈…버는 건 기술, 쓰는 건 예술」, 『머니투데이』, 2013년 9월
    28일.

52 오윤희, 「Weekly BIZ」 "행복해지려면, 名品 핸드백·IT기기보다 특별한 체험을 사라"」, 『조선일보』, 2013년
    11월 16일.

53 정경화, 「부모의 눈물로 울리는 웨딩마치」 [7부-5] 高價 '스드메(스튜디오 촬영·드레스 대여·메이크업)'
    싫지만…신랑은 신부 눈치 보느라 '벙어리 냉가슴'」, 『조선일보』, 2014년 11월 4일.

54 이송원, 「부모의 눈물로 울리는 웨딩마치」 [7부-5] 新婦(신부) 홀리는 말 '평생 한 번인데'…커피 값 아끼더
    니, 결혼 땐 돈 물 쓰듯」, 『조선일보』, 2014년 11월 4일.

55 배소진, 「성질 부릴수록 싸지는 결혼 '스드메'…착하면 '호갱'?」, 『머니투데이』, 2014년 3월 4일.

56 홍준표, 「소개비·추가금 폭리…결혼업체 바가지 상술」, 『매일신문』, 2014년 6월 13일.

57 박소현, 「[2014 국감] 신학용 "'스드메'라고 아세요?" 웨딩업계 불공정행위 질타」, 『파이낸셜뉴스』, 2014년 10월 20일.

58 김수혜, 「[부모의 눈물로 올리는 웨딩마치] [7부-6] 웨딩업체 "싸게 해드리겠다" 그 뒤엔 단계마다 추가 비용」, 『조선일보』, 2014년 11월 5일.

59 황인선, 「악플 게임 '어그로'」, 『한국경제』, 2013년 10월 30일.

60 최서윤, 「'어그로 끄는' 말들의 풍경」, 『시사IN』, 제322호(2013년 11월 21일).

61 김효정, 「홍가혜 사례로 본 '관심종자' '어그로꾼'…무엇이 그들을 움직이나」, 『주간조선』, 2014년 4월 28일.

62 「노골적 성애소설 '엄마들의 포르노, 그레이의 50가지 그림자' 1억 권 클럽 가입」, 『세계일보』, 2014년 2월 27일.

63 이유진, 「성 평등과 피학적 사랑의 딜레마」, 『한겨레』, 2014년 4월 20일.

64 손병호, 「엄마들의 포르노 '그레이의 50가지 그림자' 개봉 앞두고 소방당국 초비상」, 『국민일보』, 2015년 2월 15일.

65 김경, 「[김경의 트렌드 vs 클래식] '그레이' 시리즈가 자기계발서?」, 『경향신문』, 2014년 6월 9일.

66 김양희, 「'연기하는 아이돌' 전성시대 이유 있다」, 『한겨레』, 2014년 3월 18일.

67 남우정, 「20대 여배우 기근 현상…연기돌 대체가 당연한 대안?」, 『MBN스타』, 2014년 5월 1일.

68 이은주, 「아이돌 '연기 2모작' 갈수록 빨라진다」, 『서울신문』, 2014년 6월 2일.

69 박설이, 「"넌 연기? 난 예능" 아이돌의 中 대륙 공략법」, 『TV리포트』, 2014년 8월 9일.

70 김현주, 「맛집·먹방·집밥에 홀린 요리 안 하는 사회」, 『국제신문』, 2014년 2월 28일.

71 김희연, 「[책과 삶] 요리는 않고, TV 요리 프로 보는 이유」, 『경향신문』, 2014년 3월 1일.

72 왕상한, 「'4월의 읽을 만한 책' 추천사」, 『독서신문』, 2014년 3월 31일.

73 김치중, 「쿡방의 남자, 인기몰이 왜?」, 『한국일보』, 2015년 3월 10일.

74 박돈규, 「'먹방(먹는 방송)'은 요리에 대한 인류의 노스탤지어」, 『조선일보』, 2014년 3월 1일.

75 임지선, 「깊은 밤 나의 침실로 들어온 로맨스여」, 『한겨레』, 2014년 5월 15일.

76 한승주, 「클릭으로 작가된다…하루 신작 300편 '웹소설'의 시대」, 『국민일보』, 2014년 8월 18일.

77 김은경, 「네이버 웹소설 2년간 작품 23만 개…연 수입 2억대 작가도」, 『연합뉴스』, 2015년 1월 15일.

78 박훈상, 「웹소설, 순수문학의 숨통인가 블랙홀인가」, 『동아일보』, 2015년 2월 10일.

79 「[사설] 대중음악인, 온라인 한 곡 값 1원도 못 받아서야」, 『조선일보』, 2015년 1월 15일.

80 한은화, 「이쑤시개 값도 안 되는 노래 한 곡 값…이게 뭡니까」, 『중앙일보』, 2015년 1월 14일.

81 금준경, 「신대철 "이쑤시개보다 싼 음악, '공정 플랫폼' 만들겠다"」, 『미디어오늘』, 2015년 1월 28일.

82 「[사설] 대중음악인, 온라인 한 곡 값 1원도 못 받아서야」, 『조선일보』, 2015년 1월 15일.

83 고은경, 「酒님은 1차로 그만" '심야 커피族' 신풍속도」, 『한국일보』, 2015년 2월 13일.

84 심재우·이소아, 「테헤란로 31개→136개…커피점 지금 내도 될까요」, 『중앙일보』, 2015년 2월 28일.

85 심재우·이소아, 「테헤란로 31개→136개…커피점 지금 내도 될까요」, 『중앙일보』, 2015년 2월 28일.

86 박병률, 「한국인, 밥 김치보다 커피 더 자주 먹어」, 『경향신문』, 2015년 1월 17일.

87 「대한민국, 이제는 김치 아닌 '커피 공화국'」, 『스포츠경향』, 2015년 1월 16일.

88 이지은, 「한집 건너 커피숍…창업 3년 안에 절반 문 닫는다」, 『한겨레』, 2015년 1월 28일.

89 남라다, 「돈에 눈 먼 가맹본부…한집 건너 커피숍 이유 있었네」, 『아시아경제』, 2014년 12월 1일.

90 송길영, 「[Why] [빅데이터 읽어주는 남자] 프래밀리(framily)…친구와 가족 사이」, 『조선일보』, 2015년 2월

7일.

91 「[2014년 신조어 · 유행어] ⑥ 소셜 다이닝(social dining)」, 『조선일보』, 2015년 1월 3일.

92 김기오, 「[자유성] 공유경제」, 『영남일보』, 2015년 1월 19일.

93 김대종, 「"돈 반만 내고 나눠드실 분?" 1인 가구 '하프 셰어족' 늘어」, 『문화일보』, 2015년 1월 16일.

8_ Media Section

1 김유리, 「붕괴하는 광고 시장, 추락하는 저널리즘」, 『미디어오늘』, 2015년 1월 23일.

2 강성원, 「대기업 광고에 휘둘리는 편집권」, 『미디어오늘』, 2015년 1월 7일.

3 김고은, 「편집국장의 고백 "기업 고위층 전화 받고 1면 기사 바꿨다"」, 『기자협회보』, 2015년 1월 6일.

4 김유리, 「붕괴하는 광고 시장, 추락하는 저널리즘」, 『미디어오늘』, 2015년 1월 23일.

5 김유리, 「붕괴하는 광고 시장, 추락하는 저널리즘」, 『미디어오늘』, 2015년 1월 23일.

6 조윤호, 「뉴스 큐레이팅, '도둑질'로 끝날까 뉴스 소비의 대안 될까」, 『미디어오늘』, 2014년 6월 7일.

7 조윤호, 「뉴스 큐레이팅, '도둑질'로 끝날까 뉴스 소비의 대안 될까」, 『미디어오늘』, 2014년 6월 7일.

8 예병일, 「떠오르는 '큐레이션 저널리즘'」, 『기자협회보』, 2014년 4월 30일.

9 김현아, 「뉴스앱 이용자가 정치 참여 높아…정보 격차 우려」, 『이데일리』, 2013년 3월 15일.

10 안은별, 「클릭 또 클릭…당신을 발가벗기는 그들은?」, 『프레시안』, 2011년 9월 9일.

11 류호성, 「[Cover Story] 독자 따라 '맞춤 뉴스' 편집해 앱으로 배달 가능성」, 『한국일보』, 2013년 9월 1일, 14면.

12 최필식, 「美 CNN 드론 허가, '드론 저널리즘' 열리나?」, 『전자신문』, 2015년 1월 14일.

13 양성희, 「드론 띄워 106중 추돌 찍고…구글 안경 끼고 시위 생중계」, 『중앙일보』, 2015년 2월 24일.

14 최서희, 「취재 현장 누비는 '드론', 거침이 없다」, 『KBS』, 2015년 2월 15일.

15 최진홍, 「기술의 발전, 저널리즘의 프레임을 파괴하다: 드론, 센서 저널리즘을 넘어 자동기사 작성까지」, 『이코노믹리뷰』, 2015년 1월 30일.

16 최진홍, 「기술의 발전, 저널리즘의 프레임을 파괴하다: 드론, 센서 저널리즘을 넘어 자동기사 작성까지」, 『이코노믹리뷰』, 2015년 1월 30일.

17 조윤호, 「뉴스 큐레이팅, '도둑질'로 끝날까 뉴스 소비의 대안 될까」, 『미디어오늘』, 2014년 6월 7일.

18 김수정, 「허핑턴은 모바일 시대 뉴스의 대안일까?」, 『미디어스』, 2014년 11월 30일.

19 김병철 · 조수경, 「"뉴스가 이렇게 각광 받는 시대가 있었나"」, 『미디어오늘』, 2014년 8월 16일.

20 조윤호, 「뉴스 큐레이팅, '도둑질'로 끝날까 뉴스 소비의 대안 될까」, 『미디어오늘』, 2014년 6월 7일.

21 김주연, 「파이낸셜뉴스, 미디어 업계 첫 '디지털 퍼스트'로 전환」, 『파이낸셜뉴스』, 2014년 9월 18일.

22 이준웅, 「'디지털 퍼스트 시대' 일단 쓰고 열심히 고치는 기자가 최고」, 『중앙일보』, 2014년 9월 30일.

23 김창남, 「[신문의 길을 묻는다] ③ 방향성 없는 디지털 전략: 외국 사례 베끼기 바쁜 '디지털 퍼스트'」, 『기자협회보』, 2015년 1월 21일.

24 편집위원회, 「'디지털 퍼스트' 좀더 과감하게」, 『기자협회보』, 2015년 1월 21일.

25 손제민, 「100년 전통 미 잡지, '온라인 퍼스트'에 무너지다」, 『경향신문』, 2014년 12월 9일.

26 조수경, 「'디지털 퍼스트' 전략이 신문사 위기탈출의 해법인가」, 『미디어오늘』, 2014년 11월 12일.

27 이정국, 「'모바일 빅뱅시대'…언론들 적응 안간힘」, 『한겨레』, 2015년 3월 2일.

28 조정남, 「로봇 저널리즘 뜻, 알고 보면 쉬워요 '눈길'」, 『세계일보』, 2015년 1월 31일; 이성락, 「로봇 저널리즘 뜻, 컴퓨팅 기술에 기초…소프트웨어 활용 기사 작성 방식」, 『더팩트』, 2015년 1월 30일.

29 김영주, 「'로봇 기자'와 저널리즘」, 『한겨레』, 2015년 1월 21일.

30 강로사, 「로봇 저널리즘의 진격…AP "기업 실적 기사 자동화"」, 『조선일보』, 2015년 2월 2일.

31 김익현, 「로봇 저널리즘, 위기일까 기회일까」, 『지디넷코리아』, 2015년 1월 30일.

32 김영주, 「'로봇 기자'와 저널리즘」, 『한겨레』, 2015년 1월 21일.

33 양성희, 「[궁금한 화요일] 짧아야 산다, 6초·60단어의 법칙」, 『중앙일보』, 2014년 8월 12일.

34 강정수, 「혁신 저널리즘의 시대: 〈버즈피드〉〈업워디〉 등 저널리즘 혁신 이끄는 뉴스 서비스들」, 『한겨레21』, 제1000호(2014년 2월 27일).

35 조수경·김병철, 「NYT 앞선 비결, "SNS 공유 안 되면 실패한 콘텐츠": [미디어의 미래, 디지털 퍼스트 ②] 거대한 콘텐츠 '실험실'에서 만난 잭 셰퍼드 버즈피드 디렉터」, 『미디어오늘』, 2014년 7월 23일.

36 박영주, 「'두 번째' 많이 쓰는 아이폰 앱 11가지」, 『아시아경제』, 2014년 10월 29일.

37 강진아, 「허핑턴포스트코리아 성장동력은 SNS」, 『기자협회보』, 2015년 3월 4일.

38 차준철, 「리스티클이 주목받는 이유 5가지」, 『경향신문』, 2015년 4월 27일.

39 김낙호, 「피키캐스트의 넓고 얕은 지식은 누가 만들게 될까」, 『아이즈』, Mar 30, 2015.

40 이정환, 「저널리즘과 광고의 칸막이, 무너져도 괜찮을까」, 『미디어오늘』, 2015년 1월 23일.

41 김병철, 「언론사, 살아남으려면 광고를 바꿔야 한다」, 『미디어오늘』, 2014년 5월 18일.

42 차준철, 「리스티클이 주목받는 이유 5가지」, 『경향신문』, 2015년 4월 27일.

43 오원석, 「중·장년층도 "뉴스는 TV 대신 모바일로"」, 『블로터』, 2015년 2월 2일; 박창욱, 「뉴스 이용, 지상파·종이신문 줄고…모바일 부상」, 『연합뉴스』, 2015년 1월 30일.

44 이정환, 「새해 화두는 모바일, 언론사들 준비돼 있나」, 『미디어오늘』, 2014년 12월 24일.

45 최진순, 「'모바일 맞춤형 뉴스'를 만들어야 살아남는다」, 『미디어오늘』, 2014년 2월 17일.

46 강아영, 「모바일 뉴스 이용자, 건강·쇼핑·맛집 선호」, 『기자협회보』, 2015년 4월 21일.

47 이정국·김효실, 「폭발하는 유료 VOD 시장…시청자 주권은?」, 『한겨레』, 2014년 10월 10일.

48 금준경, 「지상파 VOD '제값 받기' 성공할 수 있을까?」, 『미디어오늘』, 2015년 1월 21일.

49 최동현, 「지상파 vs 유료방송, VOD 인상 갈등 장기화 조짐」, 『아시아경제』, 2015년 2월 2일.

50 양성희, 「드론 띄워 106중 추돌 찍고…구글 안경 끼고 시위 생중계」, 『중앙일보』, 2015년 2월 24일.

51 최진홍, 「기술의 발전, 저널리즘의 프레임을 파괴하다: 드론, 센서 저널리즘을 넘어 자동기사 작성까지」, 『이코노믹리뷰』, 2015년 1월 30일.

52 이성규, 「사물인터넷, '센서 저널리즘'을 부른다」, 『블로터』, 2015년 1월 30일.

53 이성규, 「사물인터넷, '센서 저널리즘'을 부른다」, 『블로터』, 2015년 1월 30일.

54 이성규, 「아두이노로 '미세먼지 측정기' 만들어봤어요」, 『블로터』, 2015년 4월 14일.

55 강형철, 「문제적 '한국형' 스케치 뉴스」, 『한겨레』, 2015년 2월 24일.

56 곽상아, 「"기자의 독심술 등…기사 아닌 기사를 넘쳐난다"」, 『미디어스』, 2013년 1월 13일.

57 강형철, 「문제적 '한국형' 스케치 뉴스」, 『한겨레』, 2015년 2월 24일.

58 김병철, 「느리지만 깊이 있는 뉴스를 제공한다」, 『미디어오늘』, 2014년 3월 19일.

59 김효실, 「재치와 익살로 무장…SNS 기반 언론 인기」, 『한겨레』, 2014년 4월 11일.

60 김병철, 「"쓰레기가 쓰레기를 덮고 있다. 이래도 좋은가?" [인터뷰] 민노 슬로우뉴스 편집장」, 『미디어오늘』, 2014년 3월 19일.

61 배규민, 「"모바일 年 122% 커진다고?" 지상파 '스마트 광고' 욕심」, 『머니투데이』, 2014년 7월 16일.

62 배규민, 「"모바일 年 122% 커진다고?" 지상파 '스마트 광고' 욕심」, 『머니투데이』, 2014년 7월 16일.

63 김보영, 「지상파 "콘텐츠 유통 주도권 잡겠다"」, 『한국경제』, 2014년 7월 23일.

64 양성희, 「[궁금한 화요일] 콘텐트 헐값 대우 못 참아…미생·히든싱어, 유튜브 떠난다」, 『중앙일보』, 2014년 12월 2일; 박호현, 「유튜브로 국내방송 못 본다」, 『서울경제』, 2014년 11월 25일.

65 김병철, 「네이버에게 '플랫폼 주도권' 가져온 지상파」, 『미디어오늘』, 2014년 11월 4일.

66 박호현, 「웹드라마에 밀리고 지상파에 치이고…유튜브 성장세 주춤」, 『서울경제』, 2015년 1월 15일.

67 박장준, 「유튜브 '블랙아웃' 해서 지상파 살림살이 좀 나아졌습니까?」, 『미디어스』, 2015년 1월 6일.

68 윤희석, 「SMR, 유튜브 'PIP 협상' 결렬…IP 우회 변칙 시청법 등장」, 『전자신문』, 2014년 12월 14일.

69 김유리, 「붕괴하는 광고 시장, 추락하는 저널리즘」, 『미디어오늘』, 2015년 1월 21일.

70 권순택, 「"MBN 미디어렙 영업일지를 교과서로 삼아 영업시키고 싶다"」, 『미디어스』, 2015년 3월 27일.

71 서동일, 「진화 거듭하는 유튜브 "우리 경쟁 상대는 TV"」, 『동아일보』, 2014년 10월 17일.

72 이상화 외, 「사소한 일상이 사업이 됐다, 난 억대 연봉 유튜버」, 『중앙일보』, 2014년 8월 6일.

73 김지혜, 「파워 블로그는 가라! 유튜버가 온다」, 『아시아경제』, 2015년 1월 9일.

74 서동일, 「진화 거듭하는 유튜브 "우리 경쟁 상대는 TV"」, 『동아일보』, 2014년 10월 17일; 라제기, 「"방송이 식사라면 유튜브는 맛있는 간식"」, 『한국일보』, 2014년 11월 23일.

75 강현주, 「월 수입 3천만 원 전업 유튜버라면 '1인 제작자'」, 『아이뉴스24』, 2014년 2월 14일.

76 박해나, 「인터넷에 떠도는 영상 올렸더니 합의금 100만 원?! 저작권이 뭐기에」, 『캠퍼스잡앤조이』, 2015년 2월 11일.

77 정선형, 「출품작 저작권 뺏기, 공모전 '갑질' 여전」, 『세계일보』, 2014년 12월 31일.

78 손현성, 「제작사가 작가 허락 없이 인물 살린 건 저작인격권 침해」, 『한국일보』, 2015년 3월 2일.

79 박상기, 「"드라마 作家 동의 없이 등장인물 生死 바꿨다면 저작인격권 침해"」, 『동아일보』, 2015년 3월 3일.

80 정철운, 「조선일보·한겨레, 20년간 보수·진보 정파보도 늘었다」, 『미디어오늘』, 2015년 1월 21일.

81 김창남, 「도 넘은 정파성에 떠나는 독자들」, 『기자협회보』, 2015년 1월 14일.

82 손석춘, 「정파주의 저널리즘의 정체」, 『미디어오늘』, 2014년 11월 12일.

83 김민환, 「또 하나의 명예혁명을 위해」, 『한국일보』, 2008년 6월 10일.

84 김희영, 「'카드 뉴스' 모바일 독자 빨아들인다」, 『기자협회보』, 2014년 12월 24일.

85 김희영, 「'카드 뉴스' 모바일 독자 빨아들인다」, 『기자협회보』, 2014년 12월 24일.

86 김유리, 「카드 뉴스가 대세? 스타일 아닌 콘텐츠를 채워라」, 『미디어오늘』, 2015년 2월 11일.

87 신현영, 「요즘 초등생들 놀이터로 떠오른 유튜브」, 『내일신문』, 2015년 4월 1일; 남은주, 「유튜브, 요즘 아이들의 놀이터」, 『한겨레』, 2015년 2월 4일.

88 남은주, 「유튜브, 요즘 아이들의 놀이터」, 『한겨레』, 2015년 2월 4일.

89 안석현, 「"유튜브 어린이 채널에 부당 광고" 美 소비자단체, 구글 제소」, 『조선일보』, 2015년 4월 8일.

90 김유진, 「HSBC 탈세 스캔들, 가디언 VS 텔레그래프 싸움 비화」, 『아시아투데이』, 2015년 2월 20일.

91 박순빈, 「[유레카] 언론의 상업주의」, 『한겨레』, 2015년 2월 23일.

92 이재영, 「HSBC 탈세 방조 논란, 영국 일간지로도 불똥」, 『연합뉴스』, 2015년 2월 20일.

93 이준웅, 「'광고주 편향 기사'로 공격 받은 텔레그래프…"타임스·가디언도 똑같다"」, 『중앙일보』, 2015년 2월 24일.

94 장행훈, 「광고주에 맞서 사표 던진 영 언론인」, 『한겨레』, 2015년 3월 3일.

95 양진하, 「나는 인터넷 '1인 창작자'다」, 『한국일보』, 2015년 1월 28일.

96 김학재, 「콘텐츠 크리에이터 띄우기, 국내에선 성공할까」, 『파이낸셜뉴스』, 2014년 12월 8일; 양성희, 「[궁금한 화요일] 2015 미디어 트렌드」, 『중앙일보』, 2015년 1월 13일.

97 김학재, 「콘텐츠 크리에이터 띄우기, 국내에선 성공할까」, 『파이낸셜뉴스』, 2014년 12월 8일.

98 Nigel Rees, 『Cassell's Dictionary of Word and Phrase Origins』(London: Cassell, 2002), p191; John Ayto, 『Movers and Shakers: A Chronology of Words That Shaped Our Age』(New York: Oxford University Press, 2006), p.195; Wendy Goldman Rohm, 『The Murdoch Mission: The Digital Transformation of a Media Empire』(New York: John Wiley & Sons, 2002), p.253; 한준엽, 「벗은 옷 다시 입어 봐?」, 『시사저널』, 1999년 11월 25일, 66~67면.

99 김기태, 「영국 일간지들이 타락하는 이유는」, 『기자협회보』, 2012년 11월 28일.

100 고란, 「'더 선' 3면 누드 사진 폐지 3일 만에 재등장」, 『중앙일보』, 2015년 1월 23일; 김태한, 「英 대중지 더 선, 토플리스 사진 중단 며칠 만에 번복」, 『연합뉴스』, 2015년 1월 22일.

101 윤희석, 「발행일 SMR, 유튜브 'PIP 협상' 결렬…IP 우회 변칙 시청법 등장」, 『전자신문』, 2014년 12월 14일.

102 김보영, 「"광고·플랫폼 주도권 양보 못해"…방송-유튜브 갈등 장기전 돌입」, 『한국경제』, 2014년 12월 17일; 정미하, 「방송사 vs 유튜브 '콘텐츠 주도권' 싸움 팽팽」, 『아이뉴스24』, 2014년 12월 4일.

103 정미하, 「방송사 vs 유튜브 '콘텐츠 주도권' 싸움 팽팽」, 『아이뉴스24』, 2014년 12월 4일.

104 김병철, 「네이버에게 '플랫폼 주도권' 가져온 지상파」, 『미디어오늘』, 2014년 11월 4일.

105 양성희, 「[궁금한 화요일] 콘텐트 헐값 대우 못 참아…미샘·히든싱어, 유튜브 떠난다」, 『중앙일보』, 2014년 12월 2일; 박호현, 「유튜브로 국내방송 못 본다」, 『서울경제』, 2014년 11월 25일.

106 김병철, 「네이버에게 '플랫폼 주도권' 가져온 지상파」, 『미디어오늘』, 2014년 11월 4일.

107 강성원, 「[저널리즘의 미래 ⑥] 제한된 취재원, 출입처 중심 받아쓰기 취재 관행의 한계…선정적 이슈 찾아 '하이에나 저널리즘' 행태도」, 『미디어오늘』, 2015년 2월 11일.

108 강성원, 「[저널리즘의 미래 ⑥] 제한된 취재원, 출입처 중심 받아쓰기 취재 관행의 한계…선정적 이슈 찾아 '하이에나 저널리즘' 행태도」, 『미디어오늘』, 2015년 2월 11일.

109 홍원식, 「[홍원식 교수의 미디어 비평] 월드컵을 통해 본 '하이에나 저널리즘'의 문제점」, 『시사위크』, 2014년 7월 16일.

110 정철운, 「가십 쫓는 '하이에나' 수백 명…기자만의 잘못인가」, 『미디어오늘』, 2012년 12월 1일.

111 이정환, 「블로거들은 뭘로 먹고 사나」, 『미디어오늘』, 2010년 3월 15일.

112 이국환, 「[옴부즈맨 칼럼] 독자 눈높이에 맞춰 보도할 때」, 『국제신문』, 2013년 11월 12일.

113 고은정, 「"하이퍼 로컬형 강화로 미디어 환경변화에 대처"」, 『울산매일』, 2013년 11월 8일.

114 이채열, 「부산, 지역미디어와 지역성 전문연구 '로컬콘텐츠연구원' 출범」, 『아주경제』, 2015년 2월 16일.

트렌드 지식 사전 4

ⓒ 김환표, 2015

초판 1쇄 2015년 6월 26일 찍음
초판 1쇄 2015년 6월 30일 펴냄

지은이 | 김환표
펴낸이 | 강준우
기획·편집 | 박상문, 박지석, 김환표
디자인 | 이은혜, 최진영
마케팅 | 이태준, 박상철
인쇄·제본 | 제일프린테크

펴낸곳 | 인물과사상사
출판등록 | 제17-204호 1998년 3월 11일

주소 | (121-839) 서울시 마포구 서교동 392-4 삼양E&R빌딩 2층
전화 | 02-325-6364
팩스 | 02-474-1413
www.inmul.co.kr | insa@inmul.co.kr

ISBN 978-89-5906-348-2 04320
        978-89-5906-257-7 (세트)

값 16,000원

이 도서의 국립중앙도서관 출판시도서목록(CIP)은 서지정보유통지원시스템 홈페이지(http://seoji.nl.go.kr)와
국가자료공동목록시스템(http://www.nl.go.kr/kolisnet)에서 이용하실 수 있습니다.
(CIP제어번호: CIP2015017418)